马洪文集

第 二 卷

中国社会科学出版社

作者像

作者简历

马洪，1920年5月18日出生于山西省定襄县待阳村。原名牛仁权，1938年春在延安时改名马洪。曾用名牛黄、牛中黄。

他出身贫寒，13岁时被当地小学聘为教员，开始自食其力。他自学中学课程，并协助当地著名爱国人士、族人牛诚修先生修订《定襄县志》。从那时起，他阅读了大量书籍，开始接触进步思想。九一八事变和一二•八事变爆发后，他参加了学生的抗日示威游行和集会，爱国思想日益浓厚。1936年年初，马洪经人介绍到太原同蒲铁路管理处（局）工作，先当录事（即文书），后考入同蒲铁路车务人员训练班（半工半读）。在此期间，他当过售票员、行李员、运转员等。他努力自修学业，阅读进步书刊，不断开阔眼界。

1936年冬，马洪参加了"牺盟会"，积极参与同蒲铁路职工的抗日救亡工作。1937年冬，太原失守，他跟随同蒲铁路局迁到侯马。11月，在侯马加入中国共产党，时年17岁。由于他工作努力，具有出众的组织才能，被推选为同蒲铁路总工会的负责人之一。他在同蒲铁路沿线的各段站建立和发展工会组织，展开对敌斗争，并参与统一战线的工作。

1938年，马洪到延安，先后在中央党校和马列学院学习和工作。抗日战争胜利后，马洪从延安被派往东北，在中共中央东北局工作。新中国成立以后，曾任东北局委员、副秘书长。后调任国家计划委员会委员兼秘书长。因受"高饶事件"的牵连，被下放到北京市第一和第三建筑公司工作。后又担任国家经济委员会政策研究室负责人。

1978年后，历任中国社会科学院工业经济研究所所长、中国社会科学院副院长。

1982年后，任中国社会科学院院长、国务院副秘书长、国务院技术经济研究中心总干事。同时兼任国家机械工业委员会副主任、国家计划委员会和国家经济体制改革委员会顾问、国家建委基本建设经济研究所所长。

1985年，任国务院经济技术社会发展研究中心（后更名为国务院发展研究中心）主任。1993年改任名誉主任。并任中国社会科学院研究生院教授、博士生导师，被北京大学、清华大学、中国人民大学、复旦大学、南开大学等学校聘为教授及上海交通大学聘为名誉教授。

马洪手迹

目　　录

我国农业的技术改革[*]

写在前面

中国共产党中央委员会在 1962 年 9 月间，召开了第八届第十次全体会议。这是一次具有重大历史意义的会议。这次会议的公报说：

"八届十中全会认为，我国人民当前的迫切任务是：贯彻执行毛泽东同志提出的以农业为基础、以工业为主导的发展国民经济的总方针，把发展农业放在首要地位，正确地处理工业和农业的关系，坚决地把工业部门的工作转移到以农业为基础的轨道上来。

"在农业方面，要继续实行党中央关于农村人民公社的各项政策，进一步巩固集体经济，进一步调动农民的集体生产的积极性，在优先发展粮食生产的同时，努力发展棉花、油料等经济作物；发展畜牧业、水产业、林业和其他副业；同时，要动员和集中全党全国的力量，在物质方面、技术方面、财政方面，在组织领导方面、人才方面，积极地、尽可能地支援农业，支援人民公社集体经济，分批分期地、因地制宜地实现农业的技术

---

[*] 本文是作者的专著，署名牛中黄，天津人民出版社 1963 年版。

改革。"①

接着,《人民日报》根据党中央的决定的精神,发表了《积极地有步骤地实现我国的农业技术改革》的社论,号召全党和全国人民,一致行动起来,用20—25年的时间,为基本上实现我国农业的技术改革,基本上实现我国农业的现代化这个伟大目标而奋斗!

我国农业的技术改革,包括着非常丰富的内容。概括起来说,可以归纳成这样几句话,这就是:实现农业的机械化、电气化、水利化和化学化,以及同这"四化"相适应的现代科学技术在农业生产中的广泛应用。完成了这些,也就实现了我国农业的现代化。

实现农业的技术改革,是关系我们国家命运的一件大事。当我国农村实现了人民公社化,我国工业建立了相当大的基础以后,加速进行农业的技术改革,实现农业的机械化、电气化、水利化、化学化,将促进我国社会主义工业更加迅速地发展,将促进我国整个国民经济更加迅速地发展,将促进我国科学技术和文教事业更加迅速地发展。这样,我们就一定能够取得比资本主义国家经济发展速度快得多的大跃进,我们就一定能够在一个不太长的历史时期内,把我国建设成为农业现代化、工业现代化、国防现代化和科学技术现代化的繁荣强盛的社会主义国家。

一 贯彻执行以农业为基础、以工业为主导的发展国民经济的总方针

贯彻执行毛泽东同志提出的以农业为基础、以工业为主导的发展国民经济的总方针,是我国人民当前的迫切任务。这个总方针深刻地体现了党的社会主义建设总路线的精神,指明了我国社会主义建设发展的正确方向。它是我国国民经济发展的长远的根本的方针。

这个发展国民经济的总方针所以是正确的,是因为,农业是发展国民经济的基础,工业是发展国民经济的主导,这是经济发展的一个客观规律。毛泽东同志正确地认识了这个规律,并且根据这个规律的要求,制定

---

① 《人民日报》1962年9月29日第一版。

了发展国民经济的总方针。这个总方针，如实地反映了这个经济发展的客观规律，如实地反映了国民经济各部门发展中的相互关系。

在整个国民经济中，包括农业、工业、交通运输业、商业、财政、金融和文化科学教育等许多部门。农业和工业这两个部门，是整个国民经济中最基本的生产部门。国民经济各部门是互相联系、互相依存、互相促进、互相制约的，农业和工业之间的关系，更是这样。实践证明，能不能正确地处理农业和工业的发展关系，这是能不能多快好省地发展社会主义国民经济的根本问题。

怎样正确地处理农业和工业的发展关系呢？怎样正确地处理国民经济各部门的发展关系呢？正确的方针是：我国国民经济的发展，必须以农业为基础，以工业为主导。

（一）农业是发展国民经济的基础

1. 发展国民经济为什么要以农业为基础

国民经济包括农业、工业、交通运输业、商业等许多部门。其他部门为什么不能够成为发展国民经济的基础呢？工业不是很重要的吗？为什么发展国民经济不能以工业为基础，而只有农业才是发展国民经济的基础呢？

农业之所以是发展国民经济的基础，是由于农业生产本身的特点所决定的，就是说，这是由于农业部门生产人类生活所不可缺少的生活资料这个特点所决定的。

第一，农业是唯一生产粮食和副食品的部门，是人们生活资料的主要来源。

大家知道，不论农村居民或者城市居民食用的粮食、蔬菜、肉类，以及其他副食品，都是由农业部门生产出来的。人们要不断地进行生产活动，首先就要不断地获得这些生活必需的食品。马克思早就说过：生活资料的生产（指农业生产——作者注），是他们（指农业生产者——作者注）的生存与一切生产一般最先决的条件①。他又说：生活资料的消费，

---

① 马克思：《资本论》第三卷，人民出版社 1953 年版，第 829 页。

会把现存劳动者的筋肉，神经，骨骼，脑髓等等再生产出来，并从而生出新的劳动者①。任何生产部门，不但在扩大再生产的时候，需要追加生产资料和劳动力，需要相应地追加生活资料，而且在简单再生产的条件下，也一定要保证已有的劳动力所必需的生活资料，否则生产活动就会受到阻碍，以至难以进行。可见，农业是一切生产部门进行生产的先决条件，是发展国民经济的基础。农业所提供的粮食和副食品，不但在目前的生产技术条件下，就是在将来很长的时间以内，工业部门或者其他生产部门是不能生产的，也是无法以它们的产品来代替的。

第二，农业是工业特别是轻工业的原料基地。

人们的生活资料，除了吃的东西以外，还包括穿的东西、用的东西。其中穿的东西，又占相当重要的地位。这些穿的东西和用的东西，多数是由轻工业企业生产出来的，但是，生产这些东西所用的原料、材料，大多数也是由农业提供的。举例来说，目前，我国轻工业生产所用的原料，约有80%，是依靠农业部门供应的，其中如棉花、麻料、丝料、糖料、烟叶，等等，都来自农业。虽然，由农业提供的棉、麻、丝等纤维原料，有一部分可以用化学纤维代替，可是，要全部代替，还是有困难的。在人们的生活用品中，用农业原料制成的东西，也占相当的比重。农业除了给轻工业提供原料以外，重工业部门的生产，也需要一些农副产品作辅助材料，如竹、藤、柳条、荆条、麻绳、草绳、扫帚，等等。可见，农业生产部门，不但供应我们吃的东西，而且对于我们穿的、用的东西，在原料供应方面，也起很大的作用。

第三，农业是发展国民经济所需要的劳动力的主要来源。

国民经济的发展，需要有计划地增加新的劳动力。拿我国的情况来说，在全国革命胜利以后，人口的增殖是很快的，新的劳动力正在不断地成长起来。世界上任何国家，都没有像我国这样丰富的劳动力资源。但是，我国社会主义建设事业的发展是很快的。要使我国的劳动力能充分地满足国民经济各部门迅速发展的需要，从长远来看，只能在农业技术改革

---

① 马克思：《资本论》第一卷，人民出版社1953年版，第715页。

逐步发展、农业劳动生产率逐步提高的条件下，有计划地由农业部门腾出劳动力来解决。随着我国国民经济的大发展，职工人数已经成十万、成百万地增加。这些新增加的职工，绝大部分来自农业部门。今后，我国国民经济的进一步大发展，还需要有计划地增加新的劳动力，而农业部门仍将是劳动力的主要来源。农业的劳动生产率越高，农产品越丰富，就越能够养活和腾出更多的劳动力来从事工业和其他方面的活动。这也就是农业之所以成为发展国民经济的基础的基本道理。

第四，农业是工业的广阔市场。

轻工业要以农村为主要市场，这是大家都知道的。比如，我国棉布的销售量，有80%以上是在农村；其他轻工业产品的销售量，也绝大部分是在农村。至于重工业要以农业为主要市场，这一点，过去有不少的人还缺乏深刻的了解。可是，生活的实践不断地教育着人们，使人们逐步地懂得了这个道理。我国重工业产品在农村的销售量，从1950—1958年总共增长了9倍多。随着农业技术改革的发展和农民生活水平的不断提高，农民对于生产资料和生活资料的需求，还将不断地迅速地增长。我国有五亿几千万集体农民的农村市场，这是世界上任何国家都没有的最广阔的国内市场。这个社会主义国内市场，有着极大的潜在力量，它能够容纳越来越多的大量的轻工业品和重工业品。

第五，农业是社会主义建设资金积累的一个重要源泉。

要进行大规模的社会主义建设，就需要有大量的资金，就必须大大地增加国家的财政收入。就我国目前的情况来说，在我们的财政收入中，直接来自农业和间接来自农业的，要占一半以上。由于农业在我国国民经济中占有非常重要的地位，因此，在农业丰收的当年或者次年，国家的财政收入就增加得较多，国家的基本建设投资也就增加得较多。反之，凡是农业歉收的年份及其次年，国家的财政收入的增加和基本建设投资的扩大就要受到不利的影响。所以，要加快我国的社会主义建设，实现国家的工业化和农业的现代化，就要从各方面，当然也必须从农业方面来积累资金。

第六，农业是出口贸易物资的一个重要来源。

目前我国出口贸易的物资，大部分是农产品和土特产品，这也是由农业部门生产出来的。为了在适当地满足国内消费的条件下，出口更多的物资，以便更多地换回我国社会主义建设所需要的机器设备和重要原料、材料，我们也绝不能脱离农业这个基础。

从以上几个方面可以看得很清楚：农业在国民经济中居于非常重要的地位，它给国民经济提供粮食、副食品、工业原料，提供劳动力，提供市场，提供建设资金，提供出口物资，等等，这一切，正是发展工业、发展整个国民经济所必须具备的前提。一句话，农业是人类生存的根本。如果农业不发展，就谈不到什么办工业、办交通、办基本建设、办商业、办学校、办一切事业。农业提供的粮食和其他生活资料越多，从事别的劳动和参加别的活动的人，才能越多。农业的发展水平决定着工业和国民经济其他部门发展的规模和速度，它既支持着它们的发展，又制约着它们的发展。所以说，农业是发展国民经济的基础。

我国是一个农业大国，农业人口占全国人口的80%以上。以农业为基础发展我国国民经济，更有着特别重要的意义。我国社会主义建设十多年的经验表明，农业发展得快或者慢，对于整个国民经济的发展有极大的关系。农业不发展，整个国民经济的发展是比较困难的，有了农业的大发展，就能够有整个国民经济的全面大发展。

2. 以农业为基础发展国民经济的思想是毛泽东同志指导我国社会主义建设的一个根本思想

以农业为基础发展国民经济的思想，是毛泽东同志指导我国社会主义建设的一个根本思想。他根据我国革命和建设的实践经验，不断地丰富和发展了这个思想。

毛泽东同志早在1934年1月写的《我们的经济政策》一文中就说过，在当时的革命根据地，"我们的经济建设的中心是发展农业生产，发展工业生产，发展对外贸易和发展合作社"。① 他并且强调说明：在目前的条件之下，农业生产是我们经济建设工作的第一位②。把农业生产放在

---

① 《毛泽东选集》第一卷，人民出版社1951年第一版，第127页。

② 同上书，第128页。

经济建设工作的第一位，这不但在当时的革命根据地是完全正确的，而且在今天社会主义建设时期也是完全正确的。

1939 年 12 月，毛泽东同志在《中国革命和中国共产党》一文中写道：农民在全国总人口中大约占百分之八十，是现时中国国民经济的主要力量①。在这里，毛泽东同志就明确地提出了农民是中国国民经济的主要力量的问题。

1942 年 12 月，毛泽东同志在他所写的《经济问题和财政问题》一书中说：在我们的条件下，特别重要的是农业②。这里，毛泽东同志特别强调了发展农业的重要性。

1945 年 4 月，毛泽东同志在《论联合政府》一文中说：农民——这是中国工业市场的主体。只有他们能够供给最丰富的粮食和原料，并吸收最大量的工业品③。这段话，是在争取全国革命胜利的党的第七次代表大会上说的。在这里，毛泽东同志进一步论证了农业在我国国民经济中的重要性。他从我国的实际情况出发，非常明确地指出：农民是工业市场的主体。

1948 年 4 月，毛泽东同志在晋绥干部会议上的讲话中又说：消灭封建制度，发展农业生产，就给发展工业生产，变农业国为工业国的任务奠定了基础④。在这时，毛泽东同志就提出了农业是我国国民经济发展的基础这个极其重要的思想。

1949 年 6 月，毛泽东同志在《论人民民主专政》一文中说：没有农业社会化，就没有全部的巩固的社会主义⑤。在这里：毛泽东同志不但强调了农业在我国社会主义建设中的重要性，而且强调了农业社会化的重要性。

接着，中华人民共和国成立，开始了中国社会主义革命和社会主义建

---

① 《毛泽东选集》第二卷，人民出版社 1952 年第一版，第 613 页。
② 毛泽东：《经济问题和财政问题》，东北书店 1946 年版，第 119—120 页。
③ 《毛泽东选集》第三卷，人民出版社 1953 年第一版，第 1101 页。
④ 《毛泽东选集》第四卷，人民出版社 1960 年版，第 1314 页。
⑤ 同上书，第 1482 页。

设的新时期。1950 年 6 月，毛泽东同志在全国人民政治协商会议第一届全国委员会第二次会议上的闭幕词中，号召大家"积极地帮助农民进行土地改革"，他说：中国的主要人口是农民，革命靠了农民的援助才取得了胜利，国家工业化又要靠农民的援助才能成功①。

土地改革一完成，毛泽东同志就立即提出了农业合作化的问题。他在 1955 年 7 月 31 日所作的《关于农业合作化问题》的报告中，批评了下面一些错误的观点：认为在工业化的问题上可以采取现在规定的速度，而在农业合作化的问题上则不必同工业化的步骤相适应，而应当采取特别迟缓的速度。他说：如果我们不能在大约三个五年计划的时期内基本上解决农业合作化的问题，即农业由使用畜力农具的不规模的经营跃进到使用机器的大规模的经营……我们就不能解决年年增长的商品粮食和工业原料的需要同现时主要农作物一般产量很低之间的矛盾，我们的社会主义工业化事业就会遇到绝大的困难，我们就不可能完成社会主义工业化②。在这个报告中，毛泽东同志又说：社会主义工业化的一个最重要的部门——重工业，它的拖拉机的生产，它的其他农业机器的生产，它的化学肥料的生产，它的供农业使用的现代运输工具的生产，它的供农业使用的煤油和电力的生产等等，所有这些，只有在农业已经形成了合作化的大规模经营的基础上才有使用的可能，或者才能大量地使用。我们现在不但正在进行关于社会制度方面的由私有制到公有制的革命，而且正在进行技术方面的由手工业生产到大规模现代化机器生产的革命，而这两种革命是结合在一起的。……由此可见，我们对于工业和农业、社会主义的工业化和社会主义的农业改造这样两件事，决不可以分割起来和互相孤立起来去看，决不可以只强调一方面，减弱另一方面。接着又说：为了完成国家工业化和农业技术改造所需要的大量资金，其中有一个相当大的部分是要从农业方面积累起来的。这除了直接的农业税以外，就是发展为农民所需要的大量生活资料的轻工业的生产，拿这些东西去同农民的商品粮食和轻工业原料相交

---

① 《人民日报》1950 年 6 月 24 日第一版。

② 毛泽东：《关于农业合作化问题》，人民出版社 1955 年版，第 22 页。

换，既满足了农民和国家两方面的物资需要，又为国家积累了资金。而轻工业的大规模的发展不但需要重工业的发展，也需要农业的发展。因为大规模的轻工业的发展，不是在小农经济的基础上所能实现的，它有待于大规模的农业，而在我国就是社会主义的合作化的农业。因为只有这种农业，才能够使农民有比现在不知大到多少倍的购买力[①]。这里，毛泽东同志非常明确地提出了发展农业生产对于社会主义工业化的巨大作用，提出了农业合作化的步骤要同社会主义工业化的步骤相适应，并且提出了农业跃进的问题。

1956年，毛泽东同志全面地总结了第一个五年计划的经验，提出了又多、又快、又好、又省地建设社会主义的口号。同年4月，他作了关于《论十大关系》的报告，要求全党注意正确处理十大关系，其中，工业和农业的关系，重工业和轻工业的关系，沿海工业和内地工业的关系，经济建设和国防建设的关系，国家、集体和个人的关系，中央和地方的关系，等等，主要说的就是国民经济建设的方针问题。这是两条腿走路的一套方针，而归根到底是要正确处理农业和工业的关系。

正确处理农业、轻工业、重工业的发展关系，这是社会主义经济建设的最重要的问题。毛泽东同志把这个问题叫做中国工业化的道路问题。

毛泽东同志在1957年2月发表的《关于正确处理人民内部矛盾的问题》的报告，对于农业和工业发展的关系，作了新的全面的论断。他说：这里所讲的工业化道路的问题，主要是指重工业、轻工业和农业的发展关系问题。我国的经济建设是以重工业为中心，这一点必须肯定。但是同时必须充分注意发展农业和轻工业。接着又说：我国是一个农业大国，农村人口占全国人口的百分之八十以上，发展工业必须和发展农业同时并举，工业才有原料和市场，才有可能为建立强大的重工业积累较多的资金。大家知道，轻工业和农业有极密切的关系。没有农业，就没有轻工业。重工业要以农业为重要市场这一点，目前还没有使人们看得很清楚。但是随着农业的技术改革逐步发展，农业的日益现代化，为农业服务的机械、肥

[①]　毛泽东：《关于农业合作化问题》，人民出版社1955年版，第23—24页。

料、水利建设、电力建设、运输建设、民用燃料、民用建筑材料等等将日益增多，重工业以农业为重要市场的情况，将会易于为人们所理解。在第二个五年计划和第三个五年计划期间，如果我们的农业能够有更大的发展，使轻工业相应地有更多的发展，这对于整个国民经济会有好处。农业和轻工业发展了，重工业有了市场，有了资金，它就会更快地发展。这样，看起来工业化的速度似乎慢一些，但是实际上不会慢，或者反而可能快一些[①]。毛泽东同志用辩证唯物主义和历史唯物主义的观点，把社会主义建设中农业、轻工业、重工业发展中的相互关系，完全正确地解决了。

1958 年 5 月，党的第八届全国代表大会第二次会议，制定了鼓足干劲、力争上游、多快好省地建设社会主义的总路线。这条总路线，把毛泽东同志关于发展工业和发展农业同时并举的思想，作为它的一个基本点。

1959 年毛泽东同志又进一步地提出以农业为基础的发展国民经济的方针，接着又提出国民经济计划安排的次序，必须是农业、轻工业、重工业。

这一切，都是根据社会主义扩大再生产的要求，创造性地运用马克思列宁主义再生产理论来指导我国社会主义建设的典范。

是不是由于中国经济比较落后，农民在全部人口中占大多数，因此才以农业作为发展国民经济的基础呢？当然这是一个重要的原因，但是，它的意义绝不仅仅如此。农业是国民经济发展的基础，这是马克思列宁主义者在经济问题上的一个根本论点。伟大的革命导师马克思早就说过："能够投于工商业上面而无须从事农业的劳动者人数……是取决于农业者在他们自身的消费额以上，能够生产多少的农产物。……本国农业或者外国农业的一定发展程度，是资本的发展基础[②]。马克思又说：农业劳动的生产率，是一切剩余价值生产的自然基础，从而也是一切资本发展的自然基础。如果人一般在一劳动日内，不能超出他自身再生产的所需，生产更多的生活资料（所以在最狭义上，就是生产更多的农业生产物），如果他全

[①]　毛泽东：《关于正确处理人民内部矛盾的问题》，人民出版社 1957 年版，第 36—37 页。

[②]　马克思：《剩余价值学说史》第一卷，生活·读书·新知三联书店 1951 年版，第 41—42 页。

部劳动力每日的支出，只够再生产他个人的需要所不可缺少的生活资料，一般说来，就说不上剩余生产物，也说不上剩余价值。超越于劳动者个人需要的农业劳动生产率，是一切社会的基础，尤其是资本主义生产的基础①。马克思所说的上面这两段话的意思，通俗地解释，就是说，只有农业发展了，有了剩余产品和剩余劳动力，工业、商业和其他各种事业才能够顺利地发展起来。如果农民所生产的粮食和其他农产品，只够自己本身吃用，而没有剩余的东西，那么，做工的人，做商的人和做其他事情的人，就没有必需的吃用的东西，就无法生活下去。在这种情况下，他们也只好去务农了。反过来说，如果农民所生产的粮食和其他农产品，除了自己本身吃用的以外，还有剩余，也就是说，还可以再多养活一些人，这样，就给发展工业和其他经济文化事业等创造了条件。农民生产的东西，除了自己本身使用的以外，剩余得越多，能养活的人也就越多，这样，发展工业和其他事业的可能性就越大。所以农业是国民经济发展的基础。

不能以为，只要工业发展了，农业就不再是国民经济发展的基础了。世界上没有任何一个国家，可以脱离开农业这个基础，就是说，农业很落后，而工业是可以发达起来的。即使像帝国主义的英国和日本，虽然它们本国的农业原来不很发达，但是，它们是靠从殖民地掠夺粮食和工业原料来发展本国的工业的。因为，如果没有粮食和工业原料，就没有工业发展的起码条件。

也不能以为，农业技术改革完成了，或者农业"过关"了，国民经济的发展就可以不再以农业为基础了。农业作为发展国民经济的基础，是长期起作用的，而不是暂时起作用的。农业的这种基础作用，是不断增强的，而不是逐渐减弱的。如果认为，以农业为基础，只是一种暂时的措施，等到农业技术改革完成了，或者农业"过关"了，这种基础作用也就随着减弱了，或者消失了，那是不正确的。农业技术改革完成了，农业"过关"了，它只是表明发展国民经济的这个基础更加牢固了。有了这个牢固的基础，国民经济的其他部门就可以更顺利地发展，而不是说连这个

---

① 马克思：《资本论》第三卷，人民出版社 1953 年版，第 1024—1025 页。

基础都不要了。道理很明白，农业提供的商品粮食、工业原料、劳动力、资金越多，提供的市场越广阔，正是它的基础作用越来越强的表现，而绝不是越来越弱的表现，更不是基础作用消失的表现。同样，如果以为工业有了强大的发展以后，农业的基础作用就将相对地减弱，这种认识，也是不正确的。事实恰恰相反，如果没有农业的强大的发展，工业是不可能有强大的发展的。同时，工业越发展，也就越需要农业的支援。由此可见，要发展工业，发展整个国民经济，无论现在或者将来，都不可能脱离农业这个基础。正如前面引过的马克思的名言："超越于劳动者个人需要的农业劳动生产率，是一切社会的基础。"从这里可以看出：以农业为基础这不只是指阶级社会，不只是指资本主义社会，而是指人类出现社会分工以来的一切社会，当然也包括社会主义社会以及共产主义社会。

毛泽东同志关于以农业为基础发展国民经济，在社会主义建设中"发展工业必须和发展农业同时并举"，"重工业要以农业为重要市场"等著名的论点，都是马克思列宁主义在经济问题上的创造性的总结和发展。

（二）工业是发展国民经济的主导

1. 发展国民经济为什么要以工业为主导

在国民经济中，除了农业以外，工业同样是一个非常重要的部门。工业和农业在国民经济中所起的作用是不同的。前面说过，农业在整个国民经济中起着基础的作用，而工业在整个国民经济中则起着主导的作用。

人们也许会提出这样的疑问：既然工业和整个国民经济的发展，都要以农业为基础，都离不开农业的支持，都不能不受到农业的制约，都不能脱离农业生产发展的水平，那么，工业在国民经济发展中的地位和作用是不是就不重要了呢？强调以农业为基础是不是会忽视或者轻视社会主义工业化呢？强调以农业为基础同强调以工业为主导是不是互相矛盾呢？

前面已经引述过毛泽东同志 1948 年 4 月在晋绥干部会议上讲话中的几句话：消灭封建制度，发展农业生产，就给发展工业生产，变农业国为工业国的任务奠定了基础[①]。这里，毛泽东同志不但提出了农业是我国国

---

① 《毛泽东选集》第四卷，人民出版社 1960 年版，第 1314 页。

民经济发展的基础这个极其重要的思想，而且明白地指出：以农业为基础的目的，并不只是为了农业，而是要使我国变农业国为工业国，使我国成为一个农业现代化、工业现代化、国防现代化和科学技术现代化的强大的社会主义国家。如果离开了这个目的，离开了工业和整个国民经济的发展，孤立地发展农业；如果把以农业为基础发展国民经济，理解为就是要使我国停留在一个农业国的地位，甚至以为这就是"以农立国"，那是完全错误的。如果是这样，那么，农业也就失去了它成为基础的对象，它本身也不可能很好地发展起来。

各个国家的经验证明：农业生产，在以手工操作为主，畜力耕作为主和差不多完全使用自然肥料的情况下，生产力的发展是会受到相当大的限制的。我国农业，在实现了集体化以后，要进一步大发展，一定要实现现代化。农业的现代化，离不开工业，国民经济各部门的现代化，也离不开工业。如果没有社会主义的工业，我国社会经济的落后面貌就改变不了。毛泽东同志说过：中国只有在社会经济制度方面彻底地完成社会主义改造，又在技术方面，在一切能够使用机器操作的部门和地方，统统使用机器操作，才能使社会经济面貌全部改观①。怎样才能在技术方面，在一切能够使用机器操作的部门和地方，统统使用机器操作，使我国的社会经济面貌全部改观呢？也就是说，怎样才能促进我国生产力飞跃地发展呢？

生产力的大发展，需要两个根本的条件。一个是社会的条件，一个是技术的条件。这里所说的社会的条件，就是要改变束缚生产力发展的旧的生产关系，建立新的生产关系，使之适应于生产力的发展，这就要进行社会革命。这里所说的技术的条件，就是要以新的劳动手段，新的生产工具，来代替旧的落后的劳动手段、生产工具，这就要进行技术革命。历史发展的经验证明，没有社会的大革命，就不可能有技术的大革命。

我国在取得了新民主主义革命彻底胜利的基础上，又取得了社会主义革命的决定性的胜利。我国的社会主义制度，比旧时代的社会制度要优越得多。这个先进的社会主义制度，促进了我国生产力突飞猛进地发展，促

---

① 毛泽东：《关于农业合作化问题》，人民出版社 1955 年版，第 33 页。

进了我国技术革命的发展。

在我们先进的社会主义制度下，生产力的发展，技术革命的发展，起主导作用的物质力量是什么呢？这就是我们的工业，特别是我们的重工业。因为只有重工业才能够给国民经济各部门的技术改革，提供物质技术条件。它是技术进步的一个重要的源泉。

把国民经济各部门，首先是把农业部门转移到新技术基础上来，转移到现代化大生产的技术基础上来，这是我国技术革命的任务，也是我国社会主义工业化的基本任务。社会主义的工业带领着、引导着整个国民经济前进，它是按照自己的面貌和模样来改造农业和整个国民经济的。工业在整个国民经济中所起的主导作用，正是表现在这里。

我国国民经济的发展，要以工业为主导，这就是说，工业在整个国民经济中居于领导的地位。我国工业在整个国民经济中所以具有这种主导作用、占据这种领导地位，是因为：工业代表着当代最进步的生产力。工业是现代化的大生产，它是当代最先进的经济形式。它具有现代化的装备和先进技术，它是生产资料首先是生产工具的生产部门，它对农业和整个国民经济担负着技术改造、实现现代化的任务。要使社会经济面貌全部改观，离开工业是根本不可能的。除此以外，还应当看到，工业代表着最进步的生产关系。工业是社会主义全民所有制的社会化大生产，它既要以现代化技术装备农业和国民经济其他部门，又要引导农业、手工业通过集体化的道路，在将来的日子，逐步过渡到全民所有制，这是集体经济发展的必然方向。同时，应当特别指出：同现代化大生产的工业相联结的是当代最革命、最先进的阶级——工人阶级。它是新的生产力的代表者，是社会主义革命和社会主义建设的领导力量。工人阶级不但要以自己所掌握的先进技术改造自然界，以自己先进的生产关系改造整个国民经济，而且要以自己的世界观——马克思列宁主义的世界观改造全体人民，改造全人类。总之，我国工业是整个国民经济中的领导因素，它在国民经济的发展中起主导的作用，它引导和带动整个国民经济沿着社会主义道路前进，沿着现代化的道路前进，它逐步地改造国民经济各个部门的面貌。工业在整个国民经济中的这种主导作用、这种领导地位，是由于工业本身所具有的特点和它在整个国民经济中所处的地位决定的，是客观存在的。谁若忽视或者轻视工业的主导作用、领导地位，谁就会犯极大的错误。

人们也许又会提出这样的问题：既然工业在国民经济的发展中起主导作用、居领导地位，又说工业的发展要以农业为基础，这有没有矛盾呢？这会不会削弱工业的主导作用、领导地位呢？当然没有矛盾，也不会削弱工业的主导作用、领导地位。工业的主导作用是针对着国民经济中的农业和其他部门说的，工业的主导作用、领导地位，只有在以农业为基础的条件下才能充分地表现出来。如果工业不以农业为基础，不为农业服务，不去促进农业和国民经济其他部门的技术改革，只顾自己本身的发展，那么，工业的主导作用、领导地位也就失去了对象，还谈得上什么主导作用、领导地位呢？所以说，工业的发展，以农业为基础，不但不会削弱自己的主导作用，相反，恰恰可以充分发挥自己的主导作用来推动农业的发展，从而为自己的发展创造前提条件。

2. 毛泽东同志关于以工业为主导发展国民经济的思想

工业无产阶级的领导思想，以工业为主导的思想，这同样是毛泽东同志指导我国革命和建设的一个根本思想。

早在 1926 年 3 月，毛泽东同志在他所写的《中国社会各阶级的分析》一文中就说过：工业无产阶级人数虽不多，却是中国新的生产力的代表者，是近代中国最进步的阶级，做了革命运动的领导力量①。在这里，毛泽东同志就明确地提出了中国的工业、中国的无产阶级，是中国新的生产力的代表者，工业无产阶级是革命运动的领导力量。

1940 年 1 月，毛泽东同志在他所写的《新民主主义论》中说：大银行、大工业、大商业，归这个共和国的国家所有。……在无产阶级领导下的新民主主义共和国的国营经济是社会主义的性质，是整个国民经济的领导力量②。这里，毛泽东同志肯定地提出了无产阶级领导的人民共和国要把大工业收归国有，肯定地提出了大工业对国民经济的领导作用。

---

① 《毛泽东选集》第一卷，人民出版社 1951 年第一版，第 8 页。
② 《毛泽东选集》第二卷，人民出版社 1952 年第一版，第 649 页。

1945 年 4 月，毛泽东同志在《论联合政府》一文中写道：没有工业，便没有巩固的国防，便没有人民的福利，便没有国家的富强。又说：在新民主主义的政治条件获得之后，中国人民及其政府必须采取切实的步骤，在若干年内逐步地建立重工业和轻工业，使中国由农业国变为工业国。新民主主义的国家，如无巩固的经济做它的基础，如无进步的比较现时发达得多的农业，如无大规模的在全国经济比重上占极大优势的工业以及与此相适应的交通、贸易、金融等事业做它的基础，是不能巩固的①。毛泽东同志在这里，不但论证了工业在我们国家建设中的重大作用，而且提出变农业国为工业国的伟大历史任务。

在全国革命胜利的前夜，1949 年 3 月中国共产党七届二中全会上，毛泽东同志所作的报告，提出了使中国由农业国转变为工业国，由新民主主义社会转变为社会主义社会的总任务和主要途径。他说：从现在起，开始了由城市到乡村并由城市领导乡村的时期②。毛泽东同志所说的城市领导乡村的物质力量，主要就是指的现代工业。在这个报告中，他进一步详细地说明：中国的现代性工业的产值虽然还只占国民经济总产值的百分之十左右，但是它却极为集中，最大的和最主要的资本是集中在帝国主义者及其走狗中国官僚资产阶级的手里。没收这些资本归无产阶级领导的人民共和国所有，就使人民共和国掌握了国家的经济命脉，使国营经济成为整个国民经济的领导成分。这一部分经济，是社会主义性质的经济，不是资本主义性质的经济。谁要是忽视或轻视了这一点，谁就要犯右倾机会主义的错误③。毛泽东同志在这里，进一步明确地肯定了现代工业，是我们国家的经济命脉，是整个国民经济的领导成分，也就是说，它对国民经济起主导的作用；并且非常明白地告诉大家，谁若忽视或轻视了这种作用，谁就会犯右倾机会主义的错误。

1957 年，当我国第一个五年计划即将完成和第二个五年计划的准备工作就要开始的时候，毛泽东同志发表了《关于正确处理人民内部矛盾

---

① 《毛泽东选集》第三卷，人民出版社 1953 年第一版，第 1104—1105 页。

② 《毛泽东选集》第四卷，人民出版社 1960 年版，第 1428 页。

③ 同上书，第 1432 页。

的问题》的著名讲演。在这个讲演中，他精辟地论述了中国工业化的道路，肯定了我国的经济建设是以重工业为中心，但是，必须充分注意发展农业和轻工业。毛泽东同志这个报告，像灯塔一样，照亮了我国工业化的道路。

毛泽东同志以工业为主导发展国民经济的思想，把马克思列宁主义的普遍真理同我国社会主义建设的具体实践结合起来，大大地推进了我国社会主义建设事业。

毛泽东同志提出的以农业为基础、以工业为主导发展国民经济的思想，是马克思列宁主义关于社会主义经济建设理论的重要发展。我国革命和建设的伟大实践，已经充分地证明了毛泽东同志这些论点的正确性，已经充分地证明了毛泽东思想就是真理。

（三）把发展农业放在首要地位，正确地处理工业和农业的关系

党中央和毛泽东同志确定的以农业为基础、以工业为主导的发展国民经济的总方针，正确地体现了工业和农业互相促进的关系。如果光强调以农业为基础，而忘记了以工业为主导，或者以为，强调农业在发展国民经济中的基础作用，就是重视农业，轻视工业，这种观点，当然是不对的。如果光强调以工业为主导，而不管以农业为基础，或者以为，强调工业在发展国民经济中的主导作用，就是重视工业，轻视农业，这种观点，当然也是不对的。这两种观点之所以是不对的，是因为他们把国民经济发展过程中农业的基础作用和工业的主导作用相互对立起来，而忽视了农业和工业的发展之间互为条件、互相促进、互相制约的关系。基础和主导是两种不同的作用，它们是既不能互相代替，也不能互相脱离的。如果彼此脱离，那么，基础作用和主导作用就都失去了它们各自的最主要的对象，因而也就不足以称其为基础和主导了。我们既要使我国的农业成为社会主义的现代化的大农业，大大地加强我国国民经济发展的基础；又要实现我国社会主义工业化，大大地加强工业在我国国民经济发展中的主导作用，这两者是缺一不可的，是互相促进的。

以农业为基础，要求我们把发展农业放在国民经济工作的首要地位。我们的统一的国民经济计划，要以农业为出发点。安排计划的次序，是农业、轻工业、重工业。就是说，我们要从发展农业着手，来开展我国的社会主义建设事业。我们要尽一切努力加快农业的发展。根据农业给国民经济提供的商品粮食、工业原料等条件，来决定发展多少工业、交通运输业、商业、文化、教育、科学事业，等等。我们对于全国人力、物力和财力的分配，应当首先安排好发展农业的需要；根据农业发展的需要和可能，安排好轻工业的生产和建设；然后，根据农业和轻工业发展的可能和需要，以及相应的重工业本身发展的需要和可能的条件，安排好重工业的生产和建设。在安排重工业的生产和建设的时候，又要先安排好与农业有关的各种农具、农业机械、化学肥料、农用药品等的生产和建设，再安排其他方面的生产和建设。有的人不了解这种做法的重要意义，他们以为这样做将会降低工业的主导作用。他们不懂得这样做，不但农业、轻工业可以迅速发展，人民群众日益增长的物质文化生活的需要可以较好地得到满足，而且重工业生产的发展，也将获得一个切实可靠的基础。重工业发展得更顺利、更迅速，工业的主导作用才能够更充分地发挥出来。

以农业为基础，对于农业的投资，包括直接为农业服务的工业、运输业、科学研究的投资，在经济建设总投资中的比重，应当有计划地提高。这一部分投资，在一定的时期内，应当比其他部分的投资占有特别重要的地位。当然，这不是说，对农业投资的绝对数，一定要多于工业。因为在工业的投资里面，还包括有为农业服务的部分，例如，对化学肥料工业、农业机械工业的投资，等等。

有的人认为，增加对于农业的投资，就会使国家的建设资金和生产资料分散使用，而不利于工业的迅速发展。这种认识，是不正确的。应当了解，国家拨出一定数量的资金和生产资料来发展农业，就可以得到更多的商品粮食和经济作物，有了这些东西，轻工业就可以得到更快的发展，农业和轻工业更快地发展了，又可以为国家积累更多的资金，这样，也就可以加快重工业的发展。

以农业为基础，也不是说，农业的发展速度一定要快于工业。它可能快于工业的发展速度，也可能慢于工业的发展速度。我们应当努力加快农业发展的速度。但是，在农业技术改革的过程中，一般来说，工业的发展速度可能快于农业。这是由于：一方面，农业的发展，直接受自然条件的限制比工业更大；另一方面，农业的技术改革，要求工业为它提供更多的生产资料，因而工业的发展可能会更快一些。

当然，工业部门和农业部门应当按比例协调地向前发展。为了促进农业的发展和农业的技术改革，工业部门的工作，必须坚决地转移到以农业为基础的轨道上来。这也是充分地发挥工业在国民经济发展中的主导作用，使工业本身更迅速地发展的一个关键问题。工业部门要更好地为农业生产，为农业技术改革服务。重工业部门要尽可能为农业提供越来越多、越来越好的技术装备、化学肥料、农药、燃料，等等，来不断地增加农业生产，不断地提高农业劳动生产率。轻工业部门也要尽可能为农民提供越来越多、越来越好的日用品，不断地满足农民生活的需要。同时，农业也要更好地支援工业的发展，尽可能为工业和城市提供越来越多的商品粮食、工业原料和其他农副业产品。只有工业和农业按比例协调地发展，才能够比较快地发展农业，也才能够比较快地发展工业。只有在农业生产和工业生产共同高涨的基础上，整个国民经济才能够持续不断地发展。

以农业为基础，加快农业的发展，按照农业、轻工业、重工业的次序，安排国民经济计划，同优先发展生产资料的生产这个扩大再生产的规律，是不是相互矛盾呢？不能认为是相互矛盾的。因为，第一，优先发展生产资料的生产，也包括农业生产在内。农业也生产着生产资料，如种子、饲料、油料、糖料、烟叶，以及棉花、麻类、丝类，等等。所有这些都是生产资料，都是简单再生产和扩大再生产所必需的。根据粗略的计算，在我国农业总产值中，属于生产资料的部分，约占1/3以上。生产资料的优先增长，当然应当包括农业生产资料的优先增长。第二，加快农业的发展，要求对农业进行技术改革，就是说，要给农业以更多的物质技术装备，这样，也就要求加快生产资料生产部门、首先是重工业的发展速度。第三，加快农业的发展，必然会促进轻工业的发展。轻工业将要求重工业给它提供更多的新的技术装备。这样，又促进了重工业的发展。由此可见，以农业为基础，加快农业的发展速度，同优先发展生产资料的生产并不矛盾。以农业为基础，正是优先发展生产资料生产这个规律的客观要求之一，正是这个规律本身所包含的一个重要的内容。

二　有步骤地推进农业技术改革，使我国的集体农业，在技术上逐步实现现代化

我国农业的技术改革，是在实现了农业集体化的条件下进行的。在完成了反对封建的土地制度的改革以后，我们党发展农业的根本路线是：第一步，实现农业集体化；第二步，在农业集体化的基础上，实现农业的机械化和电气化，就是说，有步骤地推进农业的技术改革，使我国的集体农业，在技术上逐步地实现现代化。现在，逐步地进行农业技术改革，实现农业现代化的任务，已经摆在我们面前。集中力量，很好地完成这个任务，已经成为我们全党、全国人民进行国民经济建设的主要议事日程。

（一）实现农业技术改革的重要性

前面已经说过，党中央和毛泽东同志一贯地认为，在我国社会主义建设中，必须正确地处理农业、轻工业和重工业的发展关系问题。这是决定我国工业化道路的问题，也是实现党的鼓足干劲、力争上游、多快好省地建设社会主义总路线的一个根本性问题。在发展国民经济的第一个五年计划期间，当大规模的工业建设开展起来以后，社会主义工业同当时的个体农民经济之间的矛盾，就突出起来。这时候，党中央和毛泽东同志及时地作出了实现农业合作化的决定，迅速地实现了我国的农业合作化，初步地、顺利地解决了上述矛盾，使我国农业合作化的步骤和我国社会主义工业化的步骤相互适应起来，为胜利地实现第一个五年计划提供了有利的条件。在发展国民经济的第二个五年计划期间，当我国工业有了新的重大发展以后，党中央和毛泽东同志又及时地提出了以加强农业为主的调整、巩固、充实、提高的方针。使我们的工业和农业发展的比例关系更加协调。

现在，摆在我们面前的问题是：我国农业在实现了合作化、人民公社化以后，生产力有了相当的发展，劳动生产率也有了相当的提高。但是，因为我国农业原来的生产条件很差，而且现在还基本上是手工操作，使用旧式的、简单的生产工具。因此，生产力的发展还是有限的，农业的劳动

生产率还是不高的。就是说，每个农业劳动力每年生产的粮食、棉花、油料和其他农副业产品还是不多的。在这种情况下，我们的农业就不能很好地满足社会主义建设事业，特别是工业化事业对于商品粮食和工业原料日益增长的需要，也不能更多地增加集体经济和农民的收入。要解决这个问题，就必须进一步地巩固农村人民公社集体经济、发展农业生产。

我们应当怎样来进一步巩固农村人民公社集体经济、发展农业生产呢？最根本的办法是：在认真地贯彻执行党对人民公社的各项政策，进一步调动广大社员的集体生产积极性的同时，积极地进行农业的技术改革，逐步地实现农业的现代化。

在农业实现了集体化以后，进行农业技术改革，是更迅速地提高劳动生产率、提高单位面积产量、扩大耕地面积、发展农业生产的根本出路。目前，我国农业劳动生产率和单位面积产量还是比较低的，最重要的一个原因，是技术装备落后。比如，我们的一些机械化程度比较高的国营农场，一个农业劳动力，平均每年能够生产3万斤左右的粮食。而我们主要依靠手工操作的农村人民公社生产队，一个农业劳动力，平均每年只能够生产几千斤粮食。为什么会有这样大的差别呢？原因很简单：一个主要靠机器生产，现代化程度高；一个主要靠手工操作，还没有什么现代技术装备。所以，我们要更快地发展农业生产，必须集中力量，积极地进行农业的技术改革。从上面的举例中，可以看出：在提高农业劳动生产率和提高单位面积产量方面，存在着很大的潜力。只要我们积极地、有步骤地、因地制宜地进行技术改革，比如说，使用机械，实行深耕；增施化肥，提高地力；采用农药，防治病害、虫害；增修水利，改善灌溉条件，等等，就可以使农业增产的潜力发挥出来，不断地提高单位面积产量，提高劳动生产率。只有我们的农业充分地发展起来了，我们的工业和整个国民经济才能得到顺利的更大的发展。

进行农业技术改革，在农业中广泛地采用现代化的农业技术装备，是在新的条件下，进一步巩固人民公社集体经济，进一步团结和教育农民的重要的物质基础，也是进一步巩固和发展工农联盟的重要的物质基础。

只有社会改革，而没有技术改革，或者只有技术改革，而没有社会改革，没有思想革命，新的社会制度是不会真正巩固的。毛泽东同志说过：严重的问题是教育农民①。我们知道，农民长期是在小农经济的条件下生活的，他们带着小生产者的思想和习惯进入了社会主义社会，这种思想和习惯同集体经济是相抵触的。农民小生产者的自私心理、旧的思想和习惯，是长期的手工劳动和个体的私有经济制度的产物。为了使他们彻底地、最后地摆脱小生产者的思想和习惯，在对农民不断地加强思想政治工作，加强社会主义教育的同时，还必须积极地、认真地进行农业的技术改革，使集体经济不断地被现代的科学技术装备起来，用机器来代替手工操作，使农业生产不断地、迅速地增长起来，使集体经济的收入和农民的收入不断地提高起来。这样，农民的集体主义思想才能够牢固地树立，农村人民公社集体经济，才能够日臻巩固。许多事实证明，有些农民，虽然参加了农业集体经济，但是，在他们的思想里，还这样或者那样地留恋过去单干的日子。随着集体经济的发展，随着社会主义教育的深入，他们的收入比在单干的时候增加了，从而他们思想里的集体的因素就多了，单干的因素就少了。当集体经济的生产用上了拖拉机，用上了排灌机械，用上了化肥、农药，生产搞得更好了，集体和个人的收入更多了，他们受到的社会主义教育更多了，他们的思想也就越宽阔了，单干自私的心理也就越少了。他们说：拖拉机耕了地，也耕了心，拖拉机把土地连在一起了，把人心也连在一起了。他们才不再留恋过去单干受苦的日子，而坚信只有社会主义大农业，才是唯一的光明大道。列宁说：改造小农，改造他们的整个心理和习惯，是需要经过几代的事情。只有有了物质基础，只有有了技术，只有在农业中大规模地使用拖拉机和机器，只有大规模地实行电气化，才能解决这个关于小农的问题，才能使他们的可以说是全部的心理健全起来。只有这样才能根本地和非常迅速地改造小农②。列宁在这里非常强调农业的技术改革，认为它是团结和改造农民的物质基础。

从这里也就可以清楚地看到，实现农业技术改革，对于进一步巩固工

① 《毛泽东选集》第四卷，人民出版社1960年版，第1482页。
② 《列宁全集》第32卷，人民出版社1958年版，第205页。

农联盟有着何等重要的意义。大家知道，我国工人阶级领导下的工农联盟，在不同的革命阶段是有不同的基础的。在新民主主义革命时期，这个基础，在政治上是反对帝国主义、反对封建主义、反对官僚资本主义，而最重要的物质基础，则是党领导农民实行土地改革。在这个基础上，我们取得了新民主主义革命的彻底胜利。在土地改革完成以后，在社会主义革命时期，党领导农民实行农业集体化，我国的工农联盟又建立在农业集体化的基础上。在这个基础上，我们取得了对手工业和对资本主义工商业社会主义改造的胜利。不搞农业合作化（即集体化），农民必然向两极分化，工农联盟就无法巩固，统购统销也无法坚持，对手工业，特别是对资本主义工商业的社会主义改造，也就不能顺利地进行。只有在农业合作化的基础上，才能使全体农民走向富裕的道路而避免两极分化，才能使统购统销的政策彻底实行，才能使工农联盟更加巩固，才更加有利于对手工业、特别是对资本主义工商业的社会主义改造。现在，我国的工农联盟已经进入了一个新的阶段，这就是：不但要把工农联盟建立在不断巩固农村人民公社集体经济的基础上，而且要建立在逐步进行农业技术改革，逐步实现农业现代化的新的基础上。单有农业合作化、人民公社化而没有农业现代化，工农联盟还是不能进一步巩固和发展的。我们进行社会主义革命和社会主义建设，都离不开 5 亿多农民。农民是工人阶级的可靠的同盟军。工业为农业服务，积极支援农业，实现农业的技术改革，就会进一步调动和发挥 5 亿多农民建设社会主义的积极性，进一步加强工农联盟。因此，我们应当积极地进行农业技术改革，逐步地实现农业现代化，使我国的工农联盟进一步地巩固和发展，从而不断地取得社会主义建设的新胜利。

由此可见，有步骤地推进农业技术改革，使我国的集体农业，在技术上逐步实现现代化，这不但是加速发展农业生产、促进工业和整个国民经济大发展的必由之路；而且是从思想上、政治上和物质技术上进一步巩固和发展农村人民公社集体经济、进一步巩固和发展工农联盟的必由之路。

（二）农业的技术改革同社会主义工业化的关系

我国农业的技术改革同我国社会主义工业化是一个统一的不可分割的

过程。农业的技术改革，要以社会主义工业化为条件。没有社会主义工业化，农业就得不到技术改革所必需的机械、化学肥料、农药、水利建设、电力建设、运输设备、民用燃料、民用建筑材料，等等。这样，当然也就不可能实现农业的技术改革，实现农业的现代化。同样，我们要发展社会主义工业，实现工业的现代化，这不但取决于我们有多少矿产资源，我们的工业能够为自己提供多少设备，我们的技术力量成长得快慢，等等，这些工业本身的条件；更重要的则是取决于作为工业发展的基础的农业为工业所提供的条件，即农业能够提供多少商品粮食、工业原料、劳动力、市场和资金，等等。这些条件，对于工业发展的快慢，有决定性的作用。如果农业不能够为我国工业的发展提供这些必要的条件，那么，我国社会主义工业能不能够顺利地发展呢？当然是不能够的。

我们只有在逐步完成社会主义工业化的过程中，积极地推进农业的技术改革，逐步地实现农业的现代化，我国的工业才能得到越来越多的商品粮食和工业原料，才能不断地补充必要的劳动力，也才能不断地扩大这个拥有5亿多农民的国内市场，并且从农业方面不断地增加资金积累。这样，不但可以使我国农业的现代化进行得更快一些，更好一些，而且可以促进我国社会主义工业化进行得更快一些，更好一些，可以促进我国整个国民经济发展得更快一些，更好一些。

有人认为，要加速社会主义的建设，只能先集中力量发展工业，等到我国社会主义工业化完成以后，再来进行农业的技术改革，到那时候，农业的技术改革就可以自然而然地实现了，现在何必着急呢？这种把社会主义工业化同农业技术改革这个统一的过程人为地分割开来的观点，是不正确的。因为实现社会主义工业化和实现农业技术改革，是互为条件、互相结合、互相促进的。绝不能把它们分割开来或互相孤立起来，不可以只强调一面，忽视或者放松另一面。

就工业本身来说，只有加速农业的技术改革，才能使农业给工业提供越来越多的粮食和原料，并且有计划地为工业提供劳动力。在这种新的情况下，如果孤立地强调社会主义工业化，而忽视农业技术改革，如果只顾工业本身的发展，而不采取积极的步骤加速农业的技术改革，其结果不但不能保证农业生产的顺利发展，同时也会阻碍工业生产的顺利发展，因而也就要延缓社会主义建设的速度。

我国社会主义经济建设的发展，不能长期建立在生产技术很落后的农业的基础上。因此，我国的社会主义工业化，不应当只是以建立一个为本身服务的独立的、完整的、现代化的工业体系为满足。社会主义工业化的任务，就是要对国民经济各部门首先是对农业部门进行技术改革，把它们提高到现代化大生产的技术基础上来。社会主义工业化不应当只是以先进技术来装备工业部门为满足，而应当使农业和国民经济其他部门，同工业部门一样，也都用现代化技术装备起来。应当说，实现农业的机械化、电气化、水利化、化学化，这不但是农业现代化的任务，而且是工业现代化的任务。在我们这样一个具有六亿五千多万人口而农民又占5亿多人口的大国中，尤其是如此。

我们的社会主义工业化的过程，是使工业生产和农业生产更加接近，工人和农民更加接近，城市和乡村更加接近的过程。因此，我们的社会主义工业化的过程，也必然是不断地用新的技术来装备农业、发展农业生产力的过程。社会主义制度固然不能建立在一方面是社会主义公有制，另一方面是农民个体经济私有制这样两个不同的基础上，而且也不能够听任工业的现代化生产和农业的手工劳动长期并存。现在，我国社会主义建设已经进入了一个新阶段。在整个国民经济的全面发展中，要求农业以更快的步伐向前发展，与工业的发展相适应。要保证工业和农业持久的互相适应，只有逐步使工业和农业建立在同一的现代化的生产技术基础上才能达到。坚持实行党的社会主义建设总路线和以农业为基础、以工业为主导的发展国民经济的总方针，加强工业对农业的支援，加速农业的技术改革，就可以使我国的农业和工业获得共同的高涨，使我国的工农联盟在工农业现代化生产的物质技术基础上更加巩固起来，直至最后消除城乡差别和工农差别，体力劳动与脑力劳动差别，实现共产主义的伟大理想。

（三）我国实现农业技术改革的条件

我国广大农民多少年来就向往着用机器来代替手工劳动，用电力或者其他动力来代替人力和畜力，用我国丰富的水源来灌溉耕地，用效率高的肥料来代替效率低的肥料。这些，在旧中国，在小农经济的条件下，当然是不可能实现的幻想。但是，在中国共产党和毛泽东同志的领导下，在我国取得了社会主义革命胜利和建立了社会主义制度的条件下，我国农民的这种愿望却是完全可以实现的，而且正在一天一天地实现着。

1. 党的领导和社会主义制度，这是实现我国农业技术改革的决定条件

党领导全国人民，按照党中央和毛泽东同志所制定的民主革命时期的总路线，经过长期奋斗，取得了新民主主义革命的伟大胜利，在1949年10月建立了工人阶级领导的、以工农联盟为基础的人民民主专政的中华人民共和国。从这时起，我国就进入社会主义革命时期。十多年来，在党和毛泽东同志领导下，我们又取得了社会主义革命的决定性的胜利，并且取得了社会主义建设的伟大成就。从1949—1952年年底，我们用了三年多的时间，顺利地完成了国民经济的恢复工作，彻底地完成了民主革命时期遗留下来的任务（土地改革、镇压反革命，等等）；并且在这个时期里，打败了美帝国主义的侵略，取得了抗美援朝战争的伟大胜利。1952年年底，党中央和毛泽东同志制定了过渡时期的总路线，即社会主义革命和社会主义建设同时并举的总路线。在这条总路线的指导下，从1953—1957年，我们用了五年的时间，基本上完成了对农业、手工业和对资本主义工商业的社会主义改造，建立了社会主义的国民经济体系，超额完成了国民经济的第一个五年计划，奠定了社会主义工业化的初步基础。在这一时期，我们除了在经济战线上取得了社会主义革命的决定性的胜利以外，还在政治战线上和思想战线上取得了社会主义革命的决定性的胜利。由于经济战线、政治战线、思想战线上社会主义革命的决定性的胜利，大大提高了全国人民的政治觉悟和劳动积极性，从1957年冬天开始，在全国范围内出现了群众性的大规模的生产运动。

在这种新的形势下，1958年5月召开的党的第八届全国代表大会第二次会议，根据毛泽东同志的倡议，制定了鼓足干劲、力争上游、多快好省地建设社会主义的总路线。这条总路线集中地反映了六亿五千万人民要求超速改变我国"一穷二白"状况的迫切愿望和雄心大志。在社会主义

建设总路线的鼓舞下，全国人民意气风发，斗志昂扬，展开了轰轰烈烈的社会主义劳动竞赛，在各方面都出现了崭新的局面。接着，我们又对国民经济进行了调整、巩固、充实、提高的工作，取得了新的成就。这样，就从政治、经济、技术各个方面为进行农业技术改革、实现农业现代化准备了条件。

2. 我们已经建立起来的相当大的社会主义工业基础，是实现农业现代化的一个基本条件

我们现在已经建立了基础比较强大、部门比较齐全的重工业。拥有了一系列的新的工业部门，其中包括直接为农业服务的工业生产部门。我国农业技术改革所需要的各种机器、电器和农具，大部分都能够自己制造了。过去我们不能生产拖拉机、汽车等，现在能够生产了，而且已经能够大量生产了。农业用的排水灌溉机械，已经在大量制造、大量供应。制造各种农业机械所需要的各种金属材料，大部分也可以自给了。过去工业供应农业的钢材，每年只能有几万吨，而现在能够有几十万吨到百多万吨了。化学肥料、农药的生产能力，有了很大的增长。过去工业每年只能供应农业化学肥料几万吨，而现在却能够供应200多万吨了。作为农业机械动力的主要燃料——石油工业的生产，有了很大的发展；煤炭、电力工业的发展也是很快的。过去农村用煤每年只能供应1000多万吨，而现在已经能够供应几千万吨了；过去工业每年只能供应农村一亿多度电力，而现在却能够供应十多亿度的电力了。同时，农业用的建筑材料工业，也有了新的发展。

特别需要提到的是：几年来地方工业有了很大的发展。工业布局有了相当的改善，许多过去没有现代工业的省份，现在都开始建立了现代工业。在我国辽阔广大的土地上，已经建立起一个粗具规模的从城市到农村的城乡工业网。我国的县城和许多集镇，已经不再是只有几家制造和修理简陋农具的铁匠炉、木匠铺、麻绳铺、皮件铺的情况了；现在许多县城，许多集镇，已经有了小型的农具制造厂、农具修配厂，有的地方还根据当地的资源条件，建立起小煤窑、小炼铁厂、小水泥厂、小型发电站，等等。这种地方工业，接近农村，是加速农业技术改革、实现农业现代化的

一支突击队。有了国家的大型工业企业，又有地方的中、小型工业企业，这就使我们在向农业现代化进军中，不但有了主力军，而且有了实力雄厚的地方军。

3. 我国农业集体化的实现，这是使我国农业由使用人力、畜力的小规模经营跃进到使用机器的大规模经营的又一个基本条件

我们党在领导农民完成了反对封建的土地制度的改革以后，又采取逐步前进的办法，进行了农业的社会主义改造。第一步，在农村中，按照自愿和互利的原则，号召农民组织仅仅带有某些社会主义萌芽的、几户为一起或者十几户为一起的农业生产互助组。然后，第二步，在这些互助组的基础上，仍然按照自愿和互利的原则，号召农民组织以土地入股和统一经营为特点的小型的带有半社会主义性质的农业生产合作社。然后，第三步，才在这些小型的半社会主义的合作社的基础上，按照同样的自愿和互利的原则，号召农民进一步地联合起来，组织大型的完全社会主义性质的农业生产合作社[①]。农业集体化的实现，便于加速农业的机械化、电气化、水利化、化学化，并且便于发挥农业机械的威力。

此外，还应该看到，在过去几年中，我国农业科学技术工作有了很大发展；同时，许多国营农场和人民公社的生产队对于农业技术改革，特别是对于采用新式农具、改良农具以及实现农业的半机械化、机械化方面，做了很多试验和推广的工作。这都为加速农业技术改革准备了条件。

早从 1956 年起，在农业社会主义改造基本完成的基础上，农村的农具、工具的改良和技术革新运动就开始蓬蓬勃勃地发展起来了。特别是从 1958 年以来，由于水利建设的展开，农业"八字宪法"的推行，在农业技术改革方面，又有了新的进展。到 1962 年年底，全国已经拥有的拖拉机，比 1957 年增加了 4 倍多。机耕的土地面积，占全部耕地面积的近 1/10。全国已经拥有的排灌机械，比 1957 年增加 10 倍；使用电力灌溉的面积，1957 年占 4%，1962 年已经达到 17%。并且已经培养出一批技术力量和管理干部。这也是我们进一步实现农业技术改革的有利条件。

---

① 毛泽东：《关于农业合作化问题》，人民出版社 1955 年版，第 27 页。

正是由于具备了以上种种条件，所以，对于农业技术改革的问题，对于农业现代化的问题，就有可能而且应当从过去试点的阶段进入到积极地有计划地推行的阶段了。

三　我国农业技术改革的主要内容

农业的技术改革，就是要把我国农业由目前主要是手工操作的状况，逐步地转移到现代化技术基础上来，进行农业的技术革命，实现农业的现代化，就是要实现农业机械化、电气化、水利化、化学化，以及广泛地应用现代科学技术。这几个方面是相互联系的，其中心环节是机械化和电气化。在最近若干年内，我们要特别着重抓化学肥料和农药的生产，要积极地开展水利建设。

下面，分别说一说农业机械化、电气化、水利化、化学化的具体内容。

（一）　实现农业机械化

实现农业机械化，就是要逐步地、积极地把当前我国农业生产从主要地使用手工工具和畜力工具，改变为主要地使用机器。机器是节省劳动的最有力的手段。根据黑龙江省的调查材料：农业劳动者使用不同的农业生产工具所创造的农产品的产量和农产品的商品率是有很大不同的。使用现代化机器、基本上实现了机械化生产的国营农场，每个农业劳动力全年平均创造的产值为 3000 元左右；生产粮食 3 万斤左右，商品率 74%。使用一部分现代化农业机器（拖拉机）、一部分改良农具，实现了半机械化生产的农村人民公社，每个农业劳动力全年平均创造的产值为 1200 元左右；生产粮食 1.5 万斤左右，商品率占 60%。而使用旧式农具比重较大的农村人民公社，每个农业劳动力全年平均创造的产值为 700 元左右；生产粮食 8000 斤左右，商品率只占 40% 左右。这就是说，使用现代化机器生产的国营农场的一个劳动力，比使用半机械化农具生产的一个劳动力，一年可以多生产 1.5 万斤粮食，可以多给国家提供 1.32 万斤商品粮食；比使用旧式农具生产的一个劳动力，一年可以多生产 2.2 万斤粮食，可以多给国家提供 1.9 万斤商品粮食。由此可见，机械化了的农业生产单位比半机械化的农业生产单位，在生产粮食方面，劳动生产率高 1 倍，商品粮食的产量高 1.47 倍；机械化了的农业生产单位，比使用旧式农具的农业生产单位，劳动生产率高 2.75 倍，商品粮食的产量高将近 6 倍。从这里可以看出：只有逐步地积极地实现机械化，我国农业的劳动生产率才能迅速地提高，农民的体力劳动才可以减轻，并且才有可能从农业战线上有计划地抽出劳动力来满足工业以及国民经济其他方面日益发展的需要。

过去十多年来，我们在实行农业机械化方面，做了不少的工作，取得了很大的成绩。拿拖拉机来说，解放以前，全国只有 1200 多台，而到 1962 年增加了将近 100 倍。拿河北省来说，全省现有拖拉机 8500 多台，比 1958 年增加将近 1 倍。各县有了拖拉机站，机耕面积可以增加到 2100 万亩，占适宜机耕的土地面积 1/5 强。[①] 尽管这样，拖拉机还是很不够用的，从全国来说，机耕面积还不到 1/10，离实现农业机械化，还差得很远。

实现农业机械化，应当从哪里着手呢？应当从农村最费劳动力的地方着手。哪里最费劳动力，哪种活最累人，就从哪里开始。目前农业机械化的重点，应当放在劳动量最大、劳动强度最高、农时要求最紧迫的作业方面。我国农业的一个重要特点是精耕细作，农业的机械化应当服从农艺的要求。选用和创造新农具，首先要求能够增产，在保证农业增产的条件下，尽可能提高效率，尽可能扩大使用范围和能够综合利用，尽可能节省燃料和就地利用各种廉价的自然能源，如水力能、风力能、潮汐能和天然气，等等。

一般来说，农业的田间作业，如耕地、耙地、播种、中耕、植物保护、收获，农田排水灌溉，积肥、造肥，农村运输，农副产品加工，以及畜牧、造林等，都是使用劳动力很多，而且比较吃力的。特别是田间作业、排水灌溉、农村运输、农副产品加工，费力更多。在推广农业增产的"八字宪法"以后，上面所说的几个方面，更加迫切地需要机械化。因此，首先应当在这些方面实现半机械化、机械化。

[①]　《河北日报》1962 年 9 月 27 日第一版。

在田间耕作机械化方面，要改革和推广深耕的机械、改良土壤的机械、选种的机械、密植的机械、田间管理的机械（如改良耙、开沟犁、中耕犁、中耕机、水田耘田除草器等）、收割的机械、脱粒的机械，等等。

田间的动力问题，是实现农业机械化首先要解决的问题。在这方面，要进一步系统地研究和总结现有的各种不同型号的拖拉机在各个地区的使用经验，对它们进行经济的、技术的全面分析，以便更好地进行拖拉机的选型、定型工作，确定各个不同地区所需要的不同的拖拉机型号。对于水田使用的拖拉机，对于小马力的手扶拖拉机，对于沤田地区、湖田地区的电动、机动绳索牵引机，都要进行认真地研究，得出正确的结论，选定适当的型号，进行试制。对于各种拖拉机的配套农具，包括播种、中耕、植物保护、收获等各种农具，不管是垅作的农具或者平作的农具，都要同各种拖拉机的选型、定型工作结合起来，加以研究解决。

关于拖拉机的选型问题，根据我国农业生产的特点和几年来的实践经验，拖拉机的型号，应当是大、中、小型同时并举，而以中、小型为主。理由是：第一，中、小型拖拉机，尤其是小型拖拉机，适合我国的自然地理条件，使用起来轻便灵活，既能上山，又能下水；既能翻耕土地，又能锄草；既适合于平原，也适合于丘陵地区。第二，在使用上，中、小型拖拉机比大型拖拉机较为经济合理。第三，从制造方面来说，建设中、小型拖拉机工厂比较容易。第四，中、小型拖拉机价格较低，对农业来说，投资较少，见效较快。

在农田排灌机械化方面，适应既能排灌，又能综合利用的要求，排灌机械也要大、中、小型相结合，而以小型为主。要简化现有的排灌动力机械的系列，增加短缺品种，同时，解决机、泵、管、带的配套的标准设计问题。

在农村运输机械化方面，应当改进人畜力车、非机动船，加强拖拉机动力的综合利用，适当发展现代化运输工具和超重输送机械。对于手推胶轮车、独轮小车、畜力大车，要根据可能的条件，采用滚珠轴承、减轻拉力，提高功效。要研究、设计同各种拖拉机配套的拖车和机动船拖带的各种拖船。适当发展中、小型农用载重汽车、摩托车，以及既能进行田间作业又能运输的汽车拖拉机；在南方水网地区，要适当发展运输和排灌两用的小型机动船。

同时，要设计和选择适合山区、丘陵地区、平原地区需要的平整土地、修筑道路、进行水利和水土保持、治理碱地的机械。

由于目前农村积肥、制肥、施肥的运输过程，使用劳动力很多，因此，在实行农村运输机械化的时候，要同时大力改革积肥、制肥、施肥的工具，使它们尽可能地半机械化、机械化。

在农副产品加工机械化方面，就粮食加工的机具来说，要创造和推广碾米、磨面的机器，研究和试制薯类切片、切丝和烘干的机具。对于牲畜饲料的加工机械，如切草机、饲料粉碎机等，要给以足够的重视。对于轧花、剥麻、采茶、甘蔗剥皮、制糖、榨油、制粉、打绳、缫丝、编织等方面，也要尽可能实行半机械化、机械化。

除了上面所说的以外，对于林业、畜牧业、副业、渔业、基本建设等方面，都要尽可能实行半机械化和机械化。总之，用机械装备农村，是促进农业、林业、牧业、副业、渔业综合发展的一个重要的条件。

为了实现农业机械化，生产农业机械的部门，一方面要充分地发挥现有企业的生产潜力，对现有企业逐步进行技术改革，尽可能地增产各种农业机械和改良农具，以满足农业当前的需要；另一方面，要根据农业机械化的规划，加速新企业的基本建设，扩大现代化农业机械的生产能力。经过这两方面的努力，大大提高农业机械的生产能力，以便源源不断地制造多种机器，装备农业。

农业机械化的发展，不但要重视各种农业机械的制造，而且要重视农业机械的维修。如果只注意增添新的机械，而不注意很好地使用现有的机械，而不精心地做好现有机械的维护和修理，那将会造成很大的浪费。为了加强农业机械的维修工作，我们应当加强农业机械修理厂、修理站，适当配备技术人员，并且有计划地组织各种零件、配件，特别是易损零件、配件的成批生产，供应各修理部门使用，使修理工作能够顺利进行和就地进行。

（二）实现农业电气化

随着农业机械化工作的展开，还必须相应地解决农业的动力问题。实现农业电气化，是解决农业动力问题的根本途径。实现农业电气化，就是要把主要地使用人力和畜力作为基本动力的状况，改变为主要地使用电力和其他机械动力。

根据河北省霸县农村电气化的调查，使用电力做动力，有以下优点：第一，效率高成本低。以砖井为例，用两个人、两头牲口，一台水车一天只能浇地一亩半左右；若以电力代替牲口，一天可浇地5—6亩；若完全改用电机和水泵，两个人一天可浇地10—15亩。可见，电力水车比人畜水车的效率高达4倍左右，电机水泵比人畜水车高十多倍。如果要改成机井电力，效率就更高了。同时，每亩地的灌溉费用，电力灌溉比人力、畜力灌溉要便宜得多。第二，用途广。能用电浇地、排水，也能用电弹棉花、锄草、磨面，进行各种农副产品的加工，还可以用电点灯照明，收听广播。第三，使用方便。电动机轻巧灵便，容易搬动，到处都可使用，适应农业生产季节性和一定程度的分散性的特点。正因为有这些优点，所以电气化在农村发展很快。这个县在农村办电的结果，提高了抗灾能力，取得了保收增产的效果。1962年虽然遭到严重的旱涝灾害，粮食产量却仍达到了历史上最高年份的水平。同时，用电力加工农副产品，腾出了大量的人力、畜力，加强了农业生产第一线；并且巩固了集体经济，改善了社员生活，因此，受到广大社员的热烈欢迎。

当然，实行农业电气化是需要一定条件的。在大城市附近，在电网范围以内，这些靠近电源和其他动力资源（如大河、水库等）的地区，实行电气化就有较好的条件。农业电气化，应当从这些地方开始。

动力能源是实现农业电气化所不可缺少的条件。而在这方面，我们有着非常有利的条件。我国的水力资源约有5.8亿万千瓦，占世界的第一位。目前我们已经建成了一批大、中型水电站，农村水电站和水力站也有了一定的发展。我国煤炭资源也很丰富，在全国大多数的县，有煤炭资源，可以用来发电或者生产其他动力。除此以外，还有天然气、风力、太阳能等动力能源可以利用。我们应当充分地利用这些有利条件，全面规划，加强领导，因地制宜地积极地发展农村的水电站和火电站以及天然气站、沼气站，等等。特别是要结合农田水利化，综合利用水力资源，尽量利用水的落差，有计划地发展中、小型水电站。工业部门应当作出几种适合于农业电气化需要的小型水力电站和火力电站的设计，并且有计划地生产小型发电设备和与之相适应的配套设备，以加速农业的电气化。

（三）实现农田水利化

农民说，"有收无收在于水"，这是非常对的。水利是农业的命脉。实现农田水利化，就是要战胜洪、涝、旱、碱、潮等灾害，变水害为水利，把一切可能用水灌溉的土地，逐步地做到用水来灌溉。把一切可以利用的河流逐步地利用起来，为人民造福。

新中国成立以来，特别是第二个五年计划期间，全国兴修了数以万计的水利工程。大型水库，解放前只有5座，现在已有200多座；中型水库，解放前只有15座，现在已有1000多座；小型水库，解放前也很少，现在已有7000多座。同时，整修了十多万公里的江河堤防、海塘和圩壔工程；兴建了大量的渠道工程；疏浚和开挖了不少排水河道和排水工程，并且建成了许多大中型涵闸工程。这些工程对于灌溉、防洪、排涝以及发电等方面，发挥了很大效益。一般来说，水浇地比旱地的产量要多百分之几十以及1倍左右。我国在解放以前，可以灌溉的土地只有2亿多亩，现在已经扩大到5亿亩，增加了1倍多。水土流失面积，有不少已经得到初步控制。洼地易涝面积，也有不少得到了初步的治理。水利建设的巨大发展，对抗御水、旱灾害，保证农业增产，起了很大作用。

实现农田水利化，就是要使已经修成的水利工程充分地发挥作用；在已有的基础上进一步提高抗御水、旱灾害的能力；在没有解决水利问题的地方，根据可能的条件，有计划地举办新的水利工程。要根据可能的条件，把大、中、小型水利工程结合起来，尽量做到综合利用，使能发电的工程，尽可能发电，能通航的河段，尽可能通航；能流送木材的，要畅通无阻地流送木材；并且发展多种多样的水产，做到水尽其用。

实现农田水利化，就是要做到无雨保收成，大雨不成灾。使所有的江河能抗御一定的洪水；使易涝地区能抗御一定的涝灾；使全国绝大多数耕地能抗御干旱灾害；使沟壑地区遇有暴雨，土不下坡，水不出沟；使沿海地区不发生潮水倒灌。在基本上实现农田水利化以后，我们再进一步迈向更伟大的目标。

实现农田水利化，就要使水利建设逐步实行机械化。我国人民的革命干劲，再加上机器，就可以移山倒海，变水害为水利。

要实现农田水利化，除了进一步改善现有的灌溉系统以外，同时，还要逐步地用机器来代替人力灌溉、排水。灌溉、排水所用的农业劳动力是很多的，就以稻田灌水来说，它所耗用的劳动力，就占稻田需用劳动力总数的1/3左右。而使用排水灌溉机器，就可以代替大量的劳动力。根据河北省藁城县城关公社北马村大队的调查材料：一眼可用电力灌溉的机井，只要5个劳动力。它所浇的土地，如果用畜力水车，就得17架水车，34头牲口，17个劳动力，如果用人力而不用牲口拉水车，就得119个劳动力[1]。可见，排水灌溉机械化，能够节省出多么大量的劳动力！解放前我国机械排灌设备很少，现在已经有好几百万马力；解放前几乎没有什么电力排灌设备，而现在已经有140多万千瓦。但是，要实现全国排水灌溉的机械化，还需要更多的排灌机械。我们必须作长期的艰巨的努力。

（四）实现农业化学化

在农业中广泛地采用化学，是农业技术改革中的一个重要问题。在农业的化学化方面，要特别注意积极地增加化学肥料和农药的生产。

肥料，是农业增产的基本要素之一。老农常说："有收无收在于水，收多收少在于肥。"这正恰当地说明了肥料对于农业增产的重要作用。我们知道，农作物的生长，除了需要水分、二氧化碳和日光以外，还需要从土壤中吸收氮、磷、钾、铁、硫、钙、镁、硼、锰、钴、铜等多种化学元素。其中氮、磷、钾的需要量最多，这是三种最重要的肥料。

氮肥包括硫酸铵、硝酸铵、硫硝酸铵、硝酸铵钙、氯化铵、尿素、石灰氮等。使用氮肥，能够使农作物生长茁壮，躯干肥大，增加分蘖，促进大穗的形成，提高蛋白质的含量，所以对农作物增施氮肥，可以增加产

---

[1]　《河北日报》1962年11月29日第二版。

量、提高质量。

磷肥包括过磷酸钙、三氯过磷酸钙等。使用磷肥，可以加速农作物的发育，促使它们提早结实，穗粒增多，籽实饱满，并且可以提高农作物的抗旱性和耐寒性，因而有利于提高农作物的产量。

钾肥包括硫酸钾、氯化钾等。使用钾肥，可以使农作物躯干坚强，不易倒伏，并且增加农作物抵御病菌害的能力。

氮、磷、钾等肥源，可以从农家肥料（有机肥料）中取得，也可以从化学肥料（无机肥料）中取得。农家肥料当然是一种很好的肥料，它除了供给农作物以必需的营养元素以外，还可以改良土壤的物理、化学性能和生物的特性，能够熟化土壤，培养地力。化学肥料，也有它的优点，这就是：第一，肥效高、肥力大。一斤氮肥（硫酸铵），可以增产稻谷3—5斤，能顶40斤人粪尿；一斤磷肥（过磷酸钙）能顶一百多斤农家肥料；一斤钾肥（硫酸钾）能顶10斤草木灰。第二，见效快。由于大部分化学肥料是水溶性的，遇水就能溶化，施到土壤里面，很容易被农作物吸收利用。第三，由于肥力大，便于运输，使用时可以节省劳动力。根据调查材料，目前我国农村用于积肥、运肥、施肥的劳动力，一般占全部农业劳动力的1/5以上，有的甚至高达一半。如果能够增加化学肥料，就可以节省出大量的劳动力，用于田间管理和其他方面，这对于增加农业生产也是有利的。因此，我们的做法应当是农家肥料和化学肥料同时并举，来促进农业增产。

目前，我国大量地普遍地采用的，还是农家肥料，化学肥料正在逐年增加。我国工业供给农业的化学肥料，1949年只有2.7万吨，而到1962年已经增加到230多万吨。但是同农业生产对于化学肥料的需要相比，还差得很远。因此，我们必须以更大的力量来加快发展化学肥料工业，大量地开发和充分利用我国极其丰富的硫矿、磷矿、钾矿和石膏等矿物资源。鉴于我国现时化学肥料的生产能力不足，在充分发掘现有企业生产潜力和加快建设正在施工工程的同时，还需要建设一批新的化学肥料厂，并且力争这些工程尽早投入生产，以便为农业提供更多的化学肥料。

我们在积极地发展无机化学肥料生产的同时，绝不可以忽视增产农家肥料。即使在我国能够生产很多化学肥料以后，农家肥料不但不可以减少，而且还应当增加。所以养猪、养羊、养大牲畜积肥，特别是养猪积肥，制造大量的有机肥料，这是我们在任何时候都要积极进行的。一头猪一年可以积造厩肥 1 万斤左右，相当于 120 斤顶好的无机化学肥料。可见，一头猪就是一个小型有机化学肥料工厂。我国养猪近亿头，一年就可以生产相当于 600 万吨的化学肥料，相当于目前我国生产的无机化学肥料的 3 倍。如果我们能够做到平均一个人养一头猪，那么，将可以得到比现在更多得多的有机化学肥料。而且猪肉可以吃，猪鬃、猪皮是日用工业品的原料，猪的内脏是贵重药品的原料。猪浑身是宝，它身上的每一部分，只要充分利用，都有重要的经济价值。像这样大好的事情，我们何乐而不为呢？

在农业中广泛地应用化学，除了加快化学肥料的生产以外，还应当积极增产农药。农药不但限于保护植物，而且能够刺激和控制它们的生长。农药包括杀虫剂、杀菌剂、植物刺激剂、除莠剂、熏蒸剂、杀鼠剂、杀线虫剂、防治病毒剂、增效剂、辅助剂，等等。目前植物病害、虫害，对于农业生产的危害甚大，往往每年造成近百亿斤粮食和近百万担棉花的巨大损失；因此，需要有计划地发展各类农药的生产，以加强农业的抗灾能力，保证农业的增产。

农业技术改革的内容是极为丰富的。除上面所说的农业的机械化、电气化、水利化、化学化以外，还应当包括在整个农业生产过程中，广泛地采用现代科学技术，改造农业的自然条件。如改良土壤，选育良种，改善耕作技术，等等。要把这些工作做好，都离不开现代的农业科学技术，都需要对我们的农业进行技术改革。关于这一方面的问题，将在第六章中再来讨论。

农业技术改革，给我国农业的大发展，展开了一个极为良好的前景。它将使我国农业生产的面貌全部改观，它将把我国农业生产推进到一个很高的水平。但是，对于农业技术改革的巨大作用，并不是所有的人都很清楚地了解的。有的人，虽然也承认农业技术改革可以大大地节省人力，可以大大地提高劳动生产率，可是他们对于农业技术改革能不能增产，还有怀疑。这种怀疑，是需要用事实来回答的。

河北省藁城县城关公社才开始进行农业技术改革，就获得了显著的增产。这个公社全部耕地实行了电力灌溉，30%以上的耕地，实行了机器耕种，保证了农业生产的稳步上升。1962年，这个公社，粮食平均亩产562斤，皮棉平均亩产70斤，这是历史上从来没有达到过的最高水平。根据这个公社的材料，经过机器耕种的土地，比畜力耕种的土地，粮棉的产量一般地可以提高10%—20%。这个公社北马村大队的农民这样说：有了电动水井，就有了充足的水源，实现了天不下雨保收成。有了电力、机械，把大部分劳动力从水车旁、碾磨房里解放出来，就可以精管作物，多积肥料。过去每年最多耕两遍地，现在是春二秋二，耙三盖四；棉花整枝，也由两次增加到六七次。肥料也比过去增加很多。1962年每亩耕地平均施肥四方，比过去增加1倍多。同是一亩地，过去种一茬只收二三百斤，现在种两季，每季收三四百斤。①这个例子，对于那些认为农业技术改革不能增产的人，是一个很有说服力的回答。

还有的人认为，实行农业技术改革虽然好，但是用机器耕作要赔钱，不如用人力和畜力耕作更合算。这种认识，在于把个别农场和个别人民公社生产队在进行农业技术改革初期很难完全避免的某些暂时的缺点夸大了。他们没有看到，由于进行农业技术改革所带来的农业产量高、劳动生产率高、农产品的商品率高、农民文化技术提高、农民生活不断改善等大量的事实。只要摆出事实的全部情况，这种论点就站不住了。

我国农民不是多年来就向往"耕地不用牛、点灯不用油"的时代吗？进行农业技术改革，实现农业的现代化，我们就可以将凡是能够用机器耕种的土地，不再用牛、驴耕种，而用机器耕种；让所有的耕地，不再常常遭受严重的旱涝灾害，凡是能够用水来灌溉的，都用水来灌溉，并且不用人力灌溉，而用机器灌溉；农村运肥以及其他运输，就可以基本上不再主要依靠人力、畜力，而基本上使用汽车；农副产品加工，农村妇女缝衣、制鞋等家务劳动，就可以主要不用手工劳动，而实行机械化和半机械化；

---

① 《河北日报》1962年11月29日第二版。

同时，我们将把水力、火力、风力、太阳能变成电力，以大量地代替人力。毛泽东同志说过："社会主义不仅从旧社会解放了劳动者和生产资料，也解放了旧社会所无法利用的广大的自然界。人民群众有无限的创造力。他们可以组织起来，向一切可以发挥自己力量的地方和部门进军，向生产的深度和广度进军，替自己创造日益增多的福利事业。"① 很明显，随着我国农业技术改革的发展，随着农业劳动生产率的提高，我国的农村，不但将为我国人民提供比现在多得多的粮食、工业原料、畜产品和土特产品，而且将可能解放出几千万个以至成亿个劳动力来。这样雄厚的巨大的劳动力资源，是世界上任何国家都没有的。依靠这种力量，我们就可以在比现在大得多的规模上发展我们的工业、交通运输业、文化科学事业，发展我们所需要的一切事业；就可以为我们国家、为世界人类创造出无穷无尽的物质财富和精神财富，使我国在将来建成社会主义社会以后继续向人类最美好的理想——共产主义社会过渡。我国农业发展的伟大希望和未来就在这里，我们祖国光辉灿烂的前景也就在这里。

四   我国农业技术改革的特点和步骤

积极地进行农业技术改革，逐步地实现农业现代化，这是我国社会主义建设的一项基本任务，也是我国技术革命的一项最艰巨、最宏伟的历史任务。我们应当根据可能的条件，采取积极的措施，因地制宜地、有步骤地、有重点地来进行，争取在比较短的历史时期内完成这个伟大的任务。

（一）我国农业技术改革的特点

我们进行农业技术改革，实现农业的现代化，要根据我国的实际情况，总结我国农业生产的经验，同时，也要学习外国的首先是社会主义国家的先进经验。我们应当坚持实事求是、理论和实践相结合的原则，既要充分地重视现代的先进的科学技术成就，并且认真地掌握它；又要从我国的具体条件和特点出发，对全国农业进行周密的系统的调查研究，切实掌

---

① 《中国农村的社会主义高潮》中册，人民出版社 1956 年版，第 578 页。

握它的特点和规律，力求把世界先进的科学技术理论同我国农业的具体特点密切地结合起来。

在我国实行农业技术改革有哪些主要特点呢？

1. 农业技术改革必须适应我国复杂的自然条件，遵守因地制宜的原则

我国幅员广大，各地农业生产的条件很不相同。从自然条件来说，有地形地势、土壤性质、气温雨量等不同的情况。例如，有高寒地区，有亚热带地区；有山区、丘陵，有平原、洼地；有的地区四季如春，有的地区无霜期很短。从农作物的条件来说，有水作、旱作等不同的情况。从耕作制度来说，有轮作、换茬、间作、套种等不同的情况。从农艺条件来说，有深耕、浅耕、平作、垅作等不同的情况。同时，各地的人口密度、耕地数量、劳动力和畜力的多寡，以及水利设施和交通运输等条件，也各不相同。因此，农业技术改革的各种措施，农业机械的选择和推广，应当根据各地不同的自然条件、农作物种类、耕作制度、农艺技术等方面的具体情况，因地制宜地进行，绝不能千篇一律。

2. 农业技术改革要适合我国农业精耕细作的传统

我国农业由于广大劳动人民的勤劳智慧，已经形成了有数千年历史的精耕细作的优良传统。解放以来，尤其是农业合作化和农村人民公社化以来，5亿多农民在党的领导下，发挥了无穷的智慧和创造才能，使得过去几千年来的精耕细作的优良传统得到了新的发展，创造出许多高产纪录。党中央和毛泽东同志非常重视农民群众的这些创造，及时地系统地总结了他们的丰富经验，逐步形成为农业增产的土、肥、水、种、密、保、管、工"八字宪法"。这是具有很大科学意义的，这也是我国农业增产的主要途径。因此，我们的农业技术改革工作、农业机械化工作，应当围绕着农业"八字宪法"来进行，应当继续发扬我国农业精耕细作的优良传统。把这种精耕细作的优良传统和现代的科学技术很好地结合起来，使农业技术改革，不只是能够减轻体力劳动强度，提高劳动生产率，而且能够保证单位面积产量不断提高，保证农业生产不断增长。

　　3. 农业技术改革必须注意多种经营的需要

　　由于农业技术改革是在我国广大农村已经普遍实现了人民公社化的情况下进行的，农村人民公社是农、林、牧、副、渔综合经营，所以它不仅要求实现农业的技术改革，实现农业的现代化，而且要求林业、牧业、副业、渔业的技术改革，要求这些方面的现代化。因此，农村人民公社除了需要农业机械以外，还需要适用于综合经营的其他机械。以农业的现代化为重点，又考虑到逐步实现其他各业的现代化，把农村人民公社全部用现代技术装备起来，加速我国的社会主义建设。

　　在农业技术改革方面，我们要尽可能使一种机械能够用于多项作业，做到"一机多用"，并且能够常年使用，这样才更经济。我们既要制造多种多样的机械，更要注意机械的综合利用。在农业机械的设计和选型上，应当特别注意综合利用的问题。农业用的动力机械的选择，要从适合于农业生产的多种经营出发，根据可能的条件，力求达到一方面能够适用于田间作业、农田排水灌溉、农副产品加工和农村交通运输的需要；另一方面，又适用于农、林、牧、副、渔各种生产的需要。并且要有计划地、逐步地实现机具的系列化、标准化和通用化。各种农业机械的设计和制造工艺的采用，必须注意保证产品的性能好、效率高、成本低和寿命长的全面要求，把技术的先进性和经济的合理性密切结合起来。这样的机械，我国现时还少。我们要在党中央和毛泽东同志领导下，充分发挥六亿五千万人民的智慧，经过艰苦的斗争和创造性的劳动，制造出我国农业技术改革所必需的各种机械，以便尽快地完成农业现代化的伟大任务。

　　4. 农业技术改革所需要的农业机械必须是大、中、小型相结合，而以中、小型为主

　　由于我国平原较少，丘陵地、坡地、山地较多，水田的比重较大，不少耕地的地块较小，并且又有精耕细作的优良传统，所以，我国农业技术改革所需要的农业机械不能只是大型的，必须是大、中、小型相结合，并且主要应当是中、小型的。因此，以中、小型为主，这是我国在农业机具设计、创型、选型上必须坚持的方针。

　　在我们这样一个大国，需要的农业机械的数量很大，品种又十分复

杂，而我国现有农业机械的制造能力还很有限。在这种条件下，要加速实现农业技术改革，除了依靠大型工厂以外，还必须依靠成千上万的地方办的中、小型工厂。也就是说，在农业机械的制造工业方面也必须是大、中、小型企业相结合。这也是我国进行农业技术改革、实现农业现代化的一个重要特点。

（二）我国农业技术改革的步骤

我国农业的技术改革，是一个以新的现代化的生产工具逐步地代替旧的手工劳动的生产工具的过程。也就是说，这是一个从旧到新、从低级到高级、从改良农具、半机械化农具到全部机械化农具、分期分批地逐步实现的过程。这个过程，将随着我国工业化的发展而逐步发展。只有在创造了和生产出新的生产工具以后，才能够代替旧的生产工具。因此，在我国农业技术改革过程中，我们既要为力争早日实现农业现代化积极准备条件，又要从当前的实际情况出发，采取切实可行的有效措施。我们应当坚持贯彻执行"两条腿走路"的方针，也就是说，要切实贯彻执行现代化机器和改良工具同时并举，机械化农具和半机械化农具、改良农具同时并举的方针。这一方面是由于我国社会主义工业化需要一定的时间，工业为农业提供新的现代化生产工具，不是一下子就能大量地生产出来，全部地满足农业的需要，因而在一个相当长的时间内，农业生产主要还是依靠改良农具和半机械化农具；同时，也还由于改良农具和半机械化农具，又是发展现代化机械农具所不可缺少的基础。各个国家农业现代化的经验证明，农业技术改革都有一个由低级到高级的过程，想"一蹴而就"是办不到的。

农业技术改革必须根据可能的条件，因地制宜地、有步骤地、有重点地进行。我们应当力争用20—25年的时间基本上实现我国农业的现代化。但是，在最近若干年内，必须根据不同地区的具体情况，有步骤、有重点地进行，不能齐头并进。要进行经济比较，根据各地不同的条件，因地制宜地去做。要按照物力、财力、人力的可能，什么最有利于农业增产，就先举办什么。

根据我国的具体条件，在我国进行农业技术改革，实现农业机械化，就是要使农业、林业、牧业、副业和渔业各项生产、水利施工、农田灌溉、造肥积肥、农产品加工、交通运输、农村建筑，等等，逐步走向全面的机械化。在最近若干年以内，应当以农业为重点，争取农业生产和农田排灌的小部机械化。首先要使大城市的郊区、商品粮食基地，主要经济作物基地和主要牧业基地，先一步初步地实现机械化。在全国其他的大多数地区则以推行半机械化农具和改良农具为主。以后，随着农业机械工业的逐步发展，供应农业的机器将会逐步增加，争取在 20—25 年的时间内，我们在全国范围内基本上实现机械化和相当程度的电气化。

目前，在农业机械化方面，主要是依靠改良农具和半机械化农具。多数地区、多数农业生产部门，应当是对现有农具、提水工具、运输工具和农副产品加工工具，进行初步的改革；同时，积极为农业机械化创造条件。在那些地多人少、交通便利、农产品商品率高的地方，应当积极地、有计划地实现机械化，但是，在这些地区，同机械化相辅而行的，还需要一定的半机械化和改良工具。

1958 年以来，广大工农群众和科学技术人员，在改良原有的农具和创造新的农具方面，已经获得了很大的成绩，出现了许多质量好、效率高、深受农民群众喜爱的农具。这些改进和创造，不但对解决劳动力不足、促进生产发展起了很大的作用，而且为创制适合我国农情的机具，提供了许多可贵的资料，这是一个良好的开端。

有的同志轻视半机械化农具，特别是轻视改良农具，一心等待高级的机械化农具。这是由于他们不了解机械化农具，只能逐步地增加，想一下子用它来代替原有的农具是不可能的。同时，他们也不了解半机械化农具和改良农具在当前发展农业生产中的重要作用。实践经验证明，半机械化农具和改良农具的效力，比旧农具要大得多。比如，用旧式犁耕地，一般的一天只能耕 3 亩左右，用半机械化农具的双轮双铧犁耕地，一天就能耕 10 亩左右。又如用镰刀收割麦子，一般的每人每天只能收割 1.5 亩左右，而用摇臂收割机收割麦子，每人每天就能收割 60 亩左右。还有许多旧农具，只要稍加改良，就可以提高效力百分之几。绝不要小看这个百分之几，从全国算来，这就会节省很多的劳动力。所以，我们绝不能低估而应当十分重视半机械化农具和改良农具在现阶段农业生产中的作用，要实行现代化农具同半机械化农具、改良农具同时并举。

也有的同志以为，我们今后会不断地增加新的机器了，于是就对原有的机器不加注意养护和维修，这也是不对的。姑且不说，我们现有的农业机器还很少，应当十分爱护，就是在将来机器多了，也必须运用好、维护好，才能充分发挥机械的效能。所以，我们在农业技术改革中，应当把农业机械的使用和养护维修工作很好地结合起来。

在动力方面，目前主要是合理地使用现有的人力、畜力、水力、风力和其他动力。同时，在一切有条件的地方，尽可能地使用机械动力和电力，以减轻笨重的体力劳动，节约人力。

有的同志因为要实行半机械化、机械化、电气化，就忽视牲畜的繁殖和发展，这也是不对的。在今后相当长的时期内，许多地区农业生产的主要动力，还是依靠大牲畜。而且，即使在将来有了较多的农业机械、电力以后，畜力仍然是机械和电气动力的很好的助手。同时，还应当看到发展牲畜有很大的经济价值，怎么能够不重视牲畜的发展呢？有的地方采取了"机、马、牛相结合"的办法，这是完全正确的。

在肥料方面，就全国来说，目前主要的还应当是增产农家肥料，并且尽可能地使用半机械化、机械化工具，加工农家肥料。与此同时，应当尽可能地增产无机化学肥料，增产肥效高的化学肥料。当我们的化学肥料的产量还不能充分地满足各方面需要的情况下，化学肥料的使用，应当首先集中用在水利条件较好的主要的粮食产地和主要的经济作物产地。

有的同志以为，随着国家工业的发展，化学肥料将会大大增加，好像农家生产的自然肥料就不重要了，这种看法，也是不对的。不用说，化学肥料的大量增加，需要一个过程，就是在将来有了大量的化学肥料以后，也还需要有很多的家畜家禽以及其他自然肥料来同化学肥料配合使用。这样，才能更好地培养土壤的肥力。所以，我们应当永远注意生产自然肥料，不过将来生产自然肥料的方法，不是用手工而是用机械罢了。

总之，我国农业技术改革，应当根据不同地区的不同条件，分别不同的步骤，积极地、有计划地、量力而行地进行。

就全国一般情况来说，在我国农业技术改革的初期，应当是现代化的和改良的同时并举，以改良为主。这里要防止两种可能发生的偏向。一种是轻视那些初级的、在现时还有很大使用价值，甚至有些在将来也是不可缺少的东西，对于这种东西，不采取积极的态度进行可能的改革，而一心等待那些高级的，但是在现时还不可能得到很多，甚至得不到的东西。另一种是，有现实可能性，能够更快地用现代技术装备农业，而不采取积极的有效的步骤，把这种可能性变成现实。目前尤其应当注意防止前一种可能发生的偏向。

同上述农业技术改革的要求相适应，工业部门支援农业技术改革，也要采取"两条腿走路"的方针。这就是既要依靠大型的工业企业，生产农业所需要的现代化的农具和其他生产资料，又要依靠中、小型的工业企业，生产农业所需要的改良农具、半机械化农具和其他生产资料。

大型的工业企业，是支援农业实现技术改革的骨干力量，是主力军。因为无论拖拉机的生产，汽车的生产，发电机和电动机的生产，化学肥料的生产，以及农业所需要的其他一些重要的生产资料的生产，主要是由大型的工业企业生产出来的。大型工业企业、特别是那些直接为农业技术改革服务的大型的工业企业，应当以最大的努力，采取积极措施，来满足农业技术改革的需要。这类企业，如果对农业技术改革的工作不热情、不积极，那是错误的。

但是，我们也绝不能把眼睛只望着那些现代化的大型工业企业。我们还应当足够地重视实现农业技术改革的地方军，这就是中型的工业企业和遍布全国各地的小型的工业企业。特别是在目前情况下，这些中、小型的工业企业更有着重要的作用。因为中、小型工业企业分布面广和接近农村，能够更好地满足不同地区农业的具体需要。这种中、小型的工业企业，不但可以制造农业生产工具和生产农业所需要的其他生产资料，以补大工业的不足，而且还可以担任农业机械和其他设备的修理任务。同时，在人力资源上，又可以和当地农业生产结合起来，互相调剂使用；在物质资源上，也可以充分利用那些大工业所不能利用的零星的、分散的资源。尤其是那些县办的中、小型的工业企业，同农业的结合更加密切，对农业的支援也就更加直接，因此，我们应当积极地领导和组织这些企业，使它们更好地为农业技术改革服务。

当然，这绝不是说，大型工业企业，对农业技术改革可以减轻责任。大型工业企业除了以他们的产品直接支援农业以外，还应当尽可能地帮助中、小型工业企业，积极向它们提供设备，及时地把自己不适用的设备更换下来，按照国家规定的手续，拨给中、小型企业使用，以便不断从物质技术条件方面来武装中、小型企业，使它们能够更好地发展，在为实现农业现代化事业中发挥更大的作用。

在向农业技术改革、农业现代化的目标进军中，存在着两种不同的态度和不同的做法。一种是看不到当地的力量，看不到当地的中、小型工业企业在农业技术改革中所起的作用，看不到农业本身的巨大的潜在力量，而片面地依赖国家的援助，消极地等待大工业的支援。另一种是积极发动群众，首先充分挖掘本身的潜力，同时取得国家和大工业可能的支援，既不畏难，也不等待，加速步伐，向农业技术改革、农业现代化的目标进军。很明显，前一种态度、前一种做法是不对的。后一种态度、后一种做法是正确的。许多地方的经验证明：只要按照党的鼓足干劲、力争上游、多快好省地建设社会主义的总路线办事，只要实行一整套"两条腿走路"的方针，只要把国家的支援和当地的力量特别是农村人民公社本身的力量结合起来，实现农业技术改革、实现农业现代化的速度，是完全能够加快的。

五　把工业部门的工作坚决地转移到以农业为基础的轨道上来

为了有效地进行农业的技术改革，党的八届十中全会指出，工业部门的工作必须肯定以农业为基础，面向农村，把支援农业、支援农村人民公社集体经济放在第一位，坚决地把工业部门的工作转移到以农业为基础的轨道上来。这就解决了我国工业发展的方向问题。只有以农业为基础来发展我国的工业，只有坚决地把工业部门的工作转移到以农业为基础的轨道上来，我国的工业才能够最迅速地发展起来。

（一）工业的发展要以农业为基础

以农业为基础来发展工业，它所包含的内容是什么呢？概括起来说，主要是以下两点：第一，工业发展所需要的劳动力，同农业所能提供的商品粮食、副食品和其他生活资料，所能腾出的劳动力，在一定程度上要互相适应。这就是说，在一定时期内，工业的发展规模和速度，究竟怎样才合适，要看当时农业能够为工业提供多少商品粮食、副食品、工业原料和劳动力，能够提供多大的市场，能够积累多少资金这些条件来决定。第二，工业的发展，要以五亿几千万农民的农村为主要市场，面向农村，把支援农业，支援人民公社集体经济放在第一位，尽最大的努力，逐步实现农业的技术改革，使我国社会主义农业日益现代化，使我国农业现代化的步骤同我国社会主义工业化的步骤相适应。

把工业部门的工作转移到以农业为基础的轨道上来，就是要在思想上深刻认识上面所说的两点基本要求，在实际工作中按照这种基本要求，进一步把工业调整好，并且根据农业技术改革的近期规划和远期规划相应地搞好工业发展的规划，有计划地进行工业本身的生产和建设工作，有计划地支援农业。这样，我们的工业工作，才能完善地转上以农业为基础的轨道。

由此可见，不能把以农业为基础，只是简单地了解为发展农业的问题。以农业为基础，这是关系到我国工业发展的方向的问题，关系到我国社会主义建设的方向的问题。如果离开农业的需要去片面地、孤立地考虑工业的需要，离开农业的发展去片面地、孤立地考虑工业的发展，甚至把为农业服务、支援农业，看做是工业的"额外负担"，把农业的技术改革看做只是农业部门的事情，这种认识，显然是不正确的。

经过两个五年计划的建设，特别是在党的鼓足干劲、力争上游、多快好省地建设社会主义的总路线的指引下，我国的工业，有了巨大的发展，为在我国建立一个独立的、完整的、现代化的国民经济体系打下了初步基础。一些原来没有的工业部门，现在已经建立或者开始建立了。我们已经拥有发电设备制造业、冶金设备制造业、矿山设备制造业、炼油设备制造业、化肥设备制造业、拖拉机制造业、汽车制造业、飞机制造业、高效率蒸汽机车制造业、新式机床和精密仪表制造业等现代化的工业。我们的采掘工业和采伐工业也有了很大发展。我们的原料、材料的自给率和机器设备的自给率，已经比过去大大地提高了。这就是说，工业为农业的技术改革、为农业的逐步现代化，可能提供的物质技术条件，已经越来越好了。

最近两年，经过贯彻执行以调整为中心的"调整、巩固、充实、提高"的方针，使我们在第二个五年计划时期大发展中所取得的成就更加巩固了，工业的发展和农业的发展日益相适应了，工业支援农业的力量也越来越大了。以化学肥料工业为例，1962年的产量比1961年增长了50%以上。同时，我们在机械制造方面，生产化学肥料设备的制造能力，有了更大的增长。大家知道，我国在第一个五年计划期间建成的吉林、兰州等化工厂，基本上是从国外进口成套设备的。从1959年起，国内已经开始制造主要的氮肥设备。在1960年又固定了一批制造氮肥设备主机的工厂。1962年进一步调整了生产能力，把生产整套氮肥设备的工厂，在全国固定下来。目前，我国已经有100多个机械工厂和电器工厂，固定地为氮肥工业制造成套设备。

不但化学肥料工业有了很大的加强，农业机械工业和其他与支援农业有关的工业，也有了很大的加强。以河北省为例，这个省的领导部门，根据党的以农业为基础、以工业为主导的发展国民经济的总方针，有步骤地调整了工业，把一批机械工厂的服务方向改变了，先后将7个机械工厂划归农业机械系统，专门进行农业机械的制造和修配工作。同时，还固定了10个机械工厂，专门为农业部门制造急需的拖拉机用的齿轮、链轨板、支重轮、仪表、轴承和大型锻件。另外，还组织了24个工厂，承担农村发展电力灌溉所必需的发电机、电动机、水轮机、水泵、变压器、输电线等产品的制造任务。天津市电机工业局，为农业技术改革服务的工厂，原来只有9个，经过调整，现在已经增加到29个，支援农业的产品，由原来的9种增加到17种。这个工业局所属各厂生产的电动机、变压器，有40%—50%是支援农业用的。由于把一批工厂的产品方向转变为农业机具的制造和修配，并且组织了大量的工厂承担支援农业的任务，河北省1962年第三季度支援农村电灌用的变压器、电动机的产量，分别比上年同期增长 60%—70%，农业用的水泵的产量，增长了 80%，小农具的产量，增长 10 倍。[①] 不但机械工业、电器工业部门支援农业的力量加强了，建筑材料工业支援农业的力量也加强了。河北省启新水泥厂，1962 年 1—10 月供应农村的水泥就有 2 万多吨，并且为农村生产了电线杆、檩子、水泥瓦等大量的水泥制品[②]。总之，工业部门各行各业支援农业的力量，都进一步地壮大了。

很明显，有了这些条件，我们的工业就可以更好地支援农业，就有可能有步骤地实现农业的技术改革，促进农业的现代化。

当然，可能性并不等于现实。我们虽然已经建立了基础比较强大、部门比较齐全的重工业，我们的轻工业的生产能力也有了很大的发展，但是，我们的重工业，现在能够为农业提供的生产资料，包括各种农业机械、化肥、农药、农村运输工具、各种燃料、建筑材料，等等，还不很多，还远不能适应农业技术改革的需要，我们的原料、材料工业和机器制造工业，为生产农业生产资料服务的部分，为数也不大。我们的重工业为农业提供的生产资料，有的产品，不完全对路，或者质量不够好，或者价钱过高，或者供应不配套、不及时；有的产品虽然质量很好、价格便宜，但是，对于产品的性能缺乏具体的说明，对于使用方法缺乏具体的指导，使农民用起来感到不便；还有不少的产品，缺乏标准化、系列化，使农民在使用和修理的时候，感到困难。我们的轻工业为农民所能够提供的日用品，也是有限的，在品种花色方面，也还不能很好地满足农民的要求。同时，我们工业发展所占用的劳动力同目前农业的生产水平，还不完全相适应。从这种种情况看来，我们的各个工业部门都有必要坚决地把自己的工作转移到以农业为基础的轨道上来。

如果以为，把工作转到以农业为基础的轨道上来，仅仅是那些直接为农业生产和农民生活服务的工业部门的事情，至于那些不是直接为农业生产和农民生活服务的工业部门，就没有必要"转上轨道"，这种认识，是

---

① 《河北日报》1962 年 11 月 9 日第一版、11 月 15 日第二版。

② 《河北日报》1962 年 11 月 12 日第一版。

不是正确的呢？是不正确的。衡量一个工业部门的工作是不是转上以农业为基础的轨道，不能只看它是不是直接为农业生产服务和农民生活服务。这样来理解是否"转上轨道"的问题，是片面的。我们有一些工业部门是直接为农业生产服务和农民生活服务的，比如，农业机械工业、化学肥料工业、农药制造工业以及轻工业，等等。但是，也有许多工业，并不是直接为农业生产服务和农民生活服务的，比如，原料、材料工业、机器制造工业，等等。难道这些不是直接为农业生产服务和农民生活服务的工业部门的工作，就同农业的发展和农民生活的改善没有关系了吗？就没有转上以农业为基础的轨道的问题吗？当然不是这样。原因很简单，如果没有这类原料、材料工业和机器制造工业，那些直接为农业服务的工业，也就发展不起来。假使没有金属材料，没有其他必需的原料、材料，没有工作母机，怎样来制造那些生产农业机械的设备、生产化学肥料和农药的设备，以及生产各种轻工业品的设备呢？怎样来生产机械化农具呢？如果以为这类不是直接为农业服务的工业部门的工作，没有转上以农业为基础的轨道的必要，不把发展农业放在首要的地位，对于农业技术改革的需要，可以不调查、不研究，不根据农业生产发展的需要，不根据5亿多农民的需要，来改进自己的工作，那么，这类工业就不能很好地为那些直接为农业服务的工业服务，其结果，也就不能很好地为农业服务，这个道理不是很清楚吗？

同样，如果以为，既然已经直接为农业服务，那么，这类工业部门的工作，就没有什么转到以农业为基础的轨道的问题需要解决了，这种看法，也是不正确的。我们有许多直接为农业服务的工业部门，它们的工作是做得很好的，是受到广大农民的热烈欢迎的。但是，有的工业部门和工业企业的工作，还做得不够好，还有不少的问题需要解决。比如，有的工业企业虽然是为直接支援农业技术改革而生产的，但是，他们还不是完全自觉的，还不是全心全意的。他们嫌为农业服务产值小、赚钱少，而想"改行"；有的甚至只愿做制造农机、农具的活，而不愿做农业十分需要的修理活。这样，他们也就不能在农业技术改革中充分发挥工业的主导作用。这种情况说明，即使是那些直接为农业服务的工业部门和工业企业，也还必须进一步树立坚强的以农业为基础的思想，也有必要不断提高自己的工作，才能适应农业技术改革的需要。

（二）建立为农业生产服务的完备的工业体系

为了使我们的工业能够更好地为农业的现代化服务，我们在建立独立的、完整的、现代化工业体系的过程中，必须充分地注意农业的技术改革，即农业现代化的需要。这就是说，我国工业的发展，首先应当考虑我国具有5亿多农民的广大农村对于生产资料和生活资料的极其巨大的需要。我们应当根据我国的这种特点，来建立和不断地加强我们自己的工业体系。我们应当把那些为农业生产服务和农民生活服务的工业，作为我国独立的、完整的、现代化工业体系的主要组成部分，尽快地建设和加强起来。

在我国建立独立的、完整的、现代化的工业体系过程中，就为农业生产服务方面来说，我们应当建设和加强哪些工业呢？我们应当有计划地建设和加强制造化学肥料、农药的工业；建设和加强制造农业机械的工业，包括拖拉机和相应的耕作机械的制造、水利机械的制造、农产品加工机械的制造、电气设备的制造，等等；建设和加强制造农村水陆运输工具的工业。我们不但要有计划地建设和加强这些直接为农业生产服务的工业，而且要有计划地建设和加强那些既为农业生产服务又为其他部门服务的工业。这就是说，要建设和加强生产石油、煤炭等燃料的工业和生产电力的工业，建设和加强生产各种金属材料的工业和建筑材料的工业，以及建设和加强那些制造化肥的设备、制造各种农业机械的设备、制造农村运输工具的设备和制造工作母机的机械工业。我们不但要建设和加强那些为农业生产服务的工业，而且也要建设和加强那些既为农村人民生活服务，又为城市人民生活服务的轻工业，特别是利用重工业品原料、材料制造轻工业品的工业，如合成纤维工业、合成塑料工业、合成橡胶工业、合成脂肪酸工业，等等。上面所说的这些工业，几乎包括了工业的所有部门，很明显，这些工业部门的建设和加强，不但可以逐步地满足农业现代化的需要，而且可以逐步地满足国民经济其他部门和工业本身的需要，从而促进我国社会主义工业化尽快地实现。

当然，工业不仅要为农业的现代化服务，而且要为交通运输业、为整个国民经济的现代化服务，为国防的现代化服务。我们的工业，为了更好地为国民经济各部门服务和为国防建设服务，它本身需要得到不断的加强，特别是要建设和加强完备的采掘工业、黑色和有色冶金工业、机器制造工业、化学工业、电子工业，等等。

我们的工业，为农业、交通运输业、科学文化事业、国防建设事业提供新的技术装备，为它们的现代化服务，正是表现了工业在整个国民经济中的主导作用、领导地位。工业为国民经济其他部门的现代化服务得越好，它的主导作用也就越大，它本身也就越来越现代化。

有的同志认为，为农业生产服务和农民生活服务的工业，不应当也不可能成为我国独立的、完整的、现代化的工业体系的主要组成部分。他们的理由是：为农业生产和农民生活服务的工业，在全部工业中所占的比重很小；工业，特别是重工业，主要还是为它自身服务的。他们的这种认识，只看到了直接为农业生产服务的工业，而忽视了那些既为农业生产服务又为其他部门服务的工业，特别是间接为农业服务的工业。他们的这种认识，只看到了工业为农业生产服务的部分，而忽视了工业为农民生活服务的部分；他们的这种认识，只是部分地反映了我国农业的现状，而没有看到我国农业发展的伟大未来；他们的这种认识，只是强调了重工业本身的发展，而不了解我们发展重工业，不是为了别的，而是为了给整个国民经济的技术改革创造必要的物质条件，为了给国民经济各部门、首先是给农业部门提供现代化设备，推动它们更快地发展。正如马克思所说的：不变资本的生产并不是为了本身的需要而进行的，这仅仅是由于生产个人消费品的部门需要更多的不变资本[①]。可见，那种认为重工业生产只是为自身服务的观点是不正确的。

上述的错误看法，实际上违背了毛泽东同志一再指出的，中国工业的发展要以五亿多农民的农村为主要市场，这个已经被实践证明了的唯一正确的论点。

---

① 转引自《列宁全集》第 4 卷，人民出版社 1958 年版，第 44 页。

　　大家知道，当1950—1958年，我国农业的技术改革还没有大规模开展起来的时候，我们的工业供应农业的生产资料，就已经增长了9倍多；供应农民的生活资料，也是成倍地以至几倍地增长。现在，党中央已经决定要动员和集中全党全国的力量，在物质方面、技术方面、财政方面，在组织领导方面，人才方面，积极地支援农业，支援人民公社集体经济，分期分批地、因地制宜地实现农业的技术改革，实现农业的现代化。在这样的情况下，五亿多农民的农村对于生产资料和生活资料的需求，就越来越大了。按照我国农业现代化的需要，农业生产所需要的拖拉机，不是几万台、几十万台，而是上百万台。农业生产所需要的化学肥料，每年也不是几十万吨、几百万吨，而是上千万吨以至几千万吨。农业生产所需要的其他生产资料，农民生活所需要的轻工业品，也将比现在不知增加多少倍。为制造这些生产资料和生活资料所需要的各种金属材料，也将不是几百万吨、几千万吨，而是在亿吨以上。这些金属材料的品种、规格也将比现在要增加很多很多。至于生产这些金属材料所需要的各种金属矿石和非金属矿石、煤炭，那就更多了。如果看到这种情景，谁还能够说，在我国独立的、完整的、现代化的工业体系中，在我们全部工业中，直接或者间接为农业生产和农民生活服务的部分不是主要的组成部分呢？

　　由此可见，工业发展要以农业为基础，坚决地把工业部门的工作转移到以农业为基础的轨道上来，面向农村，面向人民公社集体经济，面向农业的技术改革，面向农业的现代化，一句话，以五亿多农民的农村为主要市场，我国的工业，就有最广阔的发展天地，就有无限远大的前程。

　　农业技术改革的逐步实现，农业现代化的完成，不但可以使我们的农业为我们的工业、为我们的整个国民经济提供比现在多得不可比拟的粮食、畜产品、蔬菜、瓜果以及工业原料，而且还能够腾出越来越多的劳动力，开辟越来越大的市场，积累越来越多的资金。这样，我国工业的发展，我国整个国民经济的发展，就将建立在一个异常巩固、异常强大的基础上。在这样的基础上，我们的整个国民经济，我们的各项事业，就可以持续地大跃进。

六　加强农业科学技术工作，更好地为农业技术改革服务

有步骤地实现农业的技术改革，已经成为全党全民进行社会主义经济建设的主要议事日程。在这种形势下，加强农业科学技术工作，使它更好地为农业的技术改革服务，比过去任何时候都有着更加迫切的重要意义。

党的八届十中全会公报指出："要加强科学、技术的研究，特别是要注意对农业科学技术的研究，大力培养这些方面的人才，同时要加强对知识分子的团结和教育工作，使他们充分发挥应有的作用。"[①] 这是党对科学文化教育部门，特别是对农业科学技术工作者提出的光荣任务。

（一）　农业技术改革对农业科学技术工作的要求

我们知道，现代化的工业和现代化的农业，都是建立在现代的科学技术基础上的。对于科学技术工作在发展社会主义工业和农业方面的重大作用，是必须有足够的估量的。马克思早就说过："工业发展到了一定程度……农业的生产率应当比工业的生产率增加得更快。"这是由于什么原因呢？马克思在这里强调科学技术对农业发展的促进作用，特别是强调了化学、地质学、生物学的作用。他认为这几门科学，与对工业的意义相比，在更大程度上是农业的专门基础[②]。

新中国成立以来，特别是最近几年以来，我国的农业科学技术研究工作，有了很大的发展，取得了许多成绩。无论在选育优良品种方面，在防治农作物的病害、虫害方面，在农作物的栽培管理方面，在改良和提高耕作技术方面，在土壤和肥料的研究方面，以及普查鉴定土壤肥力、改良利用低洼地和盐碱地等方面，成绩都是很显著的。所有这些，对于提高农作物的产量，推进农业的技术改革都起了积极的作用。但是，总的来说，我们在农业科学技术方面的工作还是比较薄弱的，以往的工作成就，还远不能适应我国农业技术改革和农业生产发展的需要，我们农业科学技术战线

---

①　《人民日报》1962 年 9 月 29 日第一版。

②　马克思：《剩余价值学说史》第二卷，生活·读书·新知三联书店 1951 年第四版，第 269 页（这段译文参照俄文版作了修改——引者注）。

的全体同志，应当加倍努力，迎头赶上，为我国农业的技术改革，为实现农业的现代化，做出更大的贡献。

前面说过，农业技术改革的内容是非常丰富、非常广泛的。它不但包括着农业的机械化、电气化、化学化，而且还包括着改造农业的自然条件，例如，兴办农田水利，实行水利化，整理土地和改良土壤，开垦荒地，开发山区和草原，等等。这里需要解决的问题是很多的，其中既有农业方面的问题，又有工业方面的问题；既有综合性的问题，又有专业性的问题；既有当前的问题，又有长远的问题。就同农业有关的方面来说，它涉及地质学、土壤学、天文学、生物学，气象学的问题，等等。所有这些，都给农业科学技术工作提出许多新的极其复杂的课题。

为农业技术改革服务、从而为农业生产的大发展服务，这是农业科学技术研究工作的根本目的。所有同农业有关的科学部门和科学技术人员，都要把这个根本目的明确起来。根据本学科的特点，从各个面来考虑怎样直接地或者间接地为农业的大发展服务，并且要发现和抓住本学科为农业服务的中心环节，以便集中力量，解决关键性的科学技术问题，促进农业生产的大发展。

在现阶段，我国农业科学技术为农业生产服务的主要内容是什么呢？这就是为实现《全国农业发展纲要》服务；为实现我国农业的技术改革服务；为充分地合理地利用我国960万平方公里的广大国土和宽阔水域，促进农业、林业、牧业、副业、渔业的全面发展服务。

为了达到这个目的，在1963年春季召开的全国农业科学技术工作会议上，向农业科学技术人员，提出了以下几个主要的研究方面：广泛地调查研究我国自然资源及其利用情况，无论在农、林、牧、副、渔各方面，都要开辟新的资源，并且要研究合理利用资源的方案；应用我国丰富的精耕细作的经验，结合现代科学技术措施，大幅度地提高现有耕地的生产水平，大幅度地提高畜群、森林、水域和副业的生产水平；全面地研究960万平方公里国土的利用问题，适当扩大耕地面积，利用广大山地、草原和水域，治理沙漠，防治和合理利用盐碱土地；加强基础农学理论的研究，开辟缺门学科和发展薄弱学科，运用基础学科和技术学科的最新成就；研究和发扬祖国农学遗产；加强农业技术经济的研究，等等。

农业科学技术部门和农业科学技术人员，应当根据全国实现农业技术改革的总规划，制定切合实际的农业科学技术工作的规划。这种规划，要在调查研究的基础上来制定，任务要明确，课题要抓准。在确定任务的时候，要把当前的需要和长远的需要、重点课题和一般课题很好地结合起来，全面规划，统筹安排。这样，才能有计划地、有步骤地、有重点地开展农业科学技术工作，解决我国农业发展面临着的各种重要的新课题。

对于那些需要经过长期探索才能得到解决的问题，和那些为开辟农业增产的新途径、加速农业科学发展所需要的基础理论和新技术的问题，当然要作适当的安排，有计划地进行研究。但是，应当从研究当前农业技术改革、农业增产的主要问题入手。那种只顾长远问题的研究，而忽视为当前农业生产发展的迫切需要服务的想法和做法是不对的。

根据我国农业生产发展和农业技术改革的需要，当前在农业科学技术方面，我们应当着重解决的问题是：如何尽可能地提高单位面积产量和提高劳动生产率。我们的农业科学技术工作应当围绕着这个中心来展开自己的活动。

有的同志对于研究农业机械化、电气化很注意，这当然是对的；可是，对于培育良种、防治病害、虫害，改良土壤，改进栽培技术，不大注意，那就不对了。应当了解，机械化、电气化，固然是农业技术改革的重要内容和促进农业增产的重要条件，但是，推广良种、植物保护、改良土壤，等等，也是农业技术改革的重要内容，也是发展农业生产的大问题。我们的农业科学技术工作，既要考虑到实现农业机械化、电气化的需要，也要考虑到现代科学技术在农业生产过程中的广泛应用和对自然条件的改造。在国家对农业的投资只能逐步增加，农业的机械化、电气化还需要相当长的时间才能实现的情况下，加强后者更有重要的作用。在这方面，我们应当注意以下几项工作：

（1）选育和推广优良品种。这对于提高农作物的单位面积的产量有很大的作用。例如，在同样的条件下，小麦、玉米、谷子、高粱、水稻以及棉花的优良品种，要比普通的品种，增产10%左右。广大农民熟悉的碧蚂 1 号、南大 2419、甘肃 96 这三个小麦良种，在已经推广的 1.7 亿多亩土地上，一般增产了 10%—20%。南特号等五个水稻良种，在 1 亿多亩土地上推广以后，一般也增产了 6%—20%。如果我们能够根据各地的自然条件，繁殖、选育和推广适应当地耕作条件的优良品种，那么，我们就可能在同样一块土地上，花费同样多的劳动，却收获比较多的农产品。

（2）防治病害、虫害。这也是促进农业增产的有效途径。病害、虫害对农作物造成的损失是相当大的。在农作物病害、虫害比较严重的地区，每年由于病害、虫害所受的损失，约占粮食产量的 10%，约占棉花产量的 20%，约占果类产量的 30%。如果能在科学技术上研究出有效的措施，生产质量好的农药，对农作物的病害、虫害加以防治，我们就可以避免这种损失，并促进农业增产。

（3）研究农作物的合理布局、栽培技术。根据各地的土壤、雨量、气温等自然条件，提倡合理轮作，适当种植豆科作物，以保护地力和提高土壤的肥力；研究对不同作物的施肥技术，合理使用化肥，提高肥效；以及研究作物栽培技术，等等，力求尽可能地增加农业生产。

（4）研究解决有关农田水利的科学技术问题。例如，怎样综合利用水力资源，怎样进行合理灌溉，怎样防洪排涝，怎样防治、改良、利用盐碱地、低洼地，怎样利用海滨、河滩地，等等，都是农业科学技术方面亟待解决的重要课题。

（5）山地的利用和水土保持，草地的改良和利用，沙漠的治理，热带资源的开发以及同农业生产有关的林、牧、副、渔业等方面的科学技术问题，也应当积极地进行研究。

农业"八字宪法"，正如广大农民所说，是农业增产的指路明灯。毛泽东同志应用先进的科学技术原理，总结农民群众生产实践的丰富经验，把我国农业生产上精耕细作的优良传统和现代化农业科学技术结合在一起，归纳成为农业的"八字宪法"，即土、肥、水、种、密、保、管、工。它是我国农业增产措施的纲领，是一套科学的、完整的增产方法。农业增产的"八字宪法"，内容十分丰富，我们的农业科学技术工作者，应当很好地研究它，就"八字宪法"所提出的各种问题，展开自己的科学技术研究活动。这是大有用武之地的，是大有作为的。例如，河北省冀县东兴公社东兴生产大队，几年来，由于贯彻执行农业增产的"八字宪法"，获得了连年增产。东兴生产大队共有 5500 多亩土地，都是高低不平的旱地，而且盐碱地就占 2/3。在农业合作化以前，粮食平均亩产 60 多斤。1953 年成立了初级合作社，粮食生产有了增加，平均亩产 70 多斤。1957 年开始兴修水利，粮食平均亩产 80 多斤。1958 年全面应用"八字宪法"，产量大幅度上升，到 1962 年平均亩产粮食达 420 斤。比合作化以前提高 7 倍左右，比实行"八字宪法"以前也提高 5 倍左右。[①] 这是一个很好的例证。

（二）从各方面加强农业科学技术工作

各个地方的无数事实都证明：加强农业科学技术工作，对于农业增产，作用很大。但是，也有一些同志，对于农业科学技术在发展农业生产中的重要作用，还缺乏清楚的了解，需要在认识上解决问题。

有的同志认为，农业技术改革的主要问题，是工业部门尽快地为农业提供大量的农业机械、化学肥料、农药，提供大量的水利建设、电力建设、运输建设的设备和材料，至于农业科学技术工作，那是无关紧要的，是可有可无的。这种认识，显然是不对的。

我国农业的技术改革，需要工业部门为农业提供越来越多的生产资料，这是没有问题的。问题是，我国幅员广大，各地的自然条件存在着很大的差别。在我国，究竟采用什么样的农业机械，什么样的化肥、农药，才适合我国不同地区的不同自然条件和耕作条件；怎样因地因时制宜地使用这些农业生产资料，才能发挥最大的经济效果。这些问题，单凭我们过去手工操作的经验，单凭使用自然肥料的经验，是不能解决的；照抄外国的经验，也不行。我们应当根据我国的自然条件和经济条件，运用世界上先进的科学技术成就，分门别类地、系统地进行农业科学技术的研究工作，才能正确地解决这些问题。

在农业技术改革的过程中，我们不但要为农业提供各种各样的现代化

---

① 《河北日报》1963 年 1 月 17 日第一版。

技术装备和其他生产资料，同时，必须在农业生产中逐步地采用现代化的科学技术，两者缺一不可。把现代化科学技术用于农业生产，就能够帮助人们更好地认识和掌握农业生产的规律，增强农业抵抗自然灾害的能力，提高农业劳动生产率，使农业生产迅速而稳定地发展。

也有的同志认为，我国农业有丰富的传统经验，在农业技术改革中，我们只要把这些传统经验很好地运用起来就够了，还有什么必要去进行农业科学技术的研究呢？甚至说，农业技术改革容易破坏传统的耕作制度，否定农民原有的经验。这种认识，对不对呢？当然也是不对的。

我国农业有悠久的发展历史，我国农民在长期的生产实践中，对于选育良种、改良土壤、改革农具、积肥施肥、农田水利、田间管理，等等，都积累了非常丰富的经验。这些传统的经验是非常可贵的，它包括了我国各地农民对于当地自然条件和耕作条件的细致了解，有许多是符合科学原理的。这些经验，不但对于过去我国农业的发展起了良好的作用，而且为我们进一步进行农业科学技术研究，提供了大量的材料，是农业科学技术发展的丰富的源泉。我们应当充分地重视这些经验，并且很好地把它继承下来。我国的农业技术改革，必须同我国农业原有的一切良好耕作经验相结合，破坏合理的传统耕作制度，否定农民有用的经验，这当然是错误的，是不能允许的。但是，我们也应当看到，要进行农业技术改革，实现农业现代化，仅仅依靠农民原有的传统经验，还是很不够的。因为农民原有的经验，有一些还没有完全掌握其中的科学规律，所以，往往是不完整的、不稳定的，并且常常带有一定的地区局限性。经验还不是科学。经验需要提高为科学才能克服它原有的种种弱点，才便于掌握，便于推广。因此，对于农民的传统经验，一点也不敢触动，或者一脚踢开，都是不妥当的。正确的做法是要加以分析。在农民原有的耕作制度和耕作经验中，有许多是好的，是适合于农业现代化的要求的。对于这种耕作制度和耕作经验，一定要把它当做一种宝贵的财富保持下来，并且很好地加以运用和发展，使农业的技术改革同当地的自然条件和当地原有的良好经验相结合。否定原有耕作制度和耕作经验中的有用部分，显然是错误的，是不利于农业生产的发展的。但是，把原有的农业生产制度和耕作经验绝对化，不问好坏，不区别是否适合农业生产发展和农业技术改革的需要，通通地接受下来，甚至以吸取农民的传统经验作借口，来反对农业的技术改革，显然也是错误的。那种认为农民原有的一切经验都触动不得的人，主要是反映了来自小农经济的守旧思想。我们应当继续向广大群众深入地进行关于农业技术改革的教育，并且通过典型示范、组织参观、新旧耕作制度和耕作方法对比，使广大群众更加清楚地认识农业技术改革的重大意义和它的优越性，使他们把农业技术改革和原有经验中的一切有用的东西密切地结合起来。我们应当以现代的农业科学技术为指导，对农民原有的传统经验，加以研究总结，使之条理化、系统化，提高到科学的水平。

还应当看到，我国农民的传统经验，是在手工劳动的条件下取得的。这种经验，对于现在和将来我国农业的发展，有许多还是有用的。但是，只靠这种经验是不行的。我国农业正在面临着一个新的伟大的变革，这就是要用各种机器操作来逐步地代替手工操作，用现代的科学技术，来代替古老的生产方法。在这方面，无论是农民和农村工作的干部，都还是缺乏经验的。随着我国农业技术改革的逐步发展，我们必须用现代农业科学技术知识去武装农民和农村工作干部，使他们在新的实践中逐步地取得现代化农业的各种科学技术知识。我们不但要用现代化技术装备武装农业，而且要以新的科学技术武装农民，武装农村工作的干部，提高广大农民群众和干部同自然作斗争的本领。我们要在农民和农村干部中普及农业科学技术知识，就要根据需要和可能的条件，建立各种技术研究组织，建立试验田、种子田，等等，让广大群众和干部在实践中学到知识，增长本领，使新的农业科学技术，在广大农民群众和农村干部中扎下根。只有这样，才能逐步地改变我国农业技术落后的状况，使我国农业达到高度发展的现代化水平。

强调农业科学技术的重要性，这并不是说，农业科学技术可以脱离农业生产的实践。科学技术是生产实践的结晶。在农业科学技术上的任何一项发明，都是反复实践的结果。不经过无数次的包括成功和失败的试验和实践，是不可能取得真正科学的结论的。科学技术如果离开了生产实践，不为生产实践服务，那就失去了它的作用。

　　前面说过，农业生产是十分复杂的，不同的自然条件，不同的耕作条件，不同的经济条件，需要采取不同的技术措施。在这个地区、这个条件下适用的农业技术措施，在别的地区、别的条件下可能是不适用的，或者是不完全适用的。就是带有普遍性的原理和经验，在具体运用的时候，也必须考虑当时、当地的具体条件。一定要因时因地制宜。这是农业科学技术研究工作，特别是农业技术推广工作的一项极其重要的原则。任何忽视地区特点的主观主义、千篇一律的做法都是有害的。推广农业增产的先进经验和技术措施，都要在当地经过反复试验，经过典型示范，在群众看到实际的好处以后，才能根据群众的自愿，逐步推行。

　　农业科学技术研究所取得的成果，要很好地推广和普及，才能发挥它的作用。同时，农业科学技术工作者通过推广的实践，才能根据生产实际检验的结果，来不断丰富和提高科学研究的成果。为此，应当把基层的农业技术网加强起来，把各种农业技术推广机构充实起来。特别是技术推广站、种子站、畜牧兽医站、检疫站，等等，要尽快地充实和加强起来。拖拉机站和机电排灌站，要努力办好。国营农场，应当根据可能的条件，建立技术试验，技术示范和良种繁育的基地。农业科学研究机构要同各地的技术推广机构、国营农场试验基地建立密切的联系，形成从科学试验研究到推广普及的工作网。随着农业科学技术的推广和普及，还应当向农民群众大力宣传农业科学技术知识，使广大农民逐步地掌握农业生产的各个方面的科学道理，这对于发展农业生产，促进农业技术改革是有重要意义的。

　　在进行农业技术改革，实现农业现代化的过程中，要大力提倡领导干部、专家和群众三结合，充分发挥科学技术工作者和工农群众的积极性、创造性，倾听科学技术工作者的意见，珍视群众创造的先进经验。领导人员、科学技术人员和工农群众三个方面密切结合的领导方法，是党的群众路线在社会主义建设时期的具体运用。我们在农业科学技术工作中，必须予以贯彻。

　　无论是农业科学技术研究工作或者推广工作，都要坚持调查研究，坚持因地制宜，坚持群众路线，坚持推广新技术和总结传统经验相结合，坚持试验、示范、推广三步走的方法，把科学技术研究和推广工作结合起来，并且搞好与各方面的协作，这样，农业科学技术工作才能取得更大的成效。

为了更好地开展农业科学技术的研究工作，我们需要建立一支又红又专的农业科学技术队伍，充分调动广大农业科学技术工作者的积极性，发挥他们的作用。在讨论和制定发展农业的有关措施的时候，要吸收农业科学技术人员参加，并且倾听和尊重他们的意见。对于农业科学技术人员进行工作所必需的条件，要尽可能地帮助解决。对于进行农业科学技术研究工作所需要的时间，要加以保证。在农业科学技术部门，要开展各种学术活动，认真贯彻执行"百花齐放、百家争鸣"的方针，在各种学术问题的讨论中，容许和鼓励不同学术见解的发表。通过各种学术活动来交流经验，促进科学技术研究工作，不断地提高农业科学技术的水平。我们的农业科学技术研究工作，必须更好地为农业生产、农业技术改革服务，特别要为当前的生产服务。我们的农业科学技术工作者要把理论和实践结合起来，把实践上升为理论，再用来指导实践，总结实践的经验，再丰富理论。我们的农业科学技术工作者要为我国农业生产的发展和农业现代化的建设，献出自己的知识、经验和研究成果，在为农业服务的工作中取得更多更大的成就。

七　加强党的领导，依靠群众力量，为实现农业技术改革的伟大历史任务而奋斗

农业技术改革的问题，不只是一个技术问题，首先是一个政治问题。在我国实现农业技术改革，不但要在技术上对农业进行彻底的革命，而且要在政治方面对农民进行巨大而细致的社会主义教育工作，使我国的农民成为具有高度社会主义觉悟的农民，使我国的农业变为现代化的社会主义的大农业。同时，农业技术改革的问题，同工业、交通运输业、商业，以及文化教育科学技术事业等各方面的发展，都有密切的关系。农业的技术改革，要求国民经济各部门都要相应地实现现代化。这是前无古人的伟大

事业。只有在党的领导下，充分地发动群众，进行周密的规划，实事求是地、因地制宜地、及时地、有重点地、慎重地进行工作，才能胜利地完成这一伟大的事业。

加强党的领导，坚决贯彻执行党的鼓足干劲、力争上游、多快好省地建设社会主义的总路线和以农业为基础、以工业为主导的发展国民经济的总方针，把最广大的群众充分发动起来，这是实现农业技术改革这个伟大历史任务的根本保证。毛泽东同志说：我们应当相信群众，我们应当相信党，这是两条根本的原理①。我们要永远记住这两条根本的原理。

推进农业的技术改革，建设社会主义的现代化的大农业，建设社会主义的新农村，这是一个有着重大历史意义的光荣的艰巨的任务。要实现这个任务，单靠农村人民公社和生产队本身的力量是完不成的，必须要有国家的支援，要有各行各业的支援。党的八届十中全会作了明确的决定，要动员和集中全党全国的力量，在物质方面、技术方面、财政方面，在组织领导方面、人才方面，积极地、尽可能地支援农业，支援人民公社集体经济，分期分批地、因地制宜地实现农业的技术改革。

农业的技术改革，需要工业部门提供越来越多的技术装备。党的八届十中全会要求工业部门要坚决地把自己的工作转移到以农业为基础的轨道上来，以5亿多农民的农村为主要的市场，切实做好为农业技术改革服务和为农民生活服务的工作。除了轻工业部门，要努力节约地使用农业原料和重工业原料材料，制造更多的日用工业品，供应城乡人民的需要以外，重工业部门必须进行认真的研究和试验，尽自己最大的力量，为农业提供当地适用的农业机械、零件和修理农业机械的设备，提供化肥、农药，提供建筑材料、燃料、动力、运输工具等生产资料，提供农村需要的其他物资，逐步地把我国农业用现代技术装备起来，不断地提高农业的劳动生产率。我国工人阶级要同农民建立深厚的同志式的友谊，彼此亲密团结，互助合作，为把我国农业变为现代化的社会主义大农业而奋斗，为我国的社会主义工业化而奋斗，为把我国从农业国变为现代化的工业国而奋斗！

---

① 毛泽东：《关于农业合作化问题》，人民出版社1955年版，第9页。

我们的交通运输业，是联系工业和农业、城市和乡村的动脉。工业支援农业的生产资料和生活资料，要通过铁路、公路、航道等运到农村；农业给工业、城市提供的商品粮食、工业原料和其他农副业产品，也同样要通过上述交通运输系统，才能运到城市。交通运输业对于推动农业技术改革、促进农业和工业生产发展，负有重大的责任。我们的交通运输部门，应当根据进一步巩固农村人民公社集体经济、发展农业生产的要求，优先地把农村所需要的生产资料和生活资料，不违农时地运往农村；并且把大量的农副业产品及时地运到城市和工矿企业。随着农业技术改革的发展，要用新的技术设备来逐步地代替农村落后的运输工具，根据需要和可能的条件，有计划地进行农村的交通建设，以适应农业技术改革的需要。

我们的商业部门、财政部门，要在收购、供应、价格、信贷、税收等方面，正确地贯彻中央的各项政策，采取正确的措施，以有利于促进农业和工业的发展，促进集体经济的巩固，促进农业技术改革的实现。我们国家要有计划地增加对农业的投资，包括对为农业技术改革服务的工业和其他事业的财政投资。

我们的科学技术部门，要更好地为农业技术改革服务，要因地因时制宜地推广科学技术研究成果，培养农业科学技术人才。我们的文教部门要为农业的现代化培养技术人才，包括培养技术工人。要使小学、中学教育适应于农业技术改革的要求，使学生毕业以后具有基本的农业知识。并且要有计划地在农村普及有关农业技术改革的知识。随着农业技术改革的逐步发展，农村需要植物栽培学、动物饲养学、林学、鱼类学、土壤学、肥料学、水利学、气象学、育种学、植物保护学、兽医学、农业机械学、电气学等农业科学技术知识；还需要生物学、物理学、化学、数学以及其他计算科学等基本科学知识；还需要农业经济学、会计簿记学、统计学等知识。我们应当使农村的知识分子逐步地掌握这些知识。

除了在物质方面、财政方面、技术方面大力支援农业以外，还要在组织领导和人才方面尽可能支援农业。为了实现农业技术改革，进一步巩固集体经济和发展农业生产，需要大批优秀的忠实于社会主义事业的、熟悉党的方针政策、懂得党的群众路线的政治工作人员到农村去，需要大批优秀的热心于农业社会主义建设的、熟悉农业科学知识、掌握新的农业技术的科学技术人员和技术工人到农村去，需要大批优秀的文教人员和经济工作人员到农村去。

毛泽东同志和党中央从来都是非常重视农业和农村工作的。在每个重大的革命关头，党总是选派自己的优秀干部，到农村中去工作。现在党派遣大批的政治工作人员、经济工作人员、科学技术工作人员以及其他方面的工作人员到农村去，实质上就是工人阶级派遣自己的好儿女，派遣自己培养出来的优秀的工人和知识分子，去为农民群众服务，去为农业技术改革服务，去为发展农业生产服务，去巩固和加强社会主义建设的基础，去巩固和加强农村社会主义的阵地。

为了进一步巩固农村人民公社集体经济、发展农业生产，目前农村需要更多的干部、工人、技术人员和知识分子去帮助农民建立新的物质技术基础，帮助农民创造新的精神文化生活。这是一项极其光荣的事业。我们已经有许多干部、工人、技术人员、知识分子响应党的号召，到农村中去为发展农业生产服务，并且做出了优良的成绩。现在，有更多的人，在党的八届十中全会号召的鼓舞下，满怀雄心壮志，争先恐后地到农村去，为建设社会主义的现代化大农业，为建设社会主义的新农村贡献自己的力量。他们是我们党、我们国家的好儿女，是大家学习的好榜样。到农村去参加生产和参加工作的同志们面临着的任务，是非常伟大的，我们要把几千年来手工操作的农业，改造成为社会主义的现代化的大农业；我们要把5亿多农民逐步地变成为有高度社会主义觉悟和高度文化技术水平的新的劳动者。这是前无古人的伟大事业。我们能够从事这样伟大的事业是无上光荣的。

在各行各业和从各方面大力支援农业的同时，农村人民公社和生产队，必须十分注意挖掘本身的潜在力量。凡是经过自己努力可以办到的事情，就要尽一切努力，依靠自己本身的力量去完成，不应当消极等待，依赖国家的支援。无论是动员自己内部的力量，或者是国家支援的物力、财力，在使用的时候，都要精打细算，衡量利弊，分别先后，使每一元钱，每一份力，都能取得最好的经济效果。

有的人认为，实现农业技术改革，需要大量的资金，大量的技术人员，而我们的农村，目前基本上还没有摆脱"一穷二白"的状况。在这种条件下，依靠农民自己，既解决不了资金不足的困难，也解决不了掌握技术的困难，要解决这些困难，只能依靠国家。这种认识，是不正确的。当然，国家对于农业技术改革所需要的投资、农业机械和其他生产资料以及技术人员，都是尽一切可能来积极支援的，但是，国家的支援总是有一定限度的。如果只靠国家，而不发动农民群众这个伟大的力量来进行农业的技术改革，那么，结果一定是少慢差费，甚至一筹莫展。相反的，只要把群众发动起来，依靠群众的力量，加上国家的有力的支援，农业技术改革的事业就会一日千里地向前发展。全国著名的劳动模范王国藩所在的河北省遵化县建明人民公社就是一个很好的例证。他们在农业技术改革的过程中，充分发挥了群众的积极性和创造性，发扬了勤俭办社的光荣传统，贯彻了自力更生的精神，取得了很大的成绩。现在，这个公社，已经有一座蓄水 500 万方的水库，一个电力扬水机站，三条大渠；有 85 辆胶轮车，三辆汽车；并且使上了拖拉机、使上了电力粉碎机，户户安上了电灯①。这主要是靠人民公社本身的力量，加上国家适当的支援办起来的。当公社有了现代化农业技术设备，而缺乏技术人才的时候，公社党委就举办业余技术学校和训练班，采取"请进来拜师傅，派出去当徒弟"等办法，让社员学习和掌握机械操作技术；并且以业余学校为基地建立研究小组，培养生产领导干部和专业技术人员。这样，在很短的时间里，就训练出了拖拉机手、汽车司机和电工等技术人才。这些事实说明：在广大农民群众中蕴藏着无穷无尽的力量，只有走群众路线，依靠群众的力量，在国家的帮助下，来进行农业技术改革，才能够做到多快好省。那种在农业技术改革问题上，片面地强调依赖国家的力量而忽视群众的力量的思想是不对的。像王国藩所在的建明人民公社这样一个地处山区、原来的生产条件并不算好的地方，可以自力更生，加快农业技术改革的进程，别的地方、别的农村人民公社为什么不可能呢？

---

① 《河北日报》1962 年 11 月 27 日第二版。

当然，我国的农民，我们的农村人民公社，在农业技术改革的过程中，绝不是孤军奋战的，而是得到全国人民的热烈支援的。全国人民在党和毛泽东同志的领导下，对于农业的技术改革，表现了高度的积极性。各地工厂、矿区、部队、机关、学校，都把支援人民公社集体经济、支援农业技术改革，作为自己的一项光荣任务。目前，全国各地的农业技术改革工作，正在积极地广泛地有步骤地开展起来。

推进农业的技术改革，逐步地实现农业的现代化，这是全国农民和全国人民盼望很久的一件大事，是关系我们国家命运的一件大事。我们应当掌握时机，加紧工作，来完成这项伟大的事业。通过农业的技术改革，来促进我国工业和整个国民经济更加迅速地发展起来，繁荣起来。

结　束　语

我国社会主义建设已经取得了伟大的胜利。我们的社会主义工业，已经建立了相当大的基础；我们的社会主义农业，已经在高级农业生产合作社的基础上联合组成了人民公社。现在，摆在我国人民面前的伟大历史任务，就是要积极地进行农业的技术改革，逐步实现农业的现代化。我国人民对于实现这个新的伟大历史任务，充满了信心。

实现这个伟大的历史任务，我们的有利条件是很多很多的。我们有党中央和毛泽东同志的正确领导；有具有无比优越性的社会主义制度；有党的鼓足干劲、力争上游、多快好省地建设社会主义的总路线，有以农业为基础、以工业为主导的发展国民经济的总方针，以及一系列的正确政策；有社会主义工业为农业的技术改革创造的物质基础；有5亿多勤劳勇敢、跟着党一道前进的农民；有大批有觉悟的回乡工人、复员军人和知识青年参加农业的技术改革运动；有长期领导农民进行革命和建设、经过严重考验的、党和政府的各级干部在农村坚持工作。我们有完成这个伟大历史任务所必需的一切条件。我们一定要完成这个伟大的历史任务。只要全国人民在党中央和毛泽东同志的领导下，紧紧地团结起来，奋勇前进，我们就一定能够完成这个伟大的历史任务。

论我国国营工业企业的性质和任务[*]

一

现代工业企业的社会性质，是由它的生产资料所有制决定的。一定的生产资料所有制，决定了人们在生产和劳动中一定的相互关系与分配关系。因此，有什么样的生产资料所有制，也就有什么样社会性质的工业企业。

社会主义工业企业同资本主义工业企业是根本不同的。它们之间的根本差别，在于社会主义工业企业实行了生产资料所有制的社会主义革命。同时，还在于社会主义工业企业是用革命精神来从事生产的经营管理的。这就是说，社会主义工业企业，不仅是现代化的企业，而且是革命化的企业。

我国国营工业企业，是一种什么样的社会性质的工业企业呢？

早在 1949 年 3 月，中国人民革命全国胜利的前夜，毛泽东同志在党的七届二中全会的报告中，就已经清楚地说明了我国国营工业的社会性质。他说："这一部分经济，是社会主义性质的经济，不是资本主义性质的经济。"决定我国国营工业企业的社会主义性质的，最根本的是生产资料的全民所有制。

---

[*] 本文是作者与陆斐文、桂世镛合著，署名马文桂。原载《人民日报》1964 年 3 月 3 日第五版。

我国国营工业企业，是全民所有制的经济组织，是国民经济的一个有机组成部分。无论是中央管理的企业，还是地方管理的企业，都属于社会主义国家所有，都是社会主义国家的财产。同时，社会主义国营工业企业又是全民所有制经济中独立的生产经营单位，它按照国家的规定，进行独立的经济核算。

那么，国营工业企业的全民所有制主要表现在哪些方面呢？

第一，企业的生产资料，包括机器、设备、建筑物、原料、材料以及土地、矿山，等等，都属于国家所有。没有国家的命令和上级行政主管机关的批准，企业不能把生产资料转移、出让或者赠送给别的企业和单位。

第二，企业的生产活动，服从国家的统一领导和统一计划。国家在党的领导下，制定指导企业生产经营的各项方针政策，规定企业的计划，拟定重要的规章制度，并且直接委派企业的行政领导人员。

第三，企业的产品属于国家所有，由国家统一分配和统一调拨。企业必须严格按照国家规定的调拨计划和调拨价格销售产品，不能擅自处理自己生产的产品。

第四，企业要按照规定向国家缴纳税金；企业的利润，除了按照国家规定留作企业奖金的小部分以外，大部分要上缴国家，由国家统一支配，集中使用。

第五，企业的职工工资标准和工资制度，由国家根据各尽所能、按劳分配的社会主义原则统一规定。

上述这五个方面，是相互联系、相互制约的。破坏其中任何一个方面，都会削弱以至破坏企业的全民所有制。但是，在生产资料属于社会主义国家所有的条件下，其中最主要的和具有决定作用的，是国家对工业企业生产的统一计划和对企业产品的统一调拨。没有这一点，其他的方面就不落实，全民所有制便是一句空话。

国营工业企业的全民所有制，同现代工业生产力的高度社会性是相适应的。生产资料的全民所有制，决定了社会主义国营工业企业的生产，是在国家的集中领导和统一计划下进行的。这就使国民经济有可能有计划地、按比例地发展，使工业企业的生产经营活动，有可能根据全民的利益和社会的需要，最合理和最有效地进行。这是社会主义国营工业企业大大优越于资本主义企业的根本点。

社会主义国营工业企业的全民所有制是绝对不能动摇的，必须坚决维护，不能侵犯。任何部门、任何地方、任何企业，都应当严格按照国家的统一政策、统一计划和统一的规章制度来组织生产，不能违反国家的统一规定，任意地调用和处置企业的生产资料和产品，否则，全民所有制便会遭到削弱和破坏，就有变成部门所有制、地方所有制、单位所有制的危险，社会主义经济就有向资本主义蜕化变质的危险。列宁说得完全正确："任何直接或间接地把个别工厂或个别行业的工人对他们各自生产的所有权合法化，或者，把他们削弱或阻挠执行全国政权的命令的权利合法化的做法，都是对苏维埃政权基本原则的极大歪曲和完全放弃社会主义。"①因此，在任何时候，在任何条件下，我们都必须坚决地维护社会主义国营工业企业的全民所有制，同一切削弱和破坏全民所有制的现象进行不调和的斗争。

二

社会主义国营工业企业是全民所有制的企业，它的活动要服从国家的集中领导和统一计划，这是不是说，它没有一定的独立性呢？

当然不是。

如前所述，我国国营工业企业是全民所有制经济中独立经营、独立核算的单位，因此，它在国家的集中领导、统一计划下，具有一定的独立性。这种独立性，主要地表现在以下几个方面：

第一，企业有权使用国家交给的固定资金和流动资金，按照国家计划进行生产，实行独立的经济核算。

第二，企业有权和别的企业签订经济合同，它有责任严格履行合同，也有权要求别的企业和单位严格履行合同。它在处理同其他企业和单位的

---

① 列宁：《论苏维埃政权的民主制和社会主义性质》（1928 年），载《真理报》1957 年 4 月 22 日。

经济事务中，具有法人的资格。

第三，企业有权同国家银行建立信贷关系，在银行中开设自己的结算账户。

第四，在企业计划确定以后，如果生产能力有余，而当地或者其他单位又能够供应生产所需的各种物资，企业可以在保证完成国家计划任务、不占用国家计划分配的材料和遵守等价交换的条件下，经过上级行政主管机关的批准，承担当地分配的或者其他单位所要求的、力所能及的生产任务。

第五，企业在根据先进合理的消耗定额和生产任务，确定了原料、材料和燃料的需要量以后，如果能够降低消耗，节约物资，可以按照国家的规定，同别的单位和企业调剂使用原料、材料和燃料的结余部分，增产国家计划规定的产品。但是，企业不能用这些物资交换生活资料。

第六，企业有权使用国家发给的企业奖金，来改善劳动条件和职工生活。

应当指出，工业企业独立性的具体内容，并不是一成不变的。在不同的时期，由于国家面临的政治经济任务和各种具体条件不同，企业独立性的具体内容可以而且必然会有所区别。但是，在任何时候，在任何条件下，国营工业企业的独立性都是以全民所有制为基础的，都是有条件的、相对的。就是说，企业的独立经营，在任何时候都必须以服从国家的集中领导、统一计划为前提。

社会主义的全民所有制对于工业企业独立性的这种制约，不是束缚了工业企业的积极性和主动性，恰恰相反，它为工业企业充分发挥积极性和主动性创造了非常有利的条件。

资本主义工业企业是资本家的私有财产，它完全由资本家个人支配。从这个意义上来说，资本主义工业企业似乎是完全独立的。但是，这种以生产资料私有制为基础的独立性，使资本主义工业企业根本不可能自觉地按照社会生产发展的规律来组织生产。资本家不可能确切地知道社会需要什么和需要多少，他们只能根据市场行情的自发波动来安排生产。因而，资本主义工业企业的生产活动，注定要被周期性的经济危机所打乱，经常处于破产和倒闭的威胁之中。可见，资本主义工业企业，在形式上似乎是完全独立的，在本质上却处于社会自发势力的统治下，是真正被动的。

同资本主义企业根本相反，社会主义国营工业企业的独立经营，是以国家的集中领导和统一计划为前提的。因而，企业有可能自觉地按照社会需要来安排生产，它的产品有广阔的、可靠的销路；它有可能从别的企业和单位有计划地、稳定地获得各种原料、材料的供应。这就为企业充分发挥主动性和积极性开辟了广阔的道路。国家的集中领导和统一计划，是企业进行真正有效的独立经营，充分发挥主动性的根本条件。

社会主义国营工业企业的独立性，是相对的、有条件的，这是不是说，企业的独立性是不重要的，是可有可无的呢？

当然不是的。

国营工业企业的独立性，虽然是相对的、有条件的，但是，是不可缺少的。这种独立性，对充分发挥企业的积极性和主动性，有着重大的作用。因为，现代工业生产，是一个由千万个企业组成的复杂的社会分工体系。一方面，各个企业之间存在着密切的联系，它要求社会统一计划和安排企业的生产；另一方面，每个企业又都是社会分工的基本环节，它们都各有自己独立的生产过程，并且在生产、技术、经济、自然条件等方面，都各具特点。这样，为了发挥每一个企业在社会生产组织中的作用，使社会分工体系这个链条上的每一个环节，都能够起到自己的作用，就要承认它们在客观上所具有的独立性，给它们创造一定的条件，赋予它们一定的权力，使它们在国家的集中领导和统一计划下，能够发挥自己的主动性和积极性，正确而及时地解决生产中经常出现的应当由企业解决而且可以解决的问题。反之，如果企业没有必要的独立性，而企业生产经营中的一切微枝末节，都由国家直接来处理和解决，那就必然会束缚企业的手脚，不能在国家经济生活中正确实行统一领导、分级管理的原则，因而不利于社会主义经济的迅速发展。同时，由国家直接去解决每个企业中的许多具体问题，在事实上也是不可能的。

可见，国家的集中领导、统一计划和企业的独立经营，既是矛盾的，又是统一的。它们是相辅相成、相互促进的，它们之间并不存在对抗性的矛盾。把这两个方面机械地割裂开来，看做截然对立和相互排斥的东西，是一种形而上学的观点，是错误的。

当然，这绝不是说它们之间没有矛盾，不会发生矛盾，恰恰相反，它们之间的矛盾是客观存在的，并且是会不断产生的。但是，这种矛盾是非对抗性的，在社会主义制度下是完全可以解决的。我们的任务，就是要自觉地处理这种矛盾，正确地处理国家与企业之间的关系。如果能够把国家的集中领导、统一计划同企业的独立经营，根据不同时期、不同条件下的要求，正确地结合起来，那么，就能够比较顺利地解决这方面的矛盾，促进工业生产多快好省地发展。

那么，怎样才能正确地处理国家与企业的关系呢？

我国的经验证明，为了正确处理国家与企业的关系，国家要明确规定对企业的生产要求，并且为企业正常生产提供必要的条件。具体地说，国家要给企业规定产品方案和生产规模，规定固定资产和流动资金，规定人员和机构，规定主要原料、材料、燃料、动力、工具等的消耗定额和供应来源，以及规定协作关系。通过这些，不仅可以使企业明确自己的生产任务，而且也可以为它们正常生产提供必要的条件。这就使企业免除"外顾之忧"，集中精力，搞好生产。

同时，要明确工业企业对国家的责任。根据国家的要求，企业要保证完成产品的品种、质量、数量计划；保证不超过国家规定的工资总额；保证完成成本计划，并力求降低成本；保证完成上交利润计划；以及保证主要设备的使用期限。企业履行了对国家的责任，可以根据它们完成任务的情况，按照一定的比例，在上交利润中提取企业奖励基金；反之，如果企业完不成任务，不能履行对国家的责任，就不能提奖。

这样正确地处理国家和企业的关系，就可以加强国家对企业的集中领导和统一计划，就可以为工业企业的独立经营创造必要的条件，从而促使企业更好地依靠群众，全面完成和超额完成国家计划。

上面，我们分析了国营工业企业的全民所有制。同时，全民所有制，也决定了企业内部人们在生产和劳动中的相互关系以及分配关系的性质。在我国国营工业企业里，根本不再存在阶级剥削和阶级压迫，人们之间建立了同志式的互助合作关系，个人消费品分配，是根据各尽所能、按劳分配的社会主义原则进行的。所有这些都说明，我国国营工业企业的社会性质，是社会主义的，它同资本主义企业的性质是根本不同的。

三

工业企业的根本任务，是由企业的社会性质决定的。我国国营工业企业是社会主义的企业，这就决定了它的任务同资本主义工业企业的任务是根本不同的。

关于社会主义工业企业的任务，毛泽东同志早就有过明确的阐述。在《经济问题与财政问题》一书中，毛泽东同志写道：一个工厂内，行政工作、党支部工作与职工会工作，必须统一于共同目标之下，这个共同目标，就是尽可能地节省成本（原料、工具及其他开支），制造尽可能多与尽可能好的产品，并在尽可能快与尽可能有利的条件下推销出去。这个成本少、产品好、推销快的任务是行政、支部、工会三方面三位一体的共同任务[①]。这就是说，每个工业企业，都应当在国家的集中领导和统一计划下，生产尽可能多和尽可能好的产品，并且，尽可能地降低成本，为国家提供积累。全面完成和超额完成国家计划，增加社会产品，扩大社会主义积累，这就是社会主义国营工业企业的根本任务。

国营工业企业的根本任务，首先是要按照国家计划规定，增加社会产品，满足社会需要。大家知道，资本主义工业企业也生产工业产品，但是，它的目的不是满足社会需要，而是获取利润。生产产品只是资本家获取利润的手段。同资本主义工业企业相反，社会主义工业企业必须遵循毛泽东同志经常教导我们的"发展生产、保证供给"这个根本方针，按照社会需要来生产工业产品。这是我们社会主义工业企业的一项最重要的任务。

在社会主义制度下，社会对工业产品的各种需要，是由国家有计划地组织各个工业企业，采取分工协作的方法来生产和满足的。国家为每个企

---

① 毛泽东：《经济问题与财政问题》（1942 年 12 月），解放社 1944 年 1 月订正再版，第 128 页。

业规定的产品生产计划，体现着社会对于各个企业生产的要求。因此，就每个企业来说，能否全面地完成国家规定的产品生产计划，是衡量它是否完成任务的一个最重要的标志。

社会主义工业企业的根本任务，不但要很好地完成国家规定的产品生产计划，而且要很好地完成国家规定的上交利润计划。社会主义企业并不否定盈利，恰恰相反，社会主义企业必须在国家的集中领导和统一计划下，克勤克俭，认真地讲究盈利，努力完成和超额完成国家规定的上交利润任务，扩大社会主义积累。

企业盈利是社会主义建设资金积累的重要来源。每一个工业企业能不能盈利，能不能完成国家规定的上交利润任务，直接影响到国家的财政收入，关系着社会主义扩大再生产的规模和速度。同时，企业盈利又是满足社会多种共同需要的来源。例如，支付非生产领域内职工的工资，支付国家行政管理费、国防费，以及建立必要的后备和各种公共福利基金，等等，它们都是保证社会主义建设和社会生活的正常进行所必需的。而对于企业本身来说，利润也是反映劳动生产率和企业经营管理水平高低的一个重要指标。因此，社会主义工业企业能否完成扩大社会主义积累的任务，同样是衡量企业是否全面完成任务的一个不可缺少的标志。

当然，社会主义工业企业的生产，是不允许由利润的多寡来自发地调节和支配的。把盈利当做企业唯一的任务，鼓励和放任企业不择手段地去追求盈利，而不遵守国家计划，不考虑社会需要，这同社会主义工业企业的性质是格格不入的。

我们的国营工业企业，必须按照国家计划规定，增加社会产品和扩大社会主义积累，这是它的根本任务。这个根本任务，包含着对工业企业各方面工作的要求，包含着企业必须完成的许多具体任务。这些任务，主要的就是：（1）完成国家规定的产品的品种、质量和数量计划；（2）不断地提高劳动生产率；（3）合理地利用固定资产；（4）尽量地节约原料、材料、燃料、动力等物质资料的消耗；（5）合理地利用流动资金，加速流动资金的周转；（6）努力降低产品成本，增加企业盈利；（7）不断改善劳动条件，实现安全生产；（8）不断地提高职工的思想政治觉悟和文化技术水平。

上述八个方面，都是工业企业根本任务的具体化。它们相互之间有密切的联系。只有全面地完成这些任务，才能真正贯彻执行党的社会主义建设总路线，才能使工业企业的生产多快好省地全面发展。在实际工作中，某些时候，针对当时的具体情况和薄弱环节，着重强调其中某一方面的任务是完全必要的。但是，这样做的目的，不是为了别的，而是为了更好地、更全面地完成工业企业的根本任务。因此，工业企业的管理人员，在任何时候都要有全面观点，在考虑完成企业某一方面的任务的时候，应当同时考虑到它对其他方面的影响。例如，在节约原材料的时候，应当注意保证产品的质量和其他有关的条件；在增加产量的时候，必须全面地考虑质量、品种、成本和设备的维修，等等。片面地追求某一个方面，忽视其他方面的做法，都会给工业企业带来不利的影响，因而是不正确的。

毛泽东同志说过："任何社会主义的经济事业，必须注意尽可能充分地利用人力和设备，尽可能改善劳动组织、改善经营管理和提高劳动生产率，节约一切可能节约的人力和物力，实行劳动竞赛和经济核算，借以逐年降低成本，增加个人收入和增加积累。"① 我们应当遵照毛泽东同志的指示，来办好我们的社会主义工业企业。

社会主义工业企业，不仅是生产工业产品的场所，而且是培养共产主义新人的学校。社会主义企业所以优越于资本主义企业，除了企业的所有制根本不同以外，企业职工的精神面貌也是根本不同的。社会主义现代化企业是现代技术和革命精神相结合的企业。在社会主义工业企业里，只有坚持政治挂帅，做好思想政治工作，用马克思列宁主义、毛泽东思想武装干部和工人的头脑，学习解放军坚持"四个第一"，发扬"三八作风"，创造"四好连队"的经验，振奋广大职工群众的革命精神，使人的思想革命化、使企业的管理机构革命化、使整个现代化企业革命化，才能保证企业多快好省地全面地完成任务。

---

① 《真如区李子园农业生产合作社节约生产费用的经验》一文按语。《中国农村的社会主义高潮》中册，人民出版社 1956 年版，第 768 页。

社会主义国营工业企业管理的机能问题[*]

社会主义国营工业企业的管理，就是在企业中对于生产经营活动进行指挥、监督和调节。凡是许多人在一起共同劳动的单位，都需要有管理。共同劳动的规模越大，劳动的分工和协作越是精细复杂，管理工作也就越重要、越复杂。

在手工业企业里，分工协作的共同劳动，已经使企业管理成为进行生产所不可缺少的条件。但是，一般说来，手工业企业的生产规模比较狭小，生产技术和劳动分工也比较简单。因此，在那里，企业管理工作是比较简单的。在现代工业企业里情形就大大不同了。从这方面来说，工业企业管理同社会生产力的发展有着密切的关系。

但是，在阶级社会里，工业企业管理总是由占有生产资料的那个阶级来实行，并且是服从那个阶级的意志和利益的。因此，工业企业管理，就体现着由生产资料所有制决定的人们在生产和劳动中的相互关系。决定企业管理的社会性质的，是生产关系，而不是生产力。同时，企业管理同上层建筑也有密切联系。占有生产资料的阶级，为了按照自己的利益和目的来组织生产，总要制定和执行一定的政策、法令、计划和规章制度，等等。这些，都属于上层建筑的范畴，它们是为维护和巩固一定的生产关系服务的。

---

[*] 本文是作者与陆斐文、桂世镛合著，署名马文桂。原载《人民日报》1964 年 3 月 28 日第五版。

在资本主义制度下，资本家由于占有生产资料，垄断了企业管理的权力。资本家进行管理的目的，是为了镇压工人的反抗，维持少数人压迫多数人的"秩序"，残酷地剥削工人。正如列宁所说的："资本家所关心的是怎样为掠夺而管理，怎样借管理来掠夺。"① 因此，资本主义的企业管理具有剥削性，它体现着资本家奴役和剥削工人的关系。

在社会主义制度下，废除了人剥削人的制度，社会主义国营工业企业是全民所有制的企业，它的生产资料属于无产阶级专政的国家所有；人与人之间的相互关系，不再是剥削与被剥削、压迫与被压迫的关系，而是社会主义的、同志式的、分工合作的关系；个人消费品实行各尽所能、按劳分配的社会主义原则。这样，企业管理的性质也就发生了根本的变化。企业管理的权力，掌握在工人阶级和全体劳动人民的手中。社会主义国家，对企业实行集中领导和统一计划，企业在国家集中领导和统一计划下，组织生产经营活动。工业企业管理的目的，不再为少数剥削者发财致富，而是为全体劳动人民的利益服务。

与此相适应，社会主义工业企业管理的机能也与资本主义工业企业有本质的不同。资本主义工业企业管理既具有组织生产的机能，又具有剥削工人的机能，它是以资本家和工人之间的阶级对抗为基础的。马克思曾经明确地指出过："资本家的指挥，不只是一种特别的，由社会劳动过程的性质引起并且属于这种过程的功能，它还同时是一种剥削一个社会劳动过程的功能，为剥削者和他所剥削的原料之间不可避免的对抗所规定。"②

在社会主义国营企业里，资本主义企业管理的剥削机能被根本否定了，由社会劳动过程的性质引起的组织生产的机能被保留下来，并且在新的条件下，得到了新的发展。与此同时，社会主义工业企业管理，还具有正确处理企业内部人们在生产与劳动中相互关系的机能，和正确处理企业同国家之间、企业同企业及其他经济单位之间相互关系的机能。下面，分别探讨一下社会主义国营工业企业管理的这三个方面的机能问题。

---

① 《列宁全集》第26卷，人民出版社1959年版，第383页。
② 马克思：《资本论》第一卷，人民出版社1963年版，第350页。

一　合理地组织生产

社会主义工业企业，是生产工业产品的单位。它的根本任务，就是要全面完成和超额完成国家计划，增加社会产品，扩大社会主义积累。社会主义工业企业给社会提供的产品，品种规格应当是符合需要的，而不应当是不合需要的；质量应当是优良的，而不应当是低劣的；数量应当是尽可能多的，而不应当是很少的；成本应当是低廉的，而不应当是昂贵的。只有这样，才能够很好地满足社会对工业产品的需要，才能够促进企业生产和整个国民经济多快好省地发展。社会主义工业企业应当做到这一点，也完全能够做到这一点。因为社会主义制度给工业企业扩大产品品种、提高产品质量、增加产品产量、降低产品成本，提供了广阔的可能性。社会主义工业企业管理，就是要按照国家计划的规定，合理地组织企业的生产，努力把这种可能变成现实，保证给社会提供物美价廉的、适合需要的工业产品。

工业企业要生产出符合社会需要的、物美价廉的工业产品，需要有一定的劳动力，一定的机器设备，一定的原料、材料、燃料。没有这些生产的要素，生产是不能进行的。但是，有了这些生产要素，工业企业的生产是不是就一定能够顺利地进行呢？是不是就一定能够进行得很好呢？

不一定。因为工业产品的生产过程，是劳动者运用各种机器设备对原料、材料进行加工的过程。劳动力、机器设备、原料、材料等生产要素是进行生产的必要条件，但是，要使生产能够进行，还应当使这些生产要素根据工业产品生产的工艺技术的要求，相互结合起来。就是说，还应当对生产进行合理的组织。只有这样，劳动者才能有效地操纵机器设备，加工劳动对象。生产组织得越是合理，劳动者和机器设备、原料、材料等生产资料结合得越是充分，越是有效，越是符合工业企业生产技术的特点，生产的进行也就越是顺利，生产的效率也就越高。在现代工业企业里，技术装备很复杂，劳动分工很精细，使用的原料、材料等物资的品种规格和数量也很多。在这种条件下，要合理地组织生产，把生产的各个要素有效地结合起来，使每一个工人都担负同他的专长和才能相适应的工作，能够各尽所能，使每一台机器设备都能够充分发挥效能，使每一个单位的原料、材料和燃料都能够得到合理的利用，并且，使工业企业中的各个部分、各个环节、各个人的活动，都能够根据产品生产的统一过程和机器体系的客观要求，互相协调配合，保证整个生产正常地、不间断地进行，这是一项十分复杂的工作。社会主义工业企业管理的机能，首先就是要做好这项工作。

为了合理地组织生产，社会主义工业企业管理需要做许多事情。例如，要做好企业的计划工作、生产准备工作和生产调度工作；要做好技术工作；要认真地维护、检修机器设备，使它们经常处于良好状态，并且，要按照各种机器设备的性能来有效地使用它们；要合理地配备人员，正确地组织劳动，充分发挥劳动者的积极性；要合理地组织原料、材料、燃料等物资的供应，并且使它们得到尽可能充分的利用；要组织好产品的销售；要做好经济核算工作；如此等等。所有这些工作，都是相互联系、相互促进、相互制约的，只有全面地做好这些工作，并且使它们密切配合，才能真正保证工业企业的生产能够顺利地进行，才能真正以尽可能少的人力、物力为国家提供尽可能好和尽可能多的工业产品。

社会主义工业企业要做好这一系列生产组织工作，保证生产顺利地进行，必须正确地处理人与自然的关系。人们在生产斗争中，只有不断深入地认识和掌握自然界发展的规律，并且运用这种规律来改造自然，才能达到自己预期的目的。因此，工业企业的管理人员，应当遵循毛泽东同志的教导，把冲天的革命干劲和严格的科学态度结合起来。在大自然面前，要有大无畏的革命气概和不屈不挠的硬骨头精神。破除迷信，尊重科学，深入地进行调查研究，掌握第一手资料，进行科学实验，摸透"人的脾性"和"自然的脾性"，把工作做得扎扎实实。只有这样，才能正确地组织和指挥生产，保证生产斗争取得胜利。

二　正确处理企业内部人们在生产过程中的关系

合理地组织生产，当然是社会主义工业企业的一个重要的机能。但是，组织生产可以有两种做法。一种是，把它只看做生产技术上的事情，否定在社会主义社会中还存在着人民内部矛盾，否定企业管理还有处理人民内部矛盾的机能；另一种是，肯定在社会主义社会中确实存在着人民内部矛盾，企业管理应当在正确处理人们相互关系的基础上来处理人和自然的关系，合理地组织生产。我们认为，后一种做法是正确的，是符合马克思列宁主义的唯物辩证法的，前一种做法是错误的。

道理很明白，生产是由人来进行的。在任何时候，人们进行生产，都要相互结成一定的关系，即生产关系。人们的生产关系是不是能够适应生产力发展的要求，对于生产的发展具有极大的作用。社会主义工业企业管理，要合理地组织生产，促使生产多快好省地发展，就必须根据生产力发展的要求，正确地处理企业内部人们在生产过程中的相互关系。这是社会主义工业企业管理的一个重要的机能。

在社会主义工业企业里，消灭了阶级剥削和阶级压迫，逐步建立了同志式的互助合作的社会主义的生产关系，广大职工是空前团结一致的。所有这些，是企业生产迅速发展的基本保证。但是，社会主义的生产关系并不是自发地建立起来的，建立了，也不可能立即就很完善。毛泽东同志说过：在我国社会主义生产关系已经建立起来，它是和生产力的发展相适应的；但是，它又还很不完善，这些不完善的方面和生产力的发展又是相矛盾的。除了生产关系和生产力发展的这种又相适应又相矛盾的情况以外，还有上层建筑和经济基础的又相适应又相矛盾的情况。人民民主专政的国家制度和法律，以马克思列宁主义为指导的社会主义意识形态……它是和社会主义的经济基础即社会主义的生产关系相适应的；但是，资产阶级意识形态的存在，国家机构中某些官僚主义作风的存在，国家制度中某些环节上缺陷的存在，又是和社会主义的经济基础相矛盾的[①]。毛泽东同志所说的这些矛盾，在我们社会主义国营工业企业中，同样也以这种或那种形式反映出来。工业企业管理，就要正确地处理企业内部这些矛盾，促进社会主义生产关系不断完善和发展，推动生产不断地前进。

---

① 毛泽东：《关于正确处理人民内部矛盾的问题》，第12、7、6页。

社会主义工业企业中存在的矛盾，除了少数是敌我矛盾以外，大量的属于人民内部矛盾。企业中的人民内部矛盾，一般说来是非对抗性的矛盾，它可以经过自觉的调整不断得到解决。

在社会主义阶段，除了敌我矛盾表现为阶级斗争以外，人民内部矛盾，有的也表现为阶级矛盾和阶级斗争。社会主义建设不是在没有阶级斗争的条件下，而是在阶级斗争的环境中进行的。

很明显，如果否认在社会主义国家里还存在着阶级差别和阶级斗争，削弱乃至放弃无产阶级专政，那就必然会使社会主义革命半途而废，从而导致历史的大倒退。这是极端错误和极其危险的。

社会主义社会中存在的阶级矛盾、阶级斗争，必然会在工业企业内部得到反映。

企业中的人民内部矛盾除了表现为阶级矛盾和阶级斗争以外，还表现为企业的领导干部、管理人员和工人之间，领导干部和各类管理人员相互之间，以及工人内部，由于分工不同、观察和处理问题的角度不同所引起的矛盾，以及由于工作作风、思想方法和人们认识上的先进和落后所引起的矛盾，等等。一般来说，这些矛盾是在人们的利益根本一致基础上的矛盾，是企业中经常出现和大量存在的矛盾。

只有正确地处理上述这些矛盾，才能促进企业生产的发展，才能使社会主义经济基础更加巩固。

那么，怎样正确地处理企业内部存在的各种矛盾呢？

在我们的工业企业里，首先是严格区分敌我和人民内部这两类不同性质的矛盾，采取不同的方法加以处理。

一般来说，对于敌我矛盾是用专政的方法来处理的。

对于经常的，大量出现的人民内部矛盾，我们要分清是非，采取民主的方法即说服教育的方法来处理。按照毛泽东同志的指示，从团结的愿望出发，经过批评或者斗争使矛盾得到解决，从而在新的基础上达到新的团结①。凡属于思想性质的问题，凡属于人民内部的争论问题，只能用民主

---

① 毛泽东：《关于正确处理人民内部矛盾的问题》，第12、7、6页。

的方法去解决，只能用讨论的方法、批评的方法、说服教育的方法去解决，而不能用强制的、压服的方法去解决①。

在这方面，社会主义工业企业管理，首先和最主要的，是要正确处理企业领导干部、管理人员和工人之间的关系。在我们社会主义国营工业企业里，领导干部、管理人员和工人都是普通劳动者，他们在政治上和经济上的地位是平等的。但是，他们也有矛盾。这是因为他们的分工不同，观察和处理问题的角度也就常常发生差异。同时，在社会主义阶段，社会上还存在着资产阶级的思想影响和旧社会的习惯势力，还存在着工农差别、城乡差别、脑力劳动和体力劳动的差别，以及反映这些差别的资产阶级法权。在这种情况下，在我们工业企业的领导干部、管理人员和工人当中，就难免有一些人会沾染上旧的影响和旧的作风，这当然也会引起他们之间的矛盾。社会主义工业企业中领导干部、管理人员和工人的矛盾，大量的属于多快好省和少慢差费两种方法之间的斗争，有的则反映着无产阶级思想和资产阶级思想的斗争、社会主义和资本主义两条道路的斗争。

正确处理工业企业领导干部、管理人员和工人之间的矛盾，一方面，要求工业企业的领导干部和管理人员，不断提高思想政治水平和改进工作作风，深入群众，深入实际，遇事和群众商量，认真地贯彻执行群众路线，并且，要参加生产劳动，通过参加生产，更好地了解生产、管理生产、组织生产；另一方面，要经常教育职工不断提高阶级觉悟，以主人翁的态度对待劳动，自觉地遵守劳动纪律，并且要创造一切条件，采取各种有效的形式，广泛地吸收工人参加管理，使广大职工都能够充分地表达自己对于改进企业管理的各种意见，使正确的意见能够尽快地付诸实施。

社会主义工业企业管理，还要正确处理工人内部的关系。由于工人的思想政治觉悟以及社会经历不同，以及他们在生产劳动中的分工不同，各人的生产经验、文化技术水平不同，他们相互之间必然会产生这种或者那种矛盾。同时，企业领导干部、管理人员和工人之间的矛盾，也会在工人内部反映出来。社会主义工业企业管理，要用说服教育的方法，用提高广

①　毛泽东：《关于正确处理人民内部矛盾的问题》，第12、7、6页。

大职工阶级觉悟的方法，从政治上、经济上、技术上和组织上采取各种具体措施，来正确处理这些矛盾，以增强工人的团结，促进生产的发展。

除此以外，社会主义工业企业管理，还要正确处理企业内部人和人之间的其他各种关系，例如，企业领导干部之间的关系，各类管理人员之间的关系，等等。

三 正确处理企业同国家和其他经济单位的关系

社会主义国营工业企业的生产经营活动，是在国家集中领导和统一计划下、是在同其他经济单位的相互联系中进行的。工业企业管理，要合理地组织生产，保证生产的正常进行，还必须正确地处理企业同国家之间的关系，正确地处理企业同其他经济单位之间的关系。这也是社会主义工业企业管理的一个重要机能。

社会主义工业企业管理，应当按照党的方针政策和国家的计划来组织生产，动员职工努力完成和超额完成国家计划，并且，认真地贯彻执行国家规定的各种立法和规章制度。

社会主义工业企业管理，还应当按照国家的规定，根据社会主义互相协作的原则，组织同其他企业、其他经济单位的协作关系。它要组织全体职工按时完成合同规定的各项任务，同时，也要帮助和监督其他企业、其他经济单位按期完成合同任务。

社会主义工业企业管理，只有把企业的全部生产经营活动纳入国家统一计划的轨道，组织好同其他企业、其他经济单位的协作关系，才能使自己生产的产品符合社会的需要，才能获得各种必需的原料、材料的供应，才能有条件合理地组织工业企业的生产过程。同时，工业企业只有把生产搞好，全面地完成国家计划，给其他企业和其他经济单位供应合乎他们要求的、物美价廉的产品，才能够处理好企业同国家的关系，处理好企业同其他企业和其他经济单位的关系。

综上所述，社会主义工业企业管理，具有合理组织生产、正确处理企业内部人们的相互关系，以及正确处理企业同国家、其他企业和经济单位的相互关系这样几个机能。这些机能是相互密切联系的。正确处理工业企业生产中人和人的关系，正确地处理工业企业同国家的关系、工业企业同其他经济单位的关系，是为了充分调动一切积极因素，推动工业企业生产多快好省的发展。同时，也只有正确处理这种关系，才能使生产多快好省的发展。

从上面对工业企业管理机能的分析中可以看出，社会主义工业企业管理，既要解决生产力方面的问题，又要解决生产关系和上层建筑方面的问题。因此，要做好工业企业管理工作，使管理的机能充分发挥作用，我们要学会两种本领：即学会掌握自然规律的本领，正确地处理人和自然之间的关系；学会掌握社会经济规律的本领，正确地处理人和人之间的关系。管理现代工业企业是一件十分复杂的事情，但是，只要我们善于按照客观规律的要求办事，就能够使我们工业企业的生产获得又多、又快、又好、又省的发展。

论社会主义工业企业计划的
特点、任务和方法[*]

一

在社会主义工业企业里，加强计划工作，具有非常重要的意义。

早在 1934 年，毛泽东同志在《我们的经济政策》一文中就已经指出：工业的进行需要有适当的计划。在散漫的手工业基础上，全部的精密计划当然不可能。但是关于某些主要的事业，首先是国家经营和合作社经营的事业，相当精密的生产计划，却是完全必需的。确切地计算原料的生产，计算到敌区和我区的销路，是我们每一种国营工业和合作社工业从开始进行的时候就必须注意的①。毛泽东同志的这段话，是在第二次国内革命战争时期说的。在当时的革命根据地里，工业生产的规模很小，而且大部分是分散的、技术落后的手工业。但是，正如毛泽东同志所指出的，在革命根据地，在人民政权下面，即使在手工业基础上，每一种国营工业和合作社工业，也应当一开始就要有相当精密的生产计划。

现在，我们的社会主义国营工业，绝大部分是社会化程度很高的现代

---

  * 本文是作者与陆斐文、桂世镛合著，署名马文桂。原载《经济研究》1964 年第 7 期。

  ① 《毛泽东选集》第一卷，人民出版社 1952 年第二版（下同），第 127—128 页。

工业。我们知道，现代工业企业的生产过程十分复杂，它要由成百、成千以至上万个劳动者一起来完成。劳动者使用着现代化的机器设备，他们之间的分工十分精细，协作关系十分严密。同时，在工业企业里，除了直接的生产工作以外，还有技术、劳动、供销、财务等许多不可缺少的工作。这些工作，都是为生产服务的，同生产有密切的联系。在这种情形下，要把工业企业里成百、成千上万个劳动者的活动，按照大机器生产的要求，合理地组织起来，从而保证生产正常地、协调地进行，也必须有统一的计划，必须有严格的计划管理，这就好像一个乐队，如果没有统一的乐谱，就不能演奏出和谐悦耳的乐曲一样。一个乐队，没有统一的指挥，是不能共同演奏的，而没有统一的乐谱，就不可能进行统一的指挥。现代工业生产的进行更是这样。没有高度集中的统一领导和统一指挥，现代工业生产是不可能顺利进行的；而没有统一的计划，就不可能对现代工业生产实行统一领导和统一指挥。这个道理，是十分清楚的。

我们社会主义国营工业是由几万个现代化的企业组成的。它同农业、交通运输业、商业等国民经济的其他部门，又有着非常密切的联系。整个国民经济好像是一台大机器，而各个工业企业，好像是组成这台大机器的千万个部件和零件。很明白，只有每个工业企业都精确地工作，并且相互协调配合，整个国民经济这台大机器，才能最有效地运转起来。

怎样才能使千万个企业按照社会主义国家的总的要求精确地工作，并且协调配合呢？这就必须有统一的计划，必须有比在手工业条件下更严格、更精密的计划。

要做到这一点，在资本主义制度下，当然是不可能的；而在社会主义制度下，却不仅是可能的，而且是必须的。

社会主义经济是计划经济。生产资料的公有制，使社会主义国家能够对国民经济实行集中领导、统一计划，保证国民经济有计划、按比例地发展。这是社会主义制度优越性的重要表现。

社会主义工业企业，是国民经济的基层单位。每一个工业企业的计划，都是国民经济计划的有机组成部分。只有每一个工业企业都严格地按计划办事，全面完成和超额完成国家规定的计划任务，整个国民经济计划才能顺利地实现，国民经济才能够多快好省地向前发展。所以，社会主义工业企业的计划管理问题，是一个直接关系到国民经济能不能有计划、按比例发展的重大问题。

就工业企业本身来说，计划管理关系着企业的生产能不能沿着社会主义的轨道顺利地向前发展。社会主义工业企业的生产经营活动，是在国家的集中领导、统一计划下进行的。社会主义工业企业，只有服从国家的统一计划，严格地按计划办事，才能够自觉地按照社会的利益和需要安排生产，企业的产品才能有广阔的、可靠的销路，企业所需要的材料和物资，才能够得到有计划的、稳定的供应。反之，如果企业不是按照国家计划，而是"自由地"去处理产、供、销问题，那么，企业的生产就是盲目的，它就会失去有计划地销售产品和取得原料、材料的可能。在这种情况下，不仅生产不能顺利地发展，而且企业有脱离党的方针政策、脱离社会主义轨道的危险。所以，在我们的工业企业里，任何时候都要加强计划管理，都要同无计划的状态进行斗争，同一切破坏社会主义国家统一计划的行为进行斗争。这不仅是保证工业企业正常地进行生产的问题，而且是巩固和发展全民所有制经济、坚持企业的社会主义方向的问题，不仅有重要的经济意义，而且有重要的政治意义。

在社会主义工业企业里，一切工作都是为全面和超额完成国家计划服务的；一切工作都是有计划地进行的。因此，企业计划管理工作的好坏，不仅直接影响企业生产活动的进行，而且也影响企业其他各项管理工作的开展。我们的社会主义工业企业能不能多快好省地发展生产，这同计划指标确定得是否合理、是否层层落实有很大的关系。只有有了一个多快好省的计划，才能指导企业取得良好的经济效果；而如果是一个少慢差费的计划，就会给企业造成人力、物力、财力的浪费和损失。企业的计划管理工作和健全企业的责任制度也有密切的关系。如果计划指标确定得过低，就不能充分调动群众的积极性，会削弱他们的责任感；如果计划指标确定得过高，就会挫伤群众的积极性，也不能使他们对工作真正负责。同样，企业的计划管理工作和技术管理、物资供应、劳动管理等各项工作，也都有密切的关系。所以，搞好计划管理，能够促使其他各项管理工作走上正常的轨道；相反，如果放松了计划管理，那么，工业企业的其他各项管理工作，就不能有明确的方向，就不能很好地协调配合。我们要加强工业企业管理，就必须很好地加强工业企业的计划管理，就必须认真地研究社会主义工业企业计划的特点、任务和方法问题。

二

社会主义工业企业的生产是有计划地进行的。社会主义企业生产的计划性同资本主义企业内部生产的组织性有根本的区别。

社会主义工业企业的计划具有哪些特点呢？

第一，国家性。社会主义工业企业的计划，是在国家的集中领导和统一计划下制定和实现的，企业的计划，必须服从国家的计划。

我们知道，资本主义工业企业是资本家的私有财产。企业的一切活动，都服从资本家个人的意志和利益。因此，在资本主义社会里，尽管在个别企业内部生产是有组织的，但是，整个社会生产却不可能按照统一计划进行，只能是无政府状态的。恩格斯说：社会的生产与资本主义的占有之间的矛盾，表现为个别工厂中生产的组织性与全社会中生产的无政府状态之间的对立[①]。这就是说，在资本主义制度下，社会生产的无政府状态同个别企业的有组织生产之间，存在着尖锐的矛盾。这种矛盾，严重地束缚着资本主义社会生产的发展。

在社会主义社会里，情形就根本不同了。社会主义国营工业企业，是全民所有制的经济组织。它的生产活动，要服从全社会的利益，服从国家的集中领导和统一计划。因此，不但在工业企业内部，生产是有组织、有计划地进行的，而且，整个国民经济的发展也是有组织、有计划的。社会主义的工业企业，不能够、不允许无计划地进行工作，也不能够、不允许按照同国家计划相抵触的另一种计划进行工作。社会主义工业企业计划的这种国家性，保证了工业企业内部的高度组织性和计划性，同整个国民经

---

① 《反杜林论》，人民出版社 1956 年版，第 286 页。

济的高度组织性和计划性之间的统一。国民经济有计划、按比例地发展，为企业有计划地组织生产提供了前提；而企业生产的有计划进行，又可以保证整个国民经济有计划、按比例的发展。

第二，群众性。社会主义工业企业的计划，是在职工群众的积极参与下制定和实现的，企业计划具有广泛的群众基础。

在资本主义工业企业里，广大职工群众和资本家之间存在着对抗性的矛盾。资本主义企业的计划，是资本家压迫和剥削工人，榨取利润的计划，是资本家投机取巧、相互竞争的计划，它同广大职工群众的利益是根本对立的。因而，广大职工对企业的计划不仅不关心，而且对它进行强烈的抵制和反抗。

在社会主义工业企业里，情形就根本不同了。在这里，工人群众是企业的主人。工人和管理人员的社会地位是平等的，他们之间结成了同志式的互助合作关系。社会主义工业企业的计划，是增加社会产品、扩大社会主义积累的计划，是为全体劳动人民的利益服务的计划。它同职工群众的切身利益息息相关，因而是全体职工所十分关心的事情。社会主义工业企业的计划，必须依靠群众，采取"从群众中来，到群众中去"的方法来制订，必须正确地体现全体劳动人民的利益和要求，集中广大职工的经验和智慧；同时，必须依靠群众的力量来组织计划的实现。这样做，计划就会成为指导职工群众进行生产活动的纲领。

第三，现实性。社会主义工业企业的计划，是在自觉地运用客观规律的基础上，经过全面的、科学的计算，经过反复的综合平衡，制订出来的。计划中规定生产的产品，是符合社会需要的，生产这些产品，又是有物质保证的，因而，它是必须实现也是完全可以实现的。

在资本主义制度下，社会生产是无政府状态的。就每个资本家来说，社会需要仍是一个未知数，无论关于所需要的对象的质量、品种，无论关于它们的数量，都是这样①。因此，资本家只能根据对市场行情的主观臆测来制订计划。这种计划，是没有科学根据的，是不稳定的，它必然要被

① 恩格斯：《哲学的贫困·德文版序言》，《哲学的贫困》，人民出版社 1961 年版，第 10 页。

市场行情的自发波动经常打乱，给企业的人力、物力、财力造成极大的浪费。

社会主义工业企业的计划是在国家的集中领导和统一计划下制订的。计划中规定要生产的产品，由于是适合社会需要的，因而是有销路的；生产这些产品所需要的原料、材料、燃料以及劳动力，等等，也是列入国家的统一计划，由国家有计划地供应的，因而是有保证的。社会主义工业企业在制订自己的计划的过程中，必须在国家的领导下，从实际出发，进行深入的、周密的调查研究，精确地计算自己的生产能力，计算产品的销路，计算原料、材料、燃料和劳动力等的需要量，经过反复的综合平衡。这样的计划，是有科学根据的，是有可靠保证的。因而它可以正确地指导生产的进行，有效地利用一切人力、物力和财力。

上面说的社会主义工业企业计划的这些特点，是相互联系的。它们都是由国营工业企业的社会主义的生产关系决定的。这些特点，反映出社会主义工业企业计划的优越性。它为社会主义工业企业建立和健全科学的计划管理提供了可能。我们必须正确地认识社会主义工业企业计划的特点，并且按照这些特点来进行工作，充分地发挥社会主义计划经济的优越性。

三

社会主义工业企业的计划管理工作所要解决的是什么问题呢？或者说，它的任务是什么呢？

总的来说，社会主义工业企业计划工作的任务，就是要通过编制计划，组织计划的执行，以及对计划的执行情况进行检查，把工业企业内的各种力量、各项工作，科学地组织起来，指导企业生产多快好省地、协调地发展，保证全面完成和超额完成国家计划。具体地说，有以下三个方面：

（一）根据国家下达的计划任务，编制企业的计划，把企业的生产经营活动纳入国家的统一计划

前面说过，社会主义工业企业的计划工作，是在国家的集中领导和统

一计划下进行的。国家根据社会的需要和可能，根据各个工业企业的生产条件，在全面安排、综合平衡的基础上，给每个企业下达计划任务。国家下达的计划任务，是每个工业企业必须完成的。社会主义工业企业的计划，必须严格根据国家下达的计划任务来编制，必须保证全面完成和超额完成国家的计划任务。只有这样，才能把工业企业的生产经营活动纳入国家的统一计划，才能保证国民经济的顺利发展。

国家给工业企业下达的计划任务，只包括企业所必须完成的主要指标，例如，产品的品种、质量、数量，劳动生产率，成本降低率，利润，等等。工业企业还必须根据国家下达的各项指标，具体地编制本企业全面的生产技术财务计划，以便把企业内部的各个车间、各个小组、各个职能机构和各个人的生产经营活动，把企业内生产、技术和经济等各项工作，都纳入全厂的统一计划。只有这样，才能把企业的生产经营活动，按照国家统一计划的要求组织起来，保证全面完成和超额完成国家计划。相反，如果工业企业不根据国家下达的计划任务具体地编制本企业的计划，或者，虽然编制了计划，但这种计划是不全面的，没有把企业内部各个环节、各项工作都纳入计划，那么，企业的生产经营活动是不可能协调地进行的，国家下达的计划任务，也是不可能完成的。

（二）合理地利用企业一切人力、物力、财力，取得最大的经济效果

社会主义工业企业，必须坚持经济核算的原则，用尽可能少的人力、物力、财力的消耗，取得最大的经济效果。社会主义工业企业是完全可以做到这一点的。除了其他的原因之外，一个重要的原因就是，社会主义工业企业的生产经营活动，是在国家的领导下有计划地进行的。它不会像资本主义企业那样，由于受到整个社会生产的无政府状态和周期性经济危机的影响，造成人力、物力、财力的大量浪费，而完全有可能合理地利用人力、物力、财力，使自己的生产经营活动取得最大的经济效果。社会主义工业企业计划工作的任务，就是要千方百计地保证企业的人力、物力、财力得到合理的利用，保证企业获得良好的经济效果。

为了做到这一点，工业企业的计划，必须既是先进的，又是可靠的，必须是多快又是好省的计划。工业企业在编制计划的过程中，一方面要切实考虑各种物质技术条件的可能，另一方面也要充分估计到广大职工群众的主观能动作用，把革命精神和科学精神结合起来；一方面要努力增加产品产量，另一方面又要千方百计扩大产品品种，提高产品质量，降低产品成本。只有这样的计划，才能指导企业取得良好的经济效果。相反的，如果企业的计划是保守的计划，或者是脱离现实可能的计划，是只顾片面地追求产量，而不顾扩大品种、提高质量、降低成本的计划，那么，用这种计划去指导企业的生产，就必然会造成人力、物力、财力的浪费，降低企业的经济效果。

为了做到这一点，工业企业还必须在计划的执行过程中，及时地发现生产中各种潜力，并且，引导职工群众充分地、合理地利用这种潜力。

（三）使企业内部各个生产环节的活动、各项工作，在企业的统一计划下协调地进行

工业企业内部各个生产环节的活动、各项工作，必须在企业统一计划下协调地进行，这是企业顺利地进行生产的客观要求。我们知道，工业企业要生产一定品种、一定质量和数量的产品，就需要有一定种类和一定数量的原料、材料、燃料等物质资料，要有一定的劳动力，等等，在这些方面，客观上存在着一定的比例关系。产品的生产，要经过许多加工阶段和加工工序，这些加工阶段和加工工序，是分别由企业内部各个车间、各个小组来完成的，在各个车间和小组的生产能力之间，客观上也存在一定的比例关系。企业要进行生产，还需要有供应动力、维修设备等辅助的生产单位，这些辅助生产单位的能力，同直接制造产品的基本生产单位的能力，也有一定的比例关系。企业要进行生产，还需要做好各种生产准备工作，例如，产品的设计和试制、工艺装备的制造等，在生产准备的力量同生产任务之间，也有一定的比例关系，如此等等。企业的生产要能够正常地进行，就必须自觉地协调上述各种比例关系，即保持企业内部各个环节、各项工作之间一定的平衡。

但是，客观事物的发展，经常会出现不平衡，这是一条规律。毛泽东同志在《矛盾论》中明确地说过：无论什么矛盾，矛盾的诸方面，其发展是不平衡的。有时候似乎势均力敌，然而这只是暂时的和相对的情形，

基本的形态则是不平衡①。在工业企业里，情形也是这样。各个生产环节的发展，总是有快有慢；各项工作的开展，也总是有的比较顺利，有的比较困难；有的方面取得了很好的成效，有的方面则在比较长的时期内得不到显著的成效；如此等等。因而必然会经常出现不平衡的现象。这是不以人们的意志为转移的客观规律。

一方面，生产的发展，要求工业企业内部各个环节、各个方面保持一定的比例关系，要求有一定的、相对的平衡；另一方面，生产的发展，又必然会产生各种各样的不平衡。这是一个矛盾。社会主义工业企业计划工作的任务，就是要自觉地、正确地处理这个矛盾，在生产发展的绝对的不平衡的过程中，不断地、积极地组织相对的平衡和统一，促进企业生产协调地发展。列宁说过：经常地、自觉地保持的平衡，实际上就是计划性②。毛泽东同志也说过：我国每年作一次经济计划，安排积累和消费的适当比例，求得生产和需要之间的平衡。所谓平衡，就是矛盾的暂时的相对的统一。过了一年，就整个说来，这种平衡就被矛盾的斗争打破了，这种统一就变化了，平衡成为不平衡，统一成为不统一，又需要作第二年的平衡和统一。这就是我们计划经济的优越性。事实上，每月每季都在局部地打破这种平衡和统一，需要作出局部的调整。有时因为主观安排不符合客观情况，发生矛盾，破坏平衡，这就叫做犯错误。矛盾不断出现，又不断解决，就是事物发展的辩证规律③。毛泽东同志在这里说得很明白，国民经济的发展，每年、每季、每月都会出现不平衡，而我们的计划工作，正是要进行适当的安排，正确地处理国民经济发展中的各种矛盾，求得一定的平衡。

有人认为，既然不平衡是绝对的，平衡是相对的，因此计划工作就可以不必努力去进行适当的安排，求得相对的平衡。这种看法是不对的。他们不了解，客观事物的发展，既会经常地出现不平衡，又要求有相对的平衡。平衡虽然是相对的、暂时的，但它是事物的发展所不可缺少的。当工

---

① 《毛泽东选集》第一卷，第310页。

② 《非批判的批判》，《列宁全集》第3卷，人民出版社1959年版，第566页。

③ 《关于正确处理人民内部矛盾的问题》，人民出版社1957年版，第12—13页。

业企业生产的发展出现了新的不平衡的时候，如果企业的计划工作部门，不采取切实的措施，组织新的、相对的平衡，那么，企业内部各种必要的比例关系，就会遭到破坏，生产就不能向前发展，而计划工作本身，也就失去了自己应有的作用。这显然是不正确的。

上面说的，是社会主义工业企业计划工作的几个主要任务。社会主义工业企业要做好计划工作，要保证全面和超额完成国家规定的计划，就必须全面地完成这些任务，偏废任何一个方面，都是不行的。

四

要完成社会主义工业企业计划管理工作的任务，首先必须编制一个好的企业计划。

工业企业需要编制哪些计划呢？

工业企业的计划，按时间来划分，有长期计划、年度计划和作业计划三种。这三种计划是相互密切联系的。长期计划是年度计划的依据；年度计划又是作业计划的依据。反过来，年度计划是长期计划的具体化和补充；作业计划又是年度计划的具体化和补充。有了好的长期计划，才可能有好的年度计划；有了好的年度计划，才可能有好的作业计划。而有了好的作业计划，年度计划才能落实，它的实现才有保证；有了好的年度计划，长期计划才可能顺利地实现。企业计划随着客观条件的变化，在一定的程度和范围内，经过一定的审批程序，是可以作适当的调整和修改的，不这样做，就不能使计划经常符合客观实际，正确地指导生产的进行。但是，这绝不是说，可以不注意长期计划、年度计划和作业计划客观上存在的衔接和联系。如果脱离长期计划去编制年度计划，脱离年度计划去编制作业计划，这实际上就等于取消了计划，使计划失去对生产的指导作用。

年度的生产技术财务计划，是工业企业最主要的计划。它综合全厂各个生产环节的活动，包括生产、技术、财务等各个方面的内容。它是企业全体职工在计划年度内生产经营活动的总的行动纲领。

工业企业生产技术财务计划的组成，在不同的工业企业里，是有所不同的。一般来说，它包括以下的计划：（1）生产计划；（2）辅助生产计划；（3）设备维修计划；（4）劳动、工资计划；（5）物资供应计划；（6）运输计划；（7）成本计划；（8）财务计划；（9）技术组织措施计划。有新产品试制任务的工业企业，还应当编制新产品试制计划；有基本建设任务的工业企业，还应当编制基本建设计划，等等。

在工业企业的生产技术财务计划中，一方面，每一种计划都有自己特定的内容，都用一定的指标规定着企业生产经营活动一个方面的任务；另一方面，各种计划之间又有着密切的联系，一种计划的编制，影响着其他各种计划，其他各种计划的编制，又影响着这种计划。它们相互促进、相互制约，以生产计划为中心构成了一个有机的整体。各种计划中相互联系的一系列指标，则构成了工业企业生产技术财务计划的指标体系。我们在编制企业计划的时候，必须充分认识到各种计划、各个指标之间客观存在的相互关系，使它们相互协调、相互配合、相互衔接。

要编制一个好的计划，工业企业需要做许多工作。首先是要做好充分的思想政治工作，贯彻执行鼓足干劲、力争上游、多快好省地建设社会主义的总路线，贯彻执行党的方针政策。同时，要进行深入的调查研究，充分了解和掌握企业的具体情况；要依靠群众，充分发挥广大职工的生产积极性和主动性；要对上期的生产经营活动进行认真的分析，发现过去工作中的成绩和缺点；要审定各项技术经济定额，收集必需的原始资料；要研究职工群众提出的技术革新项目和合理化建议，判明它们可能采用的程度和可能达到的效果，等等。这些工作，集中到一点，就是要根据党的路线、方针、政策做好综合平衡工作。

工业企业计划的编制过程，实际上就是上下左右反复进行综合平衡的过程。

前面说过，在工业企业生产的发展过程中，不平衡是经常会出现的。这种不平衡表现在许多方面。因此，企业计划中的平衡工作，也是多方面的。概括地说，有以下几个主要的方面：

第一，生产任务同设备生产能力、劳动力和原料、材料、燃料的供应之间的平衡。机器设备、劳动力和原料、材料、燃料，是工业企业进行生产的要素，它们同企业能够完成的生产任务之间，存在着一定的比例关系。在生产发展的进程中，工业企业所承担的生产任务和它们的生产要素之间，常常会出现一些矛盾；在各个生产要素相互之间，也会出现一些矛盾。工业企业的计划，要正确处理这种矛盾，求得生产任务和机器设备、劳动力、原料、材料、燃料等生产要素之间的平衡，求得各个生产要素相互之间的平衡。

第二，工业企业内部各个部门、各个生产环节之间的平衡。企业内部各个部门、各个生产环节之间，客观上要求有一定的比例关系。但是，它们在发展中，总是长短不齐，总会有矛盾，总是不平衡的。工业企业的计划，也要处理它们之间的矛盾，求得它们之间的平衡。这里有基本生产和辅助生产之间的平衡，基本生产内部各个车间之间的平衡，辅助生产内部各个环节之间的平衡，以及生产和生产准备之间的平衡，等等。

第三，各项指标之间的平衡。社会主义工业企业的生产，必须全面地实现多快好省的要求。在实际工作中，各项指标之间，也会出现一些相互矛盾、相互不平衡的情况。例如，有的时候产量指标规定得过高，产品的品种和质量就会受到一定的影响；有的时候只是注重了产品品种的增加和质量的提高，而影响到产品产量的增加和成本的降低，或者，规定了过高的降低成本的指标，影响质量的提高，等等，工业企业的计划也要正确处理这种矛盾，要好中求多，好中求快，好中求省，全面实现多快好省的要求。

第四，计划年度生产的发展同计划年度以后一年和几年生产发展之间的平衡，这就是年度计划和长期计划之间的平衡。现代工业生产，在时间上的连续程度很高。计划年度生产的发展，同计划年度以后一年，甚至以后几年生产的发展，都有着极密切的联系。例如，计划年度的生产水平如果确定得过低，就会影响以后年度的生产任务的安排；如果计划年度的生产任务确定得过高，以致挤掉了机器设备的检修时间，用掉了必要的原料、材料、燃料和半成品的储备，那就会影响到下一年度生产的正常进行，以致波及以后几年生产的发展。所以，工业企业在编制年度计划的时候，必须根据长期计划的要求，瞻前顾后，正确处理计划年度和以后年度生产发展的关系，求得它们之间的平衡。

上面说的，只是工业企业计划平衡工作中几个主要的内容，在实际工作中，企业计划平衡的内容，当然要丰富和复杂得多。

在工业企业计划中，怎样正确地处理上述各个方面的矛盾，适当地安排各个方面的平衡呢？

在这个问题上，我们应该采取积极平衡、综合平衡的方法，反对消积平衡、孤立平衡的方法。

什么是消极平衡、孤立平衡的方法呢？这就是在计划平衡工作中，不是从企业的全局出发，而是从企业中某一个生产要素、某一个生产环节、某一个方面出发来组织平衡；不是按照企业内部客观需要的比例关系来组织平衡，而是违反这种比例关系；不是相互联系、瞻前顾后、全面的平衡，而是互不联系、顾此失彼、孤立的平衡。用这种方法进行平衡，或者是只看到薄弱环节，而看不到先进环节，只看到不利条件，而看不到有利条件，不是采取切实的措施，去尽可能地克服薄弱环节，而是要求先进的环节无条件地迁就落后环节。或者是，只看到先进环节，而看不到薄弱环节，只看到有利条件，而无视或者不正视不利条件，因而同样不去努力地克服薄弱环节，而主观主义地要求各个部分、各个环节都一律向个别最先进的部分、环节看齐。无论是前者或后者，都不可能消除薄弱环节，使不平衡达到新的、更高一级的平衡，甚至反而会扩大不平衡。这当然是不利于企业生产多快好省地发展的。

积极平衡、综合平衡同消极平衡、孤立平衡根本不同，它是从企业全局出发的平衡，是符合企业内部各个部分、各个环节、各个方面客观要求的比例关系的平衡，是相互联系、瞻前顾后、全面安排的平衡。这种平衡，既要求看到先进的部分、先进的环节，又要求重视落后的部分、薄弱的环节；既要求充分估计到有利的条件，又要求重视客观上存在的不利条件。它不是无视薄弱环节，回避薄弱环节，而是千方百计地去克服薄弱环节。如果采取了一切可能的措施以后，薄弱环节还是不能克服，或者不能完全克服，那么，在计划平衡中就要考虑它，而不是回避它。这样，才能使计划工作真正做到积极可靠，留有余地，以便把主动权完全掌握在自己手里。

工业企业在计划平衡过程中，认真地对待薄弱环节，这是不是消极平衡呢？

不是的。应当看到，要使薄弱的环节适应先进的环节，要使中间的、落后的部分赶上先进的部分，是需要有一个过程的，是需要有一定的条件的，是需要经过一系列艰苦工作的。不承认这些，是不对的。认真地对待薄弱环节，从各方面采取措施克服薄弱环节，使之适应于先进的部分，这正是积极平衡，而不是消极平衡。

要做好企业计划的综合平衡工作，必须从实际出发，进行全面的调查研究。不了解或者不准确地了解企业的情况、企业各种经济现象之间的内在联系，是不可能做好综合平衡的。

要做好企业计划的综合平衡，还必须认真贯彻群众路线，充分发挥全体职工的积极性和主动性。工人群众是直接创造物质财富的人，生产中的问题，他们了解得最具体、最清楚。在编制计划的过程中，只有依靠广大职工群众，倾听他们的意见，发挥他们的积极性，才能真正弄清楚计划中的薄弱环节，并且采取有效的措施加以克服。

五

社会主义工业企业计划管理工作的根本目的，归根到底，是为了全面完成和超额完成国家计划。因此，编制计划，仅仅是计划工作的开始，更重要、更大量的工作，还在于积极地组织计划的实现。斯大林说过：编制计划不过是计划工作的开始。真正的计划领导只是在计划编制以后，在进行了实地检验以后，在实现计划、修订计划和使计划精确的过程中才展开[①]。

工业企业为了组织计划的实现，需要做的工作是很多的，主要有以下

---

① 《联共（布）中央委员会向第十六次代表大会的政治报告》，《斯大林全集》第12卷，人民出版社，第301页。

几个方面:

第一，使计划和广大职工群众见面，层层落实计划。工业企业要把上级行政主管机关批准的计划，及时向全体职工进行传达，向群众讲清形势，交代任务，并且指出完成计划的关键问题；要使各个科室、车间、小组以至个人都明确自己的任务，都有具体的奋斗目标。同时，要广泛地组织群众讨论计划，发动群众提出保证完成计划的具体措施和合理化建议，使计划的执行，真正具有广泛的群众基础。

第二，正确地编制生产作业计划，做好生产准备工作，做好生产调度工作，使每一个生产环节在每一个单位时间内，都能完成和超额完成计划任务，保证全年计划顺利地实现。

第三，开展比学赶帮的增产节约运动。通过比学赶帮运动，充分调动广大职工的劳动积极性，推广先进技术和先进经验，提高劳动生产率，发掘企业的潜在力量，保证计划的完成。

第四，组织实现计划中规定的和在执行计划的过程中补充的各项技术组织措施。

第五，对计划执行情况进行经常检查，及时发现计划执行过程中出现的问题和新的潜力，并且采取有效的措施来解决这些问题和利用这些潜力。

*   *   *

社会主义工业企业计划管理的内容是十分丰富的，上面我们只谈到其中的一些主要问题。只要我们的每一个社会主义工业企业都从实际出发，切实地改进和加强计划工作，我们企业的计划管理水平就会进一步提高，我们整个国民经济的计划性和组织性就会进一步加强，我们的社会主义建设事业，就会得到多快好省的发展。

怎样建设好引进项目?[*]
——从引进三十万吨乙烯建设的实践所看到和想到的

北京石油化工总厂，经党中央和国务院批准，在 1972 年年底到 1973 年 9 月，先后从日本引进了年产 30 万吨乙烯以及和它配套的高压聚乙烯、聚丙烯、丁二烯 4 个项目。从确定项目、对外谈判、签订合同到建成投产，总共不到 3 年。这些引进项目经过投产后的考验，证明技术上是比较先进的，建设工程质量是好的，投产一次成功，很快就达到了合同规定的各项技术经济指标。这 4 个项目所用的外汇，折合人民币为 5.4 亿元；1976 年投产以来，不到两年时间，已向国家上缴利润税收等 57600 万元。实践证明，这 4 个引进项目是成功的。它有许多好的经验，值得学习；也有一些教训，需要今后吸取。

我参加了这个引进项目的部分设计和建设工作，现将个人的一些粗浅体会和意见整理出来，有错误的地方请批评指正。

一　引进项目要安排得好，必须是各种经济因素综合平衡的结果

北京石化总厂在确定和安排引进项目的时候，着重抓了以下几个方面的平衡：（1）原有生产能力与引进项目的新增能力的平衡，主要是解决

---

* 本文是作者 1978 年 7 月写的一个报告，原载《经济管理通讯》第 1 期。

原料供应的问题；（2）各个引进项目生产能力的平衡，主要是解决企业内部半成品生产的物料平衡问题；（3）引进项目与配套工程（包括原有的和计划新建、扩建的）的平衡，主要是解决供水、供电、供气、运输、机器、电器、仪表的修理和零配件的供应，以及公用设施、生活福利设施等方面的平衡。

30 万吨乙烯等引进项目的确定和安排，由于对上述各个方面进行了认真的反复的平衡，才使原料、材料和水、电、气的供应，运输力量和各种维修力量，有了保证，在投产后，能够持续稳定地进行生产。相反，现在有些引进项目，投产以后，开不起车来，或者开了一个短时间便停下来，就是因为对上述诸因素没有反复平衡、正确解决的缘故。

总的说来，北京石化总厂引进项目的综合平衡工作是做得好的。但是，也有不足之处。比如，30 万吨乙烯，按日产、月产计算，都早已达到和超过合同规定的设计生产能力，但从年产量看，1977 年只达到设计能力的 50%，1978 年才达到 70%，就是因为与乙烯配套的几个项目，有的取消，有的推迟了，破坏了原来的平衡，以致生产出来的乙烯和丙烯没有办法处理。1977 年为了多产乙烯，还白白烧掉了联产而处理不了的 1.5 万吨丙烯，仅此一项就浪费 1500 万元。结果只好限制乙烯的生产。此外，原来的设计对水、电、气平衡，打得偏紧，供应比较紧张，而且只有一个水源，对生产的正常进行威胁很大。这些，都是在今后安排引进项目的时候，必须切实加以注意的。

在安排引进项目时，不能只考虑花多少外汇，还要注意国内的配套项目的投资。北京石化总厂由于是扩建工程，这方面的投资约占总投资的 30%。至于新建项目，它的比例就会更大。如果不充分考虑和满足这方面的需要，那就不能充分发挥引进项目的投资效果。

这 4 个引进项目都是在原有工厂的基础上扩建的。这对加快建设速度，节省投资，比较顺利地投入生产是一个很重要、很有利的因素，今后引进项目要尽可能利用原有基础进行扩建改建，这是多快好省的一种办法。

二　要"货比三家"，几种方案，反复比较，才能选准引进对象

由于我国目前的科学技术水平比较落后，对国外的技术经济情报掌握很少，我们出国考察人员，又往往限于一国、一地，考察西洋的，就说西洋好；考察东洋的，就说东洋好。各持己见，缺乏共同语言。而出国考察的，多不是负责定案的；定案的人，或者没有出去考察，或者只看了某一个国家，结果"吊在一棵树上"，被外国人"抓"了我们的"大头"，吃亏很大。建议今后在引进项目确定后，要采取国际上通行的办法，广泛向国外厂商询价，要他们报价、投标，这样，可以利用资本主义各国、各垄断集团之间的矛盾，使我们获得较多的国外技术经济资料，进行对比。引进项目的主要负责人，应带领有关专业人员，到几个国家进行考察，这样才能相互比较，择优引进。同时，准备引进的项目和必须同它配套的项目，要同时谈判，同时签订合同。不然主要项目签订了合同，配套项目还没有谈判，没有签订合同，外国资本家就会借机敲诈我们。例如，引进30万吨乙烯，必须同时引进高压聚乙烯、聚丙烯、丁二烯，等等，不然，30万吨乙烯就根本不能开车。由于我们签订30万吨乙烯的合同在先，其他几项合同签订在后，有的外商就乘机抬价，使我们吃了一些亏。这个教训，是必须记取的。

三　引进国外先进技术，一定要促进国内科研、
设计、制造能力的迅速提高

目前，我们采取的引进方式，是从购买使用专利、设计到设备全套引进。这种方式，在我们缺乏经验的条件下，是可取的。但是，长此以往，既浪费外汇，又不利于国内科研、设计、制造水平的提高，很难做到洋为中用。目前30万吨乙烯已经建成投产两年多了，但是，我们还没有做到能够自己设计，自行制造设备，如像日本人从美国引进先进技术那样。30万吨合成氨已经引进10多套，也有类似的情况。而我们国家的有关部门

也没有安排这方面的项目和投资，又缺乏必要的计划组织工作，以致许多研究单位只做了一些引进项目的零星配合工作；许多设计单位只是忙于公用工程的配套设计，而主要的设计环节，如工艺、设备、自动控制等方面，还没有可能真正有成效地进行工作。这种状况，不能使我们很快地掌握和消化引进技术，这对加速我国工业发展，赶超世界先进水平是不利的。十几年前，我国的兰州化学公司和日本的东洋工程公司同时从英国引进3.5万吨的高压聚乙烯装置，而日本经过不断的研究和改进，已发展到18万吨的规模。我们现在从日本引进的这套装置，就是他们消化和发展了的英国的技术。这个教训是很深刻的。前车之鉴，应当引起我们的注意。

为了改变这种状况，建议适当地改变引进的方式，由目前全部引进，逐步地变为只买技术专利（包括关键设备制造专利），选购设备，自己做工程设计的办法。这样不仅可以节省20%左右的外汇，省下钱来购买国外最先进的技术，而且可以最快地提高和壮大自己的科研、设计、制造力量。在60年代中期我们曾经采用过这种办法，引进了日本密闭电石炉的新技术，效果很好。现在，北京石化总厂对二甲苯（制造的确良的一种原料）装置也是采取这种办法向美国引进的。有人担心，这样做，技术上可能没有保证。其实不然，外国人卖给我们专利，他就要负责保证设计的正确（他要派人参加设计，审查图纸，签字负责），保证设备的可靠，保证开车的成功。这是国际上的通例，外国引进技术也多是采用这种办法。当然，这样做，国内的组织管理工作必须跟上，特别是去国外选购设备，必须要有一些精通业务技术的人常驻国外，负责解决问题。

为了通过引进技术，使我国科研、设计、设备制造力量得到迅速成长，国家引进项目，必须要有计划性。一般来说，每个品种只要引进一套或两套（为了比较）就可以了。与此同时，要切实安排好国内同类产品的翻版建设项目，列入国家计划，给以投资和其他必要的保证。不然，"翻版"还是一句空话。

四　培训好技术骨干是保证引进项目建设和投产顺利进行的关键

引进项目，技术复杂，许多难题我们的技术人员和工人过去都没有接触过。要保证引进项目的顺利建设，特别是开车以后能按照设计要求，正常地进行生产，没有真正掌握新技术的技术骨干力量是不行的。培训技术骨干的工作，在引进项目一经确定后，就要立即着手进行。首先要在国内集中一批有一定的文化技术水平和实践经验的工人和技术人员，加以培训。合同签订以后，要根据合同要求，成建制地派出必要的人员到合同工厂进行实习。回国后，要学用一致，不能随意调离岗位。对派出的人员，当然要政治上可靠，但必须具备一定的技术文化水平。出国前，最好能进行必要的外语学习，翻译人员必须懂得专业技术。否则，花了外汇，技术学不回来，新的设备掌握不了，生产就难以正常进行。30 万吨乙烯开车一次成功，投产以后，生产始终正常，就是因为切实做好了这方面的工作。

五　通过引进，要逐步改组我们的工业管理结构

我国目前的工业管理结构，基本上是仿照苏联 50 年代的办法。50 年代末 60 年代前期，根据我国的实际情况，有些改进，但基本上还是没有突破苏联 50 年代那个框框。由于林彪、"四人帮"的破坏，当前我们的管理工作相当混乱，许多方面还赶不上 50 年代。现在我们引进的项目，都是当代资本主义国家最先进的技术，适应这种先进技术，必须要有一套先进的管理方法。而目前我们这一套办法和这种先进的技术装备很不适应。结果，先进的技术并不能很好地发挥作用。比如，我们的工厂都是"大而全"、"小而全"的，而引进的工厂却不是这样。结果，人家的劳动生产率本来很高，到了我们手里，就大大降低了。例如，30 万吨乙烯车间，按照国外提供的资料和实际情况只有 80 人，而我们现在已达 215 人，还觉得人手不足，结果使劳动生产率大大降低。按目前生产水平计算，国

外只用1个人就能办到的事，我们现在要用将近4个人。主要原因，是增加了机、电、仪修工和管理人员。在外国，像机、电、仪修这样的工作，都是由各种专业服务公司承包的，生产工厂哪些设备出了毛病，打个电话，他们就派工人带着相应的零配件、仪表来，换好就走了。而我们的工厂，机，电、仪器不仅要自行修理，而且还要承担一部分零配件的制造任务，否则就可能因缺少零配件而停产。现在工厂、车间、工段层层都在搞维修力量。尽管质量无保证，又浪费劳动力，机床设备也开工不足，仍然从"小而全"中寻求出路。当然，影响劳动生产率的因素不止这一个，但是，不解决这个问题，即使引进了先进技术，我们的劳动生产率还是不能很快提高，而且对生产的威胁也很大，这个问题，要随着工业的改组，逐步解决。生产零配件的工厂要专业化，修理服务公司要按行业、按地区组织起来。这样，劳动生产率才能大大提高。

六　对引进项目的建设和管理，要实行一贯负责制

引进项目一经确定，就要由上级有关部门和单位，选择适当的干部，组成坚强的领导班子，对设计、施工、生产准备各方面的工作，实行一元化领导。这个班子，要从收集资料、谈判、签订合同到设计、施工、安装、投入生产负责到底。将来管理这个工厂的负责人，应是这个领导班子的主要负责人，以保持领导的连续和稳定。这样既可以加快干部的成长，又可以减少许多扯皮的事情，便于实行严格的责任制。

这个班子的一、二把手，选定时，要慎重。选定后，除非有特殊的变故，不要随意变动。30万吨乙烯工程开始时，老是更换第一把手，工程进展缓慢，只是在第一把手比较稳定以后，工程才取得显著的效果，后来第一把手调走了，续建工程，又迟缓下来了。这个教训，很值得重视。

七　实行"投资包干"

"投资包干"，这是毛泽东同志的教导。它有利于调动广大干部和群

众的积极性，也便于责任制的贯彻执行。

国家在确定引进项目之后，就应把有关的外汇、投资，交给指定的领导班子及其负责人，由他们负责按照合同的规定，如期建成交国家验收。在切实保证完成合同规定的技术经济要求的前提下，在国家批准的外汇、投资范围内，引进项目的领导班子及其负责人，有权进行必要的调整。节省下来的外汇和投资，要有适当的比例归他们支配，用于工程的建设。这样做，可以更加经济合理。目前，许多建设项目，大大超过原来的设计预算，虽有各种原因，但是，缺乏严格的责任制，不给建设单位以必要的机动，不能使他们充分发挥主动精神，是一个重要原因。像现在这样，建设单位节省下来的外汇，一文都不许动用，既贻误工作，又造成浪费，是很不适当的。

八　要有一个权威性的机构，及时解决引进项目建设的有关问题

引进项目，问题很多，常是一经提出，就要马上解决。而它牵涉面又很广，国内国外，错综复杂。如果没有一个权威机构，往往要在十几个部门之间踢皮球。非常紧急的事，几个月、半年，甚至更长的时间，都得不到解决。结果，不仅在外国人面前丢脸、失信、罚款，政治上、经济上都受到损失，而且大大影响引进工程的进度。这种情况，必须改变。否则，就不能适应新时期总任务提出的要求，就会丧失时机，贻误工作。

建议设立一个代表国务院负责处理引进项目问题的精干的办事机构。这个机构应由计委、科委、建委、经委及外贸部等有关单位选派适当的人员组成。凡是牵涉许多部门的事，统由这个机构与有关部门联系解决。这个机构，应像大庆那样，一年365天，一天24小时连续办公，以便及时处理问题。

充分发挥企业的主动性[*]

社会主义企业，是社会主义经济的基本单位。企业的主动性能否充分发挥，对社会主义经济的发展，关系极大。因此，研究经济管理问题，就需要认真研究如何用符合客观规律要求的经济方法和相应的行政方法，把我国几十万个企业的积极性、主动性充分发挥出来。

一　解决经济管理体制问题，应当把充分发挥
企业的主动性，作为基本的出发点

经济管理体制同上层建筑有关，如国家机关内部的"条条"和"块块"分工，等等，主要是属于上层建筑方面的问题。但是，经济管理体制，绝不仅仅是上层建筑，更重要的是生产关系，归根到底，是国家、企业和个人的经济关系问题。因此，解决经济管理体制的问题，不能只从上层建筑方面打主意，而应当着重于生产关系，特别要把正确处理国家和企业的经济关系，充分发挥企业的主动性（对农业方面来说，应当充分发挥国营农场和农村人民公社生产队的主动性），作为基本的出发点。这样才能把国家、企业和劳动者个人三者的利益统一起来，充分调动企业和职工群众的积极性，使企业巨大的生产力得到解放。

＊　本文是作者与吴家骏合著，署名马中骏，原载《光明日报》1978 年 9 月 9 日第四版。

　　过去，我们研究经济管理体制问题，往往是从"条条"和"块块"的分工上考虑得比较多，从国家和企业的经济关系上考虑得比较少。当然，条、块分工也是管理体制中需要研究解决的重要问题，但这还只是管理体制的一个局部，只是国家政权机关的集权和分权问题．作为上层建筑的国家机关，无论"条条"或"块块"，都应当为经济基础服务，为基层服务，为生产服务。如果不从经济关系上考虑体制问题，光在条、块分工上变来变去，就容易出现"一统就死，一死就叫，一叫就放，一放就乱，一乱就统……"的团团转的现象，不可能从根本上解决好管理体制的问题。

　　多年来解决管理体制问题的经验告诉我们，无论企业归谁管，无论国家机关的条、块怎样分工，都需要按照客观规律的要求，处理好国家和企业的经济关系，尤其要承认企业在客观上所具有的独立性，赋予企业一定的主动权。如果企业没有必要的独立性和自主权，企业生产经营中的一切细枝末节，都要由中央的或地方的国家机关直接来处理和解决，那就必然会束缚企业的手脚，不利于发挥企业的主动性。比如说，如果企业毫无机动财力，甚至连固定资产折旧基金都很少留给企业，使企业不但不能进行扩大再生产，就连维持简单再生产范围以内的事情也无权解决，那么，企业发展生产、更新设备、改进技术的主动性怎么能够发挥呢？如果企业连建一点宿舍甚至盖个厕所的自主权都没有，那么，企业又有什么办法发挥关心职工生活的主动性呢？因此，我们在研究经济管理体制问题时，需要非常重视国家和企业的经济关系，把调动和发挥企业的积极性、主动性放在极为突出的位置。

　　强调发挥企业的主动性，是不是会削弱国家的统一计划和统一领导呢？当然不会。毛主席在《论十大关系》里说："从原则上说，统一性和独立性是对立的统一，要有统一性，也要有独立性。""各个生产单位都要有一个与统一性相联系的独立性，才会发展得更加活泼。"我们讲的企业的独立性，正是和统一性相联系的独立性，正是便于企业"发展得更加活泼"的独立性。

二 正确处理国家和企业的关系，是实现国家、
企业和劳动者个人三者利益统一的关键

毛主席非常强调正确处理国家、企业和劳动者个人的关系，实现三者利益的统一，指出：国家和工厂，国家和工人，工厂和工人，国家和合作社，国家和农民，合作社和农民，都必须兼顾，不能只顾一头①。

实现国家、企业和个人三者利益的统一，关键在于正确处理国家和企业的关系，充分发挥企业的主动性。这是因为，企业之间的关系、劳动者个人和国家的关系、劳动者个人和企业的关系等，都同国家和企业的关系密切相关。国家和企业的关系处理得是否妥善，不仅关系到国家和企业的利益，而且直接关系到劳动者个人的利益；国家和企业是否按照社会主义原则建立起经济核算关系，直接影响着社会主义企业之间能不能建立起严格的经济核算关系，也直接影响着劳动者个人的经济责任和经济利益是否能够得到重视。因此，不把国家和企业的关系处理好，企业之间的关系、企业和劳动者个人之间的关系，也都不可能处理好。这是用经济办法管理经济的一个极为重要的环节。

在社会主义经济中，国家和企业之间，应当建立严格的经济核算关系。企业要有独立的资金，要对自己经营的成果负责，国家对企业经营的情况要进行监督和考核。毛主席早就反对工厂机关化，要求一切工厂实行企业化，建立经济核算制度，并明确指出：有了严格的核算制度之后，才能彻底考查一个企业的经营是否是有利的②。如果我们的企业，在名义上有独立的资金，是国家统一领导下独立经营的单位，但实际上国家对企业并不进行严格的考核，那么，国家和企业之间，就不是真正的经济核算关系。比如说，如果企业完成完不成计划一个样，办好办坏一个样，盈利亏损一个样，既不讲经济责任，也不讲经济利益；企业的产品不管质量好

---

① 毛泽东：《论十大关系》。
② 毛泽东：《经济问题与财政问题》。

坏、市场需不需要，一律由国家包下来；企业亏本，国家如数补贴，企业领导人和职工毫无经济责任；企业盈利，全部上缴国家，企业领导人和职工毫无经济利益；国家拨给企业固定资产，既不收费，也不考核资金利润率；企业生产工人可以大量窝工，非生产人员可以无限膨胀，等等，那还谈得上什么经济核算呢？国家和企业之间如果是这样一种关系，企业之间的经济核算、经济责任、经济合同等等，当然也就无从谈起了。谁都知道，在实际经济活动中，违反合同的最大经济责任莫过于罚款，既然企业经营好坏一个样，罚款也可以随便摊入成本，这对罚款的双方，又有什么实际意义呢？因此，只有把国家和企业的经济关系摆正了，国家对企业的考核严格了，赏罚分明了，才能把国家、企业和劳动者个人三者的利益统一起来。在此基础上，才能在企业之间真正建立起经济核算关系，实行严格的合同制，促进企业积极、主动地加强管理，努力提高经济效果。

三　明确国家和企业双方的经济责任，才能更好地发挥企业的主动性

社会主义经济是计划经济，企业的经济活动必须在国家统一计划下进行。国家规定的各项计划任务，企业必须保证完成。企业为完成计划任务所需要的条件，国家也应当给予保证。这也就是说，在经济上必须明确国家和企业双方的责任。这种经济责任应当落实到人，真正把企业经营得好坏，同每个人的经济利益挂起钩来。企业经营得好，不但对国家有利，而且对全体职工和企业领导人也有利，企业经营得不好，对企业职工特别是对企业领导人也不利。这样就可以使人人都能从集体利益和个人利益的结合上，关心国家计划的完成，关心企业经营的成果。列宁曾经说过：我们说，必须把国民经济的一切大部门建立在个人利益的关心上面。共同讨论，专人负责。由于不会实行这个原则，我们每一步都吃到苦头[1]。应当承认，这些年来，在"四人帮"的干扰破坏下，我们吃到的苦头也够多了，经济遭受的破坏也够大了。毛主席说：一切空话都是无用的，必须给

---

[1] 《列宁全集》第33卷，人民出版社1957年版，第51页。

人民以看得见的物质福利①。而"四人帮"却把物质利益原则诬蔑为修正主义，横加批判。他们这样做，根本不是批所谓的修正主义，而是批马克思主义。

1961年，经毛主席批准颁发的"工业七十条"曾经正确地规定，国家对企业要实行"五定"，这就是：定产品方案和生产规模；定人员和机构；定主要的原料、材料、燃料、动力、工具的消耗定额和供应来源；定固定资产和流动资金；定协作关系。企业对国家要实行"五保"，这就是：保证产品的品种、质量、数量；保证不超过工资总额；保证完成成本计划，并且力求降低成本；保证完成上缴利润；保证主要设备的使用年限。现在党中央制定的"工业三十条"，又重申了"五定"和考核企业的八项经济技术指标。所有这些，都是为了正确处理国家和企业之间的相互关系，充分发挥企业的主动性。

"定"和"保"，体现了国家和企业双方的责任。一方面，企业进行正常生产所需要的条件，要定下来，给以保证。如果不实现保证条件，妨碍了企业的正常生产，国家的有关部门和协作单位应负经济责任。另一方面，对企业应完成的任务，也要有明确的规定，进行严格的考核。企业全面完成了任务，应当给予一定的奖励，例如从企业的利润中留给企业一部分基金，用于奖励先进、改善职工福利和进行扩大再生产。完不成任务，企业和个人也要承担一定的经济责任。

列宁说：各个托拉斯和企业建立在经济核算制基础上，正是为了要他们自己负责，而且是完全负责，使自己的企业不亏本。如果他们做不到这一点，我认为他们就应当受到审判，全体理事都应当受到长期剥夺自由（也许在相当时期后实行假释）和没收全部财产等的惩罚②。这里，问题不在于具体采取怎样的赏罚形式，而在于原则精神。我们应当遵循列宁提出的原则，建立严格的经济责任制度，对企业经营好坏进行考核，实行有奖有罚，赏罚分明，把企业经营好坏同企业领导人以及职工群众的经济利

---

① 毛泽东：《经济问题与财政问题》。
② 《列宁全集》第35卷，人民出版社1959年版，第549页。

益直接联系起来。同时还要增强法制观念，加强经济立法和经济司法，企业领导人对企业经营得好坏，不仅要负政治责任、经济责任，而且要负法律责任。这样做，我们就可以更加符合用经济方法管理经济的原则，就可以更好地发挥企业的社会主义积极性和主动性，把我们的经济事业搞得更好，从而加快四个现代化的实现。

关于工业经济管理问题[*]

现在，我就工业经济管理问题，谈一谈个人的一些体会，错误的地方，希望同志们批评指正。

准备谈三个问题；一是经济管理是一门科学；二是我国社会主义工业经济管理的产生和发展；三是当前我国工业经济管理的若干问题。

一 经济管理是一门科学

（一）什么是经济管理

经济管理是对社会生产总过程进行组织、指挥、监督和调节。

什么是社会生产总过程，马克思在《政治经济学批判》一书的导言里，曾经说过下面一段话：

"肤浅的表象是……生产创造出适合需要的对象；分配依照社会规律把它们分配；交换依照个人需要把已经分配的东西再分配；最后，在消费中，产品脱离这种社会运动，直接变成个人需要的对象和仆役，被享受而满足个人需要。因而，生产表现为起点，消费表现为终点，分配和交换表

———————————

* 本文是作者 1978 年 9 月在中共中央党校所作的报告，原载《提高企业管理水平》，中国社会科学出版社 1979 年版。

现为中间环节"①。马克思进而对这种肤浅的表象进行了深入的考察，从而得出结论说：生产、分配、交换、消费"它们构成一个总体的各个环节、一个统一体内部的差别"。并且指出：一定的生产决定一定的消费、分配、交换和这些不同要素相互间的一定关系。经济管理就是对生产总过程的这四个环节的运动，进行组织、指挥、监督和调节。这四个环节的运动是有内在联系的，是有它自己的客观规律的，是不以人们的意志为转移的，人们要认识它，运用它，掌握它，这是一种学问，是一门科学。例如，就生产过程来说，管理是进行社会化生产所必需的。凡是许多人在一起共同劳动，都必须有管理。这种管理就表现为计划生产、组织劳动、指挥和协调各个生产环节的活动等一系列的职能。马克思说："一切规模较大的直接社会劳动或共同劳动，都或多或少地需要指挥，以协调个人的活动，并执行生产总体的运动——不同于这一总体的独立器官的运动——所产生的各种一般职能。一个单独的提琴手是自己指挥自己，一个乐队就需要一个乐队指挥。"②

共同劳动的规模越大，劳动分工和协作越精细、复杂，管理工作也就越精细、复杂和重要。在手工业企业里，分工协作的共同劳动，已经使企业管理成为进行生产所不可缺少的条件。但是，一般说来，手工业企业的生产规模比较小，生产技术和劳动分工也比较简单，因此，管理工作也是比较简单的。现代工业的生产，情况就大不相同了。现代工业运用机器和机器体系，不仅生产技术复杂，企业内部分工精细，而且社会化程度高，社会联系广泛。因此，现代工业的管理比手工业的管理，更加复杂、更加重要。

生产过程的管理是这样，整个生产总过程的管理也同样如此。

（二）经济管理的研究对象

关于经济管理的研究对象，有三种意见：（1）主要研究生产力的问题，着重研究生产力的合理组织；（2）主要研究生产关系，即着重研究

---

① 《马克思恩格斯选集》第二卷，人民出版社1972年版，第91页。
② 《马克思恩格斯全集》第23卷，人民出版社1972年版，第367页。

经济关系；（3）主要研究上层建筑，如体制的集权分权、计划、价格政策、财政和税收政策，等等。我倾向于三个方面都要研究，不能只抓一个方面，它具有边缘科学的性质。也就是说，经济管理的研究，应当在马克思主义政治经济学的基础上，在对生产力和生产关系矛盾运动规律的研究中，掌握经济管理的规律性。它既包括政治经济学，也包括生产力的组织学和技术科学。可不可以这样说，经济管理的研究对象是如何合理地组织生产力，不断地完善生产关系，及时地调整上层建筑，以适应生产力发展的需要。当然，这里也有一个侧重的方面。就整个国民经济的管理来说，经济管理的问题，主要是如何按照客观的经济规律，正确处理工业、农业、商业、交通运输业之间，以及国家和企业之间，国家和部门、地区之间，各个部门之间，各个地区之间，各部门、各地区和企业之间，各个企业之间的经济关系，以促进生产力的发展。就整个工业管理来说，大体上也是如此。就工厂的管理来说，情况有所不同。它要花很大的力量，在直接生产过程中，解决合理地组织生产力的问题。但是，生产力的组织管理，包括人的管理和物的管理两个方面。在一定的物质技术条件之下，毫无疑问，人是基本的因素。而人的生产活动，又是社会的生产，互相协作，互相交换劳动。所以，在工厂内部工人之间、这一部分工人与那一部分工人之间、直接生产的工人与管理人员之间、领导者与被领导者之间、企业与职工之间，以及企业与国家、部门、地区之间，企业与企业之间，客观地存在着复杂的经济关系（它们反映为价格、利润、奖金、贷款、合同等经济问题），这些问题解决不好，生产力也组织不好。所以从马克思主义政治经济学的观点来说，经济管理的研究对象，不能只是生产力的组织问题（虽然这个问题十分重要），也不能只是上层建筑问题，而应当是结合这两个方面深刻地研究社会主义国民经济内部、各个产业内部、企业内部，以及它们相互之间的经济关系即生产关系问题。现在大家经常谈论的用经济方法管理经济，主要的也是要着重研究经济关系，解决经济关系即生产关系方面的问题。

很明显，这并不是说，经济管理可以不重视生产力的研究。经济管理和生产力的发展密切相关。生产力的合理组织，是管理的研究对象的一个极其重要的内容，生产力发展水平不同，对管理的要求也就不同。以质量管理为例，在手工业生产中，主要靠工人本身的经验、技艺来保证；在机械化生产的条件下，则要靠产品的设计、机械的性能，以及按统一的质量标准，运用仪器仪表，对每道工序进行科学的检验来保证；在生产自动化的条件下，就要靠自动控制。现代科学技术的发展，使管理从组织劳动，日益渗透、扩展到技术过程中去，技术管理在整个经营管理中的作用，越来越突出。

当然，这也不是说，经济管理可以忽视上层建筑的研究。经济管理和上层建筑也有密切的联系。进行经济管理，离不开政策、法令、管理体制的集权分权、计划，以及某些规章制度，等等。这些属于上层建筑的东西，要反映经济规律的要求，才能对生产起保护作用和促进作用。因此，这也是管理的研究对象的一个方面。

（三）　经济管理的由来和发展

经济管理由来已久。前面谈过，有共同劳动，就有管理。古代许多卓越的工程，不仅是生产技术、协作劳动一定发展程度的标志，而且也是人类管理才能和经验一定发展程度的标志。资本主义生产的发展也是这样，如果没有一定的成功的管理作为基础，产业革命、工业生产的进步和大规模发展，是不可想象的。

随着资本主义生产的发展，资本主义管理科学也跟着发展起来。资本主义管理科学的发展，大体经历了以下四个阶段：

1. 早期的管理理论

这种理论，产生于18世纪下半期，即资本主义发展较早的时期，它的最早的代表人物是亚当·斯密，代表著作是《国富论》（1776年）。亚当·斯密是从手工业作坊转变到机器生产的过渡时代的经济学家，也就是说，他是产业革命前夕的经济学家。他的劳动价值论，特别是关于分工的理论，对于资本主义的经济管理具有重大的意义。亚当·斯密分析了由于工业的分工而获得的经济效益，主要是技术的进步，时间的节约，以及新的机器和工具的采用。这些，对于劳动生产率的提高和资本的增值都有巨大的作用。

大卫·李嘉图是亚当·斯密的直接承继者，他生活于英国产业革命完成了手工业作坊向机器生产过渡的时代，这时资产阶级的工厂和新的工业制度已经确立。他在1817年发表的《政治经济学和赋税原理》，以劳动价值论为基础，研究资本、工资、利润和地租，认为工人劳动创造的价值是工资、利润和地租的泉源。并由此得出结论：工资越低，利润就越高；反之，工资越高，利润就越低。从而揭示了资本主义经营管理的中心问题和剥削本质。马克思对于由亚当·斯密提出、后来由李嘉图进一步发展的劳动价值论，曾给予很高的评价。

这一阶段，资产阶级在政治经济学理论上有很大的发展，但在管理科学上的发展，却是相形见绌的。

2. "科学管理"理论

这种管理理论，是19世纪末20世纪初，随着自由资本主义向垄断资本主义过渡而产生的。这是在过去资本家根据个人的经验和判断进行的管理的基础上，总结提高，使之科学化、系统化而形成的理论。

这种管理理论最初的代表人物，是美国的泰罗。他从19世纪末就在企业里进行试验、研究，逐步形成了系统的管理理论。他的代表著作《科学管理原理》，发表于1911年。在资本主义管理史上，泰罗曾被资产阶级称为"科学管理之父"。列宁对于泰罗制有过精辟的分析，在《苏维埃政权的当前任务》一文中指出："资本主义在这方面的最新发明——泰罗制——也同资本主义其他一切进步的东西一样，有两个方面，一方面是资产阶级剥削的最巧妙的残酷手段，另一方面是一系列的最丰富的科学成就，即按科学来分析人在劳动中的机械动作，省去多余的笨拙的动作，制定最精确的工作方法，实行最完善的计算和监督制等等。"[①] 就其科学性的一面来说，泰罗主要从工人操作上去研究工时的科学利用，通过对工人劳动工时的研究，制定标准劳动法、时间定额和有差别的计件工资制，以提高工效。在这些方面，确有我们值得借鉴的东西。另一方面，由于它是残酷剥削工人的手段，尽管泰罗把他的制度吹嘘成对资本家和工人双方都

---

① 《列宁选集》第三卷，人民出版社1972年第二版，第511页。

有利，但也掩盖不了其剥削的本质，因此，在泰罗制开始推行时，就遭到工人的反对。

3．"现代管理"理论

这种管理理论，是20世纪40—60年代产生的。它分为"管理科学"和"行为科学"两个大的流派。

所谓"管理科学"，实际上是泰罗的"科学管理"的继续和发展。它是从操作方法、作业水平的研究向科学组织的研究上扩展；同时，汲取了现代自然科学和技术科学的新成果，靠运筹学、系统工程学、电子计算机等科学技术手段，形成的一种现代的组织管理科学。

所谓"行为科学"，是强调从社会学、心理学的角度研究管理，重视社会环境、人的相互关系对提高工效的影响。泰罗的主张是使工人个别化。他认为当工人结成帮的时候，他们的效率会降低，会把许多时间用在对雇主的批评、怀疑，甚至公开斗争上面。在他进行试验的工厂，规定不允许4个以上的工人在一起工作，他认为这样做可以使每个人按科学规范进行操作，提高工效，最终可使工人增加工资，一旦工人认识到这种科学管理带来的利益，就会采取"友好的、理智的"态度来对待他的这套为资本家效劳的办法。"行为"学派则恰恰相反，认为只重视物质的、技术的条件而忽视社会条件对工效的影响，是片面的。"行为"主义的最早的代表人物是哈佛大学的迈约，他认为"生产不仅受物理的、生理的因素的影响，而且受到社会学的、社会心理学的影响"。他的代表著作《工业文明中的人的问题》发表于1933年。

这两个学派，前者出自组织学家，强调管，认为管得严才能出效率；后者出自行为学家，强调人的行为，认为从人的行为的本质中激发出动力，才能提高效率。因此，他们强调要做好人的工作，甚至鼓吹"工人参加管理"。

4．"最新管理"理论

这种管理理论，是70年代的产物，是用"系统理论"把"管理科学"和"行为科学"综合起来形成的一种新的管理理论。

所谓"系统理论"，就是从整体出发而不是从局部出发去研究事物的一种理论。它把同某一事物有关的全部组成要素的总体，看成一个系统。例如，一个企业可以看做一个系统，按照"系统理论"，在企业这个系统中，物和人以及人所处的环境等，都是构成这个系统的要素。进行系统分析，就是要对这些要素进行全面分析研究，实现计划、方案、设计、办法的最佳化。

系统有大有小，企业可以作为一个系统，整个国民经济也可以作为一个系统，企业内部又可以分成若干小的系统。

进行系统分析，就是要把人和物以及环境三个因素结合起来进行全面分析。美国华盛顿大学教授卡斯特和卢森威在 1970 年合写的《组织与管理——从系统出发的研究》，是系统理论的重要代表作。

从上述情况来看，资产阶级的管理科学，随着生产的发展、科学的进步、生产社会化程度的提高，也在不断地发展。与此相联系，他们对企业的认识也在不断变化。在第一、第二阶段，认为企业是一种经济、技术系统；到了第三阶段，认为企业是一种社会—技术系统；到第四阶段，则认为企业是一种受到技术因素很大影响的多元的心理学—社会系统。由原来重视物的作用，逐步地改变为重视人的作用，认为物只不过是被动的组成要素，人才是企业的主体。这种理论不是资产阶级专家们的头脑中任意制造的，而是生产力高度发展的必然结果，生产力的高度发展，使工人和技术人员越来越需要提高文化，掌握技术。人在操纵现代技术中越来越起决定性的作用。不发挥人的积极作用，就不能充分发挥现代技术的作用，因而资本家也就得不到最大的利润。为了取得最大利润，资本家不能不使自己的管理适应现代化生产力发展的这种要求，不能不被迫承认和遵从这一客观规律性。

（四）管理的社会性质

资本主义的管理，具有两重性质。马克思说："凡是直接生产过程具有社会结合过程的形态，而不是表现为独立生产者的孤立劳动的地方，都必然会产生监督劳动和指挥劳动。不过它具有二重性。

一方面，凡是有许多个人进行协作的劳动，过程的联系和统一都必然要表现在一个指挥的意志上，表现在各种与局部劳动无关而与工场全部活动有关的职能上，就象一个乐队要有一个指挥一样。这是一种生产劳动，是每一种结合的生产方式中必须进行的劳动。

另一方面，——完全撇开商业部门不说，——凡是建立在作为直接生产者的劳动者和生产资料所有者之间的对立上的生产方式中，都必然会产生这种监督劳动。这种对立越严重，这种监督劳动所起的作用也就越大。"①

马克思在《资本论》第一卷里也明确讲过："资本家的管理不仅是一种由社会劳动过程的性质产生并属于社会劳动过程的特殊职能，它同时也是剥削社会劳动过程的职能，因而也是由剥削者和他所剥削的原料之间不可避免的对抗决定的。"②

资本主义管理的二重性，是由它所管理的生产过程本身具有二重性所决定的。资本主义生产过程，一方面是制造产品的社会劳动过程，另一方面是资本的价值增值过程。

资本主义企业的管理权从属于资本，表现为资本的职能，成为资本的属性。"资本家所以是资本家，并不是因为他是工业的领导人，相反，他所以成为工业的司令官，因为他是资本家。"③

社会主义的管理，具有根本不同的性质。

在社会主义条件下，现代化大生产的劳动过程本身，仍然需要管理，而且需要比资本主义更广泛、更科学、更严密的管理。

但是，在社会主义条件下，有以下三种因素发生了变化：（1）生产资料的公有制，使社会生产的无政府状态，被国民经济有计划按比例地发展所代替；（2）剥削和被剥削的关系，被同志间互助合作的关系所代替；（3）专制的统治和饥饿的纪律，被民主的管理和自觉的纪律所代替。因此，马克思讲的资本主义制度下管理的二重性，在社会主义制度下，发生了本质的变化。所谓本质的变化，主要就是：第一，马克思所说的由剥削和被剥削者之间的阶级对立引起的那种"监督劳动"的管理职能，不存

---

① 《马克思恩格斯全集》第 25 卷，人民出版社 1974 年版，第 431 页。
② 《马克思恩格斯全集》第 23 卷，人民出版社 1972 年版，第 368 页。
③ 同上书，第 369 页。

在了；第二，马克思所说的，管理作为"剥削社会劳动过程的职能"，也不存在了。但是，这并不是说社会主义经济管理只是生产力的组织问题，而不再需要解决生产关系问题了；也不是说社会主义经济管理就没有阶级性质了。

社会主义的经济管理，从本质上来说，就是工人阶级对于经济的管理。我们知道，在社会主义社会，旧的剥削阶级的残余还存在，新的剥削分子和反革命分子还会产生，贪污、盗窃、投机倒把，也不时出现。在这种情况下，旧的习惯势力和剥削阶级的意识形态，在我们的经济管理中必然还会有所反映。例如，我们有的领导干部和管理人员，往往不以普通劳动者的身份出现，甚至以老爷态度对待群众；我们有的职工，有时也不能真正意识到自己的主人翁地位，不能以主人翁的姿态对待劳动，甚至对待自己的企业像对待资本家的企业那样。这些旧的影响同社会主义社会劳动者之间同志互相合作的关系极不适应，妨碍社会主义新型关系的建立，这些旧的观念如果不自觉地改变，在领导方面就会产生官僚主义，在群众方面就会产生雇佣观点，不利于社会主义事业的发展。所有这些，都是需要通过加强思想教育和改善社会主义管理来不断解决的。

在社会主义条件下，群众劳动的自觉性空前高涨，但是应当看到，劳动毕竟还没有成为人们生活的第一需要，而仍然是谋生的手段。在提倡自觉纪律的同时，管理仍然作为一种监督劳动而起着作用。但这种监督劳动，不体现剥削和被剥削关系，而是一种同志式的监督，而且是群众性的互相监督，是建立在根本利益一致的基础上相互促进的互相监督，是促进社会主义生产关系不断巩固、发展和完善的互相监督。

二　我国社会主义工业经济管理的产生和发展

社会主义制度不是凭空而来的。社会主义制度是在资本主义发展起来的巨大的生产力的基础上，经过无产阶级革命建立起来的。

因此，社会主义经济的管理，必然同资本主义经济的管理有一定的联系，必然有一定的继承性。前面说过，资本主义的管理具有二重性质，它不仅反映着剥削与被剥削的关系，而且也反映着社会化大生产的需要。这就决定了资本主义的管理有许多东西是可以继承的，是应当学习的。列宁在《全俄中央执行委员会会议》的讲话中说：有人在这个会议上说，不向资产阶级学习也可以建成社会主义，我认为，这是中非洲居民的心理。我们不能设想，除了以庞大的资本主义文化所获得的一切经验为基础的社会主义以外，还有别的什么社会主义①。列宁还说过：只有那些懂得不向托拉斯的组织者学习就不能创造或实行社会主义的人，才配称为共产主义者。因为社会主义并不是一种空想，而是要已经夺得政权的无产阶级先锋队去掌握和采用托拉斯所造成的东西②。

列宁、斯大林领导下的苏联，在建立了强大的社会主义经济的同时，也创造和积累了管理社会主义经济的经验，其中有很多是带有普遍意义的好经验。

我们党在领导我国社会主义建设的过程中，学习了国外的一些先进国家管理的经验，并且结合我国的实际，创造了一些适合我国国情的经济管理的办法。

我们党抓工业管理工作开始于第二次国内革命战争时期，当时为了战争的需要，党中央、毛泽东同志在江西中央苏区号召发展工业生产。但那时的工业，只是一些农具、造纸、织布等军需民用的个体手工业，国营企业很少。

在抗日战争时期，革命根据地的工业开始有了较多的发展。从 1938 年起，陕甘宁边区就开始强调公营工业的建设和发展。到 1942 年，已有公营企业 60 多家，职工达 4000 人，取得了相当可观的成绩。对于这一点，毛泽东同志曾经有过很高的评价，他说：这个成绩，对于我们，对于我们民族，都是值得宝贵的，这就是说，我们建立了一个新式的国家经济的模型。

在解放战争时期，随着一些工业城市的解放，我们党才逐步掌握了一

---

① 《列宁全集》第 27 卷，人民出版社 1958 年版，第 285 页。

② 同上书，第 324—325 页。

些现代工业。

在整个民主革命时期，我们工业的发展，是同党领导的革命军队、革命根据地的建设和发展联系在一起的，是在革命战争中、在农村环境中成长起来的。因此，在这个时期形成的管理思想和管理经验，有以下三个显著特点：

第一，具有优良的革命传统。由于革命根据地的工业是为着解决革命战争的军需和民用而发展起来的，是同党领导的革命军队和革命根据地一起建设和发展起来的，因此，它有许多优点。这就是：在党的领导下，革命和生产的关系十分明确，要把革命战争坚持下去，就必须努力发展生产；艰苦奋斗、因陋就简、自力更生的革命精神很强；革命队伍中的官兵一致、军民一致的革命作风运用于工业建设，实行三大民主（政治民主、经济技术民主、管理民主）。这也就是毛泽东同志在后来所总结的加强党的领导、进行思想政治工作和贯彻群众路线。这些优良的革命传统，比较好地调动了群众的革命和生产的积极性。

第二，实行供给制。由于当时的革命根据地处在被封锁的、经济条件十分困难的战争环境，军队和革命根据地的党政机关都实行供给制，所以工厂基本上也是实行供给制。虽然毛泽东同志提出了加强计划性，实行企业化，建立经济核算制等经济工作的指导思想，但是，由于当时物资很缺乏，能生产出东西来，就是很不容易的。这就使当时的经济管理工作，缺乏必要的经济核算，不大注意经济效果。

第三，小生产的经营管理方式。由于当时革命根据地的工业，主要是手工业，又处于农村环境，个体经济的影响相当大，商品经济很不发展，所以，小生产的管理方法，自给自足的"小而全"的经营方式，极其普遍。

第四，发展自给经济。当时政府办了许多自给工业，毛泽东同志说：军队和机关学校所发展的这种自给经济是目前这种特殊条件下的特殊产物，它在其他历史条件下是不合理的和不可理解的，但在目前却是完全合理并且完全必要的①。这种自给经济帮助我们战胜了困难，有不可磨灭的

---

① 《毛泽东选集》第三卷，第847页。

历史功绩。但在这种自给自足的自然经济的思想影响下，商品生产和商品交换的观念非常薄弱，不大重视流通领域中的问题，容易忽视价值规律的作用和市场的调节作用。

长期以来形成的这四个显著的特点，一直对我们的经济管理工作发生着巨大的影响。如何发扬革命传统，去掉小生产的习惯势力的影响，把革命传统同现代工业生产条件很好地结合起来，是我国经济管理需要很好地解决的问题。

我们掌握的现代工业，最初是从敌人那里接收过来的官僚资本主义企业。为使生产不致停顿，在一段时间里，保留了原有的企业机构，先进行监督，然后逐步进行改革，经过民主改革和生产改革，初步改变了企业的机构和经营管理制度，促进了生产的恢复和发展，迎来了有计划地进行大规模经济建设的高潮。

在经济恢复和第一个五年计划时期，国家先是在全国范围实行了经济财政工作的统一领导和统一管理，实现了财政平衡和物价稳定。以后又在进行三大改造的同时，统一计划，统一行动，集中了大量的资金、人力和物力，兴建了156项重点工程，其他经济事业也发展起来了。这个时期对发挥地方和企业的积极性有注意不够的地方，但是成绩是主要的。经济发展既迅速，又平稳，人民生活逐步改善，心情舒畅。

这个时期，对于社会主义工业企业，我们学习苏联的经验，实行计划管理；对于私营工业企业，则进行社会主义改造，采取各种经济办法以及相应的行政办法，如在活动范围、税收政策、市场价格、劳动条件等方面进行恰如其分的有伸缩性的限制，最后经过公私合营，逐步改变为社会主义企业，也实行计划管理。这样，我们就在全国范围内采用了苏联的一套管理工业经济的办法，也就是他们40年代末50年代初的那一套管理办法。

对苏联的这套办法，应当一分为二。它有科学的一面，例如，实行了由国家统一领导的计划经济；依靠自己内部力量解决了高速度发展工业的资金问题；在独立自主、自力更生的原则下，引进外国先进技术；大量培养技术干部和熟练工人；开展社会主义劳动竞赛；实行新的劳动保护制度；实行各尽所能，按劳分配；实行经济核算制，等等。这些基本上符合客观经济规律要求的政策和措施，体现了社会主义制度的优越性，反映了现代化大生产的客观要求，促进了苏联工业的高速度发展。我们学习苏联的这套办法，对于进行大规模经济建设，起了积极的作用。

但是，苏联的这套办法，也有它的严重缺陷。例如，事无巨细地把一切经济活动都纳入国家计划，计划统得过死，采取行政命令来管理，而不是采取经济方法来调节；管理制度和办法也过于烦琐，等等。这些方面对我们影响很大，使得我们在掌握现代工业以后，没有能够比较快地把革命传统同现代化生产条件结合起来，形成一种适合我国国情的经济管理办法。

前面回顾的这一段历史告诉我们，解放初期我们管理经济的办法，是由多种因素组成的。一方面继承了革命根据地的革命传统和经验，另一方面也保留了旧企业的一些管理办法，同时，还引进了苏联的一套管理办法。

毛泽东同志及时总结了国内外正反两个方面的经验，提出了工人阶级管理社会主义经济的一些基本指导思想。他于 1956 年在《论十大关系》的报告里提出了适合我国情况的多快好省地建设社会主义的思想，1958年又制定了社会主义建设总路线。1960 年 3 月批示了"鞍钢宪法"，对我国的工业管理和企业管理作了总结。党中央 1961 年批准颁布了"工业七十条"。这些都是为了要把党的革命传统和现代化大生产结合起来。

但在"大跃进"时期，对客观经济规律尊重不够，综合平衡、统一计划不够，发生了高指标、瞎指挥、弄虚作假的错误，分散现象严重，任意增加职工和建设项目，不顾生产的客观比例，降低质量，提高成本，造成的浪费和损失很大。随后出现的三年暂时经济困难时期，虽有苏联毁约、撤走专家等破坏和自然灾害等客观原因，但也有"大跃进"中刮共产风、计划失调、工作方法错误等主观原因。经过及时总结经验，贯彻调整、巩固、充实、提高的方针，把破除迷信、解放思想同尊重规律、讲究科学正确地结合起来，把革命精神和科学态度很好地结合起来，实行严格的责任制度，贯彻思想教育和物质鼓励相结合的原则，促进了我国的社会主义经济的恢复和发展。

在"文化大革命"中，林彪、"四人帮"进行破坏，以极"左"的面目出现，根本否定管理。把我国革命和建设实践中总结出的一套管理工业、管理企业的办法，全部废弃了，使我们的经济管理出现了严重混乱落后的状态，甚至连50年代已经达到的水平都不如，给社会主义经济事业造成极大的破坏。

三　当前我国工业经济管理的若干问题

我国工业战线，由于林彪、"四人帮"的破坏和小生产的习惯势力的影响，总的来说，管理工作还是很落后的，同实现四个现代化的需要很不适应。

管理落后，突出的表现是，不善于按经济规律办事，不善于用符合客观经济规律要求的经济办法和相应的行政办法管理经济。正像中央领导同志所说的，经济管理墨守着行政层次、行政区划、行政便利、行政方式，不讲经济核算、经济效果、经济效率、经济责任的老框框，拘泥于小生产的狭隘眼界，习惯于手工业式、小农经济式、甚至封建衙门式的管理方法。

这种落后状况，在引进的建设项目上表现得特别明显。先进的技术装备与落后的管理方法，形成尖锐的矛盾。国外生产效率很高的工厂，一到了我们的手里效率就降低了。人家1个人就可以办到的事情，我们要用6个人。这怎么能赶超世界先进水平呢？

一定要迅速改变这种状况，否则很难适应四个现代化的需要。怎样改变这种状况呢？主要应当解决好以下几个问题：

（一）坚持有计划按比例地发展社会主义经济，改变无计划、半计划的状态

社会主义经济的特点是计划经济。要搞好社会主义经济，必须遵守有计划按比例发展的规律。马克思说：时间经济以及有计划地分配劳动时间于不同的生产部门，仍然是以集体为基础的社会首要的经济规律。甚至可以说是程度极高的规律①。在我们的经济工作中自觉地运用这个规律，才能长期地、稳定地、高速度地发展社会主义经济。

29 年的经验证明，只有从客观经济规律出发，从国民经济有计划按比例的规律出发，搞好综合平衡，统一思想，统一政策，统一计划，统一指挥，统一行动，把中央、地方、企业三者的积极性有组织地、互相衔接而不是互相抵消地发挥出来，集中必要的力量打歼灭战，用重点带动全局，我们的经济就发展得比较快，否则就一定慢。如果不搞好综合平衡，不集中力量打歼灭战，不处理好各方面的关系，你挤我，我挤你，互相牵制，速度就上不去，甚至会掉下来，挫伤群众的积极性，浪费国家的财富，耽误时间，想快反而慢。

由于林彪、"四人帮"长期干扰破坏，使我国社会主义计划经济变成了半计划、甚至无计划的经济，严重妨碍了我国经济的发展。计划不留余地，计划层层加码，物资层层减码，计划留缺口，物资留缺口，层层有缺口。结果是生产和基本建设都缺乏必要的物资保证。

拿生产来说，就有所谓"三八制"，即分配的物资只占计划需要量的 80%；订到货的物资只占分配数的 80%；而拿到手的物资又只占订货数的 80%。这就是说，实际上能拿到手的物资只占需要量的一半，缺口高达 50%。这是指已经列入计划的部分，实际上还有相当大的一部分没有列入计划，特别是城市集体所有制的工业和农村人民公社工业，他们需要的物资，更没有保证。

再拿基本建设来说，战线越来越长。目前已经铺开的工程项目的投资，约等于今年全部投资的四五倍，也就是说，要完成这些项目，至少还要四五年时间。有很多"胡子工程"，长期不能发挥经济效果。基本建设盘子过大，物资供应就一定紧张。结果弄得采购人员满天飞，以物易物之风盛行，不但大量浪费人力、物力，而且给某些资本主义活动以可乘之机。

看来，要改进我们的经济管理工作，首先要抓计划，抓综合平衡。在

---

① 《政治经济学批判大纲》（草稿）第 1 分册，人民出版社，第 112 页。

我们社会主义计划经济制度下，这一环抓不好，其他都无从搞好。

抓好计划，必须抓好几个大的平衡，即：生产和建设之间的平衡，农轻重的平衡，农业内部和工业内部的平衡，以及物资和外汇的平衡，总起来说，就是要求得积累和消费的平衡，处理好国家建设与人民生活的关系。

斯大林说过，为着领导，必须预见。要搞好计划工作，必须有一个合乎实际的长远计划。否则，年度计划很难搞好，特别是基本建设计划更难合理安排。基本建设战线越来越长，与此有极大的关系。

根据党的新时期的总任务，我们急需一个从现在到 2000 年的经济建设规划。国民经济各部门和各地方都应当做出 2000 年的展望，由国家计委加以综合平衡，形成一个总体规划。没有远见是不成的，各搞各的也是不成的。为此，我们要钻研一门新的学问——自然科学界叫做未知境界学，社会科学界叫做未来学、预测学。

我们的国家这么大，而国民经济又是这么复杂，包罗万象的国家计划是不可能搞好的，实际上也是不起作用的。应当有直接计划和间接计划，有国家计划和社会计划，把两者很好地结合起来，使国家计划安排的不足和缺点得到补充和纠正。

毛泽东同志说过，计划一定要留有充分的余地。绝不要再留缺口。留有缺口的计划本身，就是违反有计划、按比例发展的规律的。

还有计划指标体系问题，八项指标究竟哪一项是最基本的，它们的关系如何，不能互不联系，各管各的。产值指标不列入八项考核指标，人们称为"老九"。但这个不作考核的指标，实际上却成了主宰一切的指标，成了"幕后操纵者"，造成了许多不良的结果。这个问题也是需要研究解决的。

计划要注意长期、稳定、持续地增长，要瞻前顾后。不能是仅仅维持一两年的高速度，更不能是时而大上、时而大下的所谓高速度。对长远计划、年度计划是这样要求，对年度、季度、月度计划也应当这样要求，后者更需要注意均衡性。

就生产增长速度来说，是波浪式前进的，在各个时期，有时可能高一些，有时低一些，但也不能波动太大。那种把绝对产量时而大上、时而大下，说成"波浪式前进"，是完全错误的。

建议总结 29 年的经验，应当把制定"国民经济计划法"和"基本建设法"，作为整顿经济工作的一项重要任务来做。

（二）坚持按实际需要组织生产，改变闭门造车、产销脱节的状态

社会主义生产的根本目的，是不断地满足人民群众日益增长的物质文化的需要。这是社会主义基本经济规律的要求。恩格斯说：社会主义社会是"按照全社会和每个成员的需要对生产进行的社会的有计划的调节"[①]。斯大林也说：保证最大限度地满足整个社会经常增长的物质和文化的需要，就是社会主义生产的目的[②]。而目前我们企业的生产，往往不是从社会需要出发，不是按照社会需要组织生产，而是闭门造车，生产什么，就强迫社会消费什么。这样，就使得有些产品供不应求，有些产品由于品种不对路，质量不好，大量积压。

大家知道，我国的钢材和机电产品本来是很不够用的，每年要花几十亿元进口钢材和机电设备，但钢材却积压很多，而且还有增加的趋势；机电产品也有大量积压，如普通车床，本来就有积压，而今年上半年就完成了全年的计划产量，使积压更为严重。这样就人为地加剧了供需之间的比例失调。

要使产销结合，必须按需要生产，生产单位同消费单位要直接见面，生产者、消费者要直接见面。必须坚持合同制，按合同组织生产，把计划建立在合同制的基础上。建议制定"合同法"，明确规定合同双方的经济责任。不执行合同的，要罚款，赔偿损失。产品质量不合格的，要包换、包退、包修、包赔。目前采取"背回来"的办法，有一定的作用；但这是一种政治动员的行政的方法，更要有经济的方法，才能持之以恒。没有合同，没有销路而盲目生产的东西，国家有关部门有权拒绝收购。

（三）坚持按照专业化协作的原则，科学地组织社会生产，改变"小而全"、"大而全"的状态

专业化分工协作，是社会化生产的产物。马克思说：一个民族的生产

---

① 《马克思恩格斯选集》第三卷，人民出版社 1972 年版，第 319 页。
② 《苏联社会主义经济问题》，人民出版社 1975 年版，第 62 页。

发展的水平最明显地表现在该民族分工的发展程度上。列宁也说：技术的进步，必然引起生产各部分的专业化。要把制造整个产品的某一部分的人类劳动的生产率提高，就必须使这部分的生产专业化。社会分工、专业化和协作，这是社会化大生产的一个普遍的发展规律。

目前，我国工业企业"小而全"、"大而全"是个普遍现象。一个厂就是一个社会，领导力量分散，不利于抓好企业的生产。在大规模经济建设的初期，或者在工业基础很薄弱的新发展的地区，由于分工协作的条件比较差，搞得全一些，是不可避免的。随着生产的不断发展，这个问题应当迅速解决。而许多年来，这个问题我们解决得是不好的，而且越来越严重了。

这种状况的出现，同我国经济落后和小生产的习惯势力浓厚关系极大。同时，我们的计划工作薄弱，企业需要的东西得不到及时供应，这也迫使企业向全能厂发展。还有，协作产品，由本厂扩散出去的产品，返回本厂组装时，要层层加税，使造价提高，企业盈利减少，甚至亏损，企业不得不自谋出路。此外，生产服务、生活服务工作没有专业化，许多本来不应该由工业企业干的事情也不得不自己干，这也是迫使企业向全能厂发展的一个重要的原因。

改变"小而全"、"大而全"的现状，只要各级领导思想重视，全面规划，加强组织领导，是可以办到的。例如，大庆石油化工厂就有这方面的经验。当然，这并不是说解决"小而全"、"大而全"的问题，光靠企业领导重视就能办到，很多问题需要国家、社会统一解决。像修理服务、生活服务专业化的组织，就不是一个企业自己能够解决的。如果整个的体制不进行大的改革，如果我们的思想方法和活动方式不来一个适应现代化大经济需要的改变，这些问题是解决不好的。

（四）坚持国家和企业、企业和企业之间的严格的经济核算制度，正确处理国家和企业的关系，实现国家、企业和劳动者个人三者利益的统一，改变吃"大锅饭"的供给制状态

毛泽东同志指出：国家和工厂，国家和工人，工厂和工人，国家和合作社，国家和农民，合作社和农民，都必须兼顾，不能只顾一头。过去在研究经济管理体制时，往往从"条条"、"块块"的分工上考虑得多，从国家和企业的经济关系上考虑得少。当然，条块分工也是一个必须解决的重要问题，但这只是管理体制的一个局部问题，是国家机关的集权和分权问题。作为上层建筑的国家机关，都应为经济基础服务，为生产服务。企业是基本的生产单位，在企业中劳动的全体职工是直接的生产者，只有充分尊重和充分发挥他们的积极性和主动精神，而不是把他们当做行政主管机关的附属品，当做只能靠上级从外部指挥推动的"算盘珠"，才能使企业的巨大的生产力得到解放。如果不注意着重解决这个问题，光从条块分工上变来变去，就必然出现人们常说的"一统就死，一死就叫，一叫就放，一放就乱，一乱又统……"这样团团转的现象。这种现象已经发生过两次。而对国家和企业的关系却很少考虑进行必要的调整，并且企业的权利有日益缩小之势，这对高速度发展工业，尽快实现现代化是不利的。

把国家和企业的关系，真正建立在经济核算制的基础上，扩大企业的权限，充分发挥企业的主动性和积极性，这是当前改进经济管理工作的一个突出问题。

经济核算，是管理社会主义经济的一项基本的原则。而要实行经济核算，就必须运用价值规律。毛泽东同志说：这个法则是一个伟大的学校，只有利用它，才有可能教会我们的几千万干部和几万万人民，才有可能建设我们的社会主义和共产主义，否则一切都不可能。毛泽东同志还说：有了严格的经济核算制度之后，才能彻底考查一个企业的经营是否是有利的[①]。

社会主义企业是有独立资金、进行独立经营的生产经济单位。每个企业都要精打细算，坚持勤俭办企业的原则，管好用好国家交给企业的资金，保证不断增加生产，增加盈利。国家对企业经营成果要进行考核，企业之间的经济往来要记账、算账。这是社会主义经济客观存在的经济核算关系。违反了这个客观要求，生产就不能正常进行，不能取得较好的经济效果。

---

① 《经济问题与财政问题》，解放社 1944 年版，第 114 页。

由于"四人帮"的干扰，我国社会主义企业的经济核算制度遭到了破坏。现在，企业的资金由国家拨给，既不收费，也不考核资金利润率；企业的产品不管质量好坏、市场是否需要，一律由国家包下来，特别是那些供不应求的产品，不管质量多么坏，价钱多么贵，也是一抢而光；企业亏损，国家如数补贴；企业盈利，全部上缴国家；既不考虑经济利益，也不考虑经济责任，企业经营好坏一个样，盈利亏本一个样；企业之间合同可以不执行，互相不负经济责任。所有这些，都表明我们的国家和企业之间、企业与企业之间，并没有建立起经济核算关系，而是吃大锅饭，实际上这是一种供给制的关系。

必须改变这种供给制关系，建立严格的经济核算关系，才能正确处理国家、企业和个人三者的关系，实现三者利益的统一。

正确处理国家、企业和个人的关系，关键在于处理好国家和企业的关系。不是把企业管得死死的，而是给它较多的主动权，充分调动企业的积极性，这对多快好省地发展生产有极大的作用。主要是人权、物权、财权、计划权，企业应当有一定的机动。折旧使用，利润留成，奖金分配，也应当有所调整，真正把国家、企业和个人利益结合起来。

国家和企业之间要明确相互责任。"工业七十条"规定国家对企业实行"五定"，企业对国家实行"五保"。最近颁发的"三十条"，又重申了"五定"的要求，并责成企业完成八项经济指标。只有国家和企业之间责任制度建立起来了，考核严格了，赏罚分明了，企业经营得好，不但对国家有利，而且对企业的职工和企业的领导也有利；企业经营得不好，对企业的职工和企业的领导也不利。这样才能促使每个职工从物质利益上关心企业经营的成果。只有在此基础上，企业之间的经济核算关系才能建立起来，合同制才能严格执行，互相承担经济责任才能认真执行起来。

中央领导同志多次指示，要修改"工业七十条"。建议在总结过去经验的基础上，制定一个"社会主义工厂法"，明确规定企业作为法人的权利和责任，使企业的经济活动有所依据。

（五）坚持各尽所能、按劳分配，反对平均主义

马克思在《哥达纲领批判》中明确指出：各尽所能、按劳分配是社会主义的分配原则。这也是社会主义社会的一个经济规律。因为在社会主义条件下，社会生产力还没有得到极大的发展，社会产品还没有达到极大丰富的程度，劳动还仅仅是谋生的手段，还没有成为广大劳动者生活的第一需要。因此，必须实行按劳分配，不可能实行按需分配。

"四人帮"在按劳分配问题上散布了很多谬论，肆意制造思想混乱，他们胡说按劳分配是资本主义的东西，是产生两极分化、高薪阶层、新资产阶级分子的经济基础，根本否定按劳分配的社会主义性质。在"四人帮"干扰破坏之下，在我们的经济工作中，按劳分配的原则没有得到很好的贯彻。

企业经营好坏一个样，对经营好的没有奖励。在企业内部，干好干坏一个样，对劳动好的也没有奖励。工资制度不合理，许多生产上的骨干、技术水平高的工人工资很低，得不到及时调整。这些都是同按劳分配原则不相符合的。

我们实行工资制度，工资等级高低对工人的收入影响最大，特别是实行计时工资的工人更是如此。因此，要定期考核晋级，否则就不能真正体现按劳分配。奖金当然也很重要，但它是工人的辅助收入。要着重考虑从工人工资等级上如何实现按劳分配的问题。

现在不少企业正在试行新的奖金制度。这个制度，把奖金与工资基金联系起来，而不是与企业经营的经济效果联系起来，这是一个很大的缺陷。

应当给企业留一笔奖励基金，用来解决职工的奖金和生活福利问题。基金留存多少，要和企业经营好坏联系起来；每人奖励多少，要和个人劳动好坏联系起来。问题是根据什么留？如何同经济效果相联系，因为目前的价格政策很不合理，单纯从是否盈利、盈利多少上去评价经济效果，并不能真正反映企业的实际情况。在这种情况下，从经济上如何评价企业经营的好坏，并以此作为留用奖励基金的标准，这是一个需要进一步探讨的问题。

　　　　　　　＊　　　　　　　＊　　　　　　　＊

　　解决上述问题，集中起来说，就是要用符合社会主义经济规律的办法来管理经济。中央的负责同志最近要求我们：刻苦学习马列主义、毛泽东思想，正确认识和掌握客观经济规律，主要是社会主义基本经济规律，有计划按比例发展规律，价值规律和按劳分配规律，使各项经济工作严格按照客观经济规律办事，而不是按照那种不符合客观规律的"长官意志"办事。这就要勇敢地改革一切不适应生产力发展的生产关系，不适应经济基础要求的上层建筑，在加强思想政治工作的同时，放手发挥经济手段和经济组织的作用。

　　因为有很多事情，光靠行政的条条解决不了，光靠行政的块块也解决不了，而必须根据经济活动、经济区域、经济联系的规律，建立有关的经济组织，采取适当的经济手段，才能得到经济合理的解决。例如，按照分工协作的原则，成立专业公司或联合公司进行管理，经验证明，比目前的行政组织管理，可以取得更好的经济效果。而这种公司，有些是超出某个部门、某个地区的范围的，如果采取单纯的行政组织、行政方法就难以管好。

　　当然，这并不是否定行政办法和行政组织的作用。而是要我们按照经济规律的要求，学会用科学的行政方法来管理经济。只有这样，才能使我们的行政工作确有成效，避免瞎指挥。

　　通过经济手段和经济组织去管理经济，是不是中央和地方的政府部门就无事可做了呢？当然不是。在完成新时期的总任务，实现四个现代化的伟大变革中，各级政府部门，责任很大，工作很多，诸如根据宪法制定符合经济规律的经济立法以及有关的政策法令、条例办法，搞好规划，搞好计划的综合平衡，负责协调，对经济事务进行仲裁，等等。除抓好大政方针之外，各级地方行政机构，还应当搞好城市建设和城市公用事业，搞好商业、服务行业，安排好职工的物质文化生活，使城市工作能够更好地为生产服务，使生产单位能够集中力量抓好生产，通过生活服务和其他服务工作促进经济的发展。

要加速实现四个现代化，搞好经济立法和其他立法，是非常重要的。大治天下，就要发扬人民民主，就要加强法制。像我们这样的大国，实现四个现代化又有那么多复杂的问题要解决，那么多繁重的任务要完成，如果办事情没有一个章法，不能发动每个生产单位和每个劳动者本身的内在动力，事事都要由首长批条子才能行得通，即使是批得正确，也很难批得过来。何况这样做，很容易发生违背客观规律的"长官意志"办事的错误，甚至发生胡作非为、贪赃枉法，严重破坏国民经济的状况。林彪、"四人帮"的横行无忌、祸国殃民所造成的浩劫，以及辽宁省旅大市和河南省驻马店地区恣意破坏财经纪律的事件，就是严重的教训。

国家政权机构，通过建立经济组织，采用经济手段，有效地组织国民经济的发展，这恰恰是发挥国家政权组织经济生活的作用，而不是否定这种作用。恩格斯在致康·施米特的信中说："国家权力对于经济发展的反作用可能有三种：它可以沿着同一方向起作用，在这种情况下就会发展得比较快；它可以沿着相反方向起作用，在这种情况下它现在在每个大民族中经过一定的时期就都要遭到崩溃；或者是它可以阻碍经济发展沿着某些方向走，而推动它沿着另一种方向走，这第三种情况归根到底还是归结为前两种情况中的一种。但是很明显，在第二和第三种情况下，政治权力能给经济发展造成巨大的损害，并能引起大量的人力和物力的浪费。"[1] 因此，绝不能认为国家政权机构对经济工作任何一种干预都是好的；也不能认为国家政权机构通过经济组织和经济手段去领导和管理经济就一定不好，就会是"自由化"。问题的关键在于怎样做更能够符合客观经济规律的要求，更能够促进社会主义经济的发展。在这个问题上很需要我们下工夫去总结经验，深入研究。

---

[1]　《马克思恩格斯选集》第四卷，人民出版社 1972 年版，第 483 页。

谈谈经济方面的几个理论问题[*]

　　这几年来，我一直在想：为什么林彪垮台了，而林彪那一套极端荒谬的"理论"，不仅不准批判，反而大肆宣扬？为什么"四人帮"垮台了，而"四人帮"那一套反动透顶的东西，又被保护起来，甚至连张春桥、姚文元写的那两篇臭名昭著的反动文章，都不准动一根毫毛？

　　"四人帮"不准批林彪，那是完全可以理解的，因为他们是一脉相承的，他们都是信奉封建法西斯主义的。奇怪的是，"四人帮"被粉碎后，他们那一套反动"理论"，仍然在一些文件、文章中原封不动或者改头换面地抛了出来。谁要对这些东西有不同意见，就说谁在"砍旗"、"丢刀子"，这就十分令人不解了。特别是有的同志在党的十一大政治报告中确定了"完整、准确地领会毛泽东思想体系"之后，还坚持两个"凡是"，设置了很多禁区。两个"凡是"就是范围极大极广的禁区。这两个"凡是"的禁令是很厉害的，只要给哪个问题贴上了这种标签，那里就成为禁区，不许批判错误的东西，而把人们的思想禁锢起来，把人们的手足束缚起来。这怎么能够动员广大干部和群众为实现社会主义现代化而斗争呢？

　　林彪、"四人帮"把我国的国民经济破坏到濒于崩溃的边缘，在经济

　　*　本文是作者 1979 年 2 月 3 日在一次理论座谈会上的发言，原载《经济管理与经济结构》，人民出版社 1984 年版。

战线上制造了许多反动理论。胡乔木同志关于按客观经济规律办事的文章，以及有关按劳分配问题的讨论文章，突破了他们所设置的一些禁区，使我们的经济理论工作，大大前进了一步。但是，还有不少重要的理论是非没有搞清楚。同别的战线比较，经济战线的理论工作是相当落后的。而经济工作是今后长时期内党的工作的着重点，加强这一方面的理论工作，是一个十分迫切的任务。

一

先谈谈工业经济方面的一些问题。

工业经济问题不少，我只讲一个同肃清林彪、"四人帮"流毒有关的当前比较突出的问题。这就是"文化大革命"以前我国相当多的工厂里头，领导权究竟在谁的手里？工厂的领导人究竟执行的是什么路线？

张春桥论"全面专政"的文章，说领导权不在真正的马克思主义者、不在工人群众手里。这是为他们篡党夺权制造理论根据。他们说我们企业的领导人搞"物质刺激"、"利润挂帅"，给相当多的工厂领导人戴上执行"修正主义路线"的帽子，作为一律打倒的根据。这符不符合实际呢？对于这个问题，至今还没有作出明确的回答。

修正主义的路线到底是什么，姑且不说。就工业企业本身来说，我们的绝大多数工厂并没有真正搞什么"物质刺激"、"利润挂帅"，奖金也越来越少，后来干脆取消了。把这些作为工厂领导人是执行"修正主义路线"的"走资派"的罪状，并以此为理由，要一律予以打倒，这不仅是毫无理由的，而且是不符合事实的。相反，我们的工厂不重视职工的物质利益，不注意经营管理，不努力增加利润，而耗费很多精力去搞那些妨害生产的所谓"政治"运动，倒是非常严重的。

当时作为工厂领导人执行"修正主义路线"的主要"罪状"，是说他们推行"工业七十条"。从 1967 年 6 月 5 日到 7 月 5 日的一个月内，上海《文汇报》和《解放日报》先后发表了八篇批判"工业七十条"的文章，说它是"复辟资本主义的黑纲领"。但是，实践证明，"工业七十条"是发展社会主义经济的红纲领，而不是黑纲领。1963—1965 年工业生产每年增长的速度是 17.9%，同一时期，工业净产值每年增长 21.3%，这说明经济效果有了显著改进。这同"八字"方针和"工业七十条"的贯彻执行，工业企业经营管理工作的改进是密切相关的。这就是最有说服力的证明。何况这个条例是根据党中央、毛泽东同志的安排于 1960 年冬着手调查研究和准备起草工作的。开始中央指定由李富春同志主持，并在北京 10 个工厂作了半年多调查。与此同时，中央各工业部和各省市也分别作了调查，各自根据调查的结果草拟条例。1961 年 5 月因李富春同志另有重要任务，中央指定由薄一波同志接替这一工作。这时调查工作已经结束，进入草拟阶段，由薄一波同志带领一个班子在沈阳、长春、哈尔滨等地座谈讨论并写出了一个初稿，送中央书记处审查。7 月，在邓小平同志主持下，经书记处多次讨论，邓小平同志亲自主持逐条作了修改，然后提交庐山中央工作会议通过，经毛泽东同志同意签发。毛泽东同志在 1962 年七千人大会讲话中，同"农业六十条"一起，又提到这个文件，以后也曾多次肯定过它。但是，在"文化大革命"中，这个文件却被当成"修正主义路线的代表作"、"复辟资本主义的黑纲领"，绝大多数工厂的领导人也都因为执行了这个条例，被戴上了"走资派"的帽子而被打倒。

现在"农业六十条"、"科技十四条"、"高教六十条"都公开平反了，唯独"工业七十条"依然戴着"修正主义"的帽子。去年发的"工业三十条"，虽然肯定了"工业七十条"中的某些规定（如"五定"等），但也没有提出为"工业七十条"平反。许多工厂领导人的"走资派"帽子实际上也没有摘下来。这不仅仅是"工业七十条"的问题，也不仅仅是要在这个问题上为广大工业企业领导干部平反的问题，而是还涉及一个重大的理论问题：究竟什么是修正主义？我们在经济工作中关心群众的物质利益，运用价值规律改善经营管理、增加利润，等等，是不是修正主义？如果不从理论上和实践上分清是非，怎么能使工业战线上的广大干部思想解放、心情舒畅地去工作呢？怎么能让广大群众从物质利益上关心企业经营的效果、努力为国家创造更多的财富呢？

说到"工业七十条"，还有一个同它有关的重大理论问题，这就是社会主义国家的工厂究竟是干什么的？是搞"全面专政"，还是搞生产？"工业七十条"被打成"修正主义"黑纲领的主要"罪状"之一，是说它没有提工厂是无产阶级专政的机关。这个问题林彪、"四人帮"宣传多年，搞得非常混乱，不单单是工厂，农村生产队、商店、学校、科研单位莫不如此。"四人帮"被粉碎后，还有很多文件、文章重复他们的老调，实在有必要把这个问题从理论上说清楚。不然我们怎么能把工作着重点和主要注意力转到社会主义现代化建设上来呢？如果工厂都去搞专政，那么，谁去搞生产？专政成了目的，这是违反马克思主义的常识的。

企业作为经济组织，既然是一个独立的经济核算单位，就要有一定的自主权，就要把企业利益和职工的利益有机地结合起来，不能像现在这样，亏本的企业和盈利的企业一个样，而必须解决企业对自己盈亏负责的问题。而以前把这些都当做资本主义、修正主义来批，看来是不正确的。与此相联系，国家考核企业究竟采取哪些指标，也值得研究。

党委领导下的厂长负责制，本来是为反对一长制提出来的，但20多年的实践证明，不少单位实行这种制度实际上不过是把厂长的一长制变为党委书记的一长制。结果党的领导作用和思想政治工作不是加强而是大大削弱了，"党不管党"，以党代政，"外行当家"，"内行靠边"，有权无责，有责无权，无人负责等现象十分严重。看来这个制度有必要认真研究，加以完善。例如，如何改革，企业中党委做哪些事，厂长负哪些责任，厂长和党委的工作关系如何正确处理，等等，都是要进一步研究解决的。

企业职工如何真正成为企业的主人，也是一个十分重大的问题。现在企业职工对工厂的劳动资料、劳动条件和劳动成果的管理以及对主要干部的任免等，实际上没有什么权力，这种状况也应当改变。

二

再谈谈关于国民经济的几个问题。

中华人民共和国成立已经快30年了。在这30年中，我国国民经济的发展有胜利的时候，也有失误的时候。实践已经清楚地表明：哪些做法是正确的，哪些做法是错误的。我们应当从中总结经验教训。

先看几个数字：

恢复时期，工农业总产值每年平均增长 21.1%，其中工业 34.8%，农业 14.1%；国民收入每年平均增长 19.3%，其中工业 34.7%，农业 14.1%。

第一个五年计划时期，工农业总产值每年平均增长 10.9%，其中工业 1.8%，农业 4.5%；国民收入每年平均增长 8.9%，其中工业 19.6%，农业 3.8%。

第二个五年计划时期，工农业总产值每年平均增长 0.6%，其中工业增长 3.8%，农业下降 4.3%；国民收入每年平均下降 3.1%，其中工业增长 1.8%，农业下降 5.9%。

1963—1965 年，工农业总产值每年平均增长 15.7%，其中工业 17.9%，农业 11.1%；国民收入每年平均增长 14.7%，其中工业 21.3%，农业 11.5%。

第三个五年计划时期，工农业总产值每年平均增长 9.6%，其中工业 11.7%，农业 3.9%；国民收入每年平均增长 8.3%，其中工业 12.3%，农业 3%。

第四个五年计划时期，工农业总产值每年平均增长 7.8%，其中工业 9.1%，农业 4%；国民收入每年平均增长 5.5%，其中工业 8.2%，农业 3.7%[①]。

由此可见，无论就工农业总产值还是国民收入来说，发展快的是恢复时期、第一个五年计划时期和 1963—1965 年执行"调整、巩固、充实、提高"八字方针的时期。这些年度都是超额完成计划，人民生活也逐年有所改善。与此相反，1959 年农业下降 13.6%，1960 年又下降 12.6%，1961 年工业下降 38.2%，农业下降 2.4%，1962 年工业下降 16.6%，1967 年工业下降 13.8%，1968 年工业下降 5%，农业下降 2.5%，1972

---

① 从第三个五年计划起，由于林彪、"四人帮"的捣乱破坏，而又虚报成绩，数字可能偏高。

年农业下降 0.2%。这说明，在"大跃进"和受其严重影响的三年困难时期，特别是"文化大革命"时期，生产都是增长很小，以至下降，人民生活几乎没有什么改善。

我国国民经济的上升和下降这两种情况，都不是偶然发生，而是反复出现的。这充分说明，在上升情况下的指导方针是比较符合客观经济规律的，是正确的；而在下降情况下的指导方针是不符合以至违反客观经济规律的，是不正确的。大家都很清楚，每当国民经济发展的时期，代表中央协助毛泽东同志负责主持财经工作的都是周恩来同志和陈云同志。周恩来同志和陈云同志关于财经工作的思想理论是很值得我们广大经济工作干部和经济理论工作者认真学习和研究的。这是毛泽东思想体系的一个重要的组成部分，是我们党宝贵的精神财富。

过去的"左"倾错误除了在经济政策上把社会主义当做资本主义，把平均主义当做社会主义，把富当做资本主义，把穷当做社会主义，把在共产主义高级阶段才能干的事情，硬要在社会主义阶段来干，否定按劳分配，否定群众的物质利益等以外，就计划经济来说，主要特点是：指标高、战线长、缺口大、质量低、效果差。本来由于"左"倾而造成的问题已经成堆，但还只许反右，不许反"左"；只准反保守，不准反冒进；只要"上马"，不要"下马"，还说"上马"多了是方法问题，"下马"就是路线问题。往往把一些建设项目和生产指标的方案之争，说成是路线之争。谁对高指标提出不同意见，就说是吹冷风，给群众泼冷水，甚至戴上右倾机会主义的帽子。这种做法的后遗症，现在还没有完全医好。这个历史教训是应当认真总结的。要使我们的经济工作转到正确的轨道上来，转到社会主义的现代化建设上来，非批判经济工作中的"左"倾错误不可。

围绕着这点，我想就几个有关的经济理论问题说一点不成熟的看法。

（一）尊重客观经济规律和防止夸大主观意志作用的问题

尊重客观经济规律，就要按照客观经济规律办事。30 年的经验证明，凡是认真探索经济规律，认真按经济规律办事，国民经济就发展快；反之，国民经济就遭到破坏。国民经济恢复时期、第一个五年计划和三年调整时期，所以发展较快，是由于我们尊重了客观经济规律，生产、建设、生活等各个方面基本上是协调的。

但是，第一个五年计划完成以后，过分夸大人的主观能动性，以为有了社会主义，客观事物就能够按照主观愿望来安排，因而不考虑实际可能，把按客观规律办事看成右倾保守，而把不符合客观实际的主观愿望看成敢想敢干。"只怕想不到，不怕做不到"，"人有多大胆，地有多大产"，"生产翻番"等唯意志论盛行起来。他们不懂得主观能动性是对客观可能性的认识和掌握，是受客观条件限制和被客观环境决定的。

唯意志论是主观唯心主义的东西。在社会主义社会，唯意志论是比较隐晦的。唯意志论者口头上也承认存在客观规律，但在实际上却认为客观规律是可以用人的意志来创造的。他们口头上也承认马克思主义的基本原理，例如，承认在生产力和生产关系的关系方面，生产力起决定作用；在经济基础和上层建筑的关系方面，经济基础起决定作用。但是，他们用唯心主义偷换唯物主义，用形而上学偷换辩证法。片面地、不适当地夸大生产关系对生产力的反作用和上层建筑对经济基础的反作用，并且以此来指导实际经济工作，使国民经济遭受严重损失。这种唯意志论，主要表现如下：

第一，过分强调精神的反作用。用精神偷换物质，用政治代替经济，以为只要抓精神，抓政治，就能把生产力促上去，最后发展到以阶级斗争代替生产斗争，完全否定客观经济规律。还说什么"要算政治账，不算经济账"；同时，滥用群众的积极性，乱提"大干"、"苦战"的口号，严重挫伤群众的积极性，破坏了生产力。

第二，曲解平衡概念。平衡本来是指人们按照客观比例关系安排计划。国民经济的比例关系是客观存在的。凡是符合客观比例关系的平衡就是正确的平衡，反之是错误的平衡。唯意志论者却硬要把一种纯主观的概念加在客观规律的头上，硬造出主观平衡概念，歪曲积极平衡和消极平衡，把留有缺口的平衡说成积极的平衡，以为缺口可以调动人的积极性，可以促使人们大鼓干劲。这样缺口越留越大，名为有计划，实则是半计划和无计划。为了实现所谓"积极平衡"，生产、基建、物资各个方面都留很大缺口，互不衔接。建设项目只安排主体工程，不安排配套项目和生活服务项目；只安排主机生产，不安排或者少安排配件生产；或者只下达生产指标和基建项目，而物资供应却得不到保证。结果是破坏了比例关系，拉长了基本建设战线，造成经济上的许多混乱。

第三，错误地运用不平衡是绝对的这一哲学概念，以此来否定应该对国民经济进行综合平衡。这是对辩证法的曲解。在国民经济的发展中，新的技术、新的行业、新的产品不断产生，因而旧的平衡不断被突破，要求建立新的平衡，否则，国民经济就要遭到破坏。所谓平衡是相对的，是指新的平衡不是静止的，它建立起来之后，又会被突破，又要求在新的基础上建立新的平衡。但是，如果没有这种新的平衡的建立，就势必破坏了国民经济内部的相互关系，就谈不上新的发展。正如恩格斯说的："这些物体是互相联系的，这就是说，它们是相互作用着的，并且正是这种相互作用构成了运动。"① 用计划来自觉地安排国民经济的比例关系，在旧的平衡不断被突破的基础上不断建立新的平衡，这就是辩证法。人为地破坏国民经济的平衡关系，只能破坏国民经济的发展。这是 30 年来的实践反复证明了的真理，是我们应当认真吸取的经验教训。为了不断地求得新的平衡，一定要有一个经过反复综合平衡的长期计划，并根据实际情况及时进行调整。十年计划要四五年调整一次，五年计划要两三年调整一次，年度计划要用季度计划调整，季度计划要用月度计划调整。这些就是为了在旧的平衡被突破的情况下求得新的平衡。片面强调经济不平衡是绝对的，否认相对的平衡，就是否认有计划、按比例发展的社会主义的经济规律，就是破坏计划经济。

第四，错误地理解经济的波浪式发展。波浪式前进本来是事物发展的客观规律。从经济发展来说，不仅整个国民经济，就是各个行业、甚至各个企业的增长速度也是有些年份可能高一些，有些年份可能低一些。但是，波动也不能太大，而且除了农业的特大自然灾害以外，总是不断增长

---

① 《马克思恩格斯全集》第三卷，人民出版社 1972 年版，第 492 页。

的。这种波浪式的前进正是整个国民经济持续稳定增长的基础。但是，这个规律却被某些人用来为国民经济的时而大上、时而大下制造借口。在过去 29 年中，工业生产有 4 个年头比前一年下降，其中下降最多的是 1961 年；农业生产有 5 个年头比前一年下降，其中下降最多的是 1959 年。工业的大幅度下降，都是在前一两年的大幅度上升之后又跌落下来。这种做法，对国民经济的害处实在太大了。陈伯达还把这种恶性循环加以美化，说它是"社会主义生产周期"，这种论调是十分荒谬的。

在我国的国民经济工作中，从第二个五年计划到"文化大革命"的 20 年来，唯意志论总是以各种形式重复出现，并造成了严重后果。对此必须严肃批判。

（二）综合平衡和以什么为纲的问题

国民经济各行业、各产品之间都存在着与一定的品种和质量相统一的数量上的比例关系。这种比例关系是在不断变化着的。任何一种新技术、新行业、新产品的产生和发展，都要相应地产生新的比例关系；任何一项老技术、老产品的淘汰，也要影响原有比例关系的改变。综合平衡就是把国民经济作为一个总的体系，按系统工程学的说法，就是作为一个总系统，研究这个总系统的内部关系，以及总系统和外部环境的关系，并对这种关系进行量的安排。这就是对国民经济的比例关系通过综合平衡进行符合客观实际的安排。

第一个五年计划期间，我们虽然还缺乏经验，但是在陈云同志的主持下，进行了认真的探索。陈云同志运用马克思主义的观点，总结了他多年从事财经工作的经验，提出了"三大平衡"的著名口号，即财政平衡、信贷平衡和物资平衡。按照这种做法，计划安排大体上是符合客观的比例关系的，国民经济得到了比较协调的发展。

从第二个五年计划开始，相继提出"以粮为纲"和"以钢为纲"的口号，以为这是找到了经济发展的客观规律。整个国民经济计划特别是工业计划都是先确定钢产量指标，然后相应地推算出其他的指标。但是，钢产量指标又是根据什么确定的呢？恐怕在许多情况下，是取决于违反客观经济规律的"长官意志"，而不是取决于真正的综合平衡。自从 1958 年提出"以钢为纲"的口号以来，不仅直接耗费了国家几百亿元的资金，而且由于钢产量的高指标，使基本建设的战线越来越长，国民经济的比例关系越来越不协调，结果不仅钢铁生产"十年徘徊"，几乎年年都完不成计划指标，整个国民经济的增长速度也十分缓慢，投资效果很差，人民虽然付出了巨大的代价，生活却基本上没有什么改善。

虽然在"为纲"的后面加上了"全面发展"的字样，实际上并不是这样做的，结果就破坏了国民经济内部的比例关系，造成了国民经济的混乱和停滞，受到了惩罚。

为了解决"大跃进"所引起的国民经济的比例失调，实行了"调整、巩固、充实、提高"的方针。从 1962—1965 年，国民经济得到了恢复和发展。但是，过去那种"为纲"的思想并没有得到纠正，一直到"文化大革命"中，还在继续发展。

当然，某个新的行业、某种重要产品，由于它对国民经济的影响大，在一定时期需要重点发展。但是，也必须和整个国民经济相协调，国民经济的正确的比例关系必须保持，否则它也发展不起来。因此，不能用以什么为纲来代替按比例发展。而且所有工业发达国家的实践证明：每个时期工业发展的重点是各不相同的。不是任何时期都能"以钢为纲"。如果那样，发展的辩证法也就失灵了。

生产越是现代化，越要求有严格的比例关系。在现代化生产中，比例关系不仅表现为数量的关系，而且表现为品种、质量的关系。片面追求数量，忽视品种、质量，就会造成巨大的浪费。比例关系，还表现为时间上的严格要求。现代化生产是一种大批量的、高效率的生产，因此对时间就必然要提出较高的要求。没有时间概念就没有现代化生产。比例关系体现于时间之中，这也是做综合平衡工作的一项重要内容。

提出以什么为纲好像是很重视高速度，很重视时间概念。其实不然。现代化生产已经把全社会的生产统一为一台大的社会化的"生产机器"。高速度只能产生于这台社会化的"生产机器"的协调运动之中，时间概念只存在于这台"生产机器"的各个部件的分秒不差的相互配合之中。"为纲"论不懂得现代化生产必须具备的比例关系的要求和时间概念，因此，它的高速度和时间概念都是抽象的、空洞的。它只是把手工业生产方式中单打一的做法应用于现代工业生产，是落后于时代的。

"为纲"论和"带动"论是分不开的。"为纲"论认为只要抓住主要的东西，次要的东西就会自然而然地带上去了。以为"一马当先"就可以"万马奔腾"。这样做，往往导致以局部否定全局，破坏事物的普遍联系。结果是全局破坏，局部也发展不起来。

综合平衡是一门科学。它要求把研究的对象或问题，如一项计划、一个企业的管理、一个区域的规划、一项战略任务，等等，作为一个总的系统来看，要采取一套科学的方法，研究这个系统内部的关系以及它同外部的关系，从而得出最佳方案。这是系统工程学的内容，实际上也是综合平衡的一项科学方法。科学发达和生产先进的国家，都在进行这项研究工作。我们在搞四个现代化中，要求计划适应四个现代化的需要，也应该认真研究，建立起我国计划工作中综合平衡的科学方法。

（三）把计划工作的重点转移到长远计划上来

第一个五年计划时期，曾经以五年计划作为指导，建立起以156项为骨干的、基本上适合我国情况的、初步的现代工业基础。从第二个五年计划以后，虽然也曾编制过几个五年计划，但因林彪、"四人帮"的破坏，以及高指标等"左"倾错误的影响，使得计划越编越粗，缺乏起码的综合平衡。因此，实际上不起作用。由于没有长远计划的指导，年度计划缺乏长远目标，不论工业和农业，都缺乏全面安排和布局。一个企业、一个行业，也都缺乏长远安排，缺乏内部和外部的综合平衡。对于建设项目的上马和布点，更是零敲碎打，任意性很大。甚至把工厂建设起来，因为没有电、没有工业用水而长期开不起车来，或者生产出原料来无法加工，而堆在那里，浪费很大。现在我们正在搞四个现代化，但是我们的工作还停留在落后的方式上。向国外引进新技术、新项目，各搞一套，随意布点，不搞综合平衡，已经出现了不少浪费现象。这个问题如不迅速解决，还会造成更大的浪费。

国民经济计划的任务首先是安排生产力的发展，相应地调整上层建筑和生产关系，使之与生产力的发展相适应并为它服务。在现代化生产中，科学是一种生产力，已经越来越清楚。科学这种理论上的生产力和工农业生产这种实际的生产力，已经越来越密切地结合在一起。安排生产力的发展，也包括了把科学这种理论上的生产力转变为现实的生产力这一内容。这里既包括了我们自己的科学研究、设计试制，也包括了引进新技术、购进新设备。必须要有长远的目标，要有全面的区域规划。不研究战略方针，不研究生产力发展的方向，不根据现代生产力的特点来研究区域规划和合理布局，我们就要吃大亏。

为了实现上述任务，我们的计划工作的重点应该立即转移到长远计划上来，要认真研究与实现四个现代化有关的各项重大问题，而且还要建立起与编制长远计划相适应的一套科学方法。不这样，我们就将跟不上时代。

为了适应长远计划的要求，应该尽快建立起科学的预测工作。科学的预测是长远计划的眼睛。美国和日本等国家，都有这种经验。预测准确，就能少走弯路。在今后 20 年里发展什么，引进什么，不能只看眼前，看到什么好就买什么，这样就很可能买进已经落后的东西或者即使不是落后的东西，但不能形成自己的统一的生产力体系的东西。这是一项重大战略任务，必须现在就抓起来。

（四）调整经济是贯彻重点转移的当务之急

由于林彪、"四人帮"的长期破坏，使我国国民经济濒于崩溃的边缘。国民经济主要部门比例关系失调的现象相当严重。说的是"农、轻、重"，干的是"重、轻、农"。以钢为纲，重的越重，轻的越轻，而农业则越来越落后于国民经济发展的需要。打倒"四人帮"以后，由于全党、全国人民的努力，我国的经济情况，在逐步好转。但是，犹如一个人在重病之后，元气大伤，不经过一定时期的休养生息，是难以恢复元气的。目前，以钢为代表的某些重工业的高指标，还没有"落"下来；基本建设战线越来越长，投资效果很差；一些重要的生产资料和生活资料的缺口，依然很大；工业产品的质量，没有显著的改善；品种也无显著增加；市场和财政都相当紧张。在这种情况下，要使我国国民经济尽快地转移到社会主义现代化建设上来，还是要像党在 1962—1965 年执行"调整、巩固、充实、提高"的八字方针那样，抓紧时机，在今后一段时间内，下决心踏踏实实地做好调整经济的工作。否则，欲速则不达。我们应当吸取过去的经验教训，避免走弯路。

三

中国共产党和毛泽东同志领导中国人民取得了新民主主义革命和社会主义革命的胜利，创建了伟大的中华人民共和国。毛泽东同志的丰功伟绩是永垂千古的。毛泽东同志把马列主义的基本原理和中国革命与建设的具体实践结合起来，不但在思想、政治方面，而且在经济建设方面，对许多基本思想理论问题，作了科学概括，形成了一个完整的思想体系。毛泽东思想体系，是我国人民宝贵的精神财富。我们要高举毛泽东思想的旗帜。

毛泽东同志非常重视实践是检验真理的唯一标准这个马克思主义的基本原理。他根据我国第一个五年计划时期实践的经验，并鉴于苏联的教训，作了《论十大关系》的报告。这是我们进行社会主义建设的锐利思想武器。后来，毛泽东同志又根据实践是检验真理的唯一标准的原理，1962 年在七千人大会上郑重宣布：我们对社会主义经济建设的规律还不认识，而要认识它必须有一个过程。这就公开地正式地向全党全国人民声明，"大跃进"时期我们那一套口号和做法，是不符合社会主义经济规律的。毛泽东同志还着重指出，那时的错误，他要负主要的责任。毛泽东同志这种实事求是的态度是永远值得我们学习的。后来，林彪、"四人帮"肆意违反社会主义经济规律达到十分荒谬的程度：谁要提抓生产，搞经济建设，谁要提关心群众的物质利益，就说谁反对阶级斗争，搞修正主义。过去，每当经济情况稍有好转，就来一次全国性的急风暴雨式的阶级斗争。这就不是"在新的生产关系下面保护和发展生产力"，而是破坏生产力。其严重后果大家是看得很清楚的。

毛泽东同志在《实践论》中说：唯心论和机械唯物论，机会主义和冒险主义，都是以主观和客观相分裂，以认识和实践相脱离为特征的。以科学的社会实践为特征的马克思列宁主义的认识论，不能不坚决反对这些错误思想①。我们在"大跃进"时期和"文化大革命"时期所犯的错误，就思想根源来说，也就是毛泽东同志在这里所说的那种错误。当前有些同志反对实践是检验真理的唯一标准，就是坚持这种错误。

理论脱离实践，这是一切机会主义和冒险主义的特征。经过实践检验，已经证明不符合客观实际的东西，而还坚决不改，那就十分荒谬了。理论如果不宣传真理，而鼓吹迷信，如果不实事求是，而是为谬论辩护，那么，这种理论，尽管可能喧嚣一时，而终究是要破产的。林彪、"四人帮"所搞的那一套不就是这样吗？

目前在经济理论工作中存在的问题，除了那些林彪、"四人帮"所鼓吹的反动理论之外，还有不少由他们任意假借毛泽东同志的名义发表的东西，或者是对毛泽东同志的言论加以歪曲、篡改的东西，以及经过实践检验早已证明是错误的、毛泽东同志自己也早已加以否定的东西。如前面所说的，"大跃进"以来曾经流行一时，而现在还被一些同志视为经济工作理论根据的"左"倾错误的东西，有很多还没有在理论上分清是非。据我所知，广大经济工作干部十分希望我们的宣传部门、我们的理论工作者能够帮助他们解决这些问题。这对于贯彻执行党的十一届三中全会的决议，迅速地合乎规律地实现党的工作重点的转移，避免再犯过去多次重犯的错误，加速实现社会主义的四个现代化，是有重大意义的。

---

① 《毛泽东选集》第一卷，人民出版社 1957 年版，第 294 页。

关于社会主义工业企业管理的几个问题[*]

目前，我国社会主义工业企业管理工作中存在的问题不少。这里我想提出以下七个有关的问题，和同志们商讨：（1）在社会主义工业企业管理工作中反对修正主义的问题；（2）社会主义工业企业的任务问题；（3）社会主义工业企业实行经济核算、自负盈亏的问题；（4）改革社会主义工业企业的管理体制，扩大企业自主权问题；（5）计划指导下的市场调节问题；（6）党委领导下的厂长负责制问题；（7）社会主义工业企业管理的民主和法制问题。

一　在社会主义工业企业管理工作中反对修正主义的问题

为了在社会主义工业企业管理工作中反对修正主义，必须弄清楚什么是修正主义？大家知道，马克思谈过反对修正主义的问题，恩格斯、列宁、斯大林也都谈到过反对修正主义的问题。毛泽东同志也非常重视反对修正主义的问题。恩格斯、列宁、斯大林都深刻批判过第二国际的修正主义。按照列宁的提法，修正主义的基本特征，是为了眼前的局部的枝节的利益，牺牲无产阶级长远的全局的根本的利益。在资产阶级国家里，修正

---

[*]　本文是作者 1979 年 3 月在国家经济委员会举办的企业管理研究班上所作的报告。

主义者迎合资产阶级的需要，欺骗工人阶级，只搞改良，不要革命，反对革命。斯大林逝世后，赫鲁晓夫上台，推行修正主义路线。针对这种情况，毛泽东同志1957年3月12日在《在中国共产党全国宣传工作会议上的讲话》中说过："修正主义是一种资产阶级思想。修正主义者抹杀社会主义和资本主义的区别，抹杀无产阶级专政和资产阶级专政的区别。他们所主张的，实际上并不是社会主义路线，而是资本主义路线。"

那么，在经济工作中，在我们的社会主义工业企业管理中，如何识别社会主义路线和资本主义路线呢？在"文化大革命"中，林彪、"四人帮"捣乱的时候，一提修正主义，就是一长制、专家治厂、"管、卡、压"、物质刺激、利润挂帅，等等。这就给我们提出了以下一些问题：是不是在生产行政方面实行厂长负责制，就是不要党的领导呢？是不是注意发挥专家的作用，就是专家治厂，不依靠群众、不要群众路线呢？是不是严格执行规章制度，就是"管、卡、压"呢？是不是增加盈利，实行物质利益的原则，就是搞修正主义呢？主张或者实行上面这些东西，是不是就是资本主义路线，就是修正主义路线呢？长期以来，就在争论这些问题，今天有必要把它们搞清楚。我认为，对这些问题要作具体的深入的分析，不能笼统地扣上修正主义、资本主义的帽子。南斯拉夫、罗马尼亚比较重视商品生产、价值规律、按劳分配的作用，比较重视利润、工资、奖金的作用，比较强调物质鼓励的作用，也比较重视厂长的作用。能不能根据这些就说他们是搞修正主义、资本主义呢？不能这样说。过去，有一个时期，我们曾经反对他们强调的那些东西，我们强调了另一方面的东西。但是，在这个时期，我们并没有因为这样做而使自己的经济获得更快的发展。相反，新中国成立以来的历史实践说明，当我们不是片面强调一方面，否定另一方面，而是把两者结合起来的时候，我们的经济发展是比较快的。在经济恢复时期，第一个五年计划时期，实行"八字方针"的1963—1965年以及1966年上半年，我们的经济就发展得比较快。而当我们只强调一个方面而反对另一个方面的时候，我们的经济发展就慢，甚至发生停滞和倒退。当然，我国国民经济停滞和倒退的主要原因是林彪、"四人帮"的破坏。但是，在林彪，"四人帮"干扰、破坏和影响下，我们的思想上、工作上是否也有缺点、错误呢？我们在经济工作中反对修正主义、反对资本主义是不是真正反到点子上了呢？

我建议同志们研究一个问题：我们需要建设什么样的社会主义？大家知道，有各式各样的社会主义。马克思和恩格斯在《共产党宣言》中就讲到有封建的社会主义、小资产阶级的社会主义、资产阶级的社会主义以及空想社会主义，等等。当然，还有科学社会主义。马克思主义者坚持的是科学社会主义。建设科学社会主义的历史还不很长，从十月革命算起，也只有六十多年的历史。当今世界上，有各种牌号的社会主义。究竟什么叫科学社会主义？如何建设科学社会主义？我们和其他社会主义国家已经有了很多经验，但很多问题还需要继续探讨，还需要通过实践逐步加以解决。我们一定要认真研究这个问题，否则，我们就会分不清何谓资本主义，何谓社会主义，就会把资本主义甚至封建主义的东西当成社会主义，或者把社会主义的东西当成资本主义。例如，我们就曾把贫穷当成社会主义，把富裕当成资本主义，把平均主义当成社会主义，把按劳分配当成资本主义。我们还曾把在共产主义高级阶段才能干的事情硬要在社会主义阶段干，否定按劳分配，否定等价交换，否定群众的物质利益。这些"左"倾的错误，对我们经济工作的影响是非常严重的。林彪、"四人帮"推行极"左"路线，他们鼓吹社会主义，实质上是要搞封建法西斯主义。实现他们的社会主义，其结果必然是半封建半殖民地制度的复辟。

我们的社会主义工业企业出现了什么情况才算是搞了修正主义，搞了资本主义呢？从理论上说是不是有若干客观标准，可以用来衡量呢？我认为是有的。所谓资本主义，从马克思主义的观点来看，就是一部分人占有生产资料，依靠生产资料占有他人的剩余价值；另一部分人失去生产资料，依靠出卖劳动力为生，为他人创造剩余价值，受他人剥削。因此，观察社会主义工业企业是否变成了资本主义企业，主要是看：第一，公有制是否变成了私有制，或者变相的私有制；第二，劳动力是否变成了商品；第三，货币是否变成了资本；第四，是否存在剥削关系，等等。究竟是不是资本主义，要用这些客观标准来衡量，特别要看公有制是否变成私有制或变相的私有制，是否存在资本主义剥削关系。

"文化大革命"以前，在我国，不能说没有出现过上面所说的某些情况。比如，三年困难时期，个别地方曾经出现过地下工厂、地下包工队，等等。但是，这是极少数的，甚至是极个别的，而且很快就得到纠正和取缔。就全国来说，我们的经济仍是社会主义的。但是在"文化大革命"中，由于林彪、"四人帮"的疯狂破坏，某些地方确实发生过封建主义、资本主义复辟的严重现象。但是，这也只是个别地区的、局部的现象。至于贪污盗窃、投机倒把等资本主义活动，在我们的工业企业中，过去发生过，现在也不断发生，将来很长一个时期还会发生。只要社会生产力的发展还达不到彻底消灭阶级残余的地步，这种事情，总会发生的。能不能说在我们的工业企业中发生了一件或几件这样的事情，就使工业企业变成了修正主义、资本主义呢？当然不能这么说。因为这种事情，在我们的工业企业中，完全是非法的，一经发现，我们就与之作坚决的斗争。坚持社会主义道路，同各种资本主义倾向作斗争，这是我们的社会主义工业企业经常要做的事情。在这方面，我们企业的负责同志，应当保持清醒的头脑，绝不能放松警惕性。但是，我们一定要区别清楚什么是社会主义路线，什么是资本主义路线。

二　社会主义工业企业的任务问题

我们社会主义工业企业的任务是什么？这本来是一个常识问题，但也折腾了十多年。大家知道，"工业七十条"被打成修正主义黑纲领的"罪状"之一，是说它没有写工厂是无产阶级专政的机关。"工业七十条"是这样说的："国营工业企业是社会主义的全民所有制的经济组织。""国营工业企业的根本任务是全面完成和超额完成国家计划，增加社会产品，扩大社会主义积累。"这有什么错呢？我们办工厂的目的，还不就是为了搞生产，不搞生产，要工厂干什么。世界上没有一个不生产的工厂，也没有一个不生产的国家，没有一个不生产的民族。马克思说："任何一个民族，如果停止劳动，不用说一年，就是几个星期，也要灭亡，这是每一个小孩都知道的。"① 但林彪、"四人帮"偏偏反对这样说、这样做。他们把事情完全搞乱了。按照他们的说法,不仅工厂不是搞生产的,农村人民公社生产队也不是搞生产的,商店也不是搞商业的,学校也不是搞教学的,科研单位也不是搞科研的。这真是荒谬到了极点。严重的问题还在于,"四人帮"被粉碎后,还有很多文件、文章重复他们的老调,反对社会主义工业企业是生产的单位这个提法,继续认为工厂是专政机关。因此,确有必要把这个问题在理论上说清楚,不然怎么能把党的工作的着重点和主要注意力转移到社会主义现代化建设上来呢?

工厂究竟是搞生产的单位呢,还是搞专政的机关呢?对于这个问题,归纳起来基本有三种看法:

第一种看法,认为工厂是无产阶级专政的基层单位,即"全面专政"的单位。十多年来的实践已充分说明这种看法会产生什么恶果。据上海主管工业交通的负责同志告诉我,"四人帮"统治上海时,在上海的钢铁厂中,所谓好样的钢铁厂,一个是生产"秀才"的,这些"秀才"成天发表歪曲马列主义、毛泽东思想的文章,为"四人帮"篡党夺权制造舆论;一个是生产"人才"的,即派出这些"人才"到上海市的领导机关和中央许多部门来夺权。而生产钢材的那个厂,却被说成"修正主义的典型"、"资本主义的典型"。所谓工厂是无产阶级专政的机关,其实就是如此。请看它荒谬到何种程度!大家也知道,"四人帮"讲企业管理,叫"三大讲",即一讲路线,二讲领导权,三讲相互关系。他们把企业生产过程中的劳动分工,歪曲为无产阶级和资产阶级的关系,把企业领导干部说成"走资派",把技术干部、管理干部说成"臭老九",把劳动模范、老工人说成是"既得利益者",把老老实实干活、反对他们那一套的工人,污蔑为"只埋头拉车,不抬头看路"的"死瞎牛",对所有这些人统统要打倒,以达到他们"全面专政"的目的,实行他们的封建法西斯统治。这种谬论的反动性,还不是很明显的吗?

第二种看法,认为工厂是搞无产阶级专政的,也是搞生产的;是无产

---

① 《马克思恩格斯选集》第四卷,人民出版社1972年版,第368页。

阶级专政的基层单位，又是生产单位、经济组织。持这种看法的人，甚至
认为生产是手段，专政是目的，发展生产是为了无产阶级专政。这种看法
与前一种看法是大同小异的。这种看法，颠倒了上层建筑和经济基础的关
系，颠倒了政治和经济的关系。归根到底，上层建筑是由经济基础决定
的，是为经济基础服务的，政治是由经济决定的，是为经济服务的。毛泽
东同志说："专政的目的是为了保卫全体人民进行和平劳动，将我国建设
成为一个具有现代工业、现代农业和现代科学文化的社会主义国家。"可
见，把专政说成目的，把生产说成手段，是完全违反马克思主义的。

第三种看法，认为工厂是一个经济单位，工厂的中心任务就是搞生
产。这是马克思主义的观点，也是毛泽东同志一贯的思想。1942 年 12
月，毛泽东同志在《经济问题与财政问题》一文中说：一个工厂内，行
政工作、党支部工作与职工会工作，必须统一于共同目标之下，这个共同
目标，就是以尽可能节省的成本（原料、工具及其他开支），制造尽可能
多与尽可能好的产品，并在尽可能快与尽可能有利的条件下推销出去。这
个成本少、产品好、推销快的任务是行政、支部、工会三方面三位一体的
共同任务[①]。毛泽东同志这里没有讲工厂是无产阶级专政的机关，是否疏
忽呢？不是的。在全国解放前夕召开的党的七届二中全会上，毛泽东同志
又说，进城以后，城市的各项工作都要以生产建设为中心，党的组织工
作，政权机关的工作，工会的工作，其他各种民众团体的工作，文化教育
方面的工作，肃反工作，通讯社报纸广播电台的工作，都是围绕着生产建
设这一个中心工作并为这个中心工作服务的[②]。1951 年 2 月 18 日，毛泽
东同志在政治局扩大会议决议要点里又说："工厂内，以实现生产计划为
中心，实行党政工团的统一领导。"毛泽东同志这个思想，是有历史渊源
的。早在内战时期，在中央苏区，毛泽东同志在《必须注意经济工作》
一文中就讲过，在现阶段上，革命战争是当前的中心任务，发展生产是为
了赢得战争的胜利。只有在国内战争完结之后，才说得上也才应该说以经

---

① 《经济问题与财政问题》，解放社 1944 年版，第 115 页。
② 《毛泽东选集》第四卷，人民出版社，第 1429—1430 页。

济建设为一切任务的中心①。后来我们的革命根据地扩大了，革命事业发展了，全国解放了。这时候，毛泽东同志讲，我们一切工作的中心是生产建设。这是很自然的，是完全合乎逻辑的，是一点也不奇怪的。十分明显，在经济单位，在工厂和农村人民公社生产队，生产建设更应该是中心的中心。由此可见，林彪、"四人帮"反对工厂是生产单位、是经济组织的提法，其矛头是针对毛泽东同志的，是反对毛泽东思想的，是反马克思列宁主义的。

这样讲，是不是不要无产阶级专政呢？当然不是。在阶级斗争还存在的情况下，我们就要坚持无产阶级专政。我们无产阶级专政的国家就是一个专政的机器。我们有军队、警察、法院、公安局，等等，它们是干什么的？就是搞对阶级敌人的专政而保护人民的。怎么能每一个工厂都随便抓人、扣押人呢？这是不行的，违法的。就是专政机关，也是对敌人专政，而保护人民的。早在1957年毛泽东同志在《关于正确处理人民内部矛盾的问题》中就讲过："从1956年以来，情况就根本改变了。就全国来说，反革命分子的主要力量已经肃清。我们的根本任务已经由解放生产力变为在新的生产关系下面保护和发展生产力。"我们应当坚决按照毛泽东同志的指示去做。

三　社会主义工业企业实行经济核算、自负盈亏的问题

工业企业是经济组织，是组织生产的基本单位，因此也是经济核算单位。所谓经济核算单位就是它能够独立经营，独立计算盈亏，对生产经营效果承担经济责任。

为了使工业企业能够很好地完成自己的任务，必须实行经济核算制，并逐步创造条件，使企业实行财务自理，自负盈亏。

社会主义企业的经济核算制，有一个发生发展的过程。苏联社会主义革命胜利并建立了全民所有制经济以后，并没有立刻实行经济核算制，而

---

① 《毛泽东选集》第一卷，人民出版社1957年版，第117页。

是实行的供给制。这就是国家对企业实行统收统支的制度，即现在说的吃"大锅饭"。我国革命根据地，开始也是实行供给制。这种情况的发生，不仅由于当时战争的环境，而且由于缺乏组织全民所有制经济的经验。这种供给制，在战争环境下，在经济不发达的情况下，虽然起过一定的积极作用，但是，也有明显的缺点，这就是实行这种制度使企业既无责任，又无权力，更无利益，因而不能充分调动企业和职工的积极性。列宁总结了社会主义国营企业经营管理的经验教训，提出了实行经济核算制。他指出："国营企业实行所谓经济核算，同新经济政策有着必然的和密切的联系，在最近的将来，这种形式即使不是唯一的，也必定会是主要的。"[1]列宁还说：各个托拉斯和企业建立在经济核算制基础上，正是为了要他们自己负责，而且是完全负责，使自己的企业不亏本，如果他们做不到这一点，我认为他们就应当受到审判，全体理事都应当受到长期剥夺自由（也许在相当时期后实行假释）和没收全部财产等等的惩罚。如果我们建立了实行经济核算制的托拉斯和企业，但不会用精打细算的商人的方法充分地保证我们的利益，那我们便是道道地地的大傻瓜[2]。

　　毛泽东同志总结了我国革命根据地的经验，也早就指出，企业必须实行严格的经济核算制度。他说：有了严格的核算制度之后，才能够彻底考查一个企业的经营是否是有利的[3]。

　　有些同志把经济核算制看成单纯的记账算账，这种认识是不全面的。实行经济核算制，当然要记账算账，但它的实质在于正确处理国家、企业和劳动者个人之间的关系。我们知道，全民所有制的生产资料属于全体人民，但是，具体组织生产，必须在一个个企业范围内进行。怎样处理国家和企业的关系，才能既保证企业服从全国人民的利益，又照顾企业及其劳动者的利益，并能使生产多快好省地发展呢？这就必须实行经济核算制。只有实行经济核算制，才能使国家利益、企业利益和劳动者个人的利益正确地结合起来，才能使企业及职工发挥主动精神，才能发挥社会主义制度

---

① 《列宁选集》第四卷，人民出版社 1972 年版，第 583 页。
② 《列宁全集》第 35 卷，人民出版社 1959 年版，第 549 页。
③ 《经济问题与财政问题》，解放社 1944 年版，第 114 页。

的优越性。

实行经济核算制，就要重视对利润指标的考核。因为利润指标是企业生产经营成果的一个综合的表现。不仅考核工业企业时要重视利润指标，对于企业内部具有相对独立性的经济核算单位，也要重视对利润的考核。但现在有些公司对所属厂矿却不考核利润指标。据鞍山钢铁公司调查，在所属 54 个生产厂矿中，仅有 26 个厂矿实行考核外销产品的利润。例如，1978 年，炼铁厂生产生铁 635 万吨，按该厂成本计算，应有利润 2 亿元。但按现行办法，公司只按外销 22 万吨生铁，核给该厂 700 万元的利润指标。其余 96% 以上的生铁，按成本转给各炼钢厂，不核算也不考核利润。由于不考核利润，也就不核算，因而利润反映不出来，书记、厂长无法知道，当然也就谈不上及时采取措施，提高经济效果了。鞍钢三个炼钢厂以及烧结总厂等生产单位，则根本不核算利润，因此，书记、厂长更无法了解它的最终经营成果。最近，鞍钢提出要改革现行的经济核算体制，对公司所属生产单位实行内销利润指标考核，就是对公司所属各生产单位，都下达利润指标，按照公司规定的内部调拨价格，采用会计核算形式，把内销利润核算同现行成本差异结合起来，各自核算内销利润，按月考核，并按实现利润额提取企业基金。他们认为，实行这个办法有三个好处：一是能全面反映各生产单位的经营成果；二是可以运用价值规律，对原料、燃料、配件、半成品和本单位生产的成品的转移，实行优质优价、劣质低价、按质论价，以促进生产单位增加品种，提高质量；三是对各生产单位按利润多少提取企业基金，可以把企业经营成果同其切身利益结合起来，正确处理国家、企业和劳动者个人的经济关系，有效地调动企业领导和职工群众的积极性。这就表明，不仅国家对企业要实行经济核算制，企业内部也要实行经济核算制。

"四人帮"曾疯狂破坏经济核算制。他们肆意污蔑经济核算制，把社会主义工业企业的经济核算和资本主义工业企业的核算混为一谈，胡说实行经济核算制就是"修正主义回潮"、"资本主义复辟"。事实上，社会主义企业的经济核算同资本主义企业的核算是有本质区别的。资本主义企业的核算，是为资本家攫取最大限度利润服务的，是"为掠夺而管理"、

"借管理来掠夺"，是剥削工人的手段。社会主义企业的经济核算，是为满足人民需要服务的，是多快好省地发展生产，增加社会产品，扩大社会主义积累的一种手段。"四人帮"反对经济核算制，目的是破坏我国社会主义制度和国民经济的发展。

由于林彪、"四人帮"的干扰和破坏，我们许多企业，还没有完全把经济核算制度建立起来，还是在经济核算名义下实行统收统支、"吃大锅饭"，不能很好地体现国家、企业、劳动者个人三方面的关系，即体现他们各自的物质利益和物质责任。这样，也就不能很好地发挥社会主义公有制的优越性。

实行经济核算制，要求企业对自己的经营成果负责。因此，严格实行经济核算制，就要求企业实行财务自理、自负盈亏。只有实行财务自理、自负盈亏，才能做到像列宁所说的那样，使企业对其经营管理不仅负责，而且是"完全负责"[①]。

过去，我们曾经批判过所谓"三自一包"，"三自"中就包括自负盈亏。我们对企业自负盈亏的问题要重新认识。事实上，有各种性质的自负盈亏。比如，在小生产中，其盈亏是由小生产者自己承担的；在资本主义企业中，其盈亏是由资本家承担的；在社会主义制度下，这种私有制的盈亏已经不存在了。而且，全民所有制企业的自负盈亏和集体所有制企业的自负盈亏，也有原则区别。在集体所有制经济中，自负盈亏是集体对于生产资料所有权的表现。而全民所有制企业的自负盈亏，则是社会主义物质利益原则的要求，这并不影响企业生产资料所有制的性质。因此，全民所有制企业实行自负盈亏和全民所有制原则并不矛盾。有人一提企业自负盈亏，就认为使全国所有制退到集体所有制了，这种看法是没有根据的。

这里，还要谈一谈企业实行自负盈亏和企业管理自动化的关系问题。这里所谓企业管理自动化，不是指的购置电子计算机之类的东西，而是指的使企业能够经常充分地发挥主动性，实行自主管理，自动调节的问题。现在我们的企业非常缺乏主动性，非常需要自动化。企业管理自动化了，

---

① 《列宁全集》第36卷，人民出版社1959年版，第554页。

企业才能主动地改善经营管理，实行技术革新和技术革命，多快好省地发展生产，满足人民需要。只有这样，也才能真正做到充分发挥社会主义制度的优越性，迅速赶上和超过经济发达的资本主义国家。而为了实现企业管理自动化，就要求企业实行自负盈亏。因为，实行了自负盈亏，才能使企业及其职工的利益和企业的经营好坏密切地结合起来，才能使企业和职工具有充沛的经济动力。这样做，再加上强有力的与经济工作密切结合起来的思想政治工作，我们才能够最充分地调动劳动者的积极性。

现在大家都在谈论要充分利用价值规律来促进社会主义生产的发展。那么，怎样才能够充分利用价值规律呢？价值规律发挥作用是需要一定的条件的。企业实行自负盈亏，是价值规律充分发挥作用的一个必要条件。因为，企业实行了自负盈亏，也才名副其实地成为商品生产和商品流通的独立经营者，这样才能使社会主义商品生产和商品流通迅速地健康地发展起来，从而使价值规律充分发挥促进生产的作用。

总之，我们应该在理论上肯定，社会主义工业企业必须实行自负盈亏。当然，实行自负盈亏是需要一定条件的，而且在这方面我们还缺少经验。因此，究竟如何实行自负盈亏，还有许多问题有待大家进一步研究解决。

四　改革社会主义工业企业的管理体制与扩大企业的自主权问题

当前，工业企业管理要解决的一个突出问题是体制问题，即企业的自主权问题。党的十一届三中全会提出发挥企业主动性、积极性的问题，这是改革经济管理体制中亟须解决的非常重要的问题。企业有了自主权，才能实现企业管理自动化，才能充分发挥企业的主动性、积极性。

我们改革经济管理体制从哪里入手呢？我认为，必须从解决企业自主权入手。这有两方面的理由：一是我们工业的生产力都集中在企业里，在工业企业中劳动的全体职工是直接的生产者，只有充分发挥他们的积极性和主动精神，才能使生产力得到最迅速的发展，才能为社会提供更多的产品，为国家创造更多的财富。二是工业企业是我们组织社会主义工业生产的基本单位。为社会提供多少产品，为国家创造多少财富，就要看企业经营得好坏。企业对生产经营好坏，是要承担责任的，但要使它真能负起责任来，就必须给它应有的权利。权利和责任是统一的东西，只有责任而无权利，是根本管不好企业的。马克思说：世界上没有没有权利的义务，也没有没有义务的权利。权利和义务必须统一起来。

我们过去也常讨论体制改革问题。新中国成立以来，就有过两次大的改革。但结果总是"一统就死，一死就叫，一叫就放，一放就乱，一乱又统"，就这样"团团转"。效果不理想。为什么会这样呢？一个重要原因是，这些改革，主要是解决中央和地方的集权与分权问题，而没有真正解决企业的自主权问题，不管是集权把企业收上来，还是分权把企业放下去，企业的权限始终是很小的，甚至有越来越小的趋势。因此，现在大家倾向于体制改革要更多地注意解决企业的权限问题。因为要发展生产，必须首先调动直接生产者和生产单位的积极性。当然，中央部门和地方的积极性也要调动，但调动中央部门和地方的积极性也要有利于发挥企业的积极性。现在，全国工业企业有 35 万多个，职工有几千万人，首先应该发挥他们的积极性，这是非常清楚的事情。而要发挥他们的积极性，不给企业一定权利是不行的。

企业需要哪些权利呢？需要人、财、物、供、产、销六个方面的权利。企业有了这些权利，才能真正成为独立的经济核算单位，才能对盈利和亏损直接负责。这样，也才能调动企业的积极性，做到企业管理自动化。

现在，企业管理是被动的。自动化是作为被动的对立物而提出来的。为什么企业管理被动呢？这是上级行政机关对企业管得过死造成的。现在实行的是计划大包大揽，产品统购统销，财政统收统支，基本上是供给制，吃"大锅饭"的办法。企业的生产由国家统一安排，产品由国家统一调拨，重工业产品和轻工业产品都一样，不管合格不合格统统包下来。现在有些产品积压很多，卖不出去，有些产品短缺，这和管理制度的弊病有一定的关系。同时，企业要什么东西，都要向国家申请，上面不批准就毫无办法；亏了本，国家补贴，企业不负经济责任；需要人也要申请，不批准，就不能添一个人；人多了，也无权处理，只能任其窝工浪费；工资、奖金则是企业经营好坏一个样。总之，企业的人、财、物、供、产、销一律听命于中央或地方的行政管理部门，企业的书记、厂长等管理人员，再有本事，不给你必要的权利，不给你创造条件，你也毫无办法。中央领导同志说：把企业看做行政主管机关的附属品，当做只能靠上级从外部指挥的"算盘珠"，严重地挫伤了企业的积极性和主动性。这种比喻是非常恰当的。企业的管理体制不合理到这种程度，难道还不需要改革吗？要改革，就要给企业必要的权利。同时要做到：企业盈利，不仅对职工而且对企业领导人员都有好处；企业亏损，大家都在物质利益上受到损失。这样，才能够使企业利益和职工利益真正挂起钩来，才能使企业有自身的动力去管好企业，才能实现企业管理的自动化。

这里涉及企业之间允许不允许竞争这样一个问题。我们从日本考察工业企业管理问题回来以后，在给国务院的报告中提到要允许企业之间竞争。为什么社会主义企业之间也可以竞争呢？这是考虑到我们的情况和各社会主义国家建设的历史经验的。私有制企业之间竞争是天经地义的事情。现在，公有制企业之间允许竞争就成为一个新鲜的事情。过去，我们只能讲竞赛，不能讲竞争，好像竞赛是社会主义的，竞争是资本主义的。是不是这么回事呢？恐怕不完全是这样的。马克思和列宁都讲过竞争和竞赛有共同点，况且，我们的竞争和资本主义竞争是有本质区别的。他们在竞争中尔虞我诈，你死我活，力图打倒对方。每个资本家都有一个作战计划，使他的产品在市场上占一定地位，把对方的产品排挤掉。资本主义公司的经理和董事会成天考虑的就是这些问题。他们说，他们的经理和董事会主要抓大的战略性决策，这就是如何在竞争中打倒对方，取得最高利润。我们的竞争不是这样的。我们的竞争是为了相互促进，共同发展，通过竞争使先进更先进，落后能赶上先进，在这个过程中，淘汰长期吃社会主义、拖四个现代化后腿的企业。这样的竞争允许不允许呢？应该是允许的。在社会主义全民所有制企业和集体所有制企业之间，集体所有制企业相互之间，全民所有制企业相互之间，展开竞争，看谁生产上得快，看谁产品质量高，看谁品种花色多，看谁的产品成本低，看谁的利润增加得多，看谁对现代化贡献大。使办得好的企业的职工，得到较高的物质利益；办得差的，少得一些，这不是完全应该的吗？至于个别被淘汰的企业，职工也不会失业。我们的国家会把他们安排到社会需要的岗位上去。日本工人很羡慕中国工人阶级的"铁饭碗"。日本企业一倒闭，工人就失业了。我们要发挥这种"铁饭碗"的优点，防止和克服它可能产生的消极作用。

要很好地开展竞争，就必须解决企业管理的自主权问题，必须给企业较大的权限，不能什么事情都管得那样死，否则你要它竞争也竞争不起来。因此，在考虑扩大企业权限时，同时，就要考虑在企业之间如何正确地开展竞争的问题。这两个问题是要联系在一起解决的。

下面分别讲一讲企业的人权、财权、物权、计划权等问题。

（一）人权问题

主要谈企业对劳动力管理的权限。目前存在的问题很多。企业的招工权不在自己手里，要人要不来，多余的人处理不了。今后企业按照国家的规定招收工人时，要给企业考试权、择优录取权，不合格的人，企业有权拒绝接受。应该鼓励企业精简职工，企业要有一个先进合理的定员、定额，在此基础上，由于改进劳动组织、提高生产效率而精简下来的人员，主管单位、劳动部门要负责及时加以调配。一时不能安排新工作的，应当由主管单位负责组织进行文化技术和业务训练。职工工资的升级面和奖金，根据企业的经营好坏，应当有所不同，不要采取平均主义。企业有权培训职工，应该有自己的培训计划和考核制度，大的企业最好能办技校，新工人要给予专业训练，使他们掌握基本技术、安全知识和工厂的基本制度，经过考试合格，然后上岗。一进厂，不经严格训练就上岗的做法，是必须改变的。

据辽宁省调查，劳动工资管理制度上现在有很多弊病。一是企业的劳动力都是由劳动部门分配给企业，不分企业技术繁简、劳动强度轻重对性别的要求，一律是男女各50%向企业分配。例如，大连钢厂是重体力劳动，但分配劳动力也是男女各半，这个厂过去搞了个"三八炉"，是三个女工，八个男工。重活是男劳力干在前，照相是女劳力站在前。大连纺织厂反映，分配到该厂的工人有的视力只有 0.2，无法接线头。大连化工厂和大连钢铁厂反映，傻子、瘸子都往企业分配，根本无法顶岗位劳动，搞得企业哭笑不得。二是向企业借人、抽调、派差，使企业负担过重。三是对企业的工资奖励办法规定得过死。例如，今年工资提级 2%，大连钢厂按规定的条件、范围、时间报到劳动局，劳动局认为企业呈报的有一人"不合理"，不予批准，这个人现在还在告状。他们认为在劳动工资管理、干部管理和机构设置上，应该扩大企业的权限。鞍钢提出：国家每年应审批企业的工资总额，在工资总额范围内，采用什么样的工资奖励制度、什么样的工资奖励形式、什么样的工资水平，可由企业自行决定；由于节约劳动力而节约下来的工资，可以由企业自己留用。

（二）财权问题

目前，国营企业的财务管理体制，基本上是一种统收统支的办法。企业的利润上缴国家，亏损由国家弥补；发展生产所需资金，除留用一部分折旧费外，都由国家拨款；职工集体福利开支和奖金，按工资总额一定比例，从产品成本中提取。企业使用国家资金（包括固定资产和流动资金）也不承担经济责任。这种统收统支的管理办法，主要有三个问题：

第一，企业的经济权限小，权力和责任脱节，严重影响企业经营管理的主动性。企业不仅没有扩大再生产的权力，而且不能完全保证简单再生产的需要。折旧率很低，留给企业的折旧费更少。上海市工业的折旧率平均只有 4.2%，按现行规定 70% 由企业安排使用，设备更新需要 34 年以上。结果机器老、厂房破，生产遇到很大困难。鞍钢的折旧率更低，平均为 2.92%，全部留给企业用于设备更新，也需 34 年，如按现行规定，基本折旧留 70%，则固定资产更新周期要达 48 年之久。由于周期过长，必然造成设备陈旧落后，严重影响采用先进技术、先进设备。如鞍钢现有冶金车辆 1887 台，完好率仅为 30%；447 辆 120 吨炼钢用的铸锭车超期服役，早应报废更新，但因缺 1600 万元资金，不能更新；蒸汽机车 148 台（占全部机车的 52%）早应报废，但是因为缺 5000 万元资金更新不了，只好长期带病作业。由于这种情形，每年都要耗费大量维修费，增加成本开支。

第二，资金分配与经营成果不挂钩，实际上是搞平均主义。干不干一个样，干好干坏一个样，赚钱赔钱一个样，不能调动企业和广大职工的积极性。

第三，用行政办法管理财务，手续烦、效率低，又易脱离实际。什么事情都靠指示、批条子，结果资金周转很慢，不利于经济发展。

日本企业自有资金为17%稍多一点，银行贷款近40%，加在一起约占60%，剩下的是资本家之间的周转，会做生意的人，利用他人的资本为自己赚钱。他们的资本一年可以周转六次。如果按自有资金说，日本的工业资本家用一元钱，一年内可做到三四十元的营业额。我们的资金可以周转多少次？我们工业企业有3000多亿元的固定资产和1000多亿元的流动资金，从商品产值看，一年之内，一元钱做不了一元的生意。如按日本的周转情况，现在我们的固定资产和流动资金加在一起，一年应该有多少商品产值呵！所以，在财政上应该有一个大的改革。怎样改革呢？有关部门的设想是，企业实行"自负盈亏，财务自理"制度。

企业是组织生产的基层单位，企业对再生产的主动权不掌握，就不能很好地实现自己的职能。企业要有独立的资金来源，有固定资产、流动资金，按现代化生产要求，合理使用折旧基金，进行技术更新。资本主义国家固定资产基本上是十年以内就要折旧完，有不少五六年内就折旧完。资本主义国家鼓励这样做，以便刺激生产，增加财政收入；资本家也乐于这样做，因为它既给自己积累了财富，又可以少交所得税。我们现在这种做法，实际上是吃老本，不仅不考虑精神磨损，连物质磨损也不顾了。现在，我们的产品是几十年一贯制，如热水瓶，祖父用过的同现在孙子用的还是一个样子。要规定合理的折旧率，缩短折旧年限，合理使用折旧费；实行有偿使用流动资金，国家收资金利息；固定资产也要交税；企业有权合理使用固定资产和流动资金；企业有权支配生产经营所得利润。这种改革涉及整个国民经济体制的改革。目前马上搞自负盈亏，财务自理，还不具备条件，可以先实行利润留成制度，作为过渡办法。

所谓利润留成，即企业按照国家规定的比例留用自己的利润，作为三种基金：发展生产基金、职工福利基金和职工奖励基金。这种办法和现在实行的统收统支的办法比较起来，还是大大地前进了一步。因为每个企业取得多少基金，决定于它经营的好坏和对国家贡献的大小。这样，有利于把权力和责任结合起来，做到国家、企业、职工三者利益的结合，促进企业领导和职工更加关心企业经营的成果。但是，现在实行利润留成，也还有许多问题需要解决。最大的问题是价格问题和税收问题。价格高低和利润大小有直接关系。比如，按销售利润率计算，石油是 40%，电力是31%，冶金是 13%，煤炭是 1%。目前这样悬殊的利润率水平，怎么实行利润分成呢？全国统配煤矿的工人有 210 多万人，1978 年给国家上缴利润、税金不到 10 亿元。而北京石油化工总厂只有 3.3 万职工，一年上缴利润、税金就有 10 多亿元。两者的工人都很辛苦，煤炭工人更辛苦。那么，为什么会有这种差别呢？这主要是价格的不同造成的。如果照现在这样，按上缴多少搞利润分成，那显然是不合理的。另外，同样一种产业，由于自然条件等不同，利润也是不同的。比如，大庆出售 100 元的原油，赚 67 元，而玉门出售 100 元的原油只赚 20 元。冶金企业也一样，鞍钢销售利润率为 32%，即出售 100 元钢材，赚 32 元；而马鞍山钢铁厂只能赚16%，甘肃省酒泉钢厂则亏 79%。这里，当然有经营好坏的原因，但也有自然条件的原因。这类问题如何办呢？一种办法是调整价格。比如，从发热量来讲，2 吨多煤差不多等于 1 吨原油。1 吨原油现价为 100 元，1吨煤的现价不到 21 元，显然这个比价是不合理的。3 吨煤的现价也不过60 来元，如果把煤的价格提到和原油的价格一样，那就会发生连锁反应，很多产品就要涨价。因此，这种办法现在难以实现。能不能找到现在可行的适当办法呢？能找到的，比如，可以采用不同的利润留成率，也可以征收资源差别税和固定资产占用税。比如，大庆的自然资源条件好，就征收资源差别税。北京石油化工总厂占用固定资产多，就多收固定资产占用税。这样来使他们和其他企业的利润，在客观上有可以比较相近的标准。在此基础上，谁的利润多，就要看谁的经营本领大了。总之，搞利润留成要采取一些必要的措施，否则也行不通。

（三）物权问题

物资管理上的一个突出问题是，生产计划与物资供应计划不衔接，制订计划时就留有缺口。企业为了满足生产的需要，采购人员满天飞，以物易物之风盛行。据大连机床厂反映，1978 年一机部拨给的物资只能满足生产计划需用的 90%，由省配套的电机、轴承、开关等只能满足 45%，市配套的只能满足 20%，三类物资只能满足 25%。全年共需用轴承 529种，13 万套，只拨给 51 种，3.5 万套。工厂派出采购员跑了 18 个省，到25 个轴承厂求援，也得不到解决。另一个突出问题是计划层层加码，物资层层克扣。1978 年化工部分配给大连染料厂的硫酸占生产计划需用的97%，本来就不能满足，但厂里实际得到的只占需要量的 30%，中间层层扒皮，企业无法完成计划。他们要求：在生产计划指标确定以后，应按照计划保证原料供应；由企业主管机关的物资供应部门负责保证按计划供应物资，并由供需双方订立合同，保证执行，不履行合同时，企业有权要求供方负担经济损失；企业对于按计划拨付的物资有自主权，任何单位不得克扣或挪用。

企业在固定资产使用上也应该有必要的自主权。按照现行规定，对固定资产是实行无价调拨，因此，企业对处理闲置不用的固定资产不积极，使固定资产不能充分发挥作用，这是一个很大的积压和浪费。鞍钢建议：企业闲置的固定资产，实行有价调拨，收回的资金留给企业，用于固定资产更新之用；闲置固定资产的调拨，由企业自行决定，报主管部门备案即可；企业也有权出租闲置的固定资产。

总的来说，当前物资管理采用的是行政调拨的办法，不是采用商品流通的办法。我们的物资分三类：第一类物资由国家统一分配，归中央管；第二类物资归有关部门管；第三类物资归地方管。但生产一类物资，需要三类物资；生产三类物资，也需要一类物资。这就引起许多问题。因为，我们的物资管理是既分条条，又分块块，十分复杂。全国 20 多个省市，管理物资的又有 30 多个部门。这种错综复杂的条条、块块，就割断了客观存在的经济的联系。名义上说，物资是集中管理的，实际上是最大的分散管理。据调查，北京市仅统配、部管物资，就有 804 种，是分属 309 个部门管理的。你要点物资，不知要跑多少地方才能解决。所以，只好开骡马大会，采购人员还"满天飞"。这不是现代化的管理，而是类似自然经济时代的"日中为市"式的管理方法。

生产资料流通的组织是一个大问题。要解决这个问题，生产资料就要和消费资料一样，进入市场。有的通过生产资料批发公司出售，直接调拨；有的通过零售公司出售。这里涉及一个理论问题：生产资料是不是商品？这个理论问题不解决，在制度上就很难改进。斯大林同志认为生产资料不是商品，主张一律采取调拨的办法。我们对生产资料的管理办法，是受斯大林的影响的。但是，我们也有和他的主张不同的地方。毛泽东同志讲，我们不是按照斯大林那套办法办。我国部分生产资料是当做商品处理的，如拖拉机、农机具，我们是卖给生产队的。斯大林的办法是不准卖给农民，由国家办拖拉机站。毛泽东同志早就改变了这个办法。

从30多年的实践看，生产资料也应该作为商品生产，实行商品交换。这对发展社会主义经济是更为有利的，对解决产销脱节，解决生产资料调拨中经常出现的那种一方面大量积压，另一方面严重不足的问题，可能是一条出路。对加强经济核算，提高经济效果，也是有好处的。社会主义的市场是在国家管理之下的。生产资料进入市场，一般来说，是没有什么可怕的。再从企业来讲，在物资方面也应该有权根据国家计划和本企业生产的需要，选购所需的生产资料和销售自己的产品，直接和有关单位签订供销合同。

（四）计划权问题

社会主义工业企业的人、财、物、供、产、销，都反映在计划上。企业在供、产、销方面有多少权力，实际上也就是个计划权问题。社会主义经济和资本主义经济不同，是计划经济。企业必须在国家计划的统一指导下进行生产与建设，按照多快好省的要求，全面完成国家计划指标。但是，指标如何制定，如何管理，却是一个需要研究的问题。现在的缺点是集中过多。据辽宁省的调查，当前的问题是：

（1）企业的生产计划是由上级机关确定的，企业不能参与制订计划，上级机关对计划控制过死，企业无权改变。鞍钢的八项经济指标，统由上级分头下达。产量、品种、消耗定额指标由冶金部下达；劳动指标和利润、成本、资金指标由省、市下达；产值虽不属于八项指标之内，但实际上是地方控制的主要指标。这些指标相互之间，又没有综合平衡，互不衔接，矛盾很大。特别是财务指标同生产指标严重脱节，企业无法落实，使企业的经济活动陷于混乱，给管理工作带来很多困难。往往企业有增产能力，产品也有销路，但由于计划没有安排，却不能生产。例如，东北制药总厂生产的磺胺嘧啶，质量较好，国际上也有声誉，有能力增产，出口有销路，但计划安排不足。而另一些质量很差、经济效果很差的生产同类产品的药厂，却安排的任务过多，以致吃不了。

（2）计划指标层层加码，在原材料上却又不能按计划供应。如大连机床厂从1973—1978年共生产机床15665台。其中，一机部分配的指标是12248台，占84%；省机械局下达的增产指标是762台，占4.8%；市计划下达的增产指标是362台，占2.3%；市机械局下达的增产指标是525台，占3.4%。

（3）上级分配的指标不合理，给企业的生产造成严重的后果。以煤炭工业为例，有的分配指标不按客观规律办事，破坏采掘比例，使企业不能按标准实行正确的循环作业，造成比例失调，带来严重困难。

（4）产销计划脱节，企业又无权改变。例如，辽宁省分配给朝阳地区小型拖拉机600台，但他们只要400台；东北制药厂去年计划生产维生素甲28吨，商业部门只销了10吨，积压18吨，每吨25万元。

上述情况说明，必须扩大企业制订与执行计划的自主权。第一，企业有权参与制订生产计划。制订计划应当贯彻"从群众中来到群众中去"的群众路线，由企业的主管机关根据国家计划要求或销售合同提出初步指标，交给企业发动群众讨论，提出计划草案，报主管机关修正后下达企业，再经过企业发动群众讨论，提出完成生产计划的措施。第二，企业在完成国家规定的生产计划指标后，可以根据市场的需要自行确定增产指标，或者接受带料加工。第三，企业的主管机关，在确定产品计划的同时，应立即提出原料、材料、燃料动力的供应计划，企业有权根据物资实际供应情况，修订生产计划指标。第四，企业有权拒绝接受上级机关下达的违背客观经济规律的、给企业的均衡生产和设备造成破坏性后果的生产计划。总之，确实要在计划方面给企业相当大的主动权。是否可以考虑，在遵守国家计划和国家规定的生产方向的前提下，企业有权根据本身的生产能力、原材料的供应、产品推销等情况，来决定它的生产经营活动。上级机关不能随意给下面布置任务，特别不能下达空头产值指标。

要搞好企业的计划工作，不仅有一个权限问题，而且有一个编制计划的指导思想问题。这方面也有不少问题，我也想讲一讲。

我们过去尊重客观经济规律不够，夸大了主观意志的作用，过分强调了精神的反作用。比如，对平衡这一概念的认识，有人认为，计划留的缺口越大，越是积极平衡，并借口不平衡是绝对的，认为我们国民经济计划不平衡是合理的事情。因此，我们的经济一会儿大上，一会儿大下，国民经济比例失调的现象很严重。再如，对波浪式发展的问题，我们过去对这个问题也有不正确的认识。本来事物是波浪式发展的，但是波浪式发展是不断前进的，是螺旋式地向上发展，它不是指一会儿上升了，一会儿下降了，一会儿大上，一会儿大下。国民经济的发展速度有时快一点，有时慢一点，比如去年工业发展速度是 13.5%，前年是 14% 多一点，今年按计划大概 8%。这是允许的。但是不应当大上大下，波动太大，更不应当发生产量绝对下降的情况。在过去 29 年中，工业产量有四个年头比前一年下降。其中大幅度下降，都是在前几年大幅度上升之后跌落下来的。例如，1958—1960 年大幅度上升之后，1961 年下降 38.2%，1962 年下降 16.6%。这种"波浪式"，对生产力的发展有很大的破坏性。陈伯达说它是社会主义的生产周期，这是极端荒谬的。

综合平衡问题很重要。但综合平衡和以什么为纲（比如"以钢为纲"、"以粮为纲"这些口号）经常发生矛盾。这当然不是说，国民经济的发展，在一定时期不要一个主要的目标。但是，这个主要目标应该随着经济的发展而变化。没有一个东西是永恒不变的，永远为"纲"的。钢铁也不可能永远为纲。我们在这方面也搞得有点毛病。所谓以钢为纲，就是以钢的产量为纲。不讲究品种、质量，不搞特殊钢，不看生产多少钢材，就只看生产多少钢，拿这个东西作为计划的主轴，一切都要环绕它转，都要保它。这样搞的结果，必然是"重、轻、农"，重的越来越重，轻的越来越轻，农业越来越不适应整个经济发展的需要。这样搞，对我们经济发展是很不利的，这个教训也是很深刻的。这当然不是说，我们不要多搞钢，谁不希望我们的钢搞得多一点呢？问题是我们搞得了搞不了那么多钢，搞了钢做什么用，搞了钢其他还搞不搞。其他都不搞，或者搞得很少，单搞钢，钢能上来吗？20年的实践已经回答了这个问题。钢铁孤军突出，结果就发展不起来，十多年处于徘徊状态。可见，这种片面地搞钢的做法是不行的，是和综合平衡相矛盾的。

我们要有一个科学的长期计划。新中国成立已经快30年了，真正编制出长期计划只有第一个五年；第二个五年计划实际上还没有编出来，但经过1958年、1959年两年就把第二个五年的工业生产计划基本上"完成"了；以后的几个五年计划，也没有编出来，只有几个指标。第六个五年计划设想了一些指标，但还没有真正编制出一个综合平衡的计划。现在看起来，这些指标，有的要调整，因为还没有经过综合平衡，综合平衡的结果总会有上有下。没有一个长期计划，我们的社会主义经济建设工作就无法很好地进行。为什么我们基本建设战线这么长呢？基本建设不能一年一年定，必须要有一个长期的计划，如果今年定几个项目，明年再定几个项目，后年又定几个项目，零打碎敲，那样做，项目必然是很多的，战线必然是很长的。按现在基建的规模，完成已开工的项目，需要资金一千几百亿，但按目前的投资能力，今后四五年即使不再上新的项目，也难以完成已经开工的正在建设的项目。

国家有了长期的计划，部门有了长期计划，企业也有了长期的计划，那我们的年度计划就可以瞻前顾后了。现在的计划是一年订一次，而且不及时，今年的计划直到现在还没有定下来。企业的工作有一定难处，这些问题都不是企业本身所能解决的。要争取计划工作的主动权，就需要把长期计划工作搞好。长期计划应该有五年计划、十年计划，还应该有到本世纪末的计划。资本主义经济不是计划经济，但资本主义国家对未来的预测是很注意的。比如，到本世纪末，它这个国家怎么办？每个资本主义国家都在考虑这个问题。我们是社会主义国家，更应该考虑这个问题，而且应该解决得更好。比如，美国能源成了问题，它现在成立了专门的委员会，研究到本世纪末，20多年或者再长一点时间，能源究竟靠什么，怎么办？

我们的能源也是一个很大的问题，我们有 30% 左右的工厂因缺煤、缺电而不能正常生产。我们应该怎么办呢？这也不是一个企业所能解决的问题。

关于产销计划问题。就是要按照需要来组织生产。资本主义国家是以销定产的。我们是以产定销，倒过来了。应该说倒过来是不符合客观经济规律的，不符合马克思主义基本原则的。生产是为了需要。社会主义的生产是为了最大限度地满足整个社会及其成员物质和文化的需要。如果我们不能按照需要生产，那么，这种生产就是盲目的生产。现在，我们订计划时往往不是很好地考虑需要。怎样才能使计划把生产和需要结合起来呢？就是计划一定要建立在合同的基础上，要按照合同组织生产，合同就反映需要。有些产品，如大、中型的机器设备，使用单位和生产单位可以直接订合同；有些没有办法直接订合同的东西，如螺丝钉、螺丝帽等大路货，使用部门可以和有关的销售公司订合同，销售公司再同生产企业订合同。工业企业生产的布匹、热水瓶、电视机，不知道卖给谁，但它有销售公司、百货公司、五金公司、电料公司等，生产单位可以和这些公司订合同。要改善我们的计划工作，这是一个很重要的问题。现在，一方面，产品不足，需要不能满足；另一方面，又积压很多。我国每年要进口几百万吨钢材，但我们的仓库里却积压、储存着 1700 多万吨钢材，而去年生产的钢材又有新的积压。这是为什么呢？就是因为我们往往不是按需要生产。国家很需要各种中小的、多种规格的钢材，去年生产出来没有人要因而积压起来的是又大、又厚的钢材。机电产品的生产也是这样。一方面，我们每年要花很多外汇进口各种设备；另一方面我们积压的机电设备高达 500 多亿元。听说现在化工厂也有许多东西卖不出去，有些轻工业产品积压得也很厉害。这个问题如何解决呢？只有把产销结合起来，按照需要来生产，按照合同来生产。因此，要推广合同制来解决这个问题。不然，企业即使有更多的自主权，而生产的东西不适合社会需要，那还是不行的。

我们应该根据销售计划来订生产计划，根据生产计划来订零件、部件、协作件、原料、材料、动力、燃料的供应计划，以及劳动力计划和新产品试制计划。要以生产计划为中心，经过综合平衡，使各种计划相互衔接起来，形成企业的计划，再把这个计划变成作业计划，落实到班组里，班组按照作业计划组织生产。这样，我们的计划工作才能真正走上正轨。

每一个企业，都应该很好地完成经济合同。我们的生产是社会化生产，我生产的东西是保证你的需要的，你生产的东西又是保证他的需要的。彼此都是互相保证的。如果这个企业不能完成自己的任务，那就要影响到其他许多企业。所以，我们大家对合同必须共同遵守，都要完成合同中规定的任务，这样整个社会生产才能协调地进行。现在企业之间也订合同，但是，完成不完成并没有经济责任、法律责任，而且有很多连合同也没有。这就发生了供、产、销不衔接的问题，停工待料的情况是很多的，这种状况必须改变。

企业计划指标，究竟搞哪几个比较合适呢？现在规定的八项指标，是不是合适呢？这个问题是可以研究的。

关于国家计划和企业计划的关系问题。国家计划应该在各个企业供、产、销平衡的基础上编制，国家对国民经济各个部门的计划进行综合平衡，工业内部要平衡，农业内部要平衡，商业内部要平衡，财政内部要平衡，还有农、工、商、财各个部门之间要平衡。要学会自觉运用各种经济规律包括价值规律来调节生产。这样才能使国民经济符合按比例发展的客观要求，才能求得经济工作最好的效果。按照市场需要进行生产要接受国家的指导。国家要利用经济立法，经济政策，以及税收、信贷、价格等经济手段对市场进行调节，使得各个部门有计划按比例地发展。

（五）当前怎样扩大企业经营管理的自主权

总起来说，扩大工业企业经营管理的自主权是十分必要的，但是，必须在国家统一计划的范围之内进行。当前，如何扩大工业企业经营管理的自主权。这次中央工作会议进行了认真的讨论，认为应当给工业企业以应有的权利，同时，要使它承担相应的责任和义务。关于工业企业经营管理的权利，经过大家的讨论，有以下几项：

（1）企业的生产活动，实行计划指导下的市场调节，以计划调节为主、同时重视市场调节作用的原则。企业的各项经济计划，只能由一个主管部门统一下达，并保证企业生产建设所必需的物质条件。国家下达的产品计划，要逐步建立在产销合同的基础上，企业必须保证完成国家下达的各项经济计划。企业在完成国家计划的前提下，燃料、动力、原料、材料有节余时，可以按照市场的需要，生产适销对路的产品。这些产品首先由商业、外贸、物资部门选购，商业、外贸、物资部门不收购的，允许企业按照国家规定的价格政策自行销售。企业的生产能力有富余时，也可以承担进料加工和来料加工。主管部门对企业执行国家计划的情况，主要考核三个指标：一是产品的品种、质量、产量。二是利润。三是合同执行情况。对承担有出口任务的企业，还要考核出口产品的合格率、履约率、创汇额。

（2）实行企业利润分成。改变目前按工资总额提取企业基金的办法，把企业经营的好坏同企业的发展和职工的物质利益直接挂起钩来。

目前按工资总额提取企业基金的办法是平均主义的，不能鼓励先进企业不断提高管理水平。例如，沈阳味精厂是辽宁省为国家创造利润较多的一个企业，全厂1200人，从1971年以来，上缴利润11400万元。1978年增产节约多生产味精200吨，全年上缴利润1997万元，超过计划147万元。由于没有执行从利润中提取企业基金，国家投资又不足，无力举办集体福利事业。今年国家分配给企业3000平方米的建房指标，需要资金50万元，但没有来源，房子造不成。老工人说，干了二三十年，年年超额完成计划，可是住不上房子。这种办法也鼓励企业多增加职工。因为，人数越多，工资总额就越多，企业基金也就越多，这不是鼓励企业多要人吗？改变这种办法，实行利润分成时，要根据不同行业、不同企业，确定不同的分成比例。利润大的行业分成比例要小一点，利润小的行业分成比例要大一点。同一行业里也要有合理的差别。这要根据不同情况做出规定。企业取得的利润分成，用来建立生产发展基金、集体福利基金和职工奖励基金。

（3）采取逐步调整的办法，提高固定资产折旧率。按照不同的行业、不同的企业，由国家规定不同的折旧率。企业折旧率可以在增加盈利基础上逐步提高。折旧基金大部分归企业支配，小部分按企业隶属关系，由企业主管部门调剂使用。企业和主管部门暂时多余的折旧费，专户存入人民银行，银行用这笔资金向企业发放挖潜、革新、改造贷款，企业以后用折旧基金和利润留成资金归还。企业在保证完成固定资产大修理的前提下，有权将基本折旧资金（包括更新改造资金）、大修理费、利润留成资金等合在一起合理地加以使用。企业的挖潜、革新、改造项目所需要的设备材料，除尽先利用适用的库存积压物资外，要在各级物资分配计划中单独列出，做到保证供应。

（4）实行固定资产有偿占用制度。企业向国家缴纳固定资产占用税，作为现有老企业挖潜、革新、改造的基金，由国家统一掌握，分配使用。企业对闲置的设备，有权出租，或者按账面价值有偿转让，其收入限于用在设备更新方面；企业主管部门，可以集中一部分，调剂使用。企业占用的土地也要征税，盖厂房的土地税率低些，空地就要征高税，以节约土地。

（5）实行流动资金全额信贷制度。企业所需的流动资金，统由银行贷款。定额资金由财政部门会同主管部门核定，由财政拨款交银行贷放，收取低息；超定额资金由银行根据企业的需要贷放，收取高息。由于上级部门和订货单位计划变更等原因而增加的流动资金的利息，由有关单位承担。

（6）鼓励企业发展新产品。企业有关新产品的试验研究、设计和试制等费用，可以规定一定比例，从企业实现的利润中留用。重大项目所需的费用，由企业报请上级主管部门批准拨付。不能把新产品的试制费都打到新产品成本里面，否则，新产品永远也出不了世，在娘肚子里就死掉了。新产品贵得要死，有谁去买呢？新产品可以委托商业、外贸、物资部门代销，或企业自行试销。在试销期间，成本高、利润过低或有亏损的，经过批准可以减税或免税。

（7）企业有权向中央或地方有关主管部门申请出口自己的产品，并按国家规定取得外汇分成。企业可以参与外贸部门同外商的谈判和附签合同；必要时，经主管部门批准，可以派人出国考察、实习，所需费用由企业外汇分成来支付。企业和外贸部门之间要加强联系，互通情况。企业应向外贸部门提供实际成本，外贸部门应向企业提供实际创汇率。

（8）企业有权按国家劳动计划指标，择优录用职工。企业根据自己的实际情况，制定考工标准，经过考试招收职工。企业有权根据职工的表现进行奖惩。对那些严重违反劳动纪律，破坏规章制度，屡教不改的，经职工代表大会讨论，给予必要的处分，直至开除；开除后，一般的可以留厂劳动，只发给生活费。

（9）企业在定员、定额内，有权根据实际需要决定自己的机构设置。要贯彻精简方针，主管部门不能要求企业的机构都同它对口。

（10）减轻企业的额外负担。除国家有明确规定的以外，不经企业主管部门批准，任何单位和个人不得随意向企业抽调人员、设备、材料和资金，摊派各种费用。否则，企业有权拒绝。经过上级主管部门批准的借调人员，由使用单位负担工资等费用。社会服务性工作，应当逐步由社会服务部门承担起来。

扩大企业的权限，也要企业承担相应的责任，履行义务。扩大企业权限，目的是保证企业搞好经营管理，为国家作出更大贡献。企业要在主管部门的领导下，在职工代表大会的监督下，正确使用自己的权限，主动承担责任，严格履行义务。关于工业企业必须承担的责任和履行的义务有以下几项：

（1）认真贯彻执行国家的方针、政策和法令，保证完成国家计划。

（2）维护全民所有制的财产和集体所有制的财产不受侵犯。

（3）按品种、按质、按量、按时履行经济合同，加速资金周转。产品出厂后，发现质量不合格的，要包修、包退、包换。

（4）按规定及时上缴各种税金、利息和利润。

（5）正确地使用基本折旧基金、大修理费和利润分成，有计划地进行挖潜、革新、改造，发展生产力。

（6）积极采用先进技术和科学的管理方法，努力培养技术人才和管理人才。

（7）保证安全生产，搞好环境保护，提高职工健康水平。

（8）在生产发展的基础上，保证职工生活福利逐年有所改善。

以上工业企业的十条权利和八条义务，是大家讨论的初步意见。

（六）工业企业的组织和管理

应该按照经济合理以及专业化协作相结合的原则，把工业企业组织成专业公司或者联合公司。这种专业公司和联合公司，可以是全国性的，也可以是地区性的，或者跨几个省区的；可以是跨行业的综合公司，也可以是生产专业公司、技术服务公司、运输公司，等等。同一行业，可以组织若干个公司。比如像汽车这个行业，就不一定在全国只组成一个公司，可以组成几个汽车公司。同一行业组织几个公司，便于相互促进、相互竞赛、相互竞争，比一家垄断要好得多。不然，只此一家，别无分店，产品好坏都得用它的。有几家就可以比赛、可以竞争了。

在组织公司时，不要把已经组织起来的综合性企业人为地分开，也不要打乱原来的协作关系，这一点很重要。现在为了组织公司，往往把本来经济合理的、组织得比较好的工厂，分成几个厂子，或者把一些不该扩散的产品也扩散出去了，这种做法不好。一定要照顾到原来的协作关系，要考虑到经济的合理性，不要为专业化而专业化，也不要为组织公司而组织公司。专业化也好，组织公司也好，都是为了适应生产力的需要，促进生产力的发展，取得更好的经济效果。外国有很多公司既干这个，又干那个。我们在日本看到，丰田汽车公司，既生产汽车，又生产纺织机械和若干化工产品。这个问题，很值得我们注意研究。公司要成为名副其实的经济组织，实行独立的经济核算，为国家提供积累；不要把行政管理部门换一个牌子就变成公司，换汤不换药。

最近，我到上海去考察学习，听那里的同志介绍，上海组织了很多公司，但真正作为经济组织的公司还是不多的。上海的情况还是比较好的。如果把行政组织换个牌子，变成公司，这么一搞，就把公司的名誉都搞坏了，以后再搞就不好搞了。应该说，"文化大革命"以前，搞托拉斯试点时组织的那十几个公司，总的说来效果还是不错的。直到今天，很多搞过试点的同志都讲那次试点是成功的。这次要真正把它搞好，不搞形式主义。经营的大权应该集中在公司，公司下面的工厂应该按专业化原则进行组织。适于综合性的公司就搞综合性的，适于专业性的公司就搞专业性的。但公司下面的工厂一定要专业化，特别是车间更应如此。只有这样才能够合理地组织生产，提高生产率，提高质量，节约消费，降低成本。公司组织起来以后，在行政上只能有一个主管单位领导，不能搞多头领导。企业归哪个单位主管，人、财、物和供、产、销的综合平衡和协调工作就由哪个单位负责管理。企业主要领导干部的任免和调动，也应该由那个单位负责。现在，由国务院各工业部门管的工厂，不仅党的工作由地方党委管，主要干部的任免，也由地方党委管。遇到问题往往主管部门一个意见，地方党委又是另一个意见，党委书记、厂长很不好办，听谁的？这个问题，也要做出正确的解决才好。

　　地方党委和政府对于国务院各工业部门主管的在本地区的企业，应该负些什么责任呢？应该明确以下几点：第一，领导企业的党和群众团体的工作，加强思想政治工作；第二，监督企业遵守党和国家的方针、政策、法令，努力完成国家计划；第三，供应由地方分配的物资；第四，搞好为企业生产、生活服务的公共设施。地方不要干预这些企业正常的生产经济活动。这些直属企业对地方也必须承担相应的义务。这类企业上缴的税金和利润，应按照国家规定的比例，留给有关省、市、自治区和企业所在地方政府，使地方的经济利益同企业经营好坏挂起钩来。企业办得好，地方也有利；办得不好，地方也没利。我们在日本考察时，丰田市市长为我们举行欢迎宴会，第一句话就说："希望中国的朋友多买丰田的汽车。"这是为什么？因为丰田市的收入70%以上靠丰田汽车公司纳税，市里70%以上的市民也是丰田汽车公司的职工及其家属。丰田汽车公司盈利的55%归自己，45%纳各种税。在45%的税金中，60%交日本中央政府，20%交给县政府（相当于我们的省政府），20%交给丰田市。市里用这些钱办学校、办医院、办市政建设等。现在我们企业的利润都上缴了，要用钱，还得再写报告申请批准，使得事情很不好办。我们也得有个办法，使企业办得好，地方可以多收入，办得不好，就少收入，这样地方就更关心企业的经营成果了。何必干预企业本身的具体业务事情呢？这些事情，让企业自己精心处理就是了。现在我们的政府机构，该管的事，如企业办的学校、医院、托儿所等，无力去管；而却花不少精力去干预企业本身的具体业务，结果使企业既管生产，又管学校、医院和托儿所，等等，即所谓企业办社会，严重地分散了企业领导人员的精力，影响企业的经济效果。这种情况，也需要改进。

总之，企业管理体制的改革一定要注意经济效果。经济单位主要由经济组织用经济办法来管理，行政管理也要按照客观经济规律办事。

五　计划指导下的市场调节问题

要解决工业企业管理的自主权问题，就要正确地处理计划指导与市场调节的关系问题。现在已经确定了一个原则，即计划指导下的市场调节，以计划调节为主，同时重视市场调节的辅助作用。在这个问题上，最近理论界和做实际工作的同志议论很多。例如，什么叫做计划指导？什么叫做市场调节？什么叫做计划经济？什么叫做市场经济？它们相互之间的关系是什么样的？大概有这么几种看法。

一种看法认为，计划经济是一回事，市场调节是另一回事，计划经济发生作用的地方，市场调节就不发生作用，或者作用就小了。市场调节发生作用的地方，计划经济就不发生作用，或者作用就小了。就是说，计划经济大一点，市场调节就小一点，反之，市场调节大一点，计划经济就小一点，它们是相互矛盾的，相互排斥的。这种看法，就是斯大林在《苏联社会主义经济问题》一书中所阐述的那个观点。

另一种看法，不同意这种观点，认为计划经济和市场调节不是两个完全对立的范畴。市场调节，有社会主义的市场调节，有资本主义的市场调节，还有封建社会的市场调节。社会主义的市场调节是社会主义计划经济的一个部分，或者是主要部分，或者是全部。这个看法也不完全一样。有的人说，社会主义的计划经济就是社会主义的市场调节，是一个东西；也有人说，在社会主义经济里面包括市场调节，但不只是市场调节。社会主义经济里面市场调节所占的比重，是大是小，看法也是不同的。

市场调节必须和商品经济联系起来看。我们也常常是把它们联系起来看的，因为没有商品生产，也就没有市场。商品经济是对自然经济而言的。从人类社会的历史发展来看，自从有了商品以后直到现在为止，就有这两种经济，即自然经济和商品经济。在没有商品以前，像原始共产主义社会，完全是自然经济，即自给自足的经济。后来，开始有了交换，出现了商品，才逐步地发展了商品经济。商品和商品经济从原始社会的末期就开始有了。奴隶社会既有自然经济，也有商品经济；封建社会也是这样。当然，无论奴隶社会或者封建社会，商品经济都不占统治地位。资本主义社会有很大的不同，它使自然经济越来越少，整个社会商品经济化了。解放前，我国是半封建半殖民地社会，自然经济在农村占统治地位；即使到现在，农村中自然经济还占很大比重。农村人民公社生产队生产的产品作为商品，从全国来看，还不到1/3。比如，全国生产6000亿斤粮食，交售的粮食只有几百亿斤，大约占15%；至于经济作物商品率要高一些。在工业生产中，自然经济的影响也相当大，"大而全"、"小而全"就是自然经济思想的一种表现。经济要发展，一定要发展分工、协作和专业化，一定要发展商品生产和商品交换。"大而全"、"小而全"阻碍分工和专业化协作，对经济的发展是很不利的，要逐步创造条件，加以改变。从人类历史发展看，经济越发达的国家，商品经济就越发达。经济越落后的国家，自然经济就越重要。现在我国不是商品生产太多，而是商品生产太不发达。在社会主义社会，产品不管是生产资料，还是消费资料，都属于商品。不明确这一点，我们所说的企业自主权，严格的经济核算制，自负盈亏，等等，就都谈不上。

从我国30年实践经验看，否认社会主义制度下生产资料是商品，否认社会主义经济要大力发展社会主义的商品生产和商品交换，是不利于社会主义经济的发展，不利于社会主义制度优越性的充分发挥的。从商品经济出现以来，在存在商品经济的社会中，再生产过程就包含着流通过程，离开了流通过程，社会再生产过程就不能顺利进行。有没有流通过程，这是商品经济和自然经济最重要的区别之一。社会主义生产是社会化大生产，在各个企业之间，不经过交换就无法进行协作，整个社会也就无法顺利进行再生产。但是，我们过去由于否认社会主义经济要大力发展社会主义的商品生产和商品交换，因而也就忽视流通过程，忽视了对生产和流通进行统筹兼顾，全面安排。企业产销脱节就是最明显的例证。由于忽视流通过程，企业在生产时往往不考虑交换，不以满足社会的需要为目的，往往是为生产而生产。不是以销定产、以需定产，而是以产定销。这样势必发生货不对路，一方面产品积压，一方面产品又脱销。

由于否认社会主义经济要大力发展商品生产和商品交换，也使得许多企业不注意节约劳动时间，不注意如何用最少的劳动消耗，生产出最好的使用价值，结果价廉物美的产品就少，质次价高的东西很多。商品经济和自然经济不同，商品经济的特点是各个经济单位之间的分工协作关系是错综复杂的，自然经济则没有这种分工协作关系。商品经济结构的特点是横的分工协作关系很多，而纵的指挥系统则是越单一越好。现在我们则正相反。这是同商品生产的特点不相适应的。我们常常遇到这样的问题：百货大楼的货物是商品，大家没有疑问，但对于制成这些商品所需要的原料、材料、燃料、动力、仪器、仪表、机械设备，等等，却不承认它是商品。既然不是商品，当然也就没有必要要求有关企业按照商品经济的规律来组织好它们的生产过程和流通过程，没有必要要求这些企业按照价值规律的要求节约生产时间和流通时间，生产价廉物美的产品。要求百货大楼的商品价廉物美，而用来生产这些商品的那些产品却不要求它价廉物美，这能行吗？当然不行。所以否认社会主义经济是商品经济，这在理论上是说不通的。我们现在要扩大对外贸易，参加国际市场的竞争，更要重视大力发展社会主义的商品生产和商品交换，要用国际价格来计算我们生产这种或那种产品是否合算。不然我们就不能在国际竞争中取胜。

承认社会主义经济要大力发展社会主义的商品生产和商品交换，是不是否认它是计划经济呢？当然不是。过去，我们对于生产商品的那些企业，如纺织厂、针织厂和其他生产日用工业品的工厂，从来都认为是计划经济的组成部分；为什么把机器、钢铁、煤炭等作为商品，生产它们的企业就不是计划经济的组成部分呢？我们应该把思想从陈旧的概念中解放出来，从实际出发，把这个问题弄清楚，这对改善我们的企业管理是极为必要和大有好处的。

六　党委领导下的厂长负责制问题

党委领导下的厂长负责制是我们现行的管理工业企业的一个重要的制度。这个制度是在党的八大文件中肯定的。党委领导下的厂长负责制是为反对"一长制"而提出来的。

但是，我们实行党委领导下的厂长负责制，在不少工厂中，往往变成了党委书记一长制。工人同志有一个顺口溜："一元化，书记大，事事都要他发话。"这样做的结果，就发生了以下一些情况：

（1）实行党委书记一长制，结果是党不管党，以党代政，以党代企。这种做法严重削弱甚至取消了党的领导和党的思想政治工作。现在，甚至处分职工、开除职工也用党委名义，这符不符合马列主义、毛泽东思想的原则呢？符不符合党章规定呢？显然是不符合的。这里，把党的组织降低为一个普通的行政组织了。

（2）实行党委书记一长制，形成了政治可以冲击一切，政治运动压倒一切，企业的生产任务，就成了次要的可有可无的东西了。"四人帮"有几句很出名的话，叫做"狠斗生产一闪念"，"减产不减政治"，"舍得一年丢，换得万年红。"毛主席早就说过生产是工业企业的中心任务。但实行党委书记一长制以后，生产根本不是工业企业的中心任务了，政治运动成了中心。

（3）实行党委书记一长制，使不少企业的管理权力，主要集中在一些不大懂技术、不大懂经济、不大懂管理，甚至不肯过问这些问题的同志手里。至于懂技术、懂经济、懂管理的干部则往往受到冷遇，受到排挤，甚至受到打击，严重地挫伤了他们的积极性，并且妨碍新的技术干部、管理干部的成长。在林彪、"四人帮"横行时期，我们的电影、戏剧里，厂长都是"白"厂长，总工程师都姓"钱"，搞生产、搞技术的都走资本主义、修正主义道路。我们搞了 30 年社会主义建设，但还没有培养出为数众多的精明能干的企业家。"文化大革命"时期掌权的那些同志，多数对生产不懂，可就在那里指挥，真正懂的人都靠边了。这叫外行当家，内行靠边。1957 年"反右"时，其中就有一个问题。是外行能不能领导内行。我们批判了这种观点，因为那时我们没有那么多内行，建设才六七年嘛。现在，我们搞社会主义建设将近 30 年了，还要外行领导内行，企业仍由外行当家，内行反而靠边，这样做是适当的吗？

（4）实行党委书记一长制造成有权无责、有责无权，无人负责的现象十分严重。有权的人没有责任，他可以任意决定这个事情，那个事情，但对后果不负责任。而那些负责任的人，却没有权。这怎么能建立起真正的责任制呢？当然建立不起来。

上面所说的情况，绝不是个别的，而是相当普遍的。因此，我们在改革管理体制中，对于这个制度也应当进行必要的改革，使之既能加强和改善党的领导，又能充分发挥职工群众真正当家作主的主人翁作用，厂长也能够对全厂的生产技术经营管理工作，实行统一的指挥，以适应实现四个现代化的需要。怎样改革？那要经过深入的调查研究，总结经验，才能提出一个切合实际的方案来。

这里需要着重指出一点：就我国的经验来看，无论是实行党委制的时候，还是实行厂长制的时候，或者实行党委领导下的厂长负责制的时候，对于企业的民主管理问题，都还没有很好地解决。这是需要认真解决的。这个问题我在下面讲。

七　社会主义工业企业管理的民主和法制问题

我们的工业企业要坚持社会主义道路，除了加强党的领导以外，必须在企业管理中发扬社会主义民主，加强社会主义法制。

在资本主义制度下，正如马克思所说，工人阶级除劳动力以外一无所有。在这种情况下，客观的劳动条件和主观的劳动力是分离的，劳动产品和劳动本身是分离的。在社会主义制度下，工人阶级成为企业的主人，生产资料的所有者和劳动者结合起来了。也就是说，客观的劳动条件和主观的劳动力结合起来了，劳动产品和劳动本身结合起来了。这就克服了资本主义社会的基本矛盾，即生产社会化和生产资料私人占有之间的矛盾。社会主义制度优越于资本主义制度的根本点就在这里。这也是我们能够充分发挥职工的积极性、创造性的客观基础。

在我们经济工作中怎样体现工人阶级的主人翁地位呢？在工业企业管理中，怎样使广大职工真正成为企业的主人呢？我们新中国成立快30年了，社会主义制度在世界上出现已有60多年了，对这个问题还在不断地探索。林彪、"四人帮"鼓吹企业的主要任务是搞"全面专政"，把工人阶级当成他们搞封建法西斯专政的对象。他们把我们党在企业里发扬政治民主，生产、技术民主和经济民主，实行群众路线，关心职工生活等优良传统，差不多破坏完了。所以，今天提出这个问题，更有重要的意义。

列宁在十月革命胜利不久曾经说过：我们认为最重要和最可贵的，就是工人已经亲自进行管理①，让所有党员工人和非党工人，都有机会在新的无产阶级国家中工作和学习，都有机会管理和创造财富②。毛泽东同志也多次说过，在社会主义制度下，工人阶级除了在政治上管理国家，管理上层建筑以外，更要管理企业。这是社会主义制度的客观必然性。

那么，在社会主义工业企业里，工人在管理工作中究竟应该有什么权利呢？社会主义各国的做法和提法不完全一样。根据国内外社会主义建设实践的经验，是不是要研究以下几个问题。

第一，职工要不要管理劳动资料？第二，职工对劳动生产的条件和劳动过程应不应该进行管理？第三，对劳动成果的分配，包括扩大再生产、集体福利、工资和奖金，职工有无权利过问？第四，对企业主要领导干部的任免，职工应不应该有点权利？

有的工人同志提出，每年在企业里进行一次真正民主的投票，选举主要领导人，如果得不到半数以上的票数就不能当选。原来从哪来的再回到哪里去，或者另行分配工作。工人同志的这个意见，我看是应该考虑的。

选举产生工业企业的领导人或者撤换领导人，当然要经过上级主管机关的任命或批准。常常有这样一种情况，上级领导认为好的干部，群众反

---

① 《列宁全集》第28卷，人民出版社1956年版，第123页。

② 同上书，第117页。

映他不好，在这种情况下究竟怎样办呢？我认为，应该按照马克思主义的群众路线的原则办事。如果一个工业企业里多数职工对厂长不信任，不管上级如何信任他，把他放在那个岗位上总是不合适的。这样做，要想办好我们的企业是不可能的。现在有一个复杂的情况，即林彪、"四人帮"搞的资产阶级派性，在一些企业里还是存在的。弄不好，选举干部，容易被资产阶级派性利用。但是，只要我们做好工作，消除资产阶级派性，绝大多数群众是通情达理的，问题还是可以解决好的。毛泽东同志说，我们应当相信群众，我们应当相信党。特别是以后企业要实行严格的经济核算，自负盈亏，使企业利益和职工利益密切结合起来，如果厂长在企业里干了两年或者三年，企业的生产上不去，老亏本，职工生活也得不到改善，集体福利也办得很不好，你说这个厂长还能在这个厂里待下去吗？但是，我们现在有些做法，却是保护这些人的，年年如此，还照样当厂长，甚至还受到表扬、奖励。现在，大家都认为需要对这种制度进行大的改革。到底如何改，需要认真进行研究。

要发扬社会主义民主，就要同时加强社会主义法制。加强法制是为了更好地保障民主。我们的经济工作要克服和防止违反客观规律的"长官意志"，也必须实行法制。"长官意志"这话是从列宁那里引来的，这是指违背客观规律的瞎指挥，而并不是不要"长官"的正确指挥。如果我们不加强法制，一个长官一个意志，哪个长官批了条子，就是法律，就得照办，那会是什么情况呢？在这种情况下，我们怎么能按照客观规律办事，搞好经济工作呢？因此，我们应该根据国家的宪法，制定各种具体的法律、具体的条例。比如说，应该有工厂法、国民经济计划法、基本建设法、合同法、劳动法、市场法、投资法、税法，等等。没有这些法，就不能维持正常的经济秩序和正常的生产秩序，就不能保证我们的经济多快好省地向前发展。

我们前面曾强调用经济方法管理经济，这并非说不要行政管理，行政管理还是必要的，而且是重要的。行政管理就包括经济立法和经济司法，以及由行政部门决定的政策、法令。当然，立法、司法和政策、法令都要反映客观规律的要求。同时要运用经济手段，如税收、价格、利率等来进行管理。我们要在本世纪内实现四个现代化的伟大历史任务，搞好经济立法和其他立法是非常重要的。大治天下，就要发扬民主，就要加强法制。

＊   ＊   ＊

总之，我们研究关于社会主义工业企业管理问题，必须围绕着一个中心的目的，这就是坚决贯彻党的十一届三中全会的精神，实行工作着重点的转移，加快四个现代化建设。我们要巩固和发展全民所有制和集体所有制，坚持社会主义道路，坚持无产阶级专政，坚持党的领导，坚持马列主义、毛泽东思想。这是我国实现四个现代化的政治、经济基础和基本原则。我们要努力提高经济效果，使我们的社会主义建设速度更快，积累更多，人民群众的生活得到尽可能的改善。这样，我们才能在本世纪内把我国建设成为现代化的社会主义强国，为向共产主义迈进创造物质的、精神的前提。

改革经济管理体制与扩大企业自主权[*]

　　中华人民共和国成立 30 周年了。列宁说：庆祝伟大革命的纪念日，最好的办法是把注意力集中在还没有解决的革命任务上。认真研究和正确解决实现社会主义现代化中存在的重大问题，是我们庆祝新中国成立 30 周年的最好办法。

　　现在，全国人民都在关心经济管理体制的改革。改革经济管理体制是一个很复杂的问题，涉及的方面很广，内容很多。改革应该从哪里下手呢？理论界和做经济工作的同志都在进行热烈的讨论，下面谈谈自己的一些粗浅的看法。

一

　　许多同志考察了经济管理体制改革的历史经验和当前的实际情况，认为改革经济管理体制要从扩大企业自主权入手。我认为这种意见是合乎实际的，是有道理的。

　　改革经济管理体制之所以必须从扩大企业自主权入手，主要是由于以下一些原因：

---

　　* 本文是作者 1979 年 5 月向北京地区社会科学界庆祝中华人民共和国成立 30 周年学术讨论会提交的论文，原载《红旗》杂志 1979 年第 10 期。

（一）现代工业是社会化大生产，而企业则是它的基本生产单位

现代化生产是通过成千上万个工业企业分工协作来完成的。每个企业由一定的劳动者组成，拥有机器设备等劳动手段和原料、材料等劳动对象。组织在企业中的劳动者运用各种机器设备，作用于劳动对象，形成生产力，为社会创造出物质财富。由于劳动力在企业，多数技术人员和管理干部在企业，设备的使用和原料的消耗在企业，产品的制成在企业，盈利或亏损也首先在企业反映出来，所以社会产品的丰富程度，就决定于各个企业生产和经营的好坏。企业在国民经济中的地位作用就像是生物体中的细胞。细胞有其自身的新陈代谢活动，新陈代谢越活跃，细胞越有活力，生物体的生命力就越旺盛。企业也是一样，为了充分发挥企业在社会生产中的作用，实现社会生产力的高速发展，就必须使企业有必要的自主权。企业的自主权是企业新陈代谢的前提条件。

现在我们的企业普遍感到经济管理上的自主权太小。据鞍钢调查，他们采用经济办法管理经济的主要困难有：计划指标统统由上级分头下达，互不衔接；企业没有扩大再生产的权力，没有进行技术改造的资金；靠违背客观规律的"长官意志"、行政手段管理企业，经济责任不清。鞍钢这样大的企业经营管理权都很小，其他企业的情况也就可想而知了。

曾经有过一种观点，认为在社会主义全民所有制中，企业的自主权是无关紧要的，甚至反对企业有自主权。实践证明这种观点是不正确的。由于企业是组织社会主义生产的基本单位，它就必然具有一定的独立性，我们就必须尊重这种独立性，给它以必要的自主权。这是发展生产的要求。诚然，社会主义企业和资本主义企业有根本区别。社会主义企业建立在公有制基础上，社会主义经济是在全社会范围内有计划地组织起来的，但并不能由此否定社会主义企业的独立性和自主权，只不过这种独立性和自主权同资本主义企业的独立性和自主权相比在性质和内容上有所不同罢了。

（二）社会主义生产是建立在生产资料公有制基础上的商品生产，社会主义工业企业既是国家计划的基本单位，又是商品生产的基本单位

企业必须有权利用市场，利用价值规律，生产社会所需要的商品，并把自己生产商品的劳动消耗同社会平均必要的劳动消耗加以比较，以自己的收入抵偿自己的支出，做到盈利。企业盈利了，生产就会发展；企业亏损了，生产就要衰退。可见，社会主义商品经济的特点，要求我们承认企业作为独立商品生产者的地位，给予它必要的自主权。这就是说，一方面，要使企业对自己的经营成果切实负经济责任；另一方面，又要赋予企业应有的经营管理权限和应得的经济利益，使其能够以独立商品生产者的身份，在生产和流通领域中，充分发挥主动性、创造性，把企业的生产多快好省地推向前进。

社会主义经济作为公有制经济，要求有计划按比例地发展生产以满足社会的需要，作为商品生产和商品交换，它又受价值规律的调节。因此，社会主义经济必须实行计划指导下的市场调节，而以计划调节为主，市场调节为辅。社会需要的产品千差万别，国家计划不可能规定得那样详尽和准确，这就需要企业在国家计划指导下，根据市场的需要来制订自己的生产计划。国家计划是否正确，企业生产的产品是否对路，都要由市场是否需要这一客观标准来鉴定。工业企业既然要把自己的产品拿到市场上去出售，又要向市场购买各种生产资料，就应当有权根据市场的需要组织生产，根据生产发展的需要改进经营管理，进行挖潜、革新、改造。如果不给予企业这方面应有的权力，对于企业正常的生产经营活动限制过死，计划指导下的市场调节就会成为一句空话。

实行市场调节意味着允许企业之间开展竞争。有人认为，竞争和资本主义有着内在的联系，社会主义只有竞赛而没有竞争。这是不对的。竞争是商品经济的产物，私有制基础上的商品经济和公有制基础上的商品经济，都存在着竞争，只是竞争的性质不同。在资本主义社会，资本家在竞争中尔虞我诈，你死我活，力图打倒对方。这种竞争虽然促进了生产的发展，但它带来了社会财富的浪费和商品生产者的分化。在社会主义社会，竞争则是为了利用价值规律，调动一切积极因素，更好地完成国家计划。各个企业之间开展竞争，看谁生产上得快、产品质量好、花色品种多、成本低、利润高、对四个现代化贡献大。通过竞争，使办得好的企业及其职工，得到较多的物质利益；办得差的企业及其职工，得到较少的物质利益。由于经营管理不善而长期亏损的企业，有的将要在竞争中予以淘汰，这对国家有利无害，对于职工个人来说，国家会重新安排工作，他们不会像资本主义那样，因企业被淘汰而失业。这说明，在社会主义企业之间正确地开展竞争，有利于鼓励先进，鞭策落后，发现矛盾，解决矛盾，促进生产的迅速发展。而要开展企业之间的竞争，也要求给予企业经营管理的自主权，否则竞争是开展不起来的。

过去还流行过一种观点，认为全民所有制经济内部不存在商品生产和商品交换，并认为社会主义制度下生产资料不是商品。实践证明，这种观点也是不正确的。由于全民所有制企业，在社会的共同利益之下，有自己独立的经济利益，因而它们都是有自己利益的经济主体。在它们之间转让产品时，必须实行等价交换，否则，它们的利益就会受到损害。这种情况决定了全民所有制企业之间的交换也是商品交换，它们生产的产品，包括消费资料和生产资料，都是商品。在过去那种观点的影响下，人们不把全民所有制企业看成独立的商品生产者，不给予它必要的自主权。现在必须根据实践是检验真理的唯一标准，认识全民所有制经济内部也存在商品生产和商品交换，生产资料也是商品。在正确理论的指导下，有计划有步骤地进行经济管理体制的改革。

（三）企业必须实现经营管理"自动化"

发展社会主义工业，有赖于各个工业企业主动地、多快好省地发展生产，实现企业经营管理的"自动化"。这里所谓"自动化"，不是指装置电子计算机之类的东西，而是指企业能够经常充分地发挥主动性，实行自主管理、自动调节。只有这样，企业才能主动地改善经营管理，进行挖潜、革新、改造，实行技术革新和技术革命，多快好省地发展生产，充分满足人民日益增长的物质和文化需要。只有这样，也才能真正做到充分发挥社会主义制度的优越性，迅速赶上和超过经济发达的资本主义国家。社会主义制度克服了资本主义制度的根本矛盾，消灭了剥削，具有巨大的优越性，但是要充分发挥这种优越性，就必须发挥企业的主动性、积极性。现在，我们的企业由于缺乏自主权，经营管理是被动的，非常缺乏主动性，因而严重阻碍着社会主义优越性的发挥。我们改革经济管理体制，就是要改变这种状况，按照客观经济规律的要求，扩大企业的自主权，逐步实现企业的"自动化"。我们不仅要实现社会主义企业"自动化",而且要实现整个社会主义社会的"自动化",就是要使社会主义社会具有这样一种经济机制,它能够自动地实现在高度技术基础上发展生产,满足人民日益增长的物质和文化需要。而企业的"自动化"则是社会"自动化"的基础。

实现社会主义企业"自动化",也就是使它具有强大的经济动力。社会主义制度有没有经济动力?这个问题历来是有争论的。一切社会主义者认为,社会主义较之资本主义具有更大的发展动力。一切反对社会主义的人则认为,社会主义制度没有发展动力。我们马克思主义者坚信社会主义制度是符合社会化大生产的要求的,是历史发展的必然趋势,它以满足人民需要作为生产的直接目的,因此它的巨大动力是任何私有制社会不能比拟的。问题在于,这种动力如何落实到每一个企业的生产经营中,以及通过哪些环节来落实。我认为,要使企业具有强大的经济动力,就必须给予它必要的自主权。企业有了自主权,才能实行严格的经济核算,实行自负盈亏,认真贯彻按劳分配原则,把职工的经济利益和企业的经营成果联系起来,做到国家、企业和职工个人的利益紧密结合,使广大职工从物质利益上关心企业经营的成果。这样,再加上强有力的思想政治工作,就能够使企业在发展生产、改善经营管理上有无比强大的动力。

有些人习惯于使企业成为国家行政机关的附属物和"算盘珠",认为企业的一切经济活动都要由上级行政机关安排,如果不这样做,全民对于生产资料的所有权就不能得到实现。在"文化大革命"时期编写的《社会主义政治经济学》甚至说,如果企业的各种权力不是集中在国家手中,社会主义全民所有制就"被分割成为地方所有制、部门所有制、企业所有制或者集体的资本主义所有制了"。这种说法完全歪曲了社会主义所有制,是用封建的国有经济的目光来看待社会主义全民所有制。马克思曾把社会主义经济称为"一个自由人联合体,他们用公共的生产资料进行劳动,并且自觉地把他们许多个人劳动力当作一个社会劳动力来使用"①。

---

① 《马克思恩格斯全集》第23卷,人民出版社1972年版,第95页。

他还把社会主义交换称为在共同占有和共同控制生产手段这个基础上联合起来的个人所进行的自由交换①。那种官僚衙门式的经营、宗法家长制的指挥，是和社会主义公有制的本质不相容的。

（四）新中国成立 30 年来的实践证明，处理中央和地方的关系也必须有利于发挥企业的主动性、积极性。否则，就不可能取得很好的经济效果

如何处理中央和地方的关系，也是改革经济管理体制必须解决的一个重要问题。但处理中央和地方的关系，必须有利于充分发挥企业的主动性，必须以尊重企业的自主权、给企业以必要的自主权为出发点。这是由企业在国民经济中的地位和作用决定的。不从发挥企业的主动性出发来考虑中央和地方的关系，是处理不好这种关系的。新中国成立以来，我们曾经进行过几次经济管理体制改革，往往是"一统就死，一死就叫，一叫就放，一放就乱，一乱就统"，就这样团团转，经济效果很不理想。为什么会这样呢？一个重要原因是，这些改革主要是解决中央和地方的集权与分权问题，而没有解决企业的自主权问题。不管是集权把企业收上来，归中央各部"条条"管，还是分权把企业放下去，归地方"块块"管，企业的权限始终是很小的，甚至有越来越小的趋势。这样做，都是按行政系统、行政层次来管企业。其结果，不是由于"条条"管而割断了行业之间的联系，就是由于"块块"管而割断了地区之间的联系，企业和职工的积极性和主动性不能充分发挥出来，经济总是搞不活。这次经济改革，要吸取历史教训，从扩大企业自主权入手，避免走过去的老路。只有从扩大企业自主权入手，才能从生产、交换、分配、消费各个环节搞清企业内部和外部的关系，发现经济管理体制中需要解决的问题，从而也才有可能处理好中央和地方的关系，搞好整个经济管理体制改革，并取得最好的经济效果。

综上所述，社会主义经济客观上要求工业企业必须有经营管理的自主权。可是，现在我们的企业自主权很少。上级行政机关对企业管得过死，

---

① 马克思：《政治经济学批判大纲》第 1 分册，人民出版社 1977 年版，第 96 页。

计划大包大揽，产品统购统销，财政统收统支，基本上是"供给制"、吃"大锅饭"。企业的生产由国家统一安排，产品由国家统一调拨。企业要投资、要物资，都要向国家申请，上面不批准就毫无办法；亏了本，国家补贴，企业不负经济责任；增加人也要申请，不批准，就不能添一个人；人多了，也无权处理，只能任其窝工浪费；工资、奖金则是企业经营好坏一个样。总之，企业的人、财、物，供、产、销一律听命于中央或地方的行政管理部门。企业的职工不论有多大的积极性，管理人员、技术人员不管有多大本领，都难以发挥出来。要改变这种被动局面，把企业管好，就必须扩大企业的自主权。这是改革经济管理体制的根本问题。党的十一届三中全会指出："现在我国经济管理体制的一个严重缺点是权力过于集中，应该有领导地大胆下放，让地方和工农业企业在国家统一计划的指导下有更多的经营管理自主权。"[①] 这是完全正确的。

党的十一届三中全会以来，许多地方改革管理体制试点的经验也证明，从扩大企业自主权入手改革经济管理体制的做法是正确的。例如，四川省今年对 100 个企业进行扩大自主权的试点，主要扩大了企业的 7 个自主权：（1）利润提留权；（2）自筹资金扩大再生产权；（3）多提留固定资产折旧费权；（4）销售部分产品权和计划外生产权；（5）外汇分成权；（6）灵活使用资金权；（7）惩处权。这样做的结果，触动了沿用多年的计划、财政、金融、商业、外贸、物资供应等方面的不合理的体制，经济效果显著。立志改革的人，都为它叫好。据其中 84 个地方工业企业统计，今年上半年比去年同期工业总产值增长 15.1%，利润增长 26.2%，而全省工业总产值只增长 9%，利润只增长 17.1%。今年头 8 个月，试点企业上缴给国家的利润比去年同期增长 25%，增长幅度比非试点企业高出 1 倍以上。其他一些地区的试点也取得了同样显著的效果。扩大企业自主权，究竟是对的还是不对的，是必要的还是不必要的，实践已经做了明确的回答。

二

在目前条件下，企业的自主权扩大到怎样的程度才比较适宜呢？我认为，应当使企业在人、财、物及供、产、销六个方面有充分的自主权，使企业能够做到独立经济核算，自负盈亏。有人对全民所有制企业实行自负盈亏有不同的看法，认为这样做会损害全民所有制。这种顾虑是不切实际的。一个经济制度是否优越，应以它能否取得较好的经济效果，能否较快地推动生产力向前发展为客观标准。多年来的经验证明，集体所有制实行自负盈亏，使企业从领导人员到广大职工，无不关心企业的经营成果，无不对企业的人、财、物及供、产、销进行精打细算。在不少全民所有制企业发生亏损的情况下，集体所有制企业都取得了较好的经济效果，生产发展很快。一个重要的原因，是集体所有制企业有较多的自主权，实行独立经济核算，自负盈亏。全民所有制和集体所有制同是社会主义公有制。从目前情况来看，全民所有制企业实行独立经济核算，自负盈亏，同样会有很多好处。当然，全民所有制企业实行自负盈亏和集体所有制企业有所不同。我们知道，各个企业由于固定资产占用情况不同，自然资源条件不同，会产生不同的盈利水平。集体所有制的这些级差收入归集体所有，对于全民所有制企业，国家要通过征收固定资产占用税和资源差别税等办法，把这部分收入全部收归国有，使企业的盈亏能真正反映企业的经营效果。所以，全民所有制企业同样可以实行自负盈亏，这将促进其改善经营管理，为社会主义建设做出更大的贡献。当然，全民所有制企业实行自负盈亏，涉及经济管理体制的一系列改革，需要一定的时间。我们应当积极创造条件，使之逐步实现。

为了使企业逐步实行自负盈亏，应当妥善解决目前企业在人、财、物和计划等方面权限过小的问题。

（一）劳动管理权限问题

目前，企业对劳动力管理的权限存在的问题很多。主要是：（1）企业的劳动力都是由劳动部门分配给企业，不分企业技术繁简、劳动强度轻重对性别的要求，一律是男女搭配，硬向企业分配；（2）上级机关任意向企业借人、调人、派差，使企业负担过重；（3）对企业的工资奖励办法规定得过死。这些都不利于企业发挥主动性。今后企业按照国家规定招收工人时，要给企业以考试权、择优录取权，对不合格的人，企业有权拒绝接受。应该鼓励企业精简职工。企业要有一个先进合理的定员，在此基础上，因改进劳动组织、提高生产效率而精简下来的人员，要根据实际情况，广开工作门路，妥善安排。一时不能安排工作的，可由企业或主管单位负责组织文化技术和业务训练。企业对职工应该有培训计划和考核制度，大的企业最好能办技工学校。新工人进厂要给予专业训练，使他们掌握基本技术、安全知识和工厂的基本制度，经过考试合格，然后上岗。现在那种一进厂不经严格训练就上岗的做法，必须改变。职工工资的升级面和奖金额，应当根据企业的经营好坏，有所不同，不要搞平均主义。在国家每年审批给企业的工资总额范围内，采用什么样的工资奖励制度和形式、什么样的工资水平，可由企业自行决定；在国家计划指标范围内，由于节约劳动力而节约下来的工资，可以由企业自己留做增加工资、奖金和举办集体福利。

（二）财务管理权限问题

目前，国营企业的财务管理体制，基本上是一种统收统支的办法。企业的利润上缴国家，亏损由国家补贴；发展生产所需资金，除留用一部分折旧费外，都由国家拨款；职工集体福利开支和奖金，按工资总额一定比例提取。企业使用国家资金（包括固定资产和流动资金）也不承担经济责任。这种办法主要有三个问题：（1）企业的经济权限小，权力和责任脱节。企业不仅没有实现扩大再生产的权力，而且往往没有保证简单再生产的权力。折旧率很低，留给企业的折旧费更少。上海市工业的折旧率平均只有4.2%，按现行规定70%由企业安排使用，设备更新需要34年以上。鞍钢的折旧率更低，平均为2.92%，全部留给企业，设备更新也要34年，如按现行规定留70%，则需要48年多。像这种"复制古董、冻结技术进步"的设备管理和折旧制度，必然造成设备陈旧落后，许多设备超期服役，带病作业，每年还要耗费大量维修费，增加成本开支。（2）企业奖金与经营成果不挂钩，实际上是搞平均主义，干与不干一个样，干好干坏一个样，赚钱赔钱一个样。（3）用行政办法管理财务，手续烦，效率低，又易脱离实际，不利于经济发展。

企业必须有权合理提取和使用折旧基金，进行技术更新。资本主义国家固定资产基本上是 10 年以内就要折旧完，有不少五六年内就折旧完。资本主义国家的政府鼓励这样做，以便刺激生产，增加财政收入；资本家也乐于这样做，因为它既加速了资本的周转，又可以因多算成本、少算利润而少交所得税。我们现在的做法，实际上是吃老本，不仅不考虑精神磨损，连物质磨损也不顾。因此，应该规定合理的折旧率，缩短折旧年限，合理使用折旧费。还应实行有偿使用流动资金，国家收资金利息；有偿使用固定资产，国家征收固定资产税。企业有权合理使用固定资产和流动资金，也有权支配归自己的那部分利润。

由于目前还不具备全面实行自负盈亏的条件，因此，可以先实行利润留成制度，作为过渡办法。所谓利润留成，即企业按照国家规定的比例留用自己的利润，作为三种基金：（1）发展生产基金；（2）职工福利基金；（3）职工奖励基金。这种办法和统收统支的办法比较起来，是前进了一步，使企业取得多少基金，决定于它经营的好坏和对国家贡献的大小。但是，现在利润留成也还有许多问题需要解决，例如价格问题和税收问题。价格高低和利润大小有直接关系。1978 年，按销售利润率计算，石油是40%，电力是 31%，冶金是 13%，煤炭是 1%。这样悬殊的利润率水平，怎么实行利润留成呢？1978 年，全国统配煤矿的工人有 210 多万人，给国家上缴利润和税金不到 10 亿元。而燕山石油化学总公司只有 3.3 万多职工，一年上缴利润和税金就有 10 多亿元。这种差别的形成，主要是由于价格不合理。另外，同样一种产业，由于自然条件等不同，利润也是不同的。比如，大庆出售 100 元的原油赚 67 元，而玉门出售 100 元的原油只赚 20 元。这类问题如何解决？一种办法是调整价格。比如，从发热量来讲，大致 2 吨煤等于 1 吨原油。1 吨原油现价为 100 元，1 吨煤的现价不到 21 元，显然这个比价是不合理的。如果把煤的价格按发热量提到和原油的价格一样，那就会发生连锁反应，很多产品就要涨价。这种办法现在难以实现。能不能找到现在可行的适当办法？答案是能找到的。比如，可以采用不同的利润留成率，也可以征收资源差别税和固定资产占用税。大庆的自然资源条件好，就征收资源差别税。燕山石油化学总公司占用固定资产多，就多收固定资产占用税。这样可使它们和其他企业的利润在客观上有能够比较的标准。

（三）物资管理权限问题

当前物资管理采用的是行政调拨的办法，不是采用商品流通的办法。我们的物资分三类：第一类物资由国家统一分配，归国家物资部门管；第二类物资归有关部门管；第三类物资归地方管。但生产一类物资，需要三类物资；生产三类物资，也需要一类物资。这就引起许多问题。我们的物资管理是既分"条条"，又分"块块"，十分复杂。名义上物资是集中管理的，实际上是最大的分散管理。你要点物资，不知要跑多少地方才能解决。所以，只好开"骡马大会"，采购人员还"满天飞"。这不是现代化的管理，而是类似自然经济时代的"日中为市"式的管理方法。

物资管理上的一个突出问题，是生产计划与物资供应计划不衔接，制订计划时就留有缺口。而且往往是计划层层加码，物资层层克扣，中间层层扒皮，企业无法完成计划。为了改变这种状况，在制订计划时不应留有缺口；在生产计划确定以后，物资供应部门应负责保证按计划供应物资，并由供需双方订立合同，保证执行，不履行合同时，企业有权要求供方赔偿经济损失。按计划拨给企业的物资，任何单位不得克扣或挪用。

组织好生产资料流通是一个大问题。要彻底解决这个问题，生产资料就要和消费资料一样，进入市场。这在目前还难以全部做到。但是，要创造条件，逐步实行。这里涉及前面谈过的一个理论问题：生产资料是不是商品？这个理论问题不解决，在制度上就很难改进。从 30 年的实践看，生产资料也应该作为商品生产，实行商品交换。这对发展社会主义经济是更为有利的，对解决产销脱节，解决生产资料调拨中经常出现的那种一方面大量积压，一方面严重不足的问题，可能是一条出路。对加强经济核算，提高经济效果，也是有好处的。

（四）计划管理权限问题

上面讲的人、财、物都有计划问题，这里主要讲供、产、销问题。社会主义工业企业的供、产、销,集中反映在计划上。企业在供、产、销方面有多少权力,实际上也就是个计划管理权限问题。社会主义经济是计划经济。企业必须在国家计划的统一指导下进行生产与建设,按照多快好省的要求,全面完成国家计划。但是,计划如何制订、如何管理,却是一个需要研究的问题。现在的缺点是集中过多、过死,主要问题是:(1)企业的各项计划指标都是由上级机关确定的,上级机关对计划控制过死,企业无权改变。国家规定的经济技术指标,又不是由一个主管部门统一下达,而是由许多部门分头下达。这些指标相互之间又没有综合平衡,企业无法全部落实。往往企业有增产能力,产品也有销路,但由于计划没有安排,却不能生产。而已经积压、没有销路的产品,又强迫企业生产。(2)生产指标层层加码,原材料却不按计划供应。(3)产销计划脱节。

解决以上问题,必须扩大企业制订与执行计划的自主权:(1)企业有权参与制订计划。制订计划应当贯彻群众路线,采取自下而上和自上而下相结合的办法。(2)企业在完成国家规定的计划指标后,可以根据市场的需要自行确定增产指标,或者接受带料加工。(3)企业的主管机关,在确定产品计划的同时,应立即提出原料、材料、燃料动力的供应计划,企业有权根据物资实际供应情况,修订生产计划指标。(4)企业有权拒绝接受上级机关下达的违背客观经济规律、可能给企业的均衡生产和设备造成破坏性后果的生产任务。总之,在计划方面应当使企业在遵守国家计划和国家规定的产业政策的前提下,有权根据本身的生产能力、原材料的供应、产品推销等情况,来决定它的生产经营活动。上级机关不要随意给下面布置任务,特别不要下达空头产值指标。

这里有一个正确处理国家计划和企业计划的关系问题。国家计划应该在各个企业供、产、销平衡的基础上编制。企业的各项经济指标,只能由一个主管部门统一下达,并保证企业生产建设所必需的物质条件。国家下达的产品计划,要逐步建立在产销合同的基础上,企业必须保证完成国家下达的各项经济指标。企业在完成国家计划的前提下,燃料、动力、原料、材料有节余时,可以按照市场的需要,生产适销对路的产品。这些产品首先由商业、外贸、物资部门选购,上述部门不收购的,允许企业按照国家规定的价格政策自行销售。主管部门对企业执行国家计划的情况，主要考核三个指标，即：（1）产品的品种、质量、产量；（2）利润；（3）合同执行情况。对承担有出口任务的企业，还要考核出口产品的合格率、履约率、创汇额。

现在我们的企业常常是以产定销，这是不符合经济规律的要求的。生产是为了需要。如果我们不能按照需要生产，这种生产就是盲目的生产。怎样才能使计划把生产和需要结合起来呢？就是计划一定要建立在合同的基础上，要按照合同组织生产。有些产品，如大、中型的机器设备，使用单位和生产单位可以直接订合同；有些没有办法直接订合同的东西，如螺丝钉、螺丝母等大路货，使用部门可以和有关的销售公司订合同，销售公司再同生产企业订合同。工业企业生产的布匹、热水瓶、电视机，不知道卖给谁，但有经销它们的百货、五金、电料公司等，生产单位可以和这些公司订合同。目前还有一个问题影响产销结合，就是生产单位不知谁需要自己生产的产品，而需要这种产品的用户又不知道哪里生产它。登广告是解决这个问题的一个好办法。如四川宁江机床厂原来因产品"无销路"而长期"吃不饱"，可是登了广告后，国内外纷纷订货，使该厂由"吃不饱"变成"吃不了"。现在，一方面产品不足，另一方面又积压很多。解决这个问题，就得给企业更多的自主权，使企业想方设法"找米下锅"，积极打开产品销路，根据销售合同制订生产计划，再根据生产计划来订零件、部件、协作件、原料、材料、动力、燃料的供应计划，以及劳动力计划、新产品试制计划和财务计划。要以生产计划为中心，经过综合平衡，使各种计划相互衔接起来，形成企业的计划，再把这个计划变成作业计划，落实到班组里，班组按照作业计划组织生产。这样，企业的计划工作才能真正走上正轨，生产的商品才能适合社会的需要。

三

有的同志担心扩大企业自主权会产生资本主义自由化。我认为，这种担心是不必要的。正确地扩大企业自主权，是不会产生资本主义自由化的。

第一，我们扩大企业自主权，不仅以坚持社会主义公有制为前提，而且是为了进一步完善社会主义公有制。以全民所有制企业实行自负盈亏而言，它也并不影响生产资料公有制的性质。在私有制经济中，自负盈亏是生产资料私有权的表现；在集体所有制经济中，自负盈亏是集体对生产资料所有权的表现；在全民所有制经济中，自负盈亏则是社会主义物质利益原则的表现。这里是有原则区别的。社会主义公有制实行按劳分配，消灭了剥削。企业有了必要的自主权，能够独立自主地进行经营管理，因而能够更好地贯彻按劳分配原则，这样不仅不会产生剥削，还会更好地完成国家计划，促进国民经济的发展，增强社会主义的物质基础，从而将有利于彻底消灭产生阶级和剥削的条件。

第二，我们扩大企业自主权，不仅以坚持社会主义计划经济为前提，而且是为了进一步完善社会主义计划经济制度。扩大企业自主权是在国家统一领导下进行的。扩大企业自主权的结果，只能是加强国家对企业的领导，而不会削弱国家对企业的领导。在社会主义经济活动中，国家的计划是国家对企业领导的重要方面，由于实行计划指导下的市场调节，以计划调节为主，市场调节为辅，整个国民经济的发展方向、增长速度、结构变化、积累和消费的比例、基本建设投资规模和方向、总的工资水平和物价水平以及重点建设项目等重大问题，都是由国家来管的，企业则在国家计划指导下独立自主进行生产经营活动，管理自己的供、产、销衔接。这样做，才是按客观经济规律办事，充分发挥社会主义优越性。有什么理由担心会削弱或取消社会主义计划经济呢？

第三，我们扩大企业自主权，强调用经济办法管理经济，并非取消用行政办法管理经济。科学的行政管理不仅是必要的，而且是重要的。行政管理包括经济立法和经济司法，以及由行政部门决定的政策、法令和计划指标等等。当然这些东西都要反映经济规律的要求，要运用经济手段，如税收、价格、利率等进行行政管理，而不是对企业的生产活动进行事无巨细的干预。我们要在20世纪内实现四个现代化的伟大历史任务，搞好经济立法和经济司法是非常重要的。发展社会主义经济，要发扬经济民主，就要在经济工作中加强法制。像我们这样大的国家，搞社会主义现代化建设，有那么多复杂的问题需要解决，那么多繁重的任务需要完成，办事不能没有一个章法。经济管理体制与企业自主权，也需要用法律形式加以肯定。这样，我们搞经济工作才有所遵循，才会有正常的工作秩序。否则，办事只能靠首长批条子，即使条子批得正确，也是批不胜批的，何况这样做很容易助长违背客观规律的"长官意志"，甚至会发生胡作非为、贪赃枉法等现象。总之，把经济办法和行政办法对立起来是不对的。我们在经济管理体制改革中要建立起经济办法和行政办法相结合而以经济办法为主的经济管理体制。

第四，我们在扩大企业自主权的同时，还要重视和加强思想政治工作。我们有从事思想政治工作的优良传统和丰富经验，在清除"文化大革命"中的那一套唯心主义、形而上学、形式主义、弄虚作假的坏作风以后，我们要把政治工作和经济工作结合起来，把思想教育和物质鼓励结合起来，就更能够发挥思想政治工作的威力。我们还要在企业内部和全社会范围内发扬社会主义民主，加强社会主义法制，坚持民主集中制。

还有同志担心扩大企业自主权以后，地方政府和有关部门就没有什么事情可做了，地方上也得不到什么利益了。这种担心也是不必要的。改革经济管理体制，就是按照经济规律的要求组织经济，打破部门和行政区划的界限。但这并非使政府在发展经济方面就无事可做了。相反，要做的事情是很多的。例如，地方党委和政府对所属地区的企业至少要做好以下几方面的工作：（1）监督企业遵守党和国家的方针、政策、法令，努力完成国家计划；（2）领导企业的党和群众团体的工作；（3）研究发展规划；（4）在企业之间进行必要的组织、协调工作；（5）搞好为企业生产、职工物质文化生活服务的公用事业和公共设施。企业对地方也必须承担相应的义务。企业上缴的税金和利润，应按照规定的合理比例，留给企业所在的地方政府，使地方的经济利益同企业经营好坏挂起钩来。企业办得好，地方就可以多收入；办得不好，就少收入。

我们是无产阶级专政的国家。国家政权对经济应当起促进作用。恩格斯曾经说过，政权对经济可以起三种作用：一种是促进作用；一种是阻碍作用；一种是一方面起促进作用，另一方面起阻碍作用。归结起来，还是两种作用，一种是好作用，一种是坏作用。不能认为我们的国家政权在任何情况下都起好作用。搞不好就会起坏作用。"文化大革命"时期，就起了严重的破坏作用。我们要使无产阶级专政的国家对社会主义经济起促进作用，就要努力学习按照客观经济规律办事。当前要坚决贯彻执行调整、改革、整顿、提高的方针，从我国的实际出发，搞好改革经济管理体制与扩大企业自主权工作，以加速实现社会主义的四个现代化。

关于经济体制改革问题*

我们现在的经济管理体制基本上是 50 年代从苏联引进来的，快 30 年了，基本上没有多少变化。去年党的十一届三中全会确定我们的经济体制要改革。今年五届人大二次会议又提出要进行全面改革。最近，北京的经济工作者、经济理论工作者一起就体制改革问题讨论了多次，现在我就讨论的情况做一些介绍和讲一点想法。

我们现行经济体制最大的矛盾是行政管理切断了经济的内在联系，地区和部门管理、块块和条条管理相矛盾，人、财、物各有所管，产、供、销互不衔接。主要有以下四个问题：

第一个问题，自上而下实行指令性的计划，管得太死，把经济搞死了。全国的产品有几十万种，列入国家计划的只有一百多种，其他东西国家都不列，都管不着，但不管又不行，这是个很大的矛盾。这样搞的结果如何呢？我们的品种也好，花色也好，不是多了而是越来越少了。大家普遍有这个反映。比如咱们北京的百货大楼，它的商品的品种就比过去减少了。去年我们到日本访问的时候，在东京看了一个百货公司，叫做三越百货公司，是个很大的百货公司，有 50 万种商品。我们回来路过中国香港，看了一个咱们在香港开的百货公司，叫做中国百货公司，在中国香港是一个中等的公司，它的商品有多少种呢？有 3 万多种。我们王府井百货大楼

* 本文是作者 1979 年 8 月 17 日在中共山西省委直属机关干部会上所作的报告。

有多少种商品呢？有2.4万种。就是全国最大的上海第一百货公司的商品也不过是3万多种。所以，这是个很大的问题，有好多过去老百姓非常欢迎的商品，现在没有了。管得太死，这是一个问题。

第二个问题，就是咱们是按行政的系统、行政的区划、行政的层次、行政的手段来管理经济的，切断了经济的自然联系，产生了一系列的问题和数不尽的浪费。许多事情，企业之间直接见面，问题很快就解决了，但是我们现在非得一级一级地来批，有几十道关口，一个关口通不过，整个事情就办不成了。本来只有几小时就可办到的事情，有时几个月，甚至半年、一年也办不成。这一点，恐怕我们在座的同志，特别是搞经济的同志都有这个感觉的。

第三个问题，是企业本身没有什么主动权。什么事情都得靠上级来布置，靠上级来批准，把企业统得死死的，结果企业只对上级负责，对计划负责，吃"大锅饭"，想积极也积极不起来。我们不是反对等、靠、要嘛！但是现在的体制就是鼓励伸手要，而不鼓励企业自己开动脑筋。这怎么能把企业办好？

第四个问题，就是企业经营的好坏和生产者个人的物质利益没有直接挂起钩来。也就是企业经营好的、经营坏的一个样，工资一样多，奖金一样多，并不是企业经营好，工资就可以增加得快点，奖金可以多点，企业经营不好的，工资就增加得少点，奖金也得的少点。

现在大家对改革都是赞成的，但又都感到事情不好办；都要求改，但是改的意见还有分歧。概括起来讲，改的意见有三种。

一种是主张经济管理体制要高度的集中，就是恢复第一个五年计划时期的那种做法。人们把这种做法叫做"古典式"的中央计划体制。主张这种体制的人还是有的。比如，成立一个部，部就要把权都收上来，什么事情部觉着不好办了，也把权收上来，把地方的那一点权，把企业那一点权都拿上来。这是一种意见。但是绝大多数人是不赞成这种意见的。这样做，中央和地方之间，部门和部门之间，地方和地方之间，中央、地方和企业之间的矛盾很大。我们已经有过好几次这样的经历了，大家都深有感受。

第二种就是主张分散管，实行以省、市、自治区为主的地方计划经济。因为过去地方没有权，有些同志觉得这样做可以八仙过海，各显其能，可能把现在经济管理中间存在的问题都解决了。这种意见，有些在地方工作的同志是赞成的。对这个做法，许多同志特别是在中央一些部门里边工作的同志不赞成。有些试点也证明，这样做还是没有根本解决体制问题。问题在什么地方呢？问题在于这种体制还没有解决企业的主动权问题，只是把中央集权的问题转到省市的头上了，不仅按照行政区划和行政手段管理经济所带来的那种弊病没有解决，而且还限制了地区之间的经济协作和经济交流。这个问题，在江苏省可以看得很清楚。江苏和中央分权包干，已经实行几年了。从江苏省和中央的关系来讲，它得到了好处。但是在省内的矛盾也大了。各个地区和省之间、各个市之间的矛盾不少，甚至比现在中央和各个省市之间矛盾还要多。因为它把矛盾下放到他那个区域了。江苏省有几个汽车制造厂，有的汽车制造厂一年只能搞很少汽车，要把它们组织到一起，就可以搞得像个样子，但它们有的就不愿意组织起来。南京汽车厂是南京市管，无锡汽车制造厂就不和南京合到一起。这个地区和那个地区之间矛盾也很大。这个问题值得我们注意。资本主义国家，比如美国，它现在有 50 个州（等于我们的省），日本有几十个县（县等于我们的省），联邦德国也有好多个州（州也等于我们的省），它们怎么管？它们主要是由垄断资本家管企业。当然，我们是社会主义国家，我们当然不能照搬资本主义国家的经验。但是，能不能找到一种办法，使我们的行政管理机构和企业不合在一起，而用经济机构管企业，我们的行政机构不直接管企业。有没有这种办法？所谓不直接管，并不是不管，而是以经济方法和必要的经济立法，给予适当的干预。现在和我们国家谈判的一些外国公司，都是跨国的公司，跨好几个国家，它的公司也可以活动；欧洲现在搞共同体，它是好几个国家组织在一起进行活动的。我们在一个国家之内，切了那么多条条，又切了那么多块块，不是把关系弄得更复杂了吗？如果我们实行这种分散管理，实行各个省市经济自成体系，把全国切成二十多个块块，这样能不能解决问题？我看也不能解决问题。当然，这并不是说不要扩大地方的权力，地方的权力还是要扩大的。但是，怎样扩大地方的权力，是不是经济自成体系就算扩大了地方权力？能不能采取另外的办法，比如说，在财政上能不能把权限划分清楚一些？日本就是这样搞的。它的企业在哪个地方，就给哪个地方政府上税，当然它们都是资本家的企业。比如丰田汽车公司，它在名古屋附近的丰田市，丰田市归爱知县管，它的汽车公司总部设在丰田市。这个公司去年生产600多万辆汽车。丰田汽车公司赚的钱大概是这样分配的，55%属于企业所得，包括资本家的红利和工人的奖金，剩下45%纳税。税当然名目很多，但它就是45%。把这个45%当成100，分配给中央政府40%，这是国税；交爱知县的税30%，这是省税；剩下的30%交给丰田市。丰田市就是拿这个钱办学校，办医院，修道路，修自来水，修公园，修图书馆，盖宿舍。只有把这些事情搞好了，它才能吸引更多的人到它这个地方办工厂。到它这个地方办工厂的人越多，它征的税就越多。所以丰田市长招待我们吃饭的时候，第一就是欢迎我们多买丰田的汽车，他实际上成了丰田汽车的推销员。他说，你们多买了我们的丰田汽车，我们丰田市收入就多了，他是公开这样讲的。今天上午我们找了五个企业的同志座谈，大家都提了这个问题，政府要办的事情企业都得办，要办托儿所、医院、学校、食堂等。太原钢铁厂、太原重机厂的同志，还有些军工厂的同志都说有这个问题。他们说拿出钱来交给市里统一办吧！这个办法值得研究。丰田市的财政收入，丰田汽车厂交的就占70%；在全市人口中，丰田汽车厂的人员（包括家属）也占70%。我们调查的其他地区也是这样。当然，各地有不同的税率，也有免税的，但是从它的总收入中间，总是要拿这么多钱给地方政府。我回来宣传以后，好多同志赞成。如果山西采取这种做法，我估计拿到的东西会比现在要多，不会比现在少。辽宁省也赞成这种做法。但有些地方有的同志不大赞成。这主要是有些同志有个观念没有闹清楚，觉得这样搞，对企业就不会发生什么影响了。其实还是能发生影响的，怎么能够不发生影响呢？当然资本主义社会拿到钱就有东西，我们这个国家拿到钱不给你东西，你也没有办法。这是另外一个问题。所以在经济体制改革的时候，你只是分到钱了，还不一定能够解决问题，还要拿到东西。

　　第三种意见就是要给企业更多的自主权，按照经济规律组织经济活动。这就要打破部门和行政区划的限制，把行政管理系统和经济管理系统分开，行政管理系统是行政管理系统，经济管理系统是经济管理系统。以企业作为中心，按照社会化大生产的要求，怎么样经济效果好，怎么样组织合理就怎么组织。企业在哪个地方就向哪个地方政府交税。地方政府只负责思想政治领导，负责搞好公用事业，进行企业之间的协调。企业在生产、分配、交换方面有更大自主权。国家给企业指明发展的方向和要求，除关系国计民生的重要产品以外，尽量减少下达那些指令性的计划，实行计划指导下的市场调节。多数同志认为，第三种方案能够解决我们现行体制里边存在的主要问题。不过实行起来并不那么简单，要从理论上搞清楚，很多细节也要搞清楚，还要做大量工作，还要经过许多过渡阶段，还会遇到许多阻力。

体制改革，最根本的还是要求按照客观规律来办事情，主要不是条条和块块分权，而是扩大企业自主权，改革我们的经济体制。过去咱们的经济改革，大的经历过两次。在第一个五年计划时期，统得太死。毛泽东同志提出《论十大关系》、《关于正确处理人民内部矛盾的问题》的报告以后，特别是1958年以来，对过死的东西有点突破。以前大的企业基本上都是归中央部门管，到1958年大部分都下放了，这是一次大的改革，给了地方比较多的权力，但是企业的自主权没有什么变化。下放以后，经过"大跃进"，又感觉到乱了，这当然不完全是下放的原因，还有其他原因。所以到了1961年搞经济调整的时候，按照"八字方针"又把下放的许多企业收上去了。收上去以后，到"文化大革命"时期又感觉收得太多了，到1970年、1971年的时候又下放了。这一次下放比前一次下放得更彻底了一些。以前鞍钢没有下放，这次鞍钢也下放了，大庆也下放了，大概除了上海那些企业没有下放以外，其他地方的企业都下放给地方了，当然还有军事工业没有下放。这30年中间，有两放、两收。这都是在统得过死的时候，大家就叫嚷，一叫就放，一放就乱，一乱又收，一收又死，一死又叫，一叫又放，就是这么团团转的。这样搞的结果并没有解决管理体制的根本问题，因为仅仅在中央和地方之间的集权、分权上来解决问题，对企业本身的权限没有很好考虑，所以，好多问题直到现在也没有得到解决。无论我们国家的经验也好，其他国家的经验也好，大概是条条管得死了是不行的，那么块块照条条的办法管也不行，它不过把大的条条变成了小的条条，大的块块切成了小的块块。现在看来比较好的办法，还是把行政管理和经济管理分开，给企业比较大的自主权，这可能是解决我们经济管理体制的较好的出路。

这是同志们议论的一些问题。这里从理论上说，还有些争论的问题。首先讲讲集权和分权的问题。现在在国外理论界对集权和分权问题也有争论。波兰有个经济学家叫布鲁斯，这个人写了一本书，是关于划分集权性经济体制和分权性经济体制的理论。这本书在国际上很流行，不仅是苏联注意，东欧国家也很注意他的东西，就是美国、英国、日本等资本主义国家也很重视他这个理论。日本早稻田大学有个教授，最近专门写文章介绍布鲁斯的理论。他的理论就是把一切经济活动决策划分为三种情况，一种情况叫宏观经济活动的决策。宏观经济活动的决策，包括的内容有：关于整个国民经济的发展方向，增长速度，产业结构的变化，国民收入在积累和消费之间的分配，投资总额，重要的投资项目，价格形成的原则和主要产品的价格等。这是经济活动决策的一种情况。第二是企业经常性经济活动的决策，主要是指企业生产什么东西，生产多少，选择什么样的原料，从什么地方买原料，产品卖到什么地方去，企业的大修理和小修理的投资，工资支付的形式和职工的雇用等方面由谁来决定。第三是个人经济活动的决策。这个指的什么呢？就是指劳动者个人职业的选择，在什么地方找工作，愿意买什么东西，不愿意买什么东西等方面的活动由谁决定。他把经济的决策划分为这三种情况。简单点讲，一个是大的经济活动，这是一类，谁来决定；第二类就是企业的经济活动，这是小的范围，谁来决定；第三类就是个人的经济活动，谁来决定。这些都是由谁来决策的问题。很显然，我们的第一类经济活动是国家决定的，第二类经济活动实际上也是国家决定的。企业生产什么，生产多少，原料谁给你，生产出来的东西分配到什么地方去，这也是上边决定的。个人的决策，一个是职业的选择，好比叫我到山西来工作，我就来，或者叫我到河北，我就去。一个工人也是这样的，分配到什么地方去，你就去，叫你干什么事，你就干什么事。当然，我们是社会主义计划经济，干部和工人都得服从分配。至于个人所得的收入愿意买什么东西，是有选择的自由的。但是，我们现在是所谓"卖方市场"而不是"买方市场"，因此，也有一定的限制。布鲁斯对这三种决策是有分析的。他认为，在社会主义条件下，不论是在中央集权性的体制下面，还是在分权性的体制下面，第一种经济活动决策只能由中央决定。在社会主义体制下，不管你是集权的也好，分权的也好，关于整个国民经济发展的方向，增长的速度，产业结构的变化，国民收入在积累和消费中间的分配，投资的总额，重要的建设项目，价格形成的原则和主要产品的价格，这些东西都应该由中央做出决定。他认为第三种经济活动，就是个人的活动，除了像苏联那个军事共产主义时期那样个别的特殊情况以外，只应该由个人做出。职业的选择，只应该由每个人自己决定。他说只有第二种经济活动，就是企业经常性的经济活动，决策的权力可以采取两种不同的方式：一种是由国家机关来掌握，一种是交给企业自己来掌握。他认为，这是把一个国家的经济体制，划分为集权性体制和分权性体制的关键。他认为，企业经常性经济活动的决策由国家来掌握的，就叫做集权性的体制；企业经常性经济活动的决策权（就是供、产、销、人、财、物这些方面的权力）由企业自己掌握的，就叫做分权性的体制。所以，他这个划分集权性体制和分权性体制的关键，就在于企业经常进行经济活动的决策权由谁来掌握。这是他的理论。在我们当前体制改革中，要把解决国家和企业的关系，扩大企业自主权作为体制改革的中心环节。这也是他这个理论所要解决的问题。布鲁斯本人是倾向于采取分权性的体制的。

捷克也有一个著名的经济学家叫奥塔·锡克，他的主张与布鲁斯不同的地方在于：就是在集权性的体制下面，中央或者他所说的中央机关，主要是采取行政命令的方式，对生产单位进行直接的干预，把中央的计划具体化为指令来下达；而在分权的体制下面，国家机关对经济活动的领导主要是采取间接的经济的办法，就是由国家规定法令、政策、税收、价格、利润、工资等办法，使它按照国家规定的方向来做。

布鲁斯说，在苏联除了军事共产主义时期、战争时期等特殊情况以外，个人购买消费品和选择职业这个权利一般还是个人掌握的。苏联消费品配给制度，实行的时间并不是很长的。苏联消费品配给制度一共有过三次：一次是军事共产主义时期；一次是在第一个五年计划时期，到1935年就取消了；再一次就是第二次世界大战时期，打败希特勒后，1947年就取消了。是否还有变相的配给制度仍值得研究。东欧各国在一个短时期以内也实行过配给制，后来有的国家取消了，有些还在变相地采用。在苏联和东欧的劳动就业，企业和个人对劳动都有一定的选择的余地。

我们主要消费品的凭票分配的制度实行快30年了，现在看来还没有取消的可能。我们把这个东西叫做计划供应，有一个时期，在理论上还把这个说成"社会主义计划经济优越性"的表现。这是不是社会主义计划经济的优越性？我看不能这样说。我们这种计划供应不过是对付消费品不足的临时措施，如果我们消费品的生产充足的时候，还要这样分配吗？这恐怕还是临时的、不得已的办法。但是在消费品不足的情况下，却是合理的办法。配给制是消费品不足的特殊情况下的产物，不能够认为它就是社会主义计划经济的一种表现，而过去我们有些同志甚至还把这个当成共产主义的因素了。给一个人供应多少粮、油、布就是多少粮、油、布，这是由于我们粮食不足、油料不足、布匹不足，而又要保证大家的生活的基本需要才这样做的。如果我们的粮食多了，油料也多了，布匹也多了，当然不需要定量供应。

我们劳动力分配制度，现在也管得过死，企业和个人都没有选择的余地。企业需要的不给他，他不需要的硬塞给他，个人不想干的事硬要他干。在北京讨论这个问题的时候，薛暮桥同志提了个意见，是不是要允许人家"自由恋爱"，"自由离婚"？就是企业要招收工人的时候允许人家择优录取，不要硬塞给人家，同时某个工人的确是调皮捣蛋，不好好劳动，不遵守劳动纪律，屡教不改，是不是可以开除呢。现在企业连这么个权力也没有！这个问题讲的是企业里的劳动管理权问题。这几天和厂里的同志们座谈时，同志们也提出了这个问题，学校里招生已实行了择优录取，工厂里招工这一点还做不到。去年我在鞍钢调查的时候，鞍钢也反映过这个问题。鞍钢和太钢一样是重工业企业，比太钢还要大，分配给他的工人，女职工占45%。一个鞍钢塞给它那么多妇女，它有什么办法？结果有一些重的体力劳动也只好分配给妇女去做，这当然是不合适的。大连钢铁厂也反映了这种情况，它有个"三八"红旗班，这个班三个女工、八个男工，干活的时候八个男工站在前，照相的时候三个女工站在前。把女工放到炉前搞重体力劳动是不合适的。可是企业毫无办法。还有把视力0.5和0.4的人分配到纺织厂，纱线断了头都接不起来。好多纺织企业都反映这个情况。现在我们的企业要搞现代化，企业要有相当文化的人才，没有一定的文化掌握不了技术。企业要求有这么个权力，即能够择优录取，不符合它的要求的就不要。这就和我们的劳动就业、劳动力安排发生了矛盾，不大好处理。但是，某些人适合在那个部门工作，就分配在那个部门工作，还是可以做得到的。残废的，有些视力比较差的，分配个适当的工作是完全应该的，而不应该硬是派到他力不胜任的企业里边去。另外，对于真正很坏的工人，应给企业开除的权力嘛。现在好像有了这么一条规矩，企业顶多可以给违反劳动纪律的职工以留厂察看的处分，这恐怕也是有问题的。当然，把表现坏的工人放到社会上去也有矛盾，本来就不好，没有个职业，在社会上游荡也不行，但是你把他放在厂子里也不行，这些问题究竟怎样处理好，还是个问题。

还有个问题就是工资问题。在这方面，现在所有的企业都是国家统一规定的，要增加工资、要调级都是一齐调，调级面一样多，不分好的企业和不好的企业。这个办法恐怕也不妥。最近中央领导同志讲过，有些企业搞得好，可以让他先富起来，搞得好的企业工资可以高一点，要有所区别，不能好坏一个样。日本人每一个企业都有自己的标准。一般来说，最近20年，它的经济年年在发展，因此，每一个工厂年年都增加工资。但是工资增加多少，要看这个公司赚钱多少，赚钱多就增加得多，赚钱少就增加得少，不赚的、亏本的当然不增加，而且还要减少工资。我们过去多少年不增加，要增加就是一拥而上，各个企业都一样增加，这也就不分好坏了。每一个企业升级面一样的多，这个东西就不好了。不仅每个企业的比例不能一样，而且一个企业内部的各个单位也不能一个样，应该是有的升得多，有的升得少。而且升级往往是考虑年限，不大考虑他劳动贡献的大小。职工的主要收入是靠他的基本工资，靠他的级别，级别高他就挣得多，级别低他就挣得少。所以工人对他的级别是很关心的。我们是真正实现按劳分配，还是没有实现按劳分配，工资级别规定得合理不合理，升级升得好不好，关系最大。我们在这方面的平均主义很厉害，这是值得我们注意的一个问题。就这个问题，日本人给我们提了一个意见，他说，你们评工资、奖金，特别是升级的时候，在群众那里讨论，如果我这个资本家采取你们这个办法，我这个工厂就散了，就没有办法了。实际上，谁好、谁坏领导应该看得很清楚；工人谁好、谁坏，班长应该看得很清楚；班长的好坏、管理的好坏，工段段长应该看得很清楚；工段长的好坏，车间主任应该看得很清楚；车间主任怎样，厂长应该看得很清楚；而且都有统计在那个地方，为什么还要在那里你给我提意见，我给你提意见，你对我有意见，我对你有意见。你们这种做法闹的不团结了，谁也不相信谁了。他说，如果我们照你们这个办法办，我们的工厂就没法管了，早就垮了。日本人说，他们工厂里工人的工资每年增加多少，是由班长决定的；班长的工资是由段长决定的；段长的工资是由车间主任决定的；车间主任的工资是由厂长决定的；厂长的工资是由经理、董事长决定的。当然这也要经过上面逐级批，但定下来以后是由各级的顶头上司，通过个别谈话来通知的，工资都是相互保密的。企业都有这个规矩，到每年改变工资的时候，采取一个办法，即到过年的时候，拿一个红纸包交给你，找你谈一次话，班长要找工人谈话，段长要找班长谈话，一级一级谈话，说你干得怎么好，但包儿不能打开，回到家里一看才知道自己明年的工资增加了多少。因此每一个人对他的上级都是非常感激的。他们认为，这样领导才能提高威信，才能领导工人。我们当然不能采取他们这一套。但我们现在这种评工资、评奖金的办法也值得研究。资本家做这个事是很细致的，他们除了升级以外，对有特殊贡献的人还有特殊奖励。他调查了你这个工人的汽车已经用了三年啦，也不大时兴了，他就给你一张买汽车支票，你就可以到汽车公司领一辆自己愿意要的汽车。他了解你这个工人的女儿要出嫁了，儿子要娶媳妇，他就给你一套嫁妆、家具。这样搞的结果，使一部分工人晕头转向。当然有觉悟的工人，对这些问题还是有认识的。但没有觉悟的工人，就把他那个公司和自己的利益联系在一起了。我们经常说，要把工人个人的利益和企业的利益联系在一起，但这一点做得还是比较差的。我们找工人座谈时，工人一讲起工资就动感情。在北京坐公共汽车时，有时听到工人骂厂长、书记，骂得很难听。我们是共产主义者，我们搞社会主义，应该把事情搞得更好一点。我们社会、企业的利益和工人的利益是一致的，为什么我们不可以把这方面的工作做得更好一些？这里有个体制问题。我们的企业现在的全部所得都要上缴，要投资的时候再申请，不申请毫无办法，企业只有支配两百块或几百块钱的权利，除此以外什么权利都没有，简单再生产的权力都没有，更不要说扩大再生产的权力了。所以，外国资本家对我们现在通过的中外合资经营条例提出问题说："我们挣了钱，扩大再生产行不行呢？你们这个条例里，就没有规定这个东西，所以没有这个权力。"但从实际情况来看，企业除了交税、交利息、交利润以外，还应当有一定的基金，以解决企业本身需要。这种基金大概有几种：一种基金用于扩大再生产；一种基金搞集体福利，盖点职工宿舍，办托儿所、俱乐部，满足职工福利需要；再一种基金用于职工的工资奖励。这种基金我们没有，现在只有奖金，还是按工资总额来提取。这种搞法和企业经营好坏没有挂起钩来。哪个企业的人多，工资奖励基金就多，并不是企业经营好基金就多。这个办法不能鼓励提高劳动生产率。

　　还有个价格和税收问题。因为价格的高低和利润是直接相关的。比如，按照销售利润来计算，石油的利润率是40%，电的利润率是31%，冶金利润率是13%。山西的煤炭最多，而煤炭销售的利润率最少，是1%。电力利润率31%，它主要还是靠烧煤炭的，把煤炭的利润都转移到这些部门去了。在利润率水平这样悬殊的情况下，怎么能实现合理的利润分成？你搞煤炭做了最大的努力，也只有1%的利润，分不到多少利润提成。这是很不合理的。我到中国社会科学院工作以后，就不断想这个事情。今年国家给煤炭提了一点价，但悬殊还是很大的。这个问题不解决，是不行的。全国统配煤矿的工人，有将近210多万人，1978年给国家上缴的利润和税金不到10亿元，其中山西就占了2亿元。北京石油化工总厂，也就是现在的燕山石油化学总公司，只有3.3万多职工，同年上缴的利润就有10多亿元。大庆有15万职工，上缴的利润前年是50个亿。当然工人同志们都很辛苦，但煤炭工人比其他行业的工人更辛苦，因为是在井下作业。为什么会有这么大的差别呢？主要是价格不合理所造成的。另外，同样一种产业由于自然条件不同，利润率也是不同的。比如同是冶金企业，鞍山销售利润率是 32%，卖 100 元钱的钢材可以挣 32 元钱，而马鞍山钢铁厂只能挣 16 元钱，甘肃的酒泉钢铁厂还要亏本。这里有经营好坏的原因，也有自然条件的原因。这个问题怎么解决呢？一个办法是调整价格。比如按照能量来讲，一般是 2 吨煤的发热量等于 1 吨原油的发热量；而 1 吨原油的价钱是 100 元钱，1 吨煤的价格只有 21 元，2 吨煤才 42 元，这个比例是很不合理的。但如果把煤的价钱提高到和原油的价钱相适应时，那就会发生连锁反应，许多产品都会涨价。这种办法恐怕一时还难以实现。能不能找到一种另外的可行的办法呢？还是可以找到的。一是采取不同的利润留成率，大庆利润率很高，留成率就应该低，煤炭利润率很低，留成率就应该高。还有一个办法是征收自然资源差别税。比如，大庆油井油门一开，油就喷出来了，当然也要注水，也要花点钱啦。但是在玉门那个地方费了好大劲，取不出多少油来。这样，就会形成《资本论》上说的那种级差地租，虽然性质上是有不同的。因此，资源好的地方就应收级差税，资源差的地方就免税或者是少收税。固定资产占用多的就多收固定资产税。比如北京石油化工总厂，为什么会有那样多的利润呢？就是因为国家给他的投资很多，有机构成高，因而就应该多收税。采取这种办法，结果将使每一个企业所得的利润比较接近，趋于平均利润水平。有了这个水平之后，你这个企业经营得好，利润就多了，你这个企业经营得不好，利润就少。这样大家才能心服，才能真正区别好坏。要真正在体制上、财权上处理得公道，就必须采取经济办法管理经济。国家今后不是采取利润上缴的办法，主要是采取税收、利息，对固定资产收固定资产税，对资源收资源差别税，对流动资金收利息，税后利润基本上留给企业，让企业自己去支配。企业拿到这个利润后，可用于四个部分：一个是扩大再生产部分，一个是集体福利部分，一个是职工的工资和奖金部分，还要有一定的准备基金。哪个企业办得好，发展就快，集体福利就可能多，工资也增加的多，奖金也可以多。反过来讲，哪个企业如果搞得不好，那么发展生产的基金少，办福利的基金也少，职工的工资和奖金也就少。这样，我们的厂长和党委书记，就要向工人负责；你这个厂长、党委书记，工人们拥护不拥护你，就看你经营得好不好。你老是把事情办得不好，那么职工当然就不会拥护你了，你这个厂长和党委书记就很难当下去，就要换人当，因为你既不能为国家谋利益，也不能为本企业的职工谋利益嘛！

在物资管理方面，问题更大了，完全是行政调拨办法，是"强迫婚姻"的办法。比如，太原重机厂配套用的挖掘机，本来上海的质量最好，但是不给它，硬是让北京重机厂给它配套，但质量就比较差。应该让企业有选择余地，用户选择就会逼着产品不好的企业非改变不可，不然就没人买它的货。现在好也一样，不好也一样，反正国家会收购，会调拨，生产者不用担心，也不去担心了。

现在把物资分为三类，这恐怕也要改革。第一类物资是国家统一分配，是中央管的；第二类物资归有关部门分配，叫部管物资；第三类是归地方管的。但生产第一类物资的需要第三类物资，生产第三类物资的又需要第一类物资。比如暖气片是三类物资，但用来生产暖气片的生铁又是一类物资。再比如，麻袋是一类物资，但生产麻袋的黄麻是三类物资。我们物资管理既分条条，又分块块，十分复杂。全国有29个省市，管理物资的部门有30多个，这种错综复杂的条条块块就割断了客观存在的经济联系，名义上我们的物资是集中管理的，实际上是最大的分散管理。根据调查，北京市统配管的物资就有804种，分别属于309个部门管理，哪个单位要点物资不知跑多少门路才能解决。所以我们现在只能开骡马大会来解决。你看宾馆住的人许多都是跑物资的；而且许多跑物资的人都是带的酒、带的烟，才能把门子走动起来，不然走动不起来。我在上海，碰到山西的同志，也是在那里联系跑物资，大家苦恼得很。这个问题不解决，那怎么能行。住个旅馆也要带点特产才能住下，把党的作风也败坏了。这是个很大的问题。

同时，在物资分配中间，还有计划留缺口这样一个大问题。物资分配实际上实行所谓"三八"制，即：国家分配给生产单位的生产指标是100%，而物资指标只有80%，生产单位去订货时，只能订到80%，到货时又只能按合同取 80%，那就是三个八折，结果就只有生产指标的一半。所以我们虽然叫做有计划，实际上是半计划、甚至无计划。这种情况就搞得采购人员满天飞。我们在日本考察的时候，日本人最担心东西卖不出去，在企业里工作最多的人是推销员。而我们的企业里根本没有推销员，都是采购员，倒过来了。比如，在日本，大学毕业生到公司工作的时候，先叫你当一两年推销员，每一个人都要熟悉推销的业务。旧社会叫跑街的，都是推销人员。现在咱们没有推销员，都是采购员。这和我们的物资分配体制也有关系。

现在的物资体制是根据生产资料不是商品的理论建立起来的。生产资料是不是商品，争论不休，一些人讲生产资料是商品，一些人讲生产资料不是商品。现在看来生产资料不是商品这个理论是不能成立的，而且这个理论对我们实际工作的危害很大，不破这个东西，现在物资上这种不合理的现象是不能解决的。现在钢材库存 1800 多万吨。我们去年共生产了 2200 万吨钢材，还进口了 800 万吨钢材，一共 3000 万吨钢材。日本去年生产了近 8000 万吨钢材，他周转的只有 300 万吨。我们比人家差得不晓得有多少。为什么我们一方面进口那么多钢材，一方面又把钢材积压在那个地方！前天太钢的同志汇报讲，他们今年下半年就有十二三万吨矽钢片没人订货，而且还是好的；另一方面国家又从国外买这种钢材，这成了什么样子！这和我们物资管理体制有很大的关系，这个不改变是不行的。建议太原钢铁厂在《人民日报》登一个广告嘛，说现在生产钢板，什么什么型号，谁愿意订货就订货嘛！但他不敢登这个广告，如果真登这个广告，我看 15 万吨，就是 20 万吨也能订出去。现在的物资管理体制把企业管得死死的，需要的部门拿不到材料，不需要的部门又偏偏积压起来。机电产品现在积压 500 多亿元，而我们这一年的基建投资还不到这么多。这也是我们的分配体制不合理造成的嘛！给企业这么个权利，人家要什么材料，可以自己选购，和买消费资料的权利一样就是了。我们要买一件衬衣，到百货商店挑就是了；企业要一种钢材，到那个地方挑一点就是了，这还不是一样吗？这本来是个很简单的事情，但是现在解决不了。像这样一些体制问题不解决，企业没权，物权一点也没有，你说事情怎么能搞好！

　　还有个计划权，计划权实际上也就是供、产、销、人、财、物的权。现在，计划都由上面规定，企业生产什么东西，生产多少，都由上级行政机关决定。生产出来的东西，国家都收购走了，就是统购统销吧。有用的、没用的反正国家都拿走了，拿走以后有的就积压在仓库里面，不准企业自己销售。这样，就把企业捆得死死的。中央领导同志讲，企业现在就像"算盘珠"一样，由上面的部呀、局呀、厅呀，拨上去就上去了，拨下来就下来了，一点主动权都没有。所以，现在管理体制的改革就是要把企业的权利扩大，不扩大这个权利，事情是搞不好的。

　　当然扩大权利并不是不要管理，管理还是需要的。涉及国民经济发展的方向、速度、经济结构变化等问题，还是由国家来管，只是企业的经济活动由企业根据国家的法令政策和国民经济计划，自己来经营。由国家来管的就是积累和消费的比例，总的投资规模、物价、工资水平以及物资、财政、信贷、外汇的平衡，等等；由企业来管的就是企业内部供、产、销的衔接，人、财、物的安排。那么，企业不执行国家计划怎么办？那还是要想办法的，而且可以找到办法的。例如，可以有这么几个办法，一个就是在税收、价格、信贷、利息方面来管它，同时我们还要有相应的法令。行政命令不是完全不要，还是要的。比如，企业违了法，就可以封闭。这个权力还在国家手里。我们在强调经济管理之后，行政管理还是要的。经济的方法就是利用税收、价格、利润、工资、市场的方法来管理。还要有各种法令来管理，比如用工厂法、劳动法、合同法等来管理。

　　经过这样的改变以后，是不是可能出现以下几种情况：

　　首先，计划可能有三种，中央要有计划，地方也要有计划，企业也要有计划。中央的计划就是刚才说的大的方面，是比较长期的计划。没有一个长期的稳定的计划，每一年重新搞一次计划，这样做必然是无计划的。五年计划、十年计划，这是主要的东西，而且可以"滚动"，以便连续下去。年度计划是对五年计划的某些调整。这个问题是个很大的问题。我们国家的长期计划，除了在第一个五年计划期间真正编了一个比较好的计划以外，其他就没有一个长期计划是成功的，直到现在为止也没有一个长期计划。我们现在也叫第五个五年计划，但第五个五年计划在哪儿呢？实际上并没有一个具体的计划，所以只好一年订一次计划，结果今年定了个项目要上马，明年就下马。这就给基建和生产造成很大的困难。你看太原重机厂就很困难嘛！它都订了货，投了料，要两年三年有时还要更长的时间才能生产出来。但是一年一个计划，使他投了料以后又要退货，或者生产中间退货，或者快做成了退货，或者已经做成了要交货的时候退货，这个事情怎么办？如果我们没有一个长期稳定的计划，整个建设工作是没有办法很好地进行的。我们现在把精力都放到年度计划上去了，而且年度计划要编一年。你说这个事情怎么办？国家应该抓五年计划、十年计划，把这个东西安排好。企业根据国家这个总的方向，也应该有个长期计划，然后一年一年地有个安排。企业根据国家的计划安排自己的年度计划，国家进行平衡调整。地方政府是国家的代表机关，也应该抓地区的比较长时间里的计划。应该有中央、地方和企业三种计划，但企业计划是主要的，是基础。国家经济活动的基本单位在企业，在农村生产队。如果我们的计划脱离了基本经济单位，我们的计划就落实不了，如果基本单位的计划不落实，那么上边的计划都是悬空的。

其次，可以有三种商品。一种是统一分配的商品。在社会主义条件下，有些生产不足的或者是关系到国计民生的东西，我们还是要统一分配。比如粮食、布匹，我们现在还比较缺；钢材，这种大的东西，总要有个大体的分配，当然也要有具体的分配。这是第一种。第二种是经过合同来分配的商品。比如重型机器，这一类东西就要有个长期的合同。再比如煤矿和电站，特别是坑口电站，煤矿就是为坑口电站服务的，也应该有长期合同，应该稳定。像太原钢铁厂用的焦煤，由什么地方供给的，完全可以订个长期合同。我们和外国还订了长期合同嘛！我们可以和外国订立长期合同，为什么我们自己反而不能订立长期合同呢？订了长期合同就有保证了。这是第二种。第三种就是可以选购、订购的商品。企业想向谁订购就向谁订购，想什么时候订购就什么时候订购。总是要给企业这么一点自主权。这是关于商品的分配。

再就是价格。价格要有固定价格，要有浮动价格，要有自由价格，恐怕要有这三种。按照匈牙利的经验，生产资料这种商品主要是自由价格，

60%是自由价格，30%是浮动价格，固定价格只有10%；消费资料是倒过来的，固定价格有30%，浮动价格是30%，自由价格是40%。他们就是采取这个办法。我们对价格也不能一律对待。最近我在上海就遇到这样一件事情：咱们每天做菜要加点味精，这是上海的一个厂子生产的，在全国是比较有名的，一包一块钱。最近江苏无锡搞了个味精厂，就向上海大量销售，七毛钱一包，大小和它一样。结果上海的味精就跌到八毛钱一包，因为它是名牌货，毕竟较好一些，这样还保持了它的销路。那么为什么上海的味精过去卖一块钱一包？就是因为我们生产得太少，价格就高了。现在几家都生产，搞竞争，就逼着它降价。所以给这么点浮动价格对生产是有好处的，对消费者更是有好处的。这是消费资料。生产资料也有这个问题。生产资料有些竞争可以提高质量，促进生产的发展，这是个很好的事情。过去我们把这个事情管得那么死是不好的。但有一个问题值得我们注意：就是现在消费品自由提价是不好的，是应该坚决制止的。

现在我想再说一下用经济办法管理经济的问题。经济改革的意思就是用经济办法管理经济。这个问题在理论上也有不同的看法。有的人不赞成这个口号，说用经济办法管理经济，好像就是取消行政管理。也有的人讲用经济办法管理经济，并不是取消行政管理，该采取行政办法的时候还是要采取行政办法，但是，管理经济主要还是要用经济办法。那么，用经济办法管理经济，究竟是一个什么含义？现在，这一点大家的意见是相同的，这就是说，要按照经济的客观的联系，建立经济组织，来代替行政组织管理经济。也就是说，我们的工厂、企业要采取例如组织公司和其他经济联合体的办法，用这种经济组织来管；不是采取现在部、局这样一种组织。部和局是一种行政的机关，公司是一种经济的组织。当然，这样一搞势必会引起一个问题，即将来部和局干什么？有这么个意见，就是全国40万个工交企业，组织若干公司以后，目前的部和局的职能就会发生变化。有些部和局就变成公司了，但是，管理的办法不能是老办法。比如，石油部就变成了石油公司，煤炭部就变成了煤炭公司，冶金部就变成钢铁公司、有色金属公司这类组织了，不过这种管法和部的管法不一样。而且大家还有这么一种想法，就是说公司不要成为全国的垄断公司。煤炭公司全国只搞一家，别无分店，这个不好，还是换汤不换药。山西煤炭生产就搞一个公司也不好，可以搞若干个公司，大同可以搞个公司，现在的各个煤矿局也可以变为公司，各个公司之间可以相互竞争、竞赛。汽车也是这样，不要把全国搞成一个汽车托拉斯，长春汽车厂是一个公司，湖北的第二汽车厂也是一个公司，可以相互竞争，这样有好处。大家也不赞成全国搞一个电力公司，搞一个公司这种办法，就是垄断，一潭死水，没有竞争，不能比赛，等于把行政组织换了一个招牌，结果是换汤不换药。现在有好多地方成立了公司，但公司也还是行政组织。上海成立公司很久了，"文化大革命"以前就成立了。"四人帮"批评人家搞什么托拉斯，结果他们在那里还成立公司。不过上海的多数公司还是行政组织，不是经济组织。他们最近进行真正经济组织的试点，搞了一个织带子的公司，是很小的一个公司。北京市也搞了专业化协作，也搞了很多公司，不少是行政组织。市里本来是局直接管工厂的，现在局下面又搞了很多公司，公司下面再搞工厂，又加个行政层次，这个办法不好。要搞就真正搞经济组织，经济组织真正要和行政组织分开。行政组织从行政上管理它，而经济组织是按照经济办法活动。那么行政组织用什么办法管？就是利用经济杠杆来调剂各个方面的经济利益，调动各个方面的积极性。另外，还要搞经济立法和经济司法。企业之间的纠纷还是很多的，比如有的订了合同要退货，有的到时不交货。这就要负经济的责任，要负法律的责任，要有经济法庭。我们的行政组织就是要干这些事情。当然，上面这些还是初步设想，还要经过实践才能解决这个问题。

最后说一说改革的条件。体制采取什么模式，要受客观经济条件的限制。这个问题和下面四个方面的情况有关系。一个是同生产力发展水平和社会生产结构复杂化的程度有关系。在我们生产力水平比较低的时候，社会生产结构比较简单的时候，集权式这种体制比较适应；反过来讲，生产力水平提高了，经济结构复杂化了，那么适当分权的体制是比较合适的。这是一点。第二，要看主要靠挖掘企业内部的潜力来发展经济呢？还是主要靠增加投资搞新的基本建设来发展经济呢？如果我们主要是靠增加投资、增加劳动力，发展的目标主要是搞数量，那么在这种条件下采取集权性的体制是比较适宜的；反过来说，我们如果主要不是依靠增加人力、增加投资，而是依靠提高资金利用率、提高劳动生产率来发展经济，而且发展的目标主要是提高质量，或者是质量和数量并重为主的时候，继续采取高度集权的体制就不那么适宜。现在我们这个国家已经有这么个基础了，已经有这么大的规模了，固定资产有4000多亿元，流动资金有2000亿元，有这么大的家底，面临着怎样把我们这么大的一个内在潜力很好地利用起来的问题。同时，我们现在不能片面追求数量，主要还是要提高质量、增加品种。看来在这种情况下，采取适当分权的形式是必要的。第三，就是看我们工业化的道路。如果是采取重、轻、农这个道路，不大注意改善人民生活，那么在这个时候，可以采取高度集权的形式。如果要真正走农、轻、重的道路，注意改善人民生活，把改善人民生活放到适当的地位，那么我们就要采取适当分权的形式。第四，要看对外贸易在我们国民经济中间所占的比重和对外贸易产品的构成。对外贸易在我们国民经济中间的比重越高，我们出口产品中加工制品的比重越高，种类越多，高度集权的体制就要过渡到适当分权的体制。因为高度集权的体制是不适应这样一种要求的。所以，根据这样四个条件，即生产力发展的水平和社会生产结构复杂化的程度；发展经济主要是靠增加投资、增加劳动力，还是靠挖掘企业潜力；工业化采取农、轻、重的道路，还是重、轻、农的道路；是不是要扩大对外贸易和出口产品中要不要尽可能增加高级产品。多数同志还是趋向于我们应该逐步把高度集权的经济体制改成一种适当分权的经济体制，就是说中央集中的不能那么多，应该把权力适当下放，特别是下放到企业。

　　讨论的大概情况就是这样。我也可能没有把问题说得很清楚。因为这个问题是个复杂的问题，还没有拿出一个真正的办法来，还在那里议论。你有你的办法，我有我的办法。现在组织一千多人在那里讨论这个问题。最后要大家拿出几个办法来进行比较，就是这样改的结果，经济上会发生什么影响？那样改的结果，经济上会怎么样？利弊如何？进行一番比较以后，才能制定出比较合理的方案向党中央和国务院提出建议。

中国式的社会主义现代化与
经济结构的调整问题[*]

为了贯彻执行党的十一届三中全会的路线，把全党的工作着重点转移到社会主义现代化建设上来，1979 年 4 月，党中央召开了工作会议，决定从今年起，用几年的时间，对我国的国民经济进行调整，实行"调整、改革、整顿、提高"的八字方针，搞中国式的社会主义现代化建设。

接着，召开了全国人民代表大会第五届第二次会议。会议报告详细地阐述了全党工作着重点的转移、调整时期的工作和新的"八字方针"，并通过了相应的决议。

国务院财政经济委员会、中共中央办公厅和中国社会科学院，为了贯彻执行党中央和国务院的决议，在同年 6 月下旬，召集国务院财经各部的负责同志和在京的搞经济理论工作的同志一起开会，要求大家结合起来，对当前我国经济情况和有关政策，进行深入的调查研究，并决定成立 4 个小组，负责这一工作。这 4 个小组是：经济管理体制组、经济结构组、引进技术和现有企业的现代化组、经济理论与方法组。

这 4 个组的任务，就是要通过深入的调查研究，对如何更好地贯彻执行"调整、改革、整顿、提高"的方针，加快中国式的现代化建设，向党中央和国务院提出建议。

---

[*] 本文是作者 1979 年 8 月在中共中央党校所作的报告，原载《工业经济管理丛刊》1980 年第 1 期。

　　财政经济委员会要我做经济结构调查研究小组的召集人，所以今天就关于中国式的社会主义现代化与经济结构的调整问题谈一些想法。

　　邓小平同志在1979年3月31日的一次讲话中指出："过去搞民主革命，要适合中国情况，走毛泽东同志开辟的农村包围城市的道路。现在搞建设，也要适合中国情况，走出一条中国式的现代化道路。"中国式的现代化，不是要降低现代化的标准，而是要实事求是，即从中国的实际出发，实事求是地搞中国的社会主义现代化。中央的一位领导同志最近说：从主要工业部门的生产技术水平来说，经过全党全国人民的努力，我们在20世纪末可能达到当时世界的先进水平。但是，目前我国已有9亿多人口，搞不好到20世纪末还会增加，这样多的人口，要达到当时世界经济发达国家的生活水平，是不容易的，能达到他们现在的水平就很不错了。要把生产技术的现代化和生活水平的现代化分别开来。无疑我国人民在实现现代化的过程中，生活水平是会有很大的提高的，但要达到当时最发达的国家的水平，则是困难的。这一点，应当搞清楚。

　　总之，要搞中国式的现代化，就要看看今天的中国是一个什么样的中国。今天的中国，既不是国民党时代那样一个旧中国，也不是解放初期或者第一个五年计划时期的中国。解放以前，我们国家的现代工业只占工农业生产总值的10%，农业占90%。这一点，毛泽东同志的很多文章，中央的很多文件里边都讲了。而现在呢？1978年，我国工农业总产值里工业占72.2%，农业占27.8%。这种统计法，究竟是否符合实际，还可以研究。但是，我们国家的状况和过去有了很大的不同则是肯定的。就是说，我们这个国家的工业在国民经济中的比重比解放以前有了很大的提高。在解放以前，我们中国的产业职工只有300万人左右，而现在全民所有制和集体所有制的工业职工有4000多万人，全部工薪劳动者约有1亿人。解放以前，全国的大小工厂也不过十来万个，而现在我们有35万个企业，加上交通企业有38万个。其中，大中型企业就有4000多个。我们现在全国拥有的各种机床共268万台，比日本和联邦德国现在拥有的机床还要多，当然在质量方面比人家差得远。我们现在也有一些现代化的工业。比如说，北京燕山石油化学工业公司、上海的石油化工总厂，还有近年来引进的 13 个年产 30 万吨合成氨的大型化肥厂，以及武汉引进的一米七轧机，等等，这些都是现代化的企业，是 20 世纪 70 年代中期甚至后期的水平了。但是，这种工业企业我们还不多，多数的企业还是 20 世纪五六十年代的水平。此外，还有大量比较小的、比较土的企业，比如"五小工业"，等等。应该看到，我们已经有了一定的基础了，这个基础不仅解放以前没有，就是在第一个五年计划、第二个五年计划时期，也是没有的。我们这个基础是一个很好的基础，它比苏德战争以前苏联的基础要强得多。1941 年苏联只产 1800 万吨钢，而我们现在已经有了 3100 多万吨钢，比那时候的苏联强多了。但是，苏联以它那个基础就打败了希特勒，打败了德国法西斯。所以，我们应当重视现在这个基础。这是我们前进的出发点、前进的基地。我们一定要从这样一个现实出发，来考虑我们的问题，离开这个基地，我们就没有办法继续前进。这是一个方面。另外一个方面，我们也要看到我们国家人口是很多的，有将近 10 亿人口，其中 85％还是农民。我们的人口占世界的 1/4，按人口平均的国民收入，在世界 150 多个国家和地区中，我们还在 100 位之后，就是说还很落后。我们就是在这样一个条件下搞现代化的。离开了我们现有的基础、条件谈现代化，那就不是实事求是，也一定搞不好。在这样一种情况下搞四个现代化，我们就要考虑怎样发挥自己的有利条件，克服自己不利的条件，即趋利避害。

我们的有利条件是：有了这样一个基础，又有这么多人口，人民又勤劳勇敢，又有丰富的自然资源，又有社会主义的制度，还有中国共产党的领导，以及 30 年来正反两方面的丰富经验，另外还有国外的先进经验可以借鉴，等等。我们的潜力是非常大的。世界上许多国家的人民和政府也是这样看我们的。我们的不利条件，也是人口比较多，因为人口多，就业和改善生活就有很大的困难。我们底子也很薄。毛泽东同志讲我们这个国家是"一穷二白"，这个"一穷二白"的状况现在还没有改变过来。还要看到，我们搞四个现代化阻力也是很大的。最近胡耀邦同志讲，这种阻力，一个是知识不足，没有搞现代化的经验；一个是习惯势力，思想僵化、半僵化。对于这些绝不能低估。

　　但是，我们也绝不要悲观。我去年同国家经委的考察团到日本去看了一下，回来后对我国在 20 世纪末实现四个现代化的信心更足了。我国按人口的密度来讲，比日本是低的，我国的土地面积等于日本的 26 倍，我国的人口却等于日本的 8 倍多。日本每平方公里平均有 300 多人，我们只有 100 人。而且日本缺乏发展工业的重要资源，什么也没有。但是，日本搞了 30 年，搞成现在这样一个现代化。我们的条件比它好得多，再用 20 多年的时间，为什么做不到？最近，我们还研究了韩国、新加坡，以及我国台湾省、香港地区。这几个地方人口密度也并不比我们低，它们拥有的资源则比我们差得多，但是最近十多年来，它们的经济发展是比较快的。我们有那么多有利条件，难道不能比它们搞得更快一些吗？问题是我们一定要把马列主义、毛泽东思想的基本原理与中国社会主义建设的具体实践很好地结合起来，把外国的先进经验和我国的具体情况结合起来，这样我们就能走出一条中国式的社会主义现代化的道路，胜利地达到我们的目标。

　　要在 20 世纪末实现四个现代化，必须从现在起就立即着手改变我们多年形成的不合理的经济结构。

　　经济结构是一个新的名词、新的概念，大家比较生疏。最近经过几次讨论，有了一点看法，所谓经济结构，是指国民经济各个部门、各个地区、各种成分、各个组织和社会再生产各个方面的构成，以及它们的相互联系、相互制约的关系。正像自然科学要研究物质是由什么构成的和如何构成的一样，经济科学也应该研究国民经济是由什么构成的和怎样构成的。自然科学研究物质由分子构成，分子由原子构成，原子由电子和原子核构成，最近又发现了胶子，等等。经济科学也要深入研究经济结构，掌握它的内在联系和发展规律。马克思和列宁都用过经济结构的概念。马克思说："生产关系的总和构成社会的经济结构。"[①] 列宁在讲到十月革命胜利后俄国的 5 种经济成分时指出："俄国如此辽阔广大，如此五光十色，

---

① 《马克思恩格斯选集》第二卷，人民出版社 1972 年版，第 82 页。

以致社会经济结构的所有这些不同类型都错综在它里面。"① 这里，马克思和列宁都是讲的生产关系，但他们强调生产关系最终是由生产力决定的，从来不是离开生产力来研究生产关系。事实上，马克思在《资本论》里谈到经济结构时也说过："生产的承担者对自然的关系以及他们互相之间的关系，他们借以进行生产的各种关系的总和，就是从社会经济结构方面来看的社会。"② 这里既讲了生产关系问题，也讲了生产力问题。现在，为了解决我国国民经济中存在的问题，我们在研究经济结构时也必须是在研究生产关系方面的结构的同时，研究生产力方面的结构。

党中央最近确定，在几年以内要贯彻"调整、改革、整顿、提高"的八字方针，其中调整是关键。那么调整什么呢？我们常常说调整就是调整比例关系，加强短线，缩短长线。但是，这个比例究竟以什么为标准？你有你的标准，他有他的标准，都说自己是短线，没有一个部门肯说自己是长线，于是大家都向国家计委要投资，争吵不休，而长线照样长，短线照样短，总是不能解决问题。我们所要的究竟是什么样的比例，这个问题就和经济结构分不开。有什么样的经济结构，就有什么样的比例，不合理的经济结构有不合理的比例，合理的经济结构有合理的比例。合理的经济结构才能使国民经济持久地、全面地、高速度地发展；而不合理的经济结构，就会导致相反的结果。哪一种经济结构比较合理，我们就应当采取哪一种。根据这种经济结构确定我们所采取的比例和实现这种比例所必需的产业政策和有关政策。我们的国民经济计划，就是这种结构、比例和相应的政策的反映。

现在，大家都感到，我们这种多年来形成的突出钢产量的、"重、轻、农"的、闭关锁国的经济结构是很不合理的。如何改变这种不合理的经济结构，使之适应加快社会主义现代化建设的需要，这是当前我们所要解决的一个大问题。

为了说明我们国家经济结构的状况，我们先来看看我国经济的现状，

---

① 列宁：《论"左派"幼稚性和小资产阶级性》，参见《列宁选集》第三卷，人民出版社 1972 年版，第 541 页。

② 参见《马克思恩格斯全集》第 25 卷，人民出版社 1974 年版，第 925 页。

再与历史相对照。我们新中国成立已经30年了，在30年间，我国人民在党和毛泽东同志的领导下，经过艰苦奋斗，国民经济是有很大发展的。根据1978年的统计，我们粮食的产量是3000多亿公斤，仅次于美国，居世界第二位。当然，我们国家的人口多，每人的平均产量还是很少的。我们煤炭的产量是6亿多吨，仅次于苏联，居世界第二位，苏联是7亿多吨。我们钢的产量是3100多万吨，居世界第五位，前四位是苏联、美国、日本、联邦德国。我们电力的产量是2500多亿度，达到了世界第七位。我们石油的产量也由过去的空白一跃而居世界第八位，达到1亿多吨。前面说过，我国机床的拥有量比一些工业发达的国家还多，大约占世界的第三位，仅次于苏联和美国，比日本、联邦德国要多。我们棉布的产量，不包括化学纤维，居世界第一位，因为我国人口多，每人平均产量当然还是很少的。从我国国民经济发展速度来看，也不算低。在1950—1978年期间，工农业总产值平均每年增长9.5%，工业增长13.5%，农业增长4.3%。而在同一时期，工业发展速度，日本最快，但也只有12.04%；苏联其次，为9.5%；美国只有4.5%，1951—1978年期间农业的发展速度，苏联只有3.6%，美国只有1.8%。也就是说，我国同世界各国同期的发展速度比较，是相当高的。在同一时期，我国的固定资产增加4000多亿元，流动资金增加的量也很大。可是，别的许多国家富裕起来了，而我们还是一个很穷的国家。我国人民生活的改善是很慢的，我们吃的东西、穿的东西、用的东西、住的房屋，都是很紧的，这是每一个人都能感到的。一方面我们的生产有那样大的增长；另一方面又很穷，生活还相当困难。这是什么原因呢？这当然与我国人口多、底子薄有关系，与经济体制的不合理有关系，与经济管理不善有关系，但是，国民经济结构有严重的缺陷也是造成上面这种状况的一个重要原因。

解放前，我国是半封建半殖民地国家，经过了民主革命、社会主义革命和社会主义建设，我们国家的经济结构发生了深刻的变化。国民经济恢复时期和第一个五年计划时期，同当时的苏联和东欧的国家比较，我们的优先发展重工业的同时还是重视发展农业和轻工业的。但毛泽东同志对此还是不够满意的，说我们还重视不够，但比当时的东欧和苏联要重视一些。因此，在这个时期，我们整个经济发展速度还是比较快的，城乡人民生活也有显著的改善。比如，从1949—1957年的8年间，工农业总产值平均每年增长14.6%，国民收入平均每年增长12.7%。第一个五年计划时期，实际工资平均每年增长5.5%。这是前8年的情况。但是，1958年提出"以钢为纲"口号以后，由于不切实际地追求钢铁和其他重工业产量的高指标，违背了毛泽东同志原来提出的按照农业、轻工业、重工业的次序安排国民经济的正确方针，破坏了国民经济的综合平衡，所以，逐渐形成了"重、轻、农"这样一个不合理的经济结构。在20世纪60年代初期，经过当时的调整工作，情况是有所好转的。但是在"文化大革命"期间，由于人为的破坏，我们的重工业越来越重，轻工业越来越轻，农业越来越不能适应整个国民经济发展的需要了。再加上闭关锁国，我国经济结构不合理的状况也就越来越严重了。结果，国民经济比例严重失调，我们的产品中既不能吃、也不能穿、又不能够直接用的中间产品多，而可以供人民生活消费用的最终产品少，人民群众付出了辛勤劳动，却长期看不到实际效果，得不到应得的物质利益，社会主义积极性受到挫伤。人们理所当然地会提出这样的问题：我国经济增长的速度并不比资本主义国家低，但是人家富裕起来，我们人民的劳动付出了，国民收入也增加了，但是我们的国家没有富裕起来，我们的人民生活没有提高，这是什么原因呢？这和我们经济结构和经济体制不合理所造成的巨大浪费有直接的关系。在这样一种不合理的经济结构下，从1958—1978年的21年间，我国经济的发展速度比1957年以前的8年大幅度下降。工农业生产总值，平均每年增长速度从过去的14.6%下降到7.6%；国民收入，平均每年增长速度从12.7%下降为5.4%；全民所有制职工的实际工资，平均每年增长的速度，从"一五"时期的5.5%下降为−6‰，实际工资下降了。应该说明，在这个统计中，包括了我们在"文化大革命"以后，全党做了卓有成效的工作，我们经济情况有了初步好转这样一个因素在内的，如果把1977年、1978年这两年的统计数字去掉的话，那么，下降的幅度还要更大。这个事实表明，经济结构是否合理，对于经济发展的速度，对于人民生活的改善，影响是非常大的。

　　在这里顺便说一个问题。有的同志对"以钢为纲"这个口号还有些不同的看法，说我们的国民经济总是要有个东西带动的，这个带动的东西除了钢以外，其他的东西都起不了这个作用。那么，人们就自然会提出这样的问题：钢铁这个东西，它的发展，又是由谁来带动、谁来决定的？是由上帝来决定的，还是由长官想当然地、靠拍脑袋、凭天才意志来决定的？还是由经济发展的客观需要来决定的？道理很清楚，钢这个东西并不是最终产品，它既不能够吃，也不能够穿，它只有成为最终产品，如制成机器，或者轧制成可供基本建设使用、可供生产使用、可供生活消费的钢材及其成品以后，才能够用。要制成小至剪刀等日用工具、生活耐用品（如缝纫机、自行车、手表、电视机、电冰箱、洗衣机等）以及机器，等等，这样才能供人们生产消费、生活消费，完成它的全部生产过程。所以钢铁生产归根到底还是由农业、轻工业和其他重工业发展的需要决定的。是由农业发展的需要、轻工业发展的需要、重工业发展的需要，特别是机械制造工业发展的需要，决定钢铁的发展，而不是由钢铁来决定其他。人们往往被一种表象所迷惑，而把事物的本来面目颠倒了。有的同志最近提出，重工业要为农、为轻，这是很有道理的。如果钢离开其他部门对它的需要来确定自己的生产指标，那就是想当然的，脱离实际的，违反实事求是精神的。比如，1958 年 8 月决定钢产量要翻一番，难道一下子我们的需要量就翻了一番？从 535 万吨一下子增加到 1070 万吨，难道需要突然就增加了这么多？实际上，1958 年也没有能够完成 1070 万吨，包括不合格的钢，根据国家统计局核实的材料是 800 万吨还不到。到了 1959 年，又要从 1070 万吨增到 3000 万吨，需要一下子怎么能够涨得那么多？这究竟从哪儿来的？是从国民经济需要来的，还是想当然来的？现在该认识清楚了！当时毛泽东同志就发现不行，在武昌会议上提出要冷热结合，压缩空气，可是这种空气压缩不住。4 月上海会议勉强压到 1800 万吨，还有人不甘心，说是跳一跳就可以完成 2000 万吨。实际上行不通。后来又压到 1600 万吨，还是不行。回到北京后，陈云同志召集有关同志开会压到 1400 万吨，最后才勉强完成。这是 1959 年的情况。1960 年又要求搞到 2000 万吨，非完成不行。这个需要不是农业的需要，不是轻工业的需要，也不是重工业本身的需要，但却要大家让路，其结果是生产大幅度下降，人民生活极端困难。要不是后来的调整，主要是调整了经济结构，就不会出现1963—1966年上半年的经济上的好形势。回想一下历史，我们搞了20年这个"以钢为纲"，不是搞快了而是搞慢了。如果我们不是这样搞，我们的钢产量肯定比现在多。现在是3100万吨，如果当时按照正常的情况搞，一年增加200万吨、300万吨，我们现在应当是6000万吨或者更多。所以这个口号究竟是对还是不对，不是很清楚吗？实践是检验真理的唯一标准。我们自己既然承认钢铁10年徘徊，根本没有上去，又说这个口号是对的，不能够碰，这怎么能说通呢？"以钢为纲"究竟是成功的经验，还是失败的经验，我想是可以讨论而且是应该讨论的。因为最近有的同志提了这个问题，所以我插一点题外的话。不过，这个问题与我们的经济结构关系甚大。同志们会讲，没有钢，什么东西带头？那么，怎样找这个头呢？这就是我们研究的课题。

"文化大革命"以后，我国的经济情况有很大的改善，但是多年来形成的不合理的经济结构很难一下子改变过来。现在我国钢产量已超过3000万吨，这是一个非常了不起的成绩，一个了不起的进步，因为我国历史上还没有达到过这样的水平，现在达到了，这值得庆幸。但我们应把几个大的钢铁生产国年产钢3000万吨时的经济情况，和我国目前的情况作一些比较，看看我们当前经济结构中究竟存在些什么问题。当然，这些国家达到生产3000万吨钢的时间先后不一，每个国家具体情况也不同，每个时期生产技术发展的水平也不同，有些东西是可以比较的，有些东西也不一定能够比较。对于能够比较的，我们可以研究一下。美国钢铁生产达到3000万吨是1912年，苏联是1951年，联邦德国是1959年，日本是1963年。拿这几个国家当时的经济结构和我们国家目前的经济结构作一番比较，就会发现大不相同。

1. 就农业的情况来说

在年产3000万吨钢的时候，每一个农业劳动力生产的粮食，美国比我们高8倍，我们是人多、耕地面积少，而美国是耕地面积大、人少，这个具体条件是不一样的。联邦德国比我们高3.5倍，苏联比我们高1倍，日本比我们高 60%。而日本耕地其实比我们还要少。这个情况说明，我们的经济结构中农业远不能适应经济发展的需要，非常落后。这一情况从现实生活中就能看到。我们城市居民吃的粮食有 30% 左右要靠进口，我们农村里有一定数量的人粮食还不够吃，我们每年要花很多外汇进口植物油和动物油，进口糖，进口棉花。当然有的棉花织成布以后是出口的，但粮、糖、食用植物油、动物油，都是我们自己消费。我们进口了这么多，但我们的定量还是很低的。我们国家本来外汇就很少，现在要拿 1/5 以上的外汇买这些东西，这说明农业和我们整个经济不相适应。

2. 就轻工业的情况来说

在年产 3000 万吨钢的时候，按人口平均来计算，苏联生产的棉布、棉纱、纸比我们高 0.5—1 倍；联邦德国生产的自行车、棉布、缝纫机比我们高 1—2 倍，手表和纸比我们高 10 倍，电视机、塑料、化学纤维比我们高几十倍；日本轻工业和纺织工业的产品则比我们高得更多。这就是说，目前我们经济结构中轻工业也是很落后的。这个问题也可以看得很清楚。去年我们给农产品提高了价格，给职工增加了工资，增发了奖金，购买力增加了一百几十亿元。今年还要继续提高农产品价格，还要继续提高职工的工资。在这种情况下，我们的社会购买力和我们的轻工业可以供应市场的产品之间差额很大，这正说明我们的轻工业不能适应国民经济的需要。

3. 就技术设备制造的情况来说

上面说的这些国家，当年产 3000 万吨钢的时候，其技术设备的制造，除了满足本国的需要以外，都可以有大量的成套设备出口。苏联当时就有能力向我们提供 156 项的成套设备，而我们国家现在所需要的大的、复杂的设备，很多都是靠进口。比如 30 万吨合成氨一下就进口了 13 套，现在还准备进口。30 万吨乙烯进口了 1 套，又准备再进口。我们在武汉钢铁公司进口了一米七轧机，现在在宝山又要进口这方面的设备。就是说，许多大的、复杂的东西，都不是我们自己制造（也不是完全不能制造），而是进口的。

4. 就钢材的自给程度来说

在钢产量达到 3000 万吨的时候，这些国家都是钢材的净出口国了。

净出口钢材占产量的百分比，日本为 20.5%，联邦德国为 15.6%，苏联为 2.4%。但是，我国 1978 年出口钢材为 45 万吨，进口钢材为 864 万吨，净进口钢材 819 万吨，相当于产量的 37.1%。

5. 就能源的消耗来说

在年产 3000 万吨钢时，我们的发电量是 2566 亿度，比当时的美国高 9 倍（因为 1912 年电气化程度还不高，用电量还少），比苏联、联邦德国、日本都高 1 倍，可是我们现在还是缺电，差不多有 1/3 的工厂由于缺电不能正常开工。把我们消耗的能源煤、油、天然气、电折合成标准煤计算，合 7000 大卡，比当时的日本高 2.9 倍，比联邦德国高 2.1 倍。1978 年，日本能源消耗总量只有我国的 77%，但是它创造的国民生产总值比我国高 3.9 倍。1978 年我国每吨标准煤创造的国民生产总值是 350 美元，而日本是 2230 美元。

这说明我国虽然用了那么多煤，用了那么多石油，用了那么多电，用了那么多钢铁，但是并没有做出我们应该做的事情来，为什么呢？这些问题都和我们经济结构不合理有关系。虽然具体情况有些不同，我们不能和那些国家作笼统的对比，但是，目前我国的农业和轻工业大大地落后于国民经济发展的需要，重工业内部的结构很不合理的情况则是非常明显的。不解决这个问题，不调整经济结构，我国国民经济就不能顺利地向前发展，也不会有良好的经济效果。我们现在进行的经济调整，尤其要注意解决这个问题。

从上面这个情况也可以看出，经济结构是影响国民经济发展的全局性的大问题。以往错误的产业政策，造成了经济结构不合理。而不合理的经济结构，就使国民经济不能协调发展，或者是生产遭受阻碍；或者是相互抵消力量，造成严重的浪费，使生产发展缓慢；或者生产虽有所增长，而人民生活却得不到改善，不能够取得全面的经济效果。

这一次，我们对经济结构进行调查研究，就是想要弄清楚我国经济结构的历史和它的现状，弄清当前我国的经济结构中存在的主要问题，并且找到解决问题的办法。因此，我们准备总结新中国成立 30 年来的历史经验，同时，研究国外一些主要国家经济结构的现状、历史及其经验，探索经济结构发展的规律性，找到一种适合我们国家情况和特点的经济结构。这种合理的经济结构，应当具有以下一些特点：（1）能够充分利用我国的有利条件，避免不利条件；（2）能够充分有效地利用我国的人力、物力、财力和自然资源；（3）能够充分利用我国现有的物质技术基础，使国民经济各部门、各地区能够协调发展，社会再生产能够顺利进行；（4）技术能够迅速发展，劳动生产率能够迅速提高；（5）生产发展速度快，人民生活水平提高快，积累速度快，能够实现比较高的速度、比较高的消费、比较高的积累的良性循环。总之，这种经济结构要能够大大加快我国社会主义建设的步伐。我们要在调查研究的基础上，提出能够促进形成这种经济结构的产业政策，以及怎样从现有的不合理的结构向合理的结构过渡的建议方案。

经济结构包括的范围是非常广的，经过我们小组同志的几次酝酿，考虑从以下十个方面开展调查研究的工作。

1. 产业的结构

这是我们这次调查研究的重点。产业结构包括生产资料和生活资料两大部类的关系，也就是我们通常所说的农业、轻工业、重工业的关系，其中包括农业、工业各部门内部的关系。比如，在农业部门内部就有农、林、牧、副、渔各种产业的关系。而每一种产业内部又有不同的结构，比如从种植业来讲，就有粮食作物和经济作物的关系，还有粮食作物、经济作物和林业、牧业、渔业、副业的关系。我们要很好地解决这方面的问题，要能够建立和发展一种良好的自然生态环境，这个问题很重要。黑龙江省的同志说，过去那里是不旱的，现在经常发生旱灾，就是因为森林采伐过度，每年从那里拉出那么多木材来，老的森林砍掉了，新的森林长不出来。就农业来讲，在一般情况下，上化学肥料，如硫酸铵、硝酸铵这些东西，容易把土地板结了，如不配合使用有机肥料，不仅土壤的质量下降，而且所上的化学肥料的肥效也会不断降低。我们过去上化学肥料少，或把有机肥与无机肥一起上，开始的时候，上 0.5 公斤无机肥料增产 1.5 公斤粮或者更多。而如果总上这种肥料而不增加有机肥，上 0.5 公斤无机肥料就不能再增产 1.5 公斤粮了，有时连增产 0.5 公斤也不能。其原因就是自然生态发生变化，土壤变化了。或因水土不能保持，或因土壤发生了变化，或因气候发生了变化，总之，把自然生态的、客观的相互联系破坏了，农业就不能很好地发展。同时，种植业还要考虑人民食物的构成，因为人民食物的构成是与种植业构成有联系的。现在很多地方还是种啥吃啥，种了苞米就吃苞米，种了小麦就吃小麦。你只种粮食，不搞林业、牧业、副业、渔业，那你就吃不到肉、鱼，等等，所以不少国家的人主要吃肉，而我们中国人就主要吃粮。最近香港报纸刊登了梁实甫的一篇文章，说罪过就是我们的祖先造字时把吃的东西都带个米字，所以中国人就认为吃的东西只有带"米"字的粮，好像别的东西都不能吃。这是挖苦我们，但这些方面的问题值得研究。如果总是以粮为纲，不全面发展，综合经营，那么就只好吃粮食，像我们的祖祖辈辈那样。不过，从陕西半坡村挖出的东西来看，那时粮食还有多种，牲畜也有多种，而现在却单一得很。我们还有一种情况，比如说，我们粮食不够，但是我们喂养的肉畜也是吃粮食的。我们最大的肉食品是猪肉，而猪也是要吃粮食才长。所以外国人说，你本来粮食就不够，你再找一个对立面来和你争粮食吃，结果不是粮食更少了吗？所以人家主张我们好好利用我们的草原，多养一些吃草的牲畜，那也是蛋白质，蛋白质更高，不是更好一些？我们的草原面积比我们的耕地面积大得多，大概草原的面积有40多亿亩（约2.67亿公顷），而我们的耕地面积只有16亿亩（约1.07亿公顷），但是我们的草原并没有很好地利用起来。我们的鱼塘也没有很好地利用起来，我们的淡水养殖面积不到1亿亩（约0.067亿公顷），但是我们利用起来的只有30%多，而且产量很低。1亩（约0.067公顷）水面积生产的蛋白质比种1亩（约0.067公顷）粮食要高得多。我们在日本考察的时候，他们采取科学办法养殖，1亩（约0.067公顷）水面积搞得好可以产5000公斤鱼。当然那是搞温水，加饲料，要用很多电力。但是我们的水面里的确鱼很少，即使养了鱼，繁殖也很差。

再看工业部门。我们有各种产业部门，每一个产业部门内部又有不同的结构。比如冶金工业是最重要的产业部门之一，它内部是不是就只有一种钢铁呢？在冶金部里，钢铁叫黑色金属，还有有色金属，它们之间怎么安排，这就是结构问题。在它内部也是吵架的，黑色金属部门说投资不够，有色金属部门也说投资不够。可是如果我们只搞黑色金属，不搞有色金属，这也是不行的。因为黑色金属的冶炼是要一大套铁合金材料的，否则就冶炼不出合格的优质钢来。要进行冶金，还要有矿石，所以采矿和冶炼之间，也有一个合理安排的问题。还有，要冶炼，就要有耐火材料，没有耐火材料也冶炼不成。比如咱们的宝钢，它所需要的耐火材料不是出自镁矿，而是从海水里提镁。那种镁砖砌在炉里，经得起高温，而且长期坏不了。我们从镁矿里搞出耐火材料，质量较差，容易烧坏，烧坏了就要补修，而它那个炉子是很大的，经常补修就会大大影响生产。另外，还有个冶炼和轧制如何合理安排的问题，在一定意义上，也可以说是数量和品种质量的问题。在国外，炼钢的能力总是小于轧钢的能力，即轧钢能力要大于炼钢能力，因此轧出来的材是多种多样的。而我们现在生产的锭子还不能都轧成材，因为轧钢能力小于炼钢能力。从国际标准衡量，鞍钢轧出的钢材还是不合格的。初轧，在日本至少要轧三十几道，而我们只轧 9 道，因为我们的轧钢机不够。即使是这样，我们还有些锭子轧不出来，以致要把鞍钢的锭子，千里迢迢送到攀枝花钢铁厂去开坯，然后再运回来轧材。这种状况总应该改变吧？这不也是个结构问题吗？每一个工业部门都有类似的问题。比如，我们机械工业内部也有这样的问题。我们有通用机械，有专用机械，有普通机床，有高、精、尖机床，有主机，有辅机，还有零配件，这里也有一个结构问题；此外，还有铸造和加工，加工中还有粗加工和精加工，这种结构也是很复杂的。我们的重工业特别是机械工业，普遍存在这样一个问题，就是在生产生产资料的同时，也要考虑生产一些人民的生活用品，特别是耐用消费品。经济发达的资本主义国家都是如此，生产重工业产品的工厂，同样生产耐用消费品，而我们则是分得很清楚，井水不犯河水。这也是一个产业结构的问题。在这方面，可否来一个计划指导下的市场调节，给企业一些主动性，给它以一定的物质利益，来鼓励它按照市场需要来生产一些耐用消费品呢？煤炭工业的结构中，储量与开采，开拓与回采，准备与回采，掘进与回采，开采与提升、运输、通风、排水一大套，都有一个合理的比例即结构问题。还有煤炭的开采同采煤机械的制造、使用与维修，备品、配件的供应，等等，也有个合理的结构问题。电力工业中，发展火电还是发展水电，还有是不是搞原子能发电，这些结构问题都需要研究。能源也有一个结构，煤、油、天然气、原子能、太阳能，还有其他的能源，根据我国的具体情况，如何构成才较合理，世界不是都为这个事情伤脑筋吗？最近东京的七国首脑会议主要就是讨论这个问题。美国总统卡特最近还为此做了专门的讲演，改组了内阁，提出到20世纪80年代末美国发展能源的规划和采取的政策。而我们到20世纪80年代末究竟采取什么政策呢？这也是我们经济结构需要研究的问题。所以这个方面要研究的问题是非常多的，这是部门的产业结构问题。

就整个国民经济来说，还有原料工业、材料工业、燃料动力工业和加工工业之间的关系，还有军事工业和民用工业的关系，还有生产性建设、非生产性建设与建筑工业的关系，等等。就军事工业和民用工业来说，要军民结合，平战结合，大力发展民用工业，寓军于民，以民养军，来壮大我们的国防工业。结构小组里专门成立一个军事工业小组，专门来研究军事工业怎么样来为国民经济服务。另外，还有工业、农业这些生产部门与交通运输部门、商业部门以及其他非生产部门的关系，这个方面的问题也是很多的。现在不是讲煤炭不够吗？可是现在煤炭生产出来积压在矿里的就有1000万吨，因为火车不够，拉不出来。我们知道，煤炭生产的最经济的办法，是生产出来就用皮带送上火车。如果没有火车，就只好在矿上堆起来，等火车来了要再装一次，不仅浪费劳动力，而且堆得久了还会自己燃烧掉，这就是很突出的一个矛盾。这个问题要加以研究。所以经济结构组要有一个交通运输组，专门研究交通运输的结构，研究铁路、公路、水路、空运、管道运输的相互关系。现在石油化工有管道运输的问题，这也与结构相关。这是第一个内容。

2. 技术结构

技术结构与产业结构是相联系的。我们要研究现代技术和一般技术的关系，比如，生产的自动化、半自动化、机械化、半机械化、手工操作这些东西怎么结合起来。必须用自动化的，不用自动化就不能生产的，比如原子能反应堆、大的石油化学联合企业、一米七轧机等等，没有自动化就没有办法生产，非自动化不行。但在我国目前的条件下，也不能所有的部门都自动化。我国有这样多的劳动力，都自动化了，我们的劳动力怎么安排？现在还要提倡手工业和手工业合作社，适宜手工劳动的还要手工劳动。这个方面要安排好。现在大力提倡搞集体所有制，其中所涉及的大部分是手工劳动或半机械化劳动。

这里要特别提到"五小工业"。在这方面，"五小工业"中，许多企业生产的产品不能抵偿它们的消耗。全国有 35 万个企业，亏本的有 1/4。亏本的企业里有很多都是"五小工业"，小化肥、小钢铁、小煤窑、小水泥，等等。去年工业部门亏损约 40 个亿，"五小工业"就亏损约 22 亿元，这一部分怎么调整好是很大的问题。由小到大，由土到洋，从生产技术发展过程来看是这样。现在的问题是：已经有了 1000 多立方米的高炉，再来搞十几立方米或几十立方米的高炉；已经有了几十万吨规模的化肥厂，又来搞千吨、几千吨的小化肥厂；已经有了几万、十几万吨规模的硫酸厂，又来搞几百吨的土硫酸厂，等等。这种由大到小、由洋到土的做法，除了个别情况（如边远山区）以外，是否普遍提倡，是很值得研究的。不然我们的能源消耗就不能降下来。一方面能源严重不足；另一方面又大量浪费能源的状况，必须彻底改变。

3. 经济组织的结构

包括专业化的组织、联合化的组织，它们之间的相互关系，以及大型企业、中型企业和小型企业的关系，等等。企业的组织形式和合理的规模，这方面也要进行调查研究，提出一种适当的方案。这里有个划分企业大、中、小的标准问题。是以职工多少为标准，还是以产品多少为标准？我们过去强调前者，毛病很多。实际上，生产越专业化，工厂用人越少，产品越多。如日本制造锚链的工厂，只有 200 多人，但它的产品除供应全日本的造船工业外，还有出口，你能说它是小型企业吗？还有我们引进的 30 万吨合成氨厂，按定员也只有几百人，你能说它是小型企业吗？企业规模要视生产特点和专业化程度而定，宜大则大，宜小则小，不能任何产业都来一个大、中、小。更不能按行政区域，中央管的是大的，省管的是中等的，县管的是小型的，都来这一套那是不行的。

4. 所有制的结构

包括全民所有制、集体所有制、个体所有制的相互关系。在当前要特别研究怎么发挥集体所有制的作用，怎样正确对待不剥削他人劳动的个体劳动。现在有不少企业，从经营效果来说，全民赶不上集体，这种情况，工业、商业、服务业都有（如青海两个电线厂的比较、唐山两个饭店的比较、天安门照相的比较，等等），这就很值得研究了。其中一个重要原因是集体所有制企业自负盈亏，全民所有制企业不自负盈亏，而是统负盈亏。能否让集体所有制企业在我们的社会主义经济中占有比现在更重要的地位呢？全民所有制企业能不能搞自负盈亏呢？这也是需要研究的。

5. 产品的结构和进出口产品的结构

什么样的产业结构，就决定了什么样的产品结构，这是相关联的。产品结构和进出口产品的结构也是有关系的。在这个方面，我们准备研究初级产品、加工工业产品和高精尖产品的关系，中间产品和最终产品的关系。咱们现在生产了这么多东西，但是作为最终产品还是有限的，有好多的东西不能用，就搁在那里，甚至把不合格的产品和一些浪费了的东西也算到产值里面去了，这很不合理。我们要研究怎样提高高精尖产品和最终产品的比例，研究我们的进出口产品结构，研究它的历史、它的现状、它的发展趋势，怎样改善我们进口的产品结构，怎样增加出口，改善出口产品的结构，怎样彻底改变旧中国遗留下来的那种不合理的状况。因为直到现在为止，我们的出口产品结构大约是这么个状况：根据1978年的统计，出口产品中农业占28%，轻工业占47%，重工业占25%。重工业产品中主要是工矿产品、初级的东西，基本上是原料出口。我们机器的出口在全部出口中只占2.7%，很少，在全世界机器贸易中我们只占0.07%，少到实在不能再少的地步。而日本人认为最赚钱的是成套设备的出口。这里也可以举几个例子。比如，我们出口的原油，如果加工成汽油、煤油、柴油就可提高3倍的价钱；如果综合利用，变成石油化工产品，就可提高8倍的价钱，那就是说出口1吨原油所制成的石油化工产品等于出口8吨原油的价钱。比如还有钨，如果出口矿砂，一吨7000美元，如果冶炼成金属钨（钨棒），一吨值2万多美元，如果能够制成符合国际标准的钨丝，那就值 77 万美元。为什么我们一定要出口钨砂，不出口符合国际质量标准的钨丝呢？就是因为我们还没有掌握这方面的技术。我们引进一些相应的技术，出口这样的钨丝，不是更好吗？再举一种轻工业原料，山羊绒是我国的特产，世界上生产毛织品的国家都竞相购买我们这种原料，这是一种热门货。可是我们如果把这种原料加工成羊绒衫，价钱就可以成倍提高。但是，我们 90% 是以原料出口，并没有制成羊绒衫，这些事情值得研究。同时，我们出口的羊绒衫质量也不行。比如，在东京市场，英国人买了我们的山羊绒织成的羊绒衫，卖 4.5 万日元一件，日本人织成的羊绒衫卖 3 万日元一件，而我们自己织成的产品在东京就不能摆到高档产品的货柜，而是摆到低档商品货柜，卖 1.5 万日元一件。那么，我们为什么不可以把山羊绒精加工，赶上或者超过英国人的水平？那样我们就可以得到等于现在售价 3 倍的价钱。所以，在出口产品方面也有一个结构问题，要努力多出口工业品，少出口农产品。工业品中要大大增加经过精加工的高级产品，少出口原料和粗加工产品。比如，日本出口商品的构成，1960 年轻工业品占 47.3%，其中纺织品占 10.3%，食品占 6.3%；重化工产品占 44.2%，其中机械占 25.6%，冶金占 14.1%，化工占 4.5%。到 1978 年，重化工产品大大超过了轻工业产品，占 85.7%，其中机械占 64.1%，冶金占 16.4%，化工占 5.2%；轻工只占 12.9%，其中纺织占 5.0%。最近，日本通产省提出 20 世纪 80 年代全面改革日本工业结构的方案，要停止出口"劳动产品"，扩大出口"知识产品"，即知识集约度高、增值高的产品，如电子计算机、集成电路、成套设备、高级化工产品。电子计算机要以每年 30% 的速度增长。当然他们也不放松汽车、电视机、钢材、船舶的出口，特别是成套设备的出口，目前已达 100 亿美元。这些做法很值得我们研究。

6. 就业结构

就业结构，包括农业、工业、交通运输业、商业、服务业、文教卫生、科学研究等部门就业情况的变化规律，人口和劳动力发展的规律，扩大就业面的途径，等等。资本主义国家有一种把产业划分为三类的做法，就业结构也是按此划分的。从 1960—1977 年，以日本来说，一类产业

（农、林、牧、渔各业，有的国家还包括采矿业）由 33% 降为 14%；二类产业（加工工业，有的国家还包括采矿业）由 30% 增加到 37%；三类产业（商业、服务业、交通运输业、金融业、文教卫生、科学研究以及公务人员等）由 37% 增加到 49%。在这个期间，美国一类产业由 7% 降为 3%；二类产业由 36% 降到 33%；三类产业由 57% 增加到 64%。同一时期，联邦德国三类产业由 38% 增加到 47%，法国三类产业由 39% 增加到 49%。总之，经济越发展，技术越进步，三类产业就业人数的比例越高。这是一种普遍的趋势，我国将来也是如此。目前，我们在商业、服务业要多容纳一些就业的人，并非我们的经济技术发展水平已经达到了欧美、日本那种程度，而是过去 10 多年，我们商业、服务业人员在总人口中所占的比例不仅没有随着生产的发展而适当提高，反而下降了。1957 年占 1.2%，现在下降到 0.6%，城乡许多生活服务事业大大落后于需要。在最近几年，增加这方面的就业人数是必要的。但从一个较长时期来看（比如近 20 年内），就业面的扩大主要还是靠生产的增长，即第一、第二类产业，特别是第二类产业。当然，在我国实现四个现代化的过程中，第三类产业就业的比重将会逐步增加。

7. 投资结构

准备研究投资的方向、投资的政策这样一些问题。比如，要研究产业部门之间投资的分配，生产性建设和非生产性建设之间投资的分配，还有新建设的企业和改造原有的企业投资的分配，文化教育、科学研究投资的分配，等等。我们目前的基本建设投资基本上是拿来搞新的项目，对于原来 30 万个企业，怎样把它们改造成现代化的企业，在我们的基本建设投资中是没有考虑的。目前在这方面只能靠一些大修理折旧基金，但折旧率很低，又七折八扣，留给企业的不多。对大修理折旧基金的使用，又限制得很死，不准改变这个，不准改变那个。在这种状况下，我们现有的企业怎么能够现代化呢？我们应当考虑，从国家基本建设投资中拨出一部分资金，甚至相当一部分资金，专门用来改造现有的企业，使之现代化，因为这样做效果最好，而且最快。这笔钱应由银行根据国家的产业政策，向企业直接贷款，而不由国家直接拨款，这样可以取得更好的经济效果。

8. 地区结构和城乡结构

要研究不同地区的经济结构、生产力的配置、经济的区划、城乡的关系，等等。过去不是每一个省、每一个地区都曾想搞一个经济体系吗？当然每个省、区，需要根据自己的自然的、经济的具体条件，安排与之相适应的经济结构（在农业区域规划方面，尤其重要）。但是，如果都要各自搞一个独立的、完整的经济体系的话，那我们国家总的合理的经济结构就无法形成了。这个问题应该怎么解决才好，很需要研究。

9. 价格结构

要研究工农产品的比价、生产资料和生活资料的比价、煤和油的比价，计划价格、浮动价格、自由价格的关系以及制定价格的科学依据，等等。这方面的问题是很需要研究的。

价格结构和经济结构的合理与否，关系极大。价格不合理，经济结构也很难合理，技术政策也难以贯彻。价格不合理，也不能真正进行经济核算，不能客观地衡量每种措施、方案的经济效果，甚至做出错误的论证。价格的合理与否，对人民的生活、消费影响尤其大。比如，匈牙利生产资料 10% 采用固定价格，30% 采取浮动价格，60% 采取自由价格；生活资料 30% 采取固定价格，大大超过生产资料，浮动价格占 40%，自由价格只占 30%。这样就基本稳定了人民的生活。这可能与他们接受了过去"波匈事件"的教训有关。我们则相反，生产资料价格总是固定的，而生活资料价格名为基本稳定，实际上有点上涨的趋势。仅就去年以来的情况说，以北京市为例，提高零售价格的商品就有 560 种、5130 个规格，其中日用工业品 439 种、4138 个规格。不仅面广，而且时间集中，在 12 月 9 日至次年 1 月 8 日一个月内，朝阳区就有 219 种商品提价，其中许多是人民生活必需品。比如蔬菜，1978 年比 1977 年上涨 10%，仅此一项城区居民就多支出 778 万元。其他如天津、上海等城市也有类似情况。据武汉江岸区调查，1978 年 9 月以来，58 种副食品平均涨 27.73%，人民对此是有意见的。有些商品收购价提高，销售价作适当调整也是必要的，但有些提得过多。如山东历城柿饼每斤收购价由 2.8 角提为 3.5 角，但运到济南销价为 5.3 角，购销差价原为 11%，现扩大为 51%。类似情况还有很多。不少单位甚至把提价作为扭亏增盈的手段，这实际上是把负担转嫁给消费者，还说是掌握了经济规律，这是非常错误的。价格问题很值得好好研究。

10. 积累和消费的结构

我们准备研究简单再生产和扩大再生产的关系、积累和消费的比例，还有积累内部的结构和消费内部的结构，等等。在一定意义上说，积累和消费结构，是经济结构的终点，又是它的起点。什么样的经济结构决定什么样的积累和消费结构；什么样的积累和消费结构，反过来又决定什么样的经济结构。道理很清楚，如果只搞重工业，不搞或少搞农业、轻工业，或者重工业不为农、不为轻，也不尽可能地生产耐用消费品，那怎么能提高消费呢？而消费不提高，归根到底又会影响积累的提高。因为积累率的提高，不是从压缩消费、降低人民生活中求出路，而是应当从发展生产、增加国民收入中求出路。发展生产，一是增加消费品，提高人民的生活水平；二是增加生产资料，扩大基本建设。后者还是为了前者，因为生产资料的生产最终还是为了消费资料的生产。列宁说过：生产资料的制造不是为了生产资料本身，而是由于制造消费品的工业部门对生产资料的需要日益增加。而过去我们考虑问题、安排计划，往往偏重生产资料的生产，不太重视人民生活消费品的生产。这是我们长期生产增长不快、积累不多、人民生活长期得不到改善的一个重要原因，也是我们对积累和消费关系处理不好的一个重要原因。只有改变不合理的经济结构，才能逐步地解决这个问题。比如，去年我们给农产品提了价，给职工提了工资，增发了奖金，我们社会购买力和可能供应的商品之间有一个很大的差额，这就给我们的积累和消费关系提出了问题。要解决这个问题，最主要的是要增加轻工业产品的生产。这是一个非常重要的任务。因为我们发展生产的目的，归根到底是为了满足人民的需要。另一方面也要考虑，能不能把职工由于增加了工资、农民由于农产品提价而多得到的收入转化成积累，从而增加储蓄呢？据我们在日本考察时所得的资料，日本职工的储蓄率在资本主义世界是最高的，平均22%；联邦德国其次，大概16%；英国和美国大约只有7%—8%。我国是多少，我还没有调查。前年我们在大庆住了一年，对大庆作了家庭调查，大庆职工的储蓄率大概是 7%。大庆有"十不要钱"①，还有其他方面的福利，储蓄率当然要高一点，其他的地方可能还达不到这种水平。我们能不能把职工的储蓄率提高，怎样提高，采取些什么办法把职工的储蓄集中起来，国家又可以作为投资，也就是说，怎样把消费转化为积累呢？日本人就是这样干的，他们搞建设，相当大的一部分资金是靠银行贷款，银行贷款中有一半以上是靠职工储蓄。你要职工储蓄，就要有些办法。现在我们物价也不是很稳定，老涨价，职工把工资存在银行里，得到的利息还抵偿不了涨价的支出，那么人们就不愿意存。因此，一方面要稳定物价，另一方面在利息上适当提高一点，特别是长期存款，利息可以高一点，这个问题也要进行研究才行。还有，对一些耐用消费品，以至职工住宅，采取赊销、分期付款的办法，这实际上也是鼓励职工储蓄，可以收到生产和消费良性循环的效果。

上述问题都需要研究，但重点还是农、轻、重的比例关系问题。毛泽东同志说，要按农、轻、重的次序来安排国民经济发展计划。这已经说了多少年了，但至今还没有很好地解决。在 1979 年 4 月中央工作会议以后，陈云同志就此问题发表了重要的意见：其一，我国有 9 亿多人口，80% 以上在农村，必须使他们有吃有穿，而且一年比一年生活得好。在这个基础上来安排我们国家的建设和经济生活。农民是个大头，把这个大头安排好了，中国的大局就稳定了，否则全国不得安定。其二，要牢固地树立重工业为农业、轻工业服务的观点。这涉及重工业内部结构问题，如在重工业的建设方面，要看为农业、为轻工业的投资占多少；在重工业的生产方面，要看为农业、轻工业提供的机器设备和原材料有多少，要看生产了多少耐用消费品。全国每一个经济部门都要按农、轻、重的次序来安排自己的生产和建设；重工业部门更要这样做，首先要为农业、为轻工业，根据这个来安排重工业自身的发展。其三，在年度计划和长远计划中，农、轻、重的投资各占多少比重，要根据上述两个前提来安排。但这样安排的结果，并不是要使农业投资占第一位，也不是要使轻工业投资超过重工业

---

① 马洪主编：《对大庆经验的政治经济学考察》，人民出版社 1979 年版，第 292—293 页。

的投资。如果那样，也会犯大错误。实际上，如果把重工业内部为农业、为轻工业服务的这部分投资计算在内，还是重工业的投资占多数或者占相当大的多数，重工业的投资比重还是要大于农业、轻工业，当然，大也是有合理限度的。这三点，话虽简括，但对我国社会主义现代化建设，是极为重要的。

这次准备进行调查研究的就是这些方面，这是我们的初步设想，很不完善。调查中不仅要对这些方面分别调查研究，而且要从总体上对这些方面进行综合研究。调查研究要和制定近期的、远期的计划结合起来。要研究一下到 20 世纪末实现四个现代化的总目标，这就是未来学、预测学。未来 20 年究竟要达到什么目标，不能仅仅有一个四个现代化的口号，要勾画出一个实现四个现代化的具体目标和轮廓来。要研究促成实现这个总目标的比较理想的经济结构。定了这个目标，就要有个与之相适应的经济结构来保证它实现。要研究近几年内调整的目标和今后四个五年计划各自的目标，研究调整时期的和今后四个五年计划时期的比较合理的经济结构，以及相应的产业政策和其他政策。特别是对近几年调整时期，要提出一个逐步地向合理的经济结构过渡的办法和步骤，为编制近期的和长远的规划提供依据。

当然，任何合理的经济结构都以一定的时间、地点、条件为转移。就是说，在这个时间、地点、条件下是合理的，到另一个时间、地点、条件下就是不合理的了。那么，在目前情况下，在现阶段，比较合理的经济结构应当具有哪些特点呢？根据初步议论的意见，有如下几点：（1）农业要能够基本满足整个国民经济发展的需要；（2）轻工业要适应工人、农民和知识分子生活日益改善的需要；（3）重工业必须由目前基本上是自我循环、自我服务的类型改变为主要为农业、轻工业服务，为技术改造服务，并且本身能协调发展；（4）能源有保证；（5）交通运输真正成为先行；（6）保证人民生活不断有所改善；（7）因地制宜合理配置生产力；（8）有一个比较合理的价格体系；（9）大、中、小企业有机结合；（10）先进技术和一般技术正确结合。这些当然是不完全的，有待调查研究之后补充修正。

　　总之，我们研究经济结构问题，其基本的目的，就是要改变我们这种20多年来形成的以钢为纲的、"重、轻、农"的、闭关锁国的、不合理的经济结构，以及同它相关的产业政策，逐步地形成一种以农业为基础、工业为主导的，农、轻、重为序的，自力更生为主，尽量争取外资和国外先进技术，扩大对外交流的经济结构，以及相应的产业政策，以适应我国在20世纪末实现四个现代化的需要。再说一句，这种经济结构要能够促进我国国民经济持续地、按比例地、高速度地发展，既能较快地改善人民生活，又能较多地增加积累，大大地加快我国社会主义四个现代化建设的步伐。这就是研究这个问题的目的。

日本资本家是怎样管理工业企业的[*]

　　1978 年 11 月，我参加国家经委代表团到日本考察工业企业管理问题。这次考察受到日方的友好接待，使我们直接地了解到日本工业发展和企业管理的一些情况。下面首先谈谈日本工业发展的概况，然后再讲到本题。

一　从 1955 年到现在日本工业发展的情况

　　日本自 50 年代以来，工业和整个国民经济的发展速度是比较快的。从 1955—1976 年，日本的国民生产总值一共增长了 4.8 倍，占资本主义世界的第一位。在这期间，日本职工的实际收入，在生产增长的基础上增加了 2.1 倍。日本的工业，在 60 年代初期，占世界的第 5 位，到 1973 年就上升为第 3 位，除了美国、苏联，再就是日本了。目前，按人口平均的国民生产总值，日本已接近美国的水平，就是说每一个人平均的国民生产总值，大体是 1 万美元。日本的经济为什么能发展得比较快呢？原因很多。根据我们考察得到的看法，大体有以下七点：

　　第一点，从 50 年代后期起，日本的政局比较稳定。

　　当然，我们也可以看到，这个内阁倒台，那个内阁倒台。如最近就是

---

　*　本文原载《访日归来的思索》，中国社会科学出版社 1979 年版。

福田下台，大平上台。但它对经济并无多大的影响。掌权的都是自由民主党。这个首相、那个首相上台，不大影响政局，他们的基本方针没有什么大的变化。我们的经验也证明，政局稳定，经济就上得快；反之，经济就不可能上去。毛泽东同志晚年看到我国的政局不稳定，提出还是安定团结为好。而"四人帮"是不让安定团结的。以华国锋同志为首的党中央一举粉碎了"四人帮"，获得了安定团结的局面；我们一定要珍惜、爱护和创造安定团结的政治局面，这是发展经济很重要的条件。

第二点，日本经济发展遇到了好时机，发了战争财。

美国在 50 年代初发动了侵朝战争，接着又发动了侵越战争。侵朝战争期间，美国在日本花了 500 亿美元。侵越战争期间，又在日本花了 1000 亿美元。美国帝国主义为了进行这两次战争，不得不拿出巨额款项来花在日本，因而使日本得到了好处，得到了资金，刺激了经济的发展。1500 亿美元，这不是小事情。看看我们的情况，就不同了。我们为了抗美援朝，抗美援越，花了几百亿人民币。日本发了战争财，而我们作了很大牺牲，付出了很大代价。

第三点，日本有一个日美安全条约，所以它的国防费用很少。

由于有日美安全条约，日本的国防安全受美国军队的保护，因此它的国防费用很少，在世界经济发达的国家中是最少的，国防开支只占国民收入的 1.1%。而在第二次世界大战以前，它的国防费用占国民收入的 7%。它不养那么多军队，就可以把相当多的钱用来发展经济。这一点和我们不同。现在，苏修亡我之心不死；在这以前，美帝国主义到处包围我们，我们不得不将国民收入中一个相当的部分，用来加强我们的国防，我们不得不这样做。这一点，我们和他们不同，和他们的条件不一样。

第四点，日本政府在各个时期都采取了有重点地发展经济的方针。

每一个时期有一个重点，通过重点把一般带动起来。例如，在第二次世界大战结束后，即 1945 年以后，日本战败，国民经济整个破产，人民生活非常痛苦，没有吃，没有穿，没有住，比我们打败日本帝国主义和国民党反动派后的情况更严重。在那时，他们提出要搞农业，要有饭吃。为了搞农业，就要搞化肥。那时生产化肥，不是用石油，而是用煤炭做原料，所以就要搞煤炭。要搞煤炭，搞化肥，就要搞电。从 1945—1950 年，这几年主要搞这些东西。为了吃饱肚子，使国民经济恢复起来。结果，他们取得了成效。日本国内市场狭小，需要依靠对外贸易。为了解决本身的困难，要尽量扩大出口，这时主要靠纺织工业，靠轻工业。要发展轻、纺工业，它自己又没有原料，因为它不生产棉花，于是就搞合成纤维，什么维尼龙、涤纶、人造羊毛，等等。这就要搞石油化工。要搞这些东西，就要搞钢铁，因为这些东西需要用大量钢铁。这时的重点，他们叫做"重化工"即钢铁和石油化工。这就把钢铁、石油化学工业搞起来了，一直到 60 年代。60 年代末到 70 年代，搞电子工业。电子工业是热门工业。不过，现在他们快到饱和了。今后怎么办？他们正在研究，还没有定论。他们的机械工业，是根据不同时期不同需要搞不同的机械。日本在每一个时期，都非常重视电力，使电力走在前面。一般工业增加 12%，电力就要增加 12%。我们因为电力工业不相适应，有 30% 的工厂开工不足或者不能开工。

实践证明，日本这套做法，起了积极作用。我们国家，在恢复时期和第一个五年计划时期，经济发展得比较快。1963—1966 年经济调整时期，讲究综合平衡，协调发展，经济发展速度也比较快。到了"文化大革命"时期，由于林彪、"四人帮"的干扰破坏，经济发展就慢了，甚至下降了。我们看看日本的情况，联系到我们自己的情况，他们的经验值得我们参考。

第五点，日本人非常强调，经济发展要注意良性循环，避免恶性循环。

日本人这样讲，当然是资产阶级吹嘘自己，可是也反映一些实际。一个是国内经济的良性循环，一个是对外贸易的良性循环。他们非常注意经济效果。大家都知道，资本家经营企业是为了追求最高利润，要做到这点，就要以最小资本做最大的生意。毛泽东同志在《关于正确处理人民内部矛盾的问题》一文中讲过，要我们少花钱，多办事。我们社会主义，更要讲究经济效果。日本人是怎么做的呢？他们有些企业拿自己的一元钱，一年能做 30—40 元钱的生意。日本的资本家，他的资本，自己只有

17%，即做100元生意，他只有17元钱的资本，剩下的30%多靠银行贷款，再剩下的40%多靠资本家互相挪用。在日本，如果把借银行的钱，借用别人的钱，自己的钱，加在一起，有些企业一元钱一年可以周转五六次。而我们把固定资产和流动资金加在一起，一元钱顶多一年只能周转一次。所以，毛泽东同志说，资本家，用人少，效率高，会做生意。而我们则不会这些。所以毛泽东同志要我们在这方面向资本家学习。

那么，他们的所谓良性循环是怎样循环的呢？日本这个国家资源缺乏，除了有些煤炭外，发展工业的其他资源基本没有。日本国土只有几十万平方公里，有一亿多人，人口密度比我国大得多。他们说，要利用人口多这个最好条件，来发展经济。第一，就是要提高人的劳动质量，"把人的能力开发出来"。我们听了这个口号感到新鲜。第二，就是进口原料，经过精度加工然后制成高级产品。第三，出口换外汇。为了实现这三点，他们采取两个办法：第一个，从欧美引进先进技术，主要是引进专利，而不是大量进口成套设备，而我们，一买就是成套，甚至几套、十几套。他们顶多买一套，也不是全部买，国内没有的才买，自己能制造的就不买。第二次买得更少，第三次就自己制造，甚至还要出口。在这方面，我们不会搞，吃了亏。第二个，日本人肯花很多钱培训工人，培训技术人员，使劳动力质量有很大提高。这样，他们就能提高产品质量，增加新的品种，降低成本，使产品在国际市场上有比较高的竞争力。比如说，丰田汽车，在美国市场上，比美国同样的汽车多卖1000美元，美国人还愿意买它的，因为它比美国的汽车消耗汽油少。特别是这几年闹能源危机，汽油涨价好几倍。同时，日本的汽车，控制系统好，驾驶起来安全。在这种条件下，价格虽然高一点，人家也愿意买。再如彩色电视机，日本的比美国、联邦德国的销售量大，竞争能力强。为什么竞争能力强？这和工人技术水平高有很大关系。最后的结果是，日本工业的主要原料几乎全部都从外国买进来，把这些原料，如煤、石油、铁矿石、有色金属，等等，经过多次加工，制成产品卖出去。国内销售70%，出口占30%。但这出口30%的产品价值，除可抵偿全部进口原材料和其他费用外，还可净赚几十亿美元的外汇。这样也就把国内生活搞好了。很明显，多出口就可以多进口，进口原料越多，就可以生产更多的产品，出口也就越多；出口越多，就可以赚取更多的外汇，更快地发展本国的工业。这就是他们所说的两个良性循环。这个问题，对我们也有启发。我们费了好大劲，出口这个，出口那个，一年不到100亿美元。又是猪、蛋、鸡，又是橘子，还有石油。这些东西没有加工，很不值钱，又是国内非常需要的。我们把裤带勒起来，可是换的外汇却很少。我们一年出口的物资所换的外汇同香港差不多。我们有很多潜力可以挖。国家这样大，资源这样丰富，还有这样多的勤劳勇敢的人民，如果我们把潜力挖掘出来，那可以换回多少外汇！我们完全可以比日本搞得更好。

第六点，就是日本的资本家采取各种各样的办法，来调和阶级矛盾，想方设法把职工的利益和企业的利益捆在一起，来刺激职工的生产积极性。

在这方面，日本资本家也取得了相当的效果。这也是日本工业发展比较快的一个重要原因。关于这个问题，后面还要专门介绍，这里就不多讲了。

第七点，日本人在引进先进技术的同时，非常重视引进先进管理方法。

应该说，日本人认识这个问题也是有个过程的。开始，他们也是注意引进国外先进技术，不太注意引进先进的管理方法。50年代初就是这样。当时，从美国引进不少东西，但劳动生产率、成本、质量都赶不上美国，竞争不过人家。后来，他们接受了这个教训，才重视这个问题，翻译人家的书，请人家的专家，派厂长、专家到国外考察、学习，很快提高了管理水平，才有今天的结果。这一点很值得我们学习。我们现在也有类似日本50年代早期那种情况。我们也引进了一些先进技术，但管理不行，劳动生产率很低。例如，从国外进口的30万吨合成氨厂，人家只要240人，我们要1500多人。这就是说，人家一个人能办的事，我们要用六个人。这样怎能赶上和超过外国。列宁说过：劳动生产率，归根到底是保证新社会制度胜利的最重要最主要的东西。资本主义造成了在农奴制度下所没有过的劳动生产率。资本主义可以被彻底战胜，而且一定会被彻底战胜，因为社会主义能造成新的高得多的劳动生产率①。我们现在这种状况，反映管理工作落后。如不大大改进管理工作，引进先进技术装备，也不能达到真正先进的水平，特别是在劳动生产率方面。

日本经济发展快的原因，概括起来说就是以上讲的七点。

二　日本资本家是怎样管理企业的

这次考察中我们把管理问题作为考察的重点。我们一定要下大力气将我国工业企业的管理工作搞好，来加速社会主义现代化的建设。下面分几个问题来讲。

第一个问题，谈谈日本企业采取的是什么样的组织形式。

日本的企业，主要是采取托拉斯的组织形式，在日本叫株式会社，也就是我们平常所说的公司。

据我们考察，这些株式会社基本上是三种形式，细分起来也可以说是四种形式。

第一种形式是统一核算，统一管理。最典型的是电力工业公司，产品单一，发电和供电同时进行。各发电厂的生产，由公司用电子计算机高度集中控制，严格地按照计划进行。各发电厂只管机组的安全运行，在经济上没有独立性。

第二种形式是统一核算，分级管理。如新日本制铁公司，下属 10 个钢铁厂，7.6 万人，是日本最大的钢铁公司。又如丰田汽车公司，有 10 个工厂，5 万人。这两个公司的产品也比较单一，所以工厂的生产指标和物资供应，都由总公司统一安排。但由于产品品种多（比如各种汽车、各种钢材），因此和第一种形式不同，各厂在组织生产、核算成本、外包作业、零星购置、任用厂内干部等方面，都有相当的权限，有相对独立性。

第三种形式是分级管理，分级核算盈亏，或称事业部制。这种形式是

---

① 《列宁全集》第 29 卷，人民出版社 1956 年版，第 388 页。

从美国学来的。事业部制是什么意思呢？事业部相当于分公司，一个大公司有若干个事业部，事业部下面还有许多工厂，这些工厂不独立核算，由事业部进行管理和计算盈亏。采取这种形式也是由生产特点决定的。如东芝电器公司、松下电器公司，它们的产品不是单一的，而是种类繁多，从电视机、电冰箱等家用电器，到成套发电设备等，差别很大。虽然这些产品之间也有一定联系，但基本上是可以单独进行生产的，所以按产品分成了许多独立的事业部。

以上是日本企业管理的三种基本形式。但是，它们都有一个共同点，就是都实行了供、产、销、人、财、物六个统一，特别是财权，一律集中于公司。只有丰田财团是个例外，它将生产、销售分开来，成立了丰田汽车工业公司和丰田汽车销售公司。前者管生产，后者管销售，各自实行单独核算。两者之间订有合同，要生产什么牌号，生产多少，由销售公司定，生产公司产出之后，就交给销售公司出售。这样，生产公司集中精力搞生产，销售公司千方百计扩大市场，增加销售，各负专责，互相促进。丰田所采取的这种产销分离的方式，就是我们所说的第四种形式。

日本的公司，许多是跨地区的，甚至是全国性的。所谓全国性，是指其下属企业分布在全国许多地方，而不是把全国同类企业都网罗在一个大公司之内。同一行业的全国性的大公司有许多个，如日本有五大钢铁公司、十大汽车公司、九大电力公司，等等。它们相互竞争，在竞争中发展。

下面谈谈在公司内部，总公司和工厂的职权范围。这个问题是企业管理的一个大问题。日本公司在这方面职责、权限很明确。无论实行哪种管理形式，总公司一般负责五件事情：（1）公司的经营方针和"战略性"决策；（2）产销计划；（3）设备投资和生产经营的财务预算；（4）科学研究和新技术的开发；（5）进出口贸易。公司又是如何负责这五项任务的呢？公司设有董事会，有几十名董事。董事中又有常务董事和董事长，还有社长，即总经理。这五项任务都由董事会讨论决定，总经理负责执行。总经理对董事会负责，董事会闭会期间，公司的首脑就是总经理。全公司都要听总经理的命令，这就叫首脑负责制。董事会一个月召开一次会议，常务董事会半个月开一次会议。总经理和一两个副总经理加上常务董事，一周开一次会议，都是抓大的事情。在日本的公司里，董事、总经理不一定都拥有很多股票。有些人实际上是被资本家用高薪雇用的精明能干的技术专家和管理专家，是代替资本家来管理企业的。

工厂一级的职权是什么呢？丰田汽车公司的厂长们不约而同地对我们讲：他们主要是抓五件事情。一是质量。质量和品种、数量是不可分割的，所以抓质量，同时也必须抓品种、抓数量。二是交货期。这是一个很重要的指标，资本主义的厂子特别注重交货期，按期交货才能使各企业的生产衔接起来，既不致停工待料，也不会造成半成品的积压。至于最终产品，更要求交货迅速。交货快，竞争力就强；交货晚了，不但少卖钱，还要赔钱。三是成本。四是安全。避免死人、伤人，伤了人、死了人都要赔偿；严重的，厂长还要坐牢。五是注意作业场地的清洁卫生。这一点人家做得比我们好。在日本钢铁厂参观，有的地方就像花园一样。这是值得我们借鉴的。

厂长和总经理的关系，是厂长对总经理负责，厂长又在厂里负全部责任。由于职权明确，所以各级干部都可在自己职权以内放手工作，该自己决定的事情就拿出主意来，用不着到处去请示，也没有人干涉他履行职责，更没有人代替他决断，替他承担责任。看看他们，想想我们，在这方面，有许多问题是需要认真解决的。有些日本朋友曾坦率地对我们说，中国工业企业领导人的职责权限是"暧昧"的，不知道党委书记、厂长、支部书记、车间主任各负什么责任，在这种情况下是无法做好企业管理工作的。我们应当认真地研究一下这个问题，搞清楚企业党委要做哪些事，厂长要负哪些责任，厂长和党委的工作关系如何正确处理，以彻底克服目前存在的严重的无人负责现象，使我们的企业工作尽快地转移到社会主义现代化建设的轨道上来。

第二个问题，日本的企业是按什么原则组织起来的。

日本有 51 万个企业，其中大的企业有 1000 多个，大多数是中小企业。与我们比较，他们的企业规模小、数目多。这么多的企业，他们是怎样组织起来的呢？概括地说，他们是按专业化与协作的原则组织起来的。

日本不少企业以前也是大而全、小而全的，后来随着现代化的进展逐步改变了这种现象，采用专业化和联合化相结合的方式组织了很多公司。同时，又采取合同制的办法把国内的其他企业逐渐组织到公司的周围进行有效的生产协作。这样一环套一环，形成了许多以大公司为中心的大大小小的协作网。比如，丰田汽车工业公司本身只有10个按专业化原则组织起来的工厂，而它周围却有1240家协作厂，这些协作厂，由于协作的程度不同，它们和丰田关系也就不一样。随着丰田汽车公司的发展，这些协作厂本身也在发展。例如，一个为丰田汽车公司生产安全带（日本的汽车行驶速度快，为安全起见，备有安全带）、打火机等零件的协作厂，原来全厂只有20个人，现在它已发展到2700人，下属几个工厂，产品除了57%供应丰田汽车公司外，其余43%供应别的汽车公司。

日本企业专业化协作有哪些特点呢？根据我们的考察，主要有下列几点：（1）充分利用历史上形成的老关系，绝大多数协作厂都和大公司有几十年的协作与供销的经济关系。不像我们这样，用行政办法，把一些相互不熟悉、协作件也不完全对路的企业强拉在一起，而且今天一改，明天一变，"朝秦暮楚"，很难搞好协作。（2）各个协作厂实行独立的经济核算，但在经济和技术上对大公司则有很大的依附性。有的协作厂由大公司直接投资兴办；有的是大公司派干部参与经营管理；有的由大公司派专家进行技术指导和工艺监督，以保证质量；有的由大公司解决部分资金和设备；还有的使用大公司的技术专利。（3）协作厂主要为一个公司服务，但同时又和其他许多厂家建立协作关系。（4）绝大多数协作厂都是中小企业，但也有少数较大的企业，这些大企业对某一大公司是协作厂，但它下面又有许多协作厂，一个套一个地把许多很小的厂子组织在一起。还有些协作单位本身就是大公司，如运输公司、清扫公司等，它们同时为许多公司服务。专业化协作的发展，使得各大企业都能集中精力抓好关键性产品的生产，便于不断改进关键性技术和工艺。而中小企业也由于产品或作业单一，便于大批量生产，有利于革新技术，降低成本，提高劳动生产率。如新日铁公司君津钢铁厂，不但把厂内的清洁、绿化、食堂这一类生活服务工作完全外包出去，就连从高炉车间到转炉车间的铁水罐运输，也外包给运输公司。据说日本各大公司本身差不多都没有自备的运输汽车，基本上委托运输公司负责。在访问中，我们问丰田汽车工业公司零配件储备量是多少，他们说丰田是采取"无库存轮动式生产"，一般只有半天，至多只有一天的储备量。又问如果停工待料怎么办呢？他们说不会停工待料的，因为协作厂和运输公司的效率非常高，只要订了合同，就按计划进行，每天需要什么，他们都能按时运来。这样谁还愿意将产品积压在仓库，而向银行借款交利息呢？丰田不到一分钟就出产一辆汽车，但他们没有仓库，他们的材料和零件、配件都是放在生产线上的，我们看到的生产线两边都备好所需的材料和零部件，随用随到，车辆来往不停。

企业间的协作关系，用合同的形式固定下来。通常先签订"作业承包基本合同书"，对双方应承担的权利和义务做出原则性的规定。然后还要签订"作业承包合同书"，把合同的条件进一步具体化。至于产品的规格、质量和数量，还要每月定一次，以适应市场的变化。为了衔接大公司和协作厂的生产，大公司还将年度生产推销计划送交协作厂参考。由于双方都很重视信用和相互承担经济责任，从而违反合同的情况是很少的。

第三个问题，日本的企业管理主要抓什么。

资本家抓管理，主要是抓利润。财务大权都集中在公司手里。为了抓利润，资本家采用了各种手段，但是能够把几万人参加的、十分复杂的生产销售系统的大公司经营得有条不紊，则主要是靠计划。这个问题马克思早就说过，在资本主义制度下，社会生产是无计划的，而在企业里边是有计划的。随着资本主义生产的发展，企业内部的计划愈来愈精密，愈来愈科学。这是现代化大生产所必需的，是资本主义已经做到的，并不是社会主义所独有的。在这方面，目前，他们比我们做得好。我们要搞好企业管理，还得向他们学习，而且应当做得比他们更好，因为我们除了有企业内部的计划以外，还有整个社会的计划化，这是资本主义所不能比拟的。

要研究资本主义企业的计划化，就要抓住它最根本的特点，即以销定产，产销结合。他们是根据销售进行生产，就是说，生产什么，生产多少，首先要看有没有销路，没销路就不生产，宁可不生产也不乱生产。他们的计划是产销计划，也叫生产贩卖计划。他们定计划，主要根据订货单。没有订货单就不生产，特别是大型产品，像大的发电机、大型成套设备，如三十万吨的化肥设备和三十万吨的乙烯设备，没有订货单它根本不生产，否则生产出来卖给谁呢？如果长期积压，占着资金，还要付利息，他们宁肯不生产。有些需要到市场上销售的产品，事先无法征得订货单，怎么办呢？他们就采用市场预测的方法。这对资本家来说是一个很大的学问。会经营的，预测得对，就捞一大笔钱；不会经营的，预测得不对，生产出来的东西没人要，造成积压、亏本，甚至倒闭。

在资本主义条件下，要搞好企业产销计划和市场预测，的确是一门很大的学问。为了做好这项工作，各公司都设立了庞大的推销机构和现代化的商业情报中心。他们还同商社（主要是商品产销的中介，有的也承包工程，有的还经营某些简单的加工工厂）保持密切联系。各大商社都有非常现代化的世界性的情报网，如三井物产商社，在 5 分钟内，就可以把世界各地的商情收集起来。各公司不断按最新商情，争取扩大订货单，及时调整生产计划，力图使计划符合用户和市场的需要，使产销紧密结合起来，既避免短产和拖期交货，也避免盲目超产，造成积压。

为了使产销衔接好，他们在编制生产计划时，详细调查用户对产品品种、质量、规格的要求，研究如何改善自己的生产条件，改进设计和工艺。例如，为了预测未来市场对家具的需要情况，他们甚至要了解一个城市将有多少人要结婚，建立新家庭，还要了解其他家具工厂生产什么家具、家具的规格、成本与销价怎么样。在做了这些摸底预测后，再根据市场的需要制订生产计划、原材料供应计划、配套产品计划、劳动计划，以及财务计划，等等。日本公司制订计划时，都是经过反复计算，综合平衡，才最后形成的。他们很强调综合平衡，否则企业定了那么多产量，而没有原材料，没有电，没有煤，没有零配件，不能按期交货，那就吃不消了。因为各企业之间都订有合同，规定按天、按时、按质、按量在指定的机台和岗位交货（在 50 公里半径以内的，都是定时供货），不按合同交货，不但失掉信用，还要罚款，而且罚得很多。所以各企业都千方百计地来完成各自的计划，以避免失掉信用，避免罚款。

当然，资本主义公司内部的计划制订和计划方法也不是一下子形成的，而是经过二三百年的历史，在长期的竞争、危机的过程中，逐渐形成和完善的。我们是社会主义的国家，实行生产资料公有制，前面说过，我们不仅各个企业有计划，而且全社会也是有计划的，这是我们比资本主义优越的地方。我们的社会主义经济制度，更应该按需要生产，以需定产，以产定供。但是由于我们过去缺乏经验，又受了苏联那一套办法的影响，往往造成产销脱节，不是供不应求，就是积压。我们要改变这种状况，需要把资本主义公司制定产销计划的方法中对我们有用的东西学过来，改进我们的计划工作。

第四个问题，日本是怎样以品质为中心抓生产管理的。

我们这次到日本考察，对质量管理有了一些新的认识。日本人不叫质量管理而叫做"品质管理"。他们认为质和量是两个不同的概念，合在一起不科学，他们这个意见是值得考虑的。

日本企业的一切经营管理活动和生产活动，都是以品质为中心，各级管理人员和每一个工人对此都有明确的认识，企业的各项规章制度都是围绕着这个中心并为它服务的。因为越是价廉物美的产品，越有销路，越能获得最大的利润。所以他们强调，品质标准应以用户是否满意为唯一标准。公司规定的品质标准往往高于政府颁布的标准，各工厂制订的标准又高于公司的标准。随着经济的发展，用户的需要是不断发展变化的，要使用户满意，不仅要提高现有产品的品质，而且要不断发展新的品种。日本品质管理的基本指导思想和制度，不仅大大提高了工业生产的效率，而且给国民经济带来极大的好处，整个社会的服务质量和社会风气也随之发生重大的变化。在国际市场激烈竞争的情况下，日本提出要生产"世界上第一流的产品"。日本各公司都十分重视提高品质，发展新品种，加强竞争能力，有一种争取企业生存和发展的紧迫感。为了使用户满意，日本的企业经常在市场上调查对自己产品的意见，不仅如此，他们还召开消费者大会，让消费者公开评价自己的产品。这是一个严峻的考验，因为会议情况是要电视广播的，如果消费者说某个公司的产品品质不好，这个公司的信誉就会下降，产品就会卖不出去，甚至弄得非关门不可。

日本工业界有一个非常流行的说法："好的产品是生产出来的，而不是检查出来的。"他们的一个口号是"品质第一，用户第一，预防第一"。怎样预防第一呢？他们注重在设计、工艺、设备、原材料和生产过程的各个环节都贯彻"品质第一"的思想，预先消除可能产生不合格产品的各种因素。他们通过先进的测试手段，检验各道工序的产品是否符合设计的要求。凡是不符合标准要求的零部件都不能进入下一道工序。哪里发生了这种情况，就在哪里将生产线停下来，这样全厂就都知道了。矛盾暴露了，解决起来就快而彻底，因此这种事情发生得很少。我们则不然，发现了不合格的零部件，总想换一个备用的，不使生产线停顿，这样做实际上就掩盖了矛盾，不易引起大家注意，所以问题也就得不到及时的解决。

日本人说，在国际竞争中，不仅要求高品质，还要靠不断增加新品种。他们把提高品质和增加品种结合起来。日本市场上钢材和机器设备等生产资料，几乎达到要什么品种就有什么品种的程度。各种生活资料更是品种齐全，花样翻新。汽车、自行车都有上百种，电视机几十种，至于它们的式样，更是多得不可胜数；手表就有机械表、自动上弦表、薄型表、电子表等20多个品种，每种又有许多不同的样式。他们根据用户的需要，经过深入细致的调查研究，不断设计和生产新品种。如东芝电器公司半导体工厂出售的产品，每年有一半是新产品。特别是制造衣服的工厂，一年至少要有12个品种，每一季度至少要有3个品种。我们在日本东京的街道上看到，日本妇女穿的衣服，各色各样，很少雷同的。而大量的新产品上市，又刺激了一系列新的需要。我们在东京参观了一家百货公司，它有150年的历史，是东京最大的百货公司，在世界的许多大城市都有它的分公司。这个公司的经理领着我们从楼上到楼下参观了一遍，全程近4公里长，有50万种商品。

日本人对新产品都有个要求，就是产品的品质和性能要比原来的好，但价钱力求能维持原来的水平，甚至更低。为了实现上述要求，日本的大企业都集中了许多优秀的科学技术人员，拥有设备完善的研究设计机构。用于发展新产品的科研、试制费用，一般占销售额的1%。这样巨大的开支，都分摊到正在生产的产品中去。在生产新产品时，先订出有竞争能力、用户能接受的价格，然后制定成本目标，千方百计为降低成本而努力。这种新产品的订价办法，也值得我们借鉴。我们的不少产品，10 年、20 年"一贯制"，没有什么改进。这种状况实在是应当改变了。

"全员品质管理"，这个口号在日本工业界叫得很响。他们想方设法要大家都来重视质量，成立了很多品质管理小组，这是一种群众性的活动。我们看到许多工厂都有这种小组，有的小组，还向我们介绍了他们小组活动的情况，画了许多图表，讲解的都是工人，有的还是女工，他们这方面的活动很活跃，收到了比较好的效果。除了要工人参加品质管理活动外，他们还制定了一整套具体的品质管理办法和奖励办法，给积极参加品质管理的职工以各种物质奖励和荣誉，以刺激全体职工参加品质管理的积极性。各工厂的工人品质管理小组，经常讨论研究品质管理问题，对提高品质起了很大作用。日本一年一度的"品质月"活动，是全年坚持不懈的品质管理活动成果的总检阅，我们参加了他们"品质月"的一些活动，对我们很有启发。

第五个问题，日本的企业是怎样培训职工的。

日本的企业很重视培训人才，把它看做一项战略任务，叫做"能力开发"。他们根据日本国土狭小、资源贫乏的具体情况，认为要在国际竞争中求得国家和民族的生存，除了发展技术以外，别无他途。在工业界有这样一种普遍的看法："一个好的企业，首先是优秀的工人、优秀的技术人员、优秀的管理人员组成的优秀的技术集体。"他们说，没有先进设备可以购买，没有资金可以借贷，但是，没有人才就什么事情也干不成了。培养出好人才，是企业领导人的光荣；培养不出好部下，就不是好领导。这已形成了一种社会风气。各大公司的董事长，都以自己的公司能培养和拥有大批的优秀技术人才和管理人才而骄傲。他们在培训人才方面是肯花大钱，出大力气的。

日本企业培训工人的办法，基本上有三种，即现场学习、业余学习和脱产学习，而以现场学习为主。对工人的培训要求是十分严格的，他们的工人一般都是高中毕业生，这些人进厂后至少要进行半年的训练，专业性比较强的要进行九个月至一年的训练。训练内容除了安全、基础知识和专门技能的教育以外，还注意礼貌教育、纪律教育和企业的传统教育。如松下电器公司，原来只是一个小作坊，有十几个工人，现在该公司老板搞了一个陈列馆，把当时的一套东西摆在那里，以便对新入厂的职工进行传统教育。我们到日立电器公司参观，他们也搞了一个这样的纪念馆，凡是进厂的青年人都首先要到那里受教育，同时那里也是个相当阔气的训练中心。除了入厂教育外，如果调换新的工种还要重新培训。他们为了使工人获得必要的知识和技能，还把工人分成五"层"：入厂1—2年的叫"新入层"，3—5年的叫"一般层"，6—9年的叫"中坚层"，10—14年的叫"棒心层"，15年以上的叫"监督层"，这一层相当于我国工长的水平。每一层都有不同的训练内容和要求，定期考试。考试是和升级、长工资联系在一起的。他们干什么学什么，学不会就不让干。从工人中提拔的工长都是精明能干的，车间主任不在时，工长照常可以把生产指挥好，因为他们一般都经过了15年的锻炼。

对于干部的培训，要根据不同情况，采取的办法、提出的要求也不一样。比如，对股长到部长（相当于我国的处长）一类的干部，强调提高管理技能，实行定期调换岗位的制度。如管生产的调去管销售，管劳动工资的调去管生产，在取得全面管理经验后，再提上来当一个全面的领导干部。对于需要专门技术的，就进行专门的培养，同时，保持其专业的稳定性。而对董事、厂长一级的领导干部所采取的培养办法又是另一样了：（1）请专家教授来讲课；（2）参加各个企业之间的经验交流会；（3）在本企业的培训中心进行专题总结，并给课长（相当于我国的科长）以上的干部讲课，要讲课，就得自己多学习；（4）短期脱离工作，到休养地"务虚"，总结经验；（5）出国考察，日本大企业的董事长、总经理、厂长和生产技术负责人都到过国外，而且几乎去过所有经济发达的国家，对国外的情况很了解。

日本的大公司都有设备先进、师资齐全、教材成套的培训中心。例如，新日铁公司八幡钢铁厂，1.9万名职工，设有建筑面积1.2万平方米的培训中心，可同时培训2000人；还有一所培训中层干部的研修中心，建筑面积2800平方米，可同时培训300人。培训中心有带录像机的电视教室、自动控制的教学电影、外国语教室、幻灯教室，职工下班后，可随时去上课。打开录像机，就可以从自己座位上的电视机中看、听老师讲课，带上耳机，可以选学外文。此外，他们还按照 13 个专业编订 13 门通用教材和 52 种专业教材。

第六个问题，日本资本家是如何把企业的利益和职工的利益捆在一起的。

我们在考察时看到这样一种现象，日本的工人干起活来是很紧张、很认真的。这和我们工厂现在存在的状况有些不同。我们是社会主义国家，工人阶级是解放了的工人阶级，是企业的主人。我们理应比他们干得更好。可是，与他们相比，我们有缺陷。这是不是我们的工人阶级不好呢？不是的！我们的工人阶级是很好的，能为社会主义国家做出很大牺牲的。问题不在于工人方面，而是在组织领导、管理这些方面。看到日本这个情况，是不是说日本资产阶级真正把职工的积极性调动起来了呢？当然不是。为什么日本工人那样紧张那样认真地干活呢？道理很简单，因为不那样干，工厂就会倒闭，工人就要失业，就没有饭吃。这一点和我们不一样。我们的工人进了工厂就有了"铁饭碗"。日本工人目前的生活虽然比我们高，但他们非常羡慕我国工人阶级的"铁饭碗"。这说明社会主义制度比资本主义制度优越。日本工人阶级在企业中的地位和我国工人阶级相比是根本不一样的，对此要有明确的认识。尽管这样，日本资本家还是采取了各种办法，把企业利益和工人利益捆在一起，使职工产生与企业共命运的感觉，如日本资本家说的，形成"命运共同体"，即：企业倒闭了，工人就失业；企业赚了钱，工人就能增加工资，增加福利。

日本的资本家怎样把企业利益和职工利益捆在一起呢？他们采取一些什么办法呢？根据我们的考察，主要有四种办法，或五种办法，四种是经济的，一种是政治的。

第一个办法，叫做"终身"雇用制。当然，这个"终身"是打引号的。在日本，工厂只要不倒闭，一般不解雇工人，工人进了工厂就是工厂的人了。当然进厂是有严格的选择的。不像我们，工厂的负责人有很多苦恼：不管有残疾也好，眼睛不好也好，只要劳动部门给了，工厂就得要。日本不是这样，企业要吸收一个工人，要经过严格的考试，甚至厂长等负责人还要单独考你一次。但一吸收进厂，只要企业不倒闭，就可以干下去。这样，就把工人命运与企业命运联系在一起了。在这种情况下，工人怕企业倒闭使自己失业，就拼命干。在日本，我们经常听到工人讲，我们的公司怎么样，好像还蛮有感情的。这是怎么回事？很值得引起我们思考。马克思主义者应该很好考虑这种事情。日本这种办法，和西欧、美国不同。在欧美，工人可以随便跳厂，今天在这个公司干，明天到那个公司干。日本工人一般不跳厂，一进这个工厂，基本上就在这里干了，除非企业倒闭。当然，工人犯了法，坐了牢，那又是另外一回事。实际上，我们工厂的工人，才是真正的"终身制"，一进工厂就永远是国家的职工了。不过，我们可以调到这个工厂或那个工厂，当然也有调不动的。大庆工人是很好的，可以调到这里调到那里，国家哪里需要就到哪里去。不管调到这里或调到那里，仍是国家的职工。日本的工人失业后，一般很难再找到工作，如去边疆地区能找到工作，他当然愿意去。我们有我们的好处，但没有发挥自己的优越性。

第二个办法，是"年功序列工资制"。什么叫"年功序列工资制"？这是日本的名词。它的意思是，工资的一半取决于工龄，另一半取决于技能和对企业的贡献。一般来说，日本每年涨一次工资。工资涨多少，取决于企业经营的好坏，经营得好就涨得多，经营得坏就涨得少。每一个企业、每一个工人的工资不一样，而且是保密的。你不能问我挣多少钱，我也不能问你挣多少钱。即使你本事没有提高，没有多大的贡献，过了一年也要涨一点工资。由于挣工资要看工龄，所以工人一般都不愿跳厂，如跳厂就又要重新计算工龄。这同我们计算工龄不同。我们从这个厂调到那个厂，工龄是连续计算的。而且，日本还有个社会舆论，认为跳厂的工人是不好的，好的工人为什么要跳厂呢！跳厂的人，厂方一般不愿意要。好像我们选择干部一样，看你可靠不可靠。

一个所谓"终身"雇用制，一个所谓"年功序列工资制"，这两个东西结合起来，就把企业利益和工人利益捆在一起了。这种办法，很能迷惑工人，对调和阶级矛盾起了相当大的作用，显然对资本家有利。当然，这不是说资本家和工人之间就没有矛盾了。矛盾不仅存在，而且是相当尖锐的。

总之，日本的工业企业把增加工人的工资同企业经营的好坏联系起来，经营得好，工资多增加；经营得不好，工资就少增加；企业倒闭，工人就失业，就没有饭吃。这就把工人的利益和企业的利益联结起来了。我们现在不是这样，企业经营不好，甚至亏本，工资和奖金照发，这怎么能让每个职工都关心企业经营的好坏呢？我们不是也要把企业的利益和工人的利益结合在一起吗？究竟怎么结合，需要认真研究。

第三个办法，实行一年发两次奖金的制度。每半年发一次，奖金的多少，看企业经营的情况。不像我们这样，奖金按工资总额的10%提取，不管企业经营好坏都一样。日本的企业，每次发奖金，最多的等于3个月的工资，最少的是一个月的工资。一年两次奖金，就等于2—6个月的工资。如果一个企业连两个月的奖金都拿不出来，这个企业就要接近倒闭了。所以，日本经营好的企业，工人一年最多能拿18个月的工资，最少拿14个月的工资。日本工人讲，工资用于日常开销，奖金多数储蓄起来，买贵重的东西。所谓贵重的东西，就是高级消费品，或者是买房子，要单门独户、有空调设备的。当然，要买这样的房子是不容易的，一般没有二三十年的积蓄是搞不到的。也有的把奖金储蓄起来，作为子女教育费用的（日本大学的学费是很高的），或者作为自己养老用的。

除了这种奖金外，还有一些特别奖。如"提案奖"，等于我们的合理化建议奖。我们在第一个五年计划时期，合理化建议风行一时，日本把这个学去了。日本搞这个东西，和我们不同，不管意见接受不接受，都给奖，这收到了很大效果。如有突出贡献时，要给特别奖，有的给奖品，有的给奖金。资本家对这个工作做得很细致，给奖前要调查你缺什么，如你的汽车用了三五年，不时兴了，你想换辆新汽车，他就给你的工资袋里装上一张汽车奖赏票，你可拿这张票到汽车销售公司去领取一辆时髦的汽车。还有投影电视机，这在日本是很时髦的，价格较贵，如你得了特别奖，可给你工资袋里装一个投影电视机票。如你女儿要出嫁了，需要些嫁妆之类的东西，他也会在你的工资袋里给装进买这些东西的票。如他没有调查清楚，就给装上奖金。当然，不是对所有的人都这样。只是对有特别贡献的，才给这种奖。像前面讲的一年两次奖，企业的每个职工都一样，要是6个月都是6个月。但日本对奖金、工资是保密的。我们提升工资和发给奖金，都要群众评定。日本人说他们要采取这个办法，工厂就要散伙了，你提这意见，我提那意见，那还得了。他们实行首脑负责制，工资提升由该单位的首长决定。例如，厂长的工资由总经理定，车间主任的工资由厂长定，工长的工资由车间主任定，班长的工资由工长定，工人的工资由班长定，当然都要经过上级领导同意。工人提升工资，班长要找工人一个一个谈话。他同你谈话时，同时把工资袋给你，你不能看，他同你谈得天花乱坠，表示对你非常关心，你回去一看工资袋才知道今年工资多少钱，或拿到了什么奖，各级的做法都是这样。日本资本家认为这个办法是好的，这样做，使每一个你所管的人对你有无限信仰。这和我们不同，我们讲群众路线，发扬民主。在社会主义制度下，当然要发扬民主，走群众路线，不能采取他们的办法。不过，我们应从此得到借鉴。我们也得考虑我们的工资和奖金评定的办法有没有缺陷。例如，有个工厂给一个班长发了质量奖50元人民币，班长拿到这些奖金，觉得很难办，因产品质量好是大家的事，不是他一个人的事，他是很有共产主义精神的，说我不能拿这个钱。他便给全班每个人买了一双尼龙袜子，花了20多元，还剩20多元，想来想去，又请全班到饭馆吃了一顿饭，花了30多元，自己倒赔了几块钱。还有个例子，1978年年底，上级决定，要奖励有特殊贡献的人，即在职工中提级2%，一定要职工讨论通过。这给每个工厂、每个干部、每个工人出了很大的难题。当然，最后还是找到了2%的人，提级的人当然很高兴，但压力也不小；而98%的人是否都高兴呢？这是值得研究的。资本家的办法，我当然不赞成，但我们现在的办法是否就很好呢？是否不需要改进呢？

　　第四个办法，职工的集体福利，它的水平，也是取决于企业经营的好坏。就是说这个企业挣钱多，集体福利就办得多些；挣钱少，集体福利就办得少些。日本资本家花在工人身上的钱，通通称为劳务费，包括工资、奖金、福利三项。三项所占比例：工资占56%，奖金占23%，福利占21%。第一是工资，第二是奖金，第三是福利。工人的基本收入是靠工资的，这和我们一样。福利与我们相比，有的不如我们，有的办得还可以。福利方面，大的企业办得好些，小的企业办得不怎么好，各企业的情况也不一样。日本房租很贵，占收入的10%以上。我们的房费只占3%左右。但是，他们如租工厂的房子，要比租市里公家的房子或私人的房子租金低得多，租市里的房子的租金要高四五倍，租私人的要高10倍。我们的职工福利，不管工厂赚钱赔钱，都是那么多，赚钱多的也不增加，赔钱的也不减少。日本不是这样，赚钱多的企业，福利就多。

以上四项，都是把企业的利益和职工的利益捆在一起的，采取的都是经济办法。讲了这些，还要谈一下政治的办法。他们不叫政治，在我们看来是。他们也做人的思想工作，也是出乎我们的意料的。我们到每一个工厂，他们介绍经验，第一条就讲做人的工作。开始时我们怀疑这可能是受我们的影响，因为过去我们天天讲政治挂帅，做思想工作，以为他们这样讲，可能是为了迎合我们，好像我们喜欢听这个。后来了解，不完全是这样。我们看了日本企业管理的书，知道现在日本的企业管理，很重视社会学、心理学，他们的管理包括社会学、心理学，也就是包括做人的工作。这一条，已不是什么新闻了。虽然生产发展越来越现代化，但人在生产过程中始终是最重要的因素。资本家当然不是马克思主义者，但他为了追求高额利润也不得不承认这一客观事实，因为不把人的工作做好，企业就办不好。不能说资本家认识不到这一点，只有无产阶级才能认识这一点。当然立场是不同的。

那么，他们采取什么办法呢？他们是经常把经济工作与政治工作连在一起做的。我们过去曾讲"爱厂如家"，后来也不宣传这个东西了。日本资本家宣传"家族主义"，他们认为他们的一个公司（株式会社），就等于一个家族，进了这个公司，就等于进了一个大家庭一样，就是这个大家庭的成员。他们把公司的董事长、总经理比作父亲、老子，干部比作长辈，一般工人、小职员比作一般家族成员。这就把阶级阵线模糊起来了，什么工人、资本家在"家族主义"掩盖下都分不清了。这与日本民族和社会的特点有关系。美国、西欧学者到日本考察，都说这是封建、落后的东西，过时的东西。日本资本家则认为这是比西方先进的东西，说你

（指欧美）那里工人闹罢工，我这里就不怎么闹。怎样看待这个问题，我认为从马克思主义的观点看，这是利用民族形式散布改良主义思想，模糊工人阶级的意识，但又取得了相当的效果。当工人还没有觉悟到用马克思主义观点认识它时，容易上当受骗。所以资产阶级的政治和经济也是分不开的。

除此以外，日本资本家还做了好多就像我们所说的人的工作，最大量的是资本家对工人进行家访，某个工人住在哪个町（即街道），门牌几号，家里有几口人，老婆做什么，孩子在哪里上学，厂长都清楚。这一点引起了我们的注意。过去我也在企业待过，也曾到工人家里跑跑，但情况没人家了解得那么清楚。他们如不进行家访，就不可能了解得这样清楚，只有经常调查研究，才能做到这样。当然，这与我们也不同，我们家访是为了帮助职工提高政治觉悟，发展社会主义生产，他们是为了自己赚钱。我们是社会主义国家，我们的书记、厂长应比他们做得更细致、更周到些。日本资本家对他们认为能为他卖力的工人，知道你哪一天过生日时就请你吃顿饭为你祝贺一番，当工人不觉悟时，就一辈子忘不了资本家的好处，拼命地给他干活。有时还办"恳亲会"，请职工和职工的老婆孩子一起去吃顿饭；或买些茶点到风景区搞个野餐会；或在过年时开一次"忘年会"。"忘年会"把很多人搞在一起，吃一次饭，表示慰劳，吃饭时恳谈，希望讲心里话，讲这一年相互间有什么不愉快的事情，吃这顿饭后，大家都忘掉它。他们的办法是蛮多的，是相当注意这些事情的。

从上面情况可以看出，资本家为了调和阶级矛盾，费尽了脑筋，费尽了心机，当然，要达到一个根本目的，就是为了资本家的最大利润。我们可不可以为了社会主义搞得更好一点，更快一点，使共产主义早日实现，为了这一崇高目的，也想方设法尽力去干呢？

从这里可以看出，资本家根据几百年经验也越学越乖了。他们也认识到如果不把企业利益与工人利益捆在一起，不随着生产的发展适当地改善职工生活，不和工人拉关系，是不能刺激职工的积极性的，要获得更大利润是不可能的。我们为了把企业办得更好，为了使广大职工更关心生产和取得更好的效果，为了社会主义建设得更快、更好，难道我们不应当研究一下，不应当把社会主义企业利益与工人利益结合起来吗？何况我国的工人阶级就是企业的主人。而日本是生产资料资本家占有制，在那里工人与资本家是对立的。我们的生产资料和劳动者是真正结合起来的。在社会主义制度下劳动产品和劳动本身结合起来了，客观劳动条件和主观劳动力结合起来了。我们的条件比他们优越得多，但我们还没有使社会主义的优越性更好地发挥出来。我们应当认真研究解决这个问题。

第七个问题，日本企业经营的经济效果。

前面说过，资本家经营企业就是为了追求高额利润。而要做到这一点，就要以最少的资本，做到最大的生意。日本资本家用一元钱多者可以做十元钱甚至几十元钱的生意。如：日本的日产汽车公司，1978 年的资本额只有 665 亿日元，但这一年它的销售量达到 22464 亿日元，等于它的资本额的 34 倍以上。这是大工厂。小工厂如芝浦钢板加工公司，1977 年它的资本额是 3 亿日元，但它经销的商品，竟达 115 亿日元，为资本额的 38 倍。如果把自有资金和贷入资金加在一起，则每年周转五六次。而我们有不少企业用一元钱一年做不了一元钱的生意，这是很值得我们思考的。

根据日本兴业银行（这是日本最大的银行之一）1978 年 3 月对 874 个大中型企业的调查，企业自有资本只占全部资本的 16.4%，负债占 83.6%，其中向银行借款 38.4%，其他都是企业之间相互拖欠。大家都很清楚：资金越少，营业额越多，成本就越低，利润就越大。

以上介绍了日本工业企业管理方面一些情况。这次考察时间短、接触面窄，而且考察的目的又主要是研究可以借鉴的东西，所以上面所谈的内容肯定是不全面的，即好的多，坏的少。但是，这绝不是说日本是个天堂。他们的资本主义制度所存在的固有的弊病，即使有先进的科学技术也是掩盖不了的。关于这方面，在考察过程中尽管没有专门去了解，但还是随时随地可以见到的，这里也简要地向大家介绍一下。

首先，日本是个资本主义国家，资源又异常缺乏，这就使得这个国家的经济非常脆弱，只要世界上一有风吹草动，他们就受不了。1973 年的"石油危机"对他们影响很大，至今仍然很不景气，造船业、纺织业的开工率只有 40%—50%，钢铁业开工率也只有 70%。日本五大钢铁企业去年就减产 30%，七大商社的销售额也都在下降。一谈到苏修争霸，海上交通阻隔，日本资本家就"谈虎色变"，惊恐万状。

其次，日本社会固有矛盾不可克服的另一个表现，是失业率一年比一年上升，1965 年是 39 万人，占要求就业人口的 0.8%；1970 年增加到 57 万人，占 1.2%；1975 年增加到 100 万人，占 1.9%；1978 年进一步上升到 125 万人，占 2.2%。应当说明，这是对所有"要求就业"的人做对比的，实际上有工作能力而没有就业的人，远远大于这个比例。比如，日本妇女结婚生孩子以后，一般都离职回家带孩子去了。这么庞大的队伍，就没有列入要求就业的人数之中，而且失业的趋势还在发展，特别是每年都有 1.9 万个企业倒闭，企业倒闭，工人就失业了。日本的大学生毕业找工作也很困难。找工作，必须经过考试，1978 年只有 51% 的人经过考试找到工作；另外的 49%，有的根本找不到工作，有的只能当临时工或一般的工人。大学生如此，高中生就更不用说了。在就业人员中，男女也不能同工同酬。如大学毕业生参加工作，男的 10 万日元，女的 9 万日元；高中毕业生，男的 8 万日元，女的 7 万日元。

还有，日本的男职工到 55 岁时，就要强迫退休，退休金按参加企业工作的年数，每一年发一个月的工资，即如果工作 30 年，只领 30 个月的退休金，以后的生活企业就不管了。这些退休工人，还要养活老婆，而且寿命越来越长。因此大家都为晚年生活担忧。

至于资本主义腐朽的生活方式在日本的表现，大家知道得很多，这里就不一一列举了。

我们去日本访问期间还发生过这样一件事，栃木县佐野市有个自民党的县议员叫荻原平吉，经营了一个粮食、燃料公司，因经营不好，三年亏了 7 亿日元（约等于人民币近 600 万元），还不了账，于去年 11 月的一天，全家 9 口集体自杀了。其中有两个孕妇还怀着小孩。这件事轰动了日本。这绝不是一件偶然的事情，在日本报纸上经常可以看到类似的报道。这是资本主义社会的一种典型事件。资本家都这样，普通老百姓就更可想而知了。

　　以上只是一些点滴见闻，但由此可见一斑，可以帮助我们从另一面认识资本主义社会。我们是社会主义社会，我们的制度比资本主义优越得多，但是由于缺乏经验，我们在社会主义建设过程中，存在一些缺点，社会主义的优越性还没有充分发挥出来。最近党的十一届三中全会总结了过去30年来我国社会主义建设的基本经验，同时提出要学习外国的先进经验。只要我们遵照党指出的路线和目标，努力奋斗，并将外国先进的技术和管理经验用来为我们的社会主义制度服务，我们就一定能够在本世纪末实现四个现代化的宏伟目标。

做好国民经济发展的预测工作[*]
——从人民生活着手制订计划

（一）既要有一个从现在起到 1985 年的规划，又要有一个到本世纪末的预测，并根据预测目标，确定需要什么样的经济结构。

（二）每种预测，都要有上、中、下三种可能，以便进行经济技术比较。

（三）预测要从 9 亿多人民目前必需的衣、食、住、行、用的考察入手，同时，考虑到国防战备的需要，即抵御外来侵略的能力、经济独立的能力、关系国计民生和国防方面的重要产品的自给能力和有关的技术水平。根据需要和可能提出生产、基本建设目标，以及积累和消费的比例，等等。不是从"四大指标"（钢、煤、油、电）出发，而是要从人民的衣、食、住、行、用这些根本需要出发。也就是从最终产品着手，按农、轻、重的次序安排国民经济，来探求合理的经济结构。这里应当注意以下几点：

1. 条件和前提。

2. 根据条件我们求取的结果。

3. 几种约束：（1）资源和能源；（2）财政收入；（3）投资可能；（4）工农收入与消费品的平衡；（5）就业。

---

* 本文是作者 1979 年 10 月写的一个研究报告。

美国人对我国的经济发展有个到 2000 年年末的预测，说中国每年增长 6% 就可以肯定达到美国现在的水平。但他们认为每年达到增长 6% 是不容易的，因为最大的问题是能源。能源为什么不能增长那么多，这与中国的投资有很大关系。日本的经济学家也对我们有类似的预测。外国人都在对我国的经济进行预测，我们要在本世纪末实现四个现代化，不研究这个问题行吗？

（四）如何进行这一工作，根据新中国成立 30 年来的经验，可以列举以下几点：

第一，人口。目前的增长率，1985 年的增长率（可否设想三种方案：8‰、6‰、4‰），到 2000 年的增长率（也可设想三种方案：1‰、基本不增长、负增长）。

第二，人民生活。1985 年前可考虑三种提高的方案：每年 2%、3%、4%，1985 年以后视情况做必要的调整，但近几年提高幅度应稍高些，以补欠账。农民生活提高的幅度应稍高于工人（比如高于 1%），如遇农业歉年，可不提高或少提高。

第三，食物与农业。粮食生产增长幅度要超过人口增长率 1%、2%、3%。若干年要力争做到基本自给。农民的口粮要适当增加，城市口粮定量基本不动。牧业、渔业、林业以及为轻工业提供的原料、材料要有一个比粮食更高的增长速度；城市人民食物的增长主要着重在肉类、鱼类、蛋禽类和蔬菜等。这些产品能否每年增长 4%、5%、6%。2000 年增长多少，也要考虑。从农业生产结构的改革开始，调整人民食物的结构。

第四，轻工业。人民生活水平的提高，除了依靠农业生产增长以外，其余要靠轻工业生产增长来保证，要根据需求提出轻工业生产增长的三种方案。轻工业产品中，高值耐用消费品（如过去的"四大件"和电视机、录音机、电唱机、录像机、电冰箱、洗衣机，等等）增长的速度应高于低值易耗品（如日用消费品）增长的速度。高值耐用消费品，不仅轻工业部门要生产，重工业部门也要生产。生产轻工业品的原料、材料要逐步做到从以农业产品为主转到以重工业产品为主，1985 年或者更多的一些时间内争取做到重六、农四（目前是农六、重四）。

第五，重工业。根据农业、轻工业生产增长的需要，以及出口和国防的必需，确定重工业生产增长的三种方案，要强调加快能源的增长速度，提高设备和重要材料的自给率，以及提高高值耐用消费品的比例和为轻工业提供原料、材料的比例四个指标。

第六，交通运输业。根据生产和流通增长的目标，也应确定三种方案。

第七，住宅建设，也提出三种目标。近七年的目标，应略高一点，以还"欠账"。住宅建设逐步采取商品化的办法，由各城市统一筹划建设，建成以后，出售给各单位。也有同志主张，将其中一部分出售给职工，分期付款，以减轻国家负担，并可将职工一部分消费转化为积累，减少商品供应不足的压力。这种意见，也可考虑，特别在职工收入显著增加之后。

第八，基本建设。（1）如前所说，要研究确定基本建设规模的依据。（2）投资方向。根据上述发展经济的要求，调整各种产业部门的投资比例。（3）生产性建设与非生产性建设的比例，可以有三种方案，近几年后者的比例可略高一些。（4）生产性建设要确定企业的挖潜、革新、改造与新建设投资的比例，在1985年前，前者是否应占75%，或者60%，至少是50%。

第九，要十分注意投资的效果。今后是否确定一条原则，凡是新建项目建成投产后的盈利率预计达不到12%的（这是目前自由外汇通常的较低的利率），原则上不予批准建设，同时，要充分考虑哪种投资效果最好。根据美国的资料，美国企业每一美元科技研究与开发费用支出对生产的影响，相当于每一美元厂房设备投资的4倍，我们也应当适当提高前项投资的比重。又如，开发煤炭，每增加1吨煤炭生产能力的投资，山西省要比全国其他地区节省一半左右。所以，投资的地区也要周密考虑，当然还应当注意地区的平衡。

第十，要重视开发智力。把培养技术干部、管理干部和熟练技工，作为一项重要目标提出来，这是提高产品质量、工作质量和经济效果的决定性措施。

第十一，把消费的一部分转化为积累。在工农的收入增加以后，应当设法将其一部分转化为积累。除适当提高储蓄存款利率（长期存款应当高一点）以外，还可考虑对高值耐用消费品以及房屋等采取分期付款和赊销的办法。

第十二，每种目标都是要有保证实现的相应的政策和组织措施的建议。

最后，应当强调，调整经济结构要和改革管理体制结合起来进行。不改革管理体制，经济结构也调整不好，反过来，如果只注意改革体制，不花大力气调整经济结构，那么，我们的经济就不能走上健康发展的道路，改革体制的工作也难以顺利进行。而调整经济结构，建立一个在现实条件下比较合理的经济结构，正是我们对经济结构调查研究的目的。

建立合理的经济结构加快四化建设[*]

经济结构是影响国民经济发展的一个全局性的大问题。当前调整国民经济，最重要的是要调整经济结构，使它适应中国式的社会主义现代化建设的需要。要调整经济结构，就要对它进行深入的调查研究。正像自然科学要研究物质是什么构成的和怎样构成的一样，经济科学也要研究国民经济是由什么构成的和怎样构成的，掌握它的内在联系和发展规律。

什么是经济结构？过去通常把它简单地理解为国民经济的构成成分，如新中国成立初期有五种经济成分；也有的把它理解为各种比例关系，如农轻重、农业内部、工业内部的关系。这样理解显然是不够的。虽然经济结构也表现为经济成分的构成和一定的比例关系，但它比通常所说的经济成分的构成和比例关系的概念，要广泛得多。国民经济的发展，可以有各种各样的比例，这个部门有这个部门的比例，那个部门有那个部门的比例，都说自己是短线，很少有一个部门肯说自己是长线的。于是大家都争着向国家计划委员会要投资，而长线照样长，短线照样短，多少年来总是不能解决问题。究竟怎样的比例才是合理的，这是比例本身无法回答的问题，必须用经济结构来回答。因为不同的比例是由不同的结构决定的，有了合理的经济结构，才能有合理的比例，才能使国民经济持久地、全面地、高速度地发展；而不合理的经济结构，就会得到相反的结果：或者生

---

* 本文是作者 1979 年 11 月 28 日在辽宁省干部大会上所作的报告。

产遭到破坏；或者是相互抵消力量，造成严重浪费，使生产发展缓慢；或者是生产虽有发展，但人民生活得不到改善，不能取得全面的经济效果。一个时期以来，我国的经济结构正是存在着类似的问题。

为了加快我国四个现代化建设的步伐，使我国人民过富裕生活，必须改变当前不合理的经济结构，建立合理的经济结构。要搞清什么样的经济结构是合理的，怎样从目前不合理的经济结构过渡到合理的经济结构，有许多问题要进行研究。

下面，准备就有关的四个问题，谈一些看法：

一　合理的经济结构要适合我国国情

合理的经济结构是就一定的时间、地点、条件而言的。对这个国家是合理的，对另一个国家就不一定合理；对日本合理的，对我国就不一定合理；对这个时期合理的，对另一个时期就不一定合理；对这个地区合理的，对另一个地区就不一定合理，如对辽宁合理的对青海就不一定合理，把辽宁的做法搬到上海也不行；在这个条件下合理的，在另一个条件下就不一定合理，比如，把第一个五年计划时期的比例搬到现在就不一定合理。这当然不是说合理的经济结构就没有客观标准。那么，合理的经济结构的客观标准是什么呢？我们初步考虑有以下几点：（1）比较充分和有效地利用人力、物力、财力和自然资源。能够对本地区人力、物力、财力充分有效地利用，做到这一点就是合理的，做不到这一点就是不合理的。（2）国民经济各部门能够协调发展，社会扩大再生产能够顺利进行。（3）技术不断进步，劳动生产率不断提高。（4）国民经济能够以比较快的速度发展，这种速度要像中央要求的那样，是没有"水分"的速度，从而使积累较快地增加，人民生活较快地改善，实现经济活动的健康发展。达到速度快，积累多，生活好。从各国的历史经验看，经济结构只有符合本国的国情，才能充分利用有利条件，避开或克服不利条件，从而达到以上这些要求。

邓小平同志 1979 年 3 月 31 日在党的理论工作务虚会议上指出："过

去搞民主革命，要适合中国情况，走毛泽东同志开辟的农村包围城市的道路，现在搞建设，也要适合中国情况，走出一条中国式的现代化道路。"搞中国式的现代化，不是要降低现代化的标准。这个问题不久前中央一位负责同志讲过，从主要的生产技术水平来说，要在本世纪内，达到经济发达国家的水平是可能的；在生活方面随着生产的发展，当然要有很大的提高，但是，要在本世纪内赶上他们的水平就困难了，能够达到他们现在生活水平就很不错。总之，走中国式的社会主义现代化的道路，不是要降低标准，而是要按照毛泽东同志的"实事求是"的教导去做，从中国的实际情况出发，搞中国式的社会主义现代化，建立适合我国国情的比较合理的经济结构，加快"四化"的建设。

所谓从实际情况出发，就是在调整经济结构时，要充分注意以下几个问题：

第一，坚持社会主义制度。我们是社会主义国家，实行社会主义制度。只有在社会主义制度下，才有可能建立合理的经济结构。现在的问题是，我国经济发展得不太理想，生活改善得也不多，有的同志发生了怀疑，这是不是社会主义制度不好？不是的。我们一定要坚持社会主义制度。美国有个获得过诺贝尔奖金的著名的经济学家列昂惕夫对我们说：美国的社会经济好像一只没有舵的船，船靠风推动它航行，"风"就是自由市场竞争，但在什么地方搁浅，在什么地方碰到暗礁，驶到什么地方去，谁也不知道。他说的"舵"就是国家经济计划。在资本主义社会，企业有计划，整个社会不可能有计划。美国的问题很多，通货膨胀今年达13%以上，失业率为6%—7%，有好多企业倒闭，等等。他们很羡慕我们的计划经济制度。在资本主义制度下，由于存在生产社会化和生产资料私人占有的矛盾，是不可能建立真正合理的经济结构的。有些发达的资本主义国家，由于实行了高度现代化，在经济结构上有值得我们借鉴的地方，但它并不是完全合理的，经常发生经济危机，就是经济结构不合理的集中表现。社会主义制度，对经济结构提出了根本不同于资本主义制度的要求。资本主义生产的目的是剩余价值，为了建立资本主义制度，曾经实行"原始积累"，这是用血和火的文字写成的历史。在资本主义工业化过程中，资本家残酷地剥削和压迫工农大众。马克思说："资本来到世间，从头到脚，每个毛孔都滴着血和肮脏的东西。"[①] 他关于工人阶级贫困化的理论，是符合当时的实际情况的，现在有些资本主义国家工人的生活有了改善，这是工人斗争的结果，资本家在一定程度上被迫改善一点工人生活，也是为了保障并增加自己的利润。至于旧中国工人阶级所受的残酷剥削和过的那种牛马不如的生活，我们 50 岁以上的同志都是记忆犹新的。社会主义生产的目的是为了提高人民的物质和文化生活水平，因此社会主义制度必须消除劳动者吃不饱、穿不暖的情况，必须逐步创造条件使人民能够过富裕的生活。如果在社会主义制度下，人民生活长期不能改善，劳动者就会用对待资本主义的态度对待社会主义，而这样的社会主义确实是有问题了。1956 年的匈牙利事件和波兰事件的发生就是这样，就同这个问题有密切的关系。可见，社会主义制度对生产结构有决定性的影响。我们设计合理的经济结构时，必须从这个前提出发。同时要考虑到现在世界上还存在帝国主义和霸权主义，它们反对我国的社会主义制度，我们还面临着战争的危险，因此，还必须把加强国防放在应有的位置上。

第二，人口多、劳动力多。人口和劳动力对经济发展和经济结构有很大的影响。斯大林说过，人口增长虽然不是社会发展的主要力量，但"它促进或者延缓社会的发展"。1949 年，我国有 54160 万人，1978 年增加到 95809 万人。其中，新中国成立后出生的约 6 亿，占 63%，几乎相当于 3 个美国或者 6 个日本的人口。人口自然增长率高达 2%，30 年净增 4.1 亿多人，即增加了 78%。人口多给我国国民经济带来相当大的困难。我国每人平均的耕地面积比许多国家少。美国的朋友告诉我们，他们的农业在中部和西部地区，东部地区一般不种粮食。在波士顿的市郊看到种有少量的苞米，问他们是干什么用的？说是养马的；养马干什么？是骑着玩的。因为他们土地很多。可是我们的土地太少了。1977 年每人平均只有 1.6 亩，而美国为 14.7 亩，苏联为 13.6 亩，法国为 5.3 亩，联邦德国为 2 亩。1979 年我国粮食总产量仅次于美国，比苏联多 40%，比法国多 6

---

① 《马克思恩格斯全集》第 23 卷，人民出版社 1972 年版，第 829 页。

倍，比联邦德国多 10 倍，但我国每人平均只有 598 斤粮食，而美国为 2876 斤，苏联为 1585 斤，法国为 1549 斤，联邦德国为 800 斤。1976 年我国按人口平均的国民收入为 134 美元，美国为 7024 美元，联邦德国为 6681 美元，法国为 5639 美元（1975 年），日本为 4193 美元。我国建立合理的经济结构，要充分考虑到人口多、劳动力多的因素。例如，产业结构和分配结构就要考虑 9 亿多人口的吃饭问题和改善生活问题；技术结构和就业结构，就要考虑 4 亿劳动者的就业问题，等等。这里需要指出的是，我们要一分为二地看待我国人口多、劳动力多的特点。不能只看做消极因素。日本也是劳动力多，这成为它战后经济高速度发展的重要因素。我国按人口密度来讲，比日本要低，我国土地面积为日本的 26 倍，人口只有它的 9 倍，日本每平方公里有 300 多人，我们只有 100 人。新加坡在发展经济中，也利用了劳动力多的条件。据西方经济学家分析，苏联目前经济发展缓慢的原因之一就是缺少劳动力。现在我们一方面要坚决有计划地控制人口的增长；另一方面要采取各种有效措施把劳动力充分地合理地利用起来，使不利条件变成有利条件。

第三，国土辽阔、自然资源丰富。自然条件特别是自然资源对一个国家的经济结构也有极其重要的影响。日本和美国都是资本主义国家，但它们经济结构有很大不同，这在相当程度上是由它们自然资源条件不同决定的。日本几乎没有什么重要的自然资源，所需原油和铁矿石全部依赖进口，所需棉花、天然橡胶等也全部依赖进口，国内消费的大豆、小麦和食盐，绝大部分也来自外国。美国则自然资源比较丰富，不少东西还可以大量出口，比如粮食和棉花。但进出口产品的结构又不同，这对各自的产业结构、产品结构起着重要的作用。我国幅员辽阔，自然资源丰富，这是建立合理的经济结构的有利条件，我们要充分利用这个条件。例如，我国每人平均耕地面积虽然较少，但草原面积很大，估计有 42.9 亿亩，为现有耕地面积的 2 倍多，可以大大发展。我们要逐步创造条件，把这些草原利用起来，努力发展畜牧业；我们还有广阔的水面，仅内陆就有 1 亿多亩，沿海渔场面积更大，可以大力发展渔业。通过农、牧、渔业来解决人民吃的问题。我国的山区面积比草原面积更大，可以植树造林，发展林牧业和有关的生产事业。我国矿产资源也极为丰富，煤炭经过勘探查明的储量有6000亿吨，远景储量有5万亿吨。水力资源估计有6.8亿千瓦，现在利用率只有4.7%。美国水力资源为18700万千瓦，利用率为43.1%。苏联水力资源为2.69亿千瓦，利用率为11.5%。日本水力资源为5000万瓦，利用率为66%。我国石油和天然气资源的潜力也很大。我国铁矿石储量392.9亿吨，美国为174亿吨，苏联为1140亿吨，联邦德国为29亿吨，英国为46亿吨，法国为65亿吨。其他许多金属矿藏，特别是钒、钛和稀土金属矿藏，我国极为丰富。各个地区确定经济结构时，都应充分考虑本地区的自然条件和合理利用自然资源。

第四，有了一个比较好的经济基础。在新中国成立30年间，我国人民在党和毛泽东同志的领导下，经过艰苦奋斗，国民经济有很大发展，新增固定资产4000多亿元，农田水利建设有了很大发展，工业企业有35万个，交通企业有3万多个，各种机床有268万台，这就是说我们有了一个比较好的基础。在建立合理的经济结构时，必须很好地利用这个基础，充分发挥它的作用。

第五，生产力水平低。目前我国的生产力水平同其他经济发达的国家相比，还是很低的。集中表现为劳动生产率的水平低。1975年平均每一个农业劳动力生产的粮食、棉花和肉类，我国分别为1935斤、16斤和10斤；美国分别为174675斤、1069斤和13607斤；苏联分别为12368斤、1066斤和1161斤。钢的全员劳动生产率，1977年我国每人每年是10.5吨，美国为274吨，苏联为113吨（1976年），日本为330吨，联邦德国为194吨，法国为150吨。原煤的劳动生产率，1977年我国矿井工人每个工作日的产量是0.87吨，1976年美国为7.7吨，苏联为2.9吨，日本为3吨，联邦德国为3.2吨，法国为1.7吨。劳动生产率低是我国人民生活不富裕的根本原因，使改善人民生活与筹集建设资金有很大的矛盾。1977年农村人民公社社员平均分配收入65元多，每人收入在40元以下的基本核算单位占总数的22%。1970—1975年，每个农业劳动生产力每年投资，我国为12.5元，美国为5952元，日本为1293元，法国为198.5元。经济结构归根到底是由生产力水平决定的。我国今后经济结构的变化和发展也不能不受当前生产力水平的制约。我们在调整农业、轻工业、重工业的比例关系时，在调整积累和消费的比例关系时，在确定基本建设的规模和投资方向时，在确定技术政策和就业政策时，都应当从当前生产力的水平出发。

第六，当前经济结构很不合理，许多重要的比例关系严重失调。建立合理的经济结构就要对原来不合理的经济结构进行调整和改造，不能脱离原来的经济结构，而要从原来的基础出发，研究其来龙去脉，存在的问题和产生问题的原因，可取之处和不可取之处，找到改进的方向和途径。解放前，我国是半封建半殖民地的经济结构，农业停滞，轻工业落后，重工业微乎其微，整个经济依附于帝国主义，人民受帝国主义、封建主义、官僚资本主义三座大山的剥削和压迫，生产凋敝，物价飞涨，劳苦大众生活于水深火热之中。解放后，情况有了根本变化。现在我国的经济结构虽然也很不合理。但这同过去那种半封建半殖民地的经济结构是不可同日而语的。之所以形成当前不合理的经济结构，并非由于社会主义制度，而是由于我们工作中的缺点和错误，特别是由于林彪、"四人帮"的干扰破坏。正是由于建立了社会主义制度，我们完全有可能通过调整和改造，建立起符合客观经济规律要求的合理的经济结构。现在经济结构中存在一个重要的问题是农、轻、重的比例严重失调；农业劳动生产率低，发展速度慢；轻工业落后于重工业，不能满足城乡人民提高生活水平的要求；重工业过分突出，而且属于"自我服务"的比重过大，不能很好地为农业和轻工业服务。1978 年我国钢材消费量中，用于农业和农业机械维修的仅占15.5%，用于轻工业、市场的仅占 17.7%；生铁消费量中，用于农业和农业机械维修的仅占 3.6%，用于轻工业的仅占 1.1%。重工业过分地突出不仅挤了农业，挤了轻工业，结果也妨碍了自己的发展。另一个重要的问题是积累和消费的比例关系严重失调，消费的比例过低，积累的比例过高。"一五"时期我国积累率平均为 24.2%，这是比较适合当时情况的；"二五"时期提高到 30.8%，"三五"时期平均为 26.3%，"四五"时期平均为 33%，1976 年为 31.1%，1977 年为 32.3%，1978 年为 36.6%。由于长时期积累过高，使得职工和社员的收入没有增加或者增加很少，挫伤了群众的社会主义积极性。现在经济结构中存在的问题，阻碍了再生产的顺利进行和人民生活的改善，这是一方面；另一方面，我们也要看到当前发展生产还存在巨大的潜力。如果我们的电力能充分供应，工业生产就可以增加30%。由于比例失调等原因，许多现有企业的生产能力没有得到利用，如果调整好比例关系，现有企业的生产能力充分发挥出来，生产就可以大幅度增长。

第七，当前国际形势对我们有利。在当前世界上，任何一个国家都不能闭关自守，一个国家的经济结构不应该也不可能完全孤立于世界之外。因此，国际形势和外交路线对于经济结构也有重要影响，新中国成立后，我们是在帝国主义包围下建设社会主义的，以后苏联又疯狂反华，逼得我们必须尽一切努力加强自己的能力。我们从"三五"时期开始把备战放在第一位，从而增加了重工业和国防工业的投资，这是当前农、轻、重失调的一个重要原因。现在情况有了变化，由于打破了帝国主义的封锁，我们有可能从外国引进技术、引进资金了。从世界各国的历史看，从国外引进先进技术，是后进国赶上先进国的必由之路。毛泽东同志早就主张从国外引进技术，现在有可能这样做了。同时，第三次世界大战的危险虽然依然存在，但战争并非迫在眼前。只要我们采取正确的外交政策，是有可能争取到一个比较长期进行和平建设的国际环境的。这些也是我们建立合理经济结构时应当考虑到的。

昨天薛暮桥同志讲过，辽宁是富的省份，过的是穷日子。怎么富的省份会过穷日子？这也和经济结构不合理有很大关系。我们要利用辽宁的有利条件，从物质条件来说，除了上海就是辽宁了。辽宁主要是工业基础雄厚，1978年产值中，农业与工业的比例基本上是1:9，轻重工业的比例为3:7，重工业中，采掘、原料工业与制造工业之比为6:4。重工业物质基础比较雄厚，产值占全国11.9%，固定资产11.1%，钢产量占26.7%，铁产量占28%，纯碱产量占52.4%，车床产量占9%，都居全国首位。

当然，辽宁的工业也有缺陷，一是能源不够；二是轻工业薄弱；三是机械工业超过原材料供应的可能，吃不饱；四是设备陈旧，技术落后。把这些不利条件加以适当改变，就会很快发展起来。从辽宁统计局和上海统计局提供的数字看，上海的工业产值占全国的 1/8，辽宁的工业产值占 1/9，国民收入上海占 1/6，辽宁占 1/14；全员平均劳动生产率，上海是 28400 元，辽宁是 14087 元；每百元固定资产产值，上海是 296 元，辽宁是 106.2 元；每百元产值的利润，上海是 23 元，辽宁是 19.67 元。为什么会有这个差别呢？（1）上海工业门类比较齐全，轻重工业发展比较协调，比重大体各半，而辽宁重工业为 70%，轻工业 30%。辽宁轻工业还有个很大问题，用工业品为原料的占 1/3，用农副产品为原料的占 2/3，而本省能够供给的只占一半，外省调进占一半。本省有 40% 的日用品需要从外省市调入，而上海的轻工业除满足自己的需要外，还大量调出，这一点辽宁与上海有很大的不同。（2）上海技术水平、管理水平比较高。（3）社会生产组织形式也和辽宁不一样。上海注意专业化协作，那里有 8000 个企业，1000 人以下的企业占 94%，充分发挥了中小企业的作用。辽宁大中小企业比例是 4∶2∶4，大型企业过多，中小型企业较少，这也是值得研究的一个问题。

　　能不能逐步地把辽宁的轻工业由以农业原料为主变为以工业原料为主？是有这个可能的，在这方面辽宁有许多有利的条件，辽宁是重工业基地，可以提供原料、材料。辽宁这么多的重工业工厂，也可以根据各自的条件尽可能地生产一些轻工业产品，特别是机械工业更应当这样做。要给机械工业提出一个任务，生产耐用消费品，除原来的"四大件"以外，还要有计划地生产录音机、电视机、洗衣机、录像机，等等，这样就可以逐步地改变轻工业落后的面貌。我们钢铁生产受到矿石增产的限制。如美国生产 1 亿吨钢，才生产生铁 6000 万—7000 万吨，炼钢的原料一半是废钢铁。日本也是如此。按外国的情况，设备约每 10 年更新一次，而我们的设备沙俄时代的有，伪满时代的有，新中国成立以来的也已经 30 年，相当陈旧了。把这些技术十分陈旧的设备有计划地回炉，更新这些设备，搞新的设备，钢铁工业就有了更多的废钢铁，可以多炼钢；机械工业现在吃不饱，也就能吃饱了；有了新设备，能源的消耗就可以下降，质量也就会提高，成本也可以下降，整个速度就可以加快了，技术水平也会有新的飞跃。这是很好的事情，把这个问题解决好，有些设备还可以进入国际市场，最好是成套出口，这是最赚钱的。把机械工业提高一步，建立在最现代的水平上，辽宁同全国其他省、市相比，是有更优越的条件的。

二　我们要建立什么样的合理的经济结构

建立合理的经济结构，就是要在一个相当长的时期内，逐步地建立起我国社会主义现代化的经济结构。什么是现代化的经济结构呢？现代化的经济结构是一个发展过程，从一些发达国家的情况看，它有以下一些主要特征：

（一）有发达的现代化农业

马克思说：超过劳动者个人需要的农业劳动生产率，是一切社会的基础，这对于现代化的经济结构也是完全适用的。经济发达的国家一般都有发达的现代化农业，农业劳动生产率高，这样才能有发达的现代化工业和发达的服务业。据 1976 年统计，我国每个农业劳动力平均占有固定资产240 元，美国每个农业劳动力平均占有生产性资产（不包括房地产）折合人民币是 4.1 万元。美国农场的资本投资每个农业工人平均为 9.8 万美元，比工业方面每个制造业工人平均 5.5 万美元还多。美国一个农民生产的产品能供养的人数，1820 年为 4 人，1920 年为 8 人，1950 年为 16 人，1972 年为 52 人，现在为 79 人。我在美国参观一个农场，是个个体农户，全家 5 口人，3 个劳动力，种 1100 英亩土地，合 6600 多市亩。我们要种这么多地要有 600 多户人家，700—800 个劳动力，4600 口人。他们一家3 个劳动力、5 口人创造国民收入 5 万美元，自己收入 3 万美元，交税 2万美元。

（二）有发达的现代化工业

工业是国民经济的主导，没有发达的现代化工业不可能有现代化的经济结构。生产的机械化、电气化、自动化、化学化等现代化特征，生产和科学直接结合，在工业生产上表现得最为明显。现代化过程中，工业在国民经济中的比重，总的趋势是增加的。按不变价值计算，美国工业在国民收入中的比重 1839 年为 24.2%，1889—1899 年，即 19 世纪末为 52.6%。

美国工业内部的构成，各个阶段情况不同，从 1839—1889 年，按当年价格计算，在国内生产总值中的比重，矿业由 0.6% 增加到 2.2%，制造业由 14.3% 增加到 25.4%，建筑业由 4.5% 增加到 7%，电力、煤气、供水、运输和通信等由 6.4% 增加到 9.5%；从 1889 年到 1953 年，按 1929 年价格计算，在国内生产总产值中的比重，矿业由 2.1% 下降到 1.6%，制造业由 21.1% 增加到 29.6%，建筑业由 6.3% 下降到 3.7%，电力、煤气、供水、运输、通信由 8.2% 增加到 13.5%；从 1953—1967 年，按当年价格计算，在国民收入中的比重，矿业由 2.9% 减少到 2%，制造业由 30.8% 下降到 28.3%，建筑业没有变化，还是占 4.5%，电力、煤气、供水由 2% 增加到 2.4%，运输、通信由 7% 下降到 6.3%。美国从 1839—1965 年的 100 多年中制造业结构的变动情况，按当年价格计算，在整个国民收入中所占比重，食品、饮料、卷烟由 2.1% 增加到 2.8%，纺织成衣由 2.6% 减少到 2.2%，木材制品由 1.7% 减少为 1.3%，造纸和印刷由 1% 增加到 2.6%，化学和石油制品由 0.7% 增加为 3.1%，非金属矿物由 0.7% 增加为 1%，金属制品由 3.1% 增加到 16.7%，皮革橡胶杂物由 2.4% 下降为 1.6%。美国工业中劳动力在总劳动力中所占的比重，1839 年为 16.2%，1869—1879 年为 29%，1965 年为 38%。

我们参观了福特汽车公司的一个装配工厂，这个厂有 4300 名工人，500 多名技术人员和管理人员，一年生产 21.5 万辆汽车，一天生产 1000 辆，卡车、小汽车各一半，一个人年平均生产 50 辆。为了保证质量，质量检查人员和工人是 1∶4。我们国家有 130 个汽车厂，人员有 33 万人，整个生产能力一年是 18 万—20 万辆汽车，今年只能生产 15.6 万辆。这就是差距。

（三）有发达的服务业

现代化经济对服务行业各部门的需求在不断增加，而这些部门的技术基础又大大落后于物质生产部门，因此，使用人数不断增加。许多发达的资本主义国家服务业雇用人数大大超过非服务业，美国 1839 年为 19.5%，1869—1879 年为 21%，1929 年为 40.8%，1965 年为 56.3%。1929 年以后美国工业劳动力的比重变化不大，农业劳动力比重的减少和服务业劳动力比重的增加大致相等。1965 年美国服务业各行业中劳动力占全国总劳动力的比重是：贸易和金融占 23.4%，家庭服务占 2.1%，个人和企业服务占 5.9%，教育占 6%，其他专业活动占 6.5%，政府机关占 12.4%，以上合计占 56.3%。现在美国服务业人口占就业人口的 60%以上，是个很庞大的服务业，因为好多事情都社会化了。现代化经济结构中所以有较多的劳动力从事非物质生产的服务行业，乃是工农业等物质生产部门劳动生产率提高的结果，没有很高的农业劳动生产率和工业劳动生产率，这样做是不可能的。同时，发达的服务业，又是工农业劳动生产率不断提高的重要保障。

（四）是建立在高度发达的科学技术基础上的

机器不仅越来越用以代替人的体力劳动，而且越来越用以代替人的一部分脑力劳动。生产综合自动化的发展，导致了自动控制的生产，生产过程的建立和根据预定的计划来管理生产。生产力的发展，还表现在劳动对象和原料方面有了重大的变化，现代科学技术使人们可以广泛采用预先确定性能的原料，如塑料、合成材料、合成纤维、合成橡胶，等等。材料加工工业的加工方法也有新的发展，如金属切削正在向冲压工艺过渡，一般的机械工业在向电化学和电物理工艺过渡。生产过程中人的作用也在改变，工人的文化技术水平越来越高，工人的劳动越来越多地包含知识分子劳动和工程师劳动的因素。

高度发达的科学技术基础，最有代表性的是电子计算机的应用，这是当前世界科学技术发展的标志。电子计算机的应用，美国第一，它在生产过程中普遍应用电子计算机，在流通的过程中是普遍应用的，管理的过程中也是普遍应用的。现在是把电子计算机运用到生活领域里去，做饭、照料小孩等家庭生活也要应用电子计算机。美国人发了工资以后，存在银行有个信用卡，你拿信用卡去那里，把卡投进去，你凭卡要拿多少钱，就由电子计算机记录下来，并把你要取的钱，由机器送出来，街上到处都有。进地下电车站投一枚硬币就可以进去，不投就进不去。你到超级市场买东西，买好了，出来算账交了款，门就自动开了，就可以走了，这都是用电子计算机管理的。美国一个卖食品的超级市场，经营 1.4 万种，只有 20

几个人，连搬运工在内。

（五）人民生活水平较高

适应生产力发展的要求，资本主义国家也不能不相应地提高劳动者的收入。美国1938年以来最低工资法规定的每小时最低工资标准是：1938年0.25美元，1945—1949年为0.4美元，1956—1960年1美元，1967年1.4美元，1974年2美元，1976年2.3美元。1976年美国将近5700万户家庭中，1000多万户的收入多于2.5万美元，1800万户在1.5万—2.5万美元，1150万户在1万—1.5万美元，1100万户在5000—1万美元，约600万户低于5000美元，1976年家庭的年收入"中位数"为14960美元。美国把年收入1.2万—3万美元的称为中产阶级，这部分家庭人口平均3.7人，全国约有3000万户，占总户数的53%。美国政府现在规定每小时最低收入是3美元，一周工作5天，每天工作8小时，一周共劳动40小时。我们参观的福特汽车公司工人的工资，最低8元，最高13元，工资差别不大。农民的收入，我们参观的那个农家，3个劳动力纯收入3万美元，1个劳动力1万美元。工人退休一个月领560美元退休金，这是最低生活了。日本近年来每年实际工资年增长率的情况是：1970年8.7%，1971年7.9%，1972年10.8%，1973年8.7%，1974年2.2%，1795年2.7%，1976年3.2%。1974年，日本职工家庭平均每户（平均人口3.83人）每月收入为205792日元，农民平均每户（平均人口4.6人）每月收入245491日元。当然，资本主义绝不能消灭贫困。美国1974年收入在贫困线（城市4口之家年收入5815美元）以下的有2430万人。日本1974年有68.8万户接受社会救济，接受救济的人数为总人数的1.9%。

当然他们达到现在的水平，是经过二三百年的时间，我们不能要求在二三十年内达到，这是不可能的。但是我们搞现代化，总是要使人民的生活水平不断提高。

现阶段合理的经济结构应该具有以下一些主要特点：

（一）农业能够基本满足整个国民经济发展的需要

农业落后，远远不能满足国民经济发展的需要，这是我国国民经济结构中最突出的问题。现在我国8亿人口从事农业生产，还解决不了吃饭问题。1978 年，我国每人平均粮食产量 636 斤，略高于 1956 年的 614 斤；每人平均棉花产量 4.5 斤，相当于 1952 年水平；每人平均油料（花生、油菜籽、芝麻）9.5 斤，低于 1950 年水平（9.8 斤）。1978 年我国净进口粮食 139.2 亿斤，棉花 952 万担，动植物油 5.82 亿斤，食糖 123.8 万吨。这种情况不改变，是建立不起合理的经济结构的。在合理的经济结构中，农业应该做到：（1）能够基本满足全国人民对粮食、棉花、油料的需要。（2）农业构成有所改变，畜牧业、渔业比重有所提高，人民消费的肉类、蛋类、乳类、水产类有所增加。（3）能够出口比现在多的农产品，给国家提供引进先进技术所需要的一部分外汇。（4）农业技术有改进，现代化水平有提高。这不仅是指农业机械化程度有提高，而且是指改良品种，改革耕作制度等生物学、化学等技术改革措施，有进步，有成效。（5）逐步改变 8 亿农民搞饭吃的局面。我国不宜于走资本主义国家大量农村人口往城市转移的老路，但一定要提高农业劳动生产率。在此基础上，让更多的农业劳动力就地搞工业和其他生产事业，这才是经济兴旺之路。（6）保证农民在生产发展的基础上，吃饱穿暖，逐年提高物质文化生活水平。

（二）有比较发达的轻工业

当前，我国轻工业还不能适应现代化建设和改善人民生活的需要，市场商品可供量和购买力的差距相当大，而在我国市场商品构成中，轻工业品又占 50% 以上。人们往往只看到，我国农业落后给发展轻工业带来的困难，而忽视农业落后更需要注意发展轻工业，这样才能使两大部类保持平衡，才能使社会扩大再生产顺利进行，人民生活水平不断提高。可以设想，在合理的经济结构中，轻工业要做到：（1）满足 8 亿农民对轻工业品的要求；（2）满足城市居民对轻工业品的要求，随着职工收入的增加，越来越需要高档商品和生活耐用品；（3）满足工农业生产和基本建设对轻工业品的需要，如建设一米七轧机，仅纸张一项就要 45 种，还要非离子型的合成洗涤剂 4 种，塑料制品 16 种，指示灯泡 40 多种；（4）满足出口对轻工业产品的要求；（5）轻工业要在设备更新技术改造上提高一步；现在轻工业欠账很多，如重庆第六棉纺厂厂房中危房占 58%，生活用房中危房占 45%，轻工业要通过挖潜、革新、改造，并引进一些先进技术，迅速提高劳动生产率。

（三）重工业能够为农业、轻工业服务，并且本身能够协调发展

重工业必须由基本上是"自我服务"类型改变为主要为农业和轻工业服务。目前重工业虽有为农业、轻工业服务的愿望，但由于结构上存在的问题，也难以达到目的。毛泽东同志早就指出，多发展一些农业和轻工业，会使重工业发展得多些和快些。现在我国重工业已有了一定的基础，有条件更好地为农业、轻工业服务。因此，要采取措施使重工业转移到为农业、轻工业服务的轨道上来。这样，重工业本身也才能进一步健康发展。重工业内部比例关系失调要妥善解决，但不能继续采用"面多了加水，水多了加面"的办法，而要从建立一个适合我国国情的合理的经济结构出发，从综合平衡出发，把长线调短，短线调长，形成真正能够发挥作用的综合生产能力。钢铁工业要特别注意产品的品种、规格、质量。机械工业要提高用先进技术设备来装备整个国民经济的能力。

（四）能源要有保证

世界上正在闹能源危机，我国当前能源问题也很严重，而如果能源没有保证，是不可能建立合理的经济结构的，我们要力争在不太长的时期内做到能源有保证。我国水力发电的资源十分丰富，现在开发利用的很少。水电的投资比火电高 60%—70%，但成本比火电低 60%—70%，大力发展水力发电，是解决电力问题的重要途径。同时我国煤炭资源极其丰富，在今后一个长时期内，煤炭将是我国的主要能源，我们要采取切实措施，把煤炭搞上去。我们也要积极勘探石油资源，用补偿贸易、联合开发等形式，大力开展海上石油的勘探和开发。我国当前能源紧张的一个重要原因是燃料、动力的浪费非常严重。据估计，如果把这些浪费的能源节约下来，用目前同样数量的能源，就可使生产大量增长，以至成倍增长。我们要从经济结构和经济体制上保证能源能够有效地开发和节约使用。

（五）交通运输要真正成为先行

马克思说："物品的使用价值只是在物品的消费中实现，而物品的消

费可以使物品的位置变化成为必要，从而使运输业的追加生产过程成为必要。"① 列宁也说过：运输是我们整个经济的主要基础，也许是最主要的基础之一②。我国国土辽阔，交通运输对于促进经济发展的意义更为重要。在合理的经济结构中，一定要使交通运输真正成为先行。现在交通运输是国民经济中突出的薄弱环节，铁路、公路、水路运输都不能适应国民经济发展的需要。仅山西煤炭就积压 400 万吨。沿海港口吞吐能力也严重不足，1978 年外贸船只因等泊位装卸就造成损失 8700 多万美元。因此我们必须花大力气把交通运输抓上去，尽快改变目前落后状况。马克思还说过："在一定距离内运输商品所需要的死劳动和活劳动量越小，劳动生产力就越大；反之亦然。"③ 我们在发展交通运输事业中，也必须关心和提高经济效果。

（六）保证人民生活不断有所改善

为了使人民的物质文化生活水平不断提高，不仅要正确处理积累和消费的关系，而且要在经济结构中保证改善人民生活所需要的生活资料和生产资料。目前我们想降低积累率以增加人民的收入，但却受到现有生产结构的很大限制。今年大幅度提高了农产品收购价格，又增加了职工的工资和奖金，工人、农民收入增加了，但市场供应就很紧张，给商业和财政带来不少困难，可见人民生活水平是受生产结构制约的。合理的经济结构不但要促进生产的不断增长，而且应该保证工人、农民的收入不断有所增加，生活不断有所改善。为了做到这一点，还必须克服基本建设中"骨头"和"肉"失调的现象，使为人民生活服务的建设事业得到相应的发展。

（七）因地制宜，合理配置生产力

我国是一个大国，有些省比欧洲有些国家还大。全国是一个统一的经济结构，各省又应该建立适合本地区特点的经济结构。这两者是完全一致的。既然各省、市、自治区统统属于伟大的中华人民共和国，因而各个

---

① 《马克思恩格斯全集》第 24 卷，人民出版社 1972 年版，第 168 页。
② 《列宁全集》第 33 卷，人民出版社 1957 年版，第 125 页。
③ 《马克思恩格斯全集》第 24 卷，人民出版社 1972 年版，第 168—169 页。

省、市、自治区就不必要不顾条件地都急于建立所谓独立完整的工业体系。但各个省、市、自治区的自然条件和经济条件又有差别，因此它们必须因地制宜地发展自己的经济。例如，山西省的煤炭储量约占全国1/3，品种齐全，质量优良，开采煤炭的投资只有其他地区的一半，就可以以煤炭电力为中心来建设适合本省特点的经济结构。这样做的好处是：（1）可以以各种精煤供应全国，搞各种类型的坑口电站，满足本省和邻近的其他省对电力的需要；（2）可以发展煤炭化学工业和以化工产品为原料的轻工业，对煤炭进行综合利用；（3）有利于发展本省的冶金工业；（4）适应煤炭的发展，铁路运输将发展起来；（5）有利于对本省机械工业的调整，使之为煤、电、化工、交通运输和农业、轻工业服务；（6）能够增加偏僻山区农民开采小煤矿的收入。总之，各省在全国统一计划指导下建立起适合自己特点的经济结构，将有利于生产力的合理配置，有利于全国的合理的经济结构的形成。

（八）有一个合理的价格体系

我国要在公有制基础上实行计划经济，同时要发挥市场调节的辅助作用，大力发展社会主义的商品生产和商品交换。因此，价格问题有着重要的意义。没有一个合理的价格体系，是不可能建立合理的经济结构的。有了合理的价格体系，才能正确地计算劳动消耗和劳动效果，才能正确地在各个部门、各个地区分配劳动，才能正确地考核各部门、各地区、各企业的经营状况。目前我们的价格方面问题很多，不仅工农业产品比价不合理，工业品内部和农业品内部的比价很多也不合理。例如，就石油和煤炭的价格比较而论，后者显然偏低。1977年石油工业的资金利润率为71.7%，煤炭工业则为1%。1978年煤炭行业资金利润率为0.8%，2/3的煤矿亏损，有些煤矿生产越多，亏损越大。煤炭的价格问题，对解决我国能源问题关系很大。如何使当前不合理的价格体系成为合理的价格体系，是一个亟待解决的复杂问题。我们必须积极而又有步骤地妥善解决这个问题，逐步建立起比较合理的价格体系，做到：（1）工农业产品比价比较合理；（2）农产品内部比价比较合理；（3）工业品内部比价比较合理；（4）工业品的批发价格和零售价格之间，农产品的收购价格和销售价格之间的比价比较合理。

（九）大、中、小企业正确结合

有人认为，生产力高度发展以后，中小企业就不重要了，甚至不存在了，这种看法是不对的。即使生产力高度发展了，中小企业仍会长期存在并起重要作用。在日本，凡职工人数300人以下，资金1亿日元以下的企业，通称中小企业。1975年，日本共有中小企业72.43万家，占全国企业总数99.5%；职工人数占全国总人数70.7%；创造的附加价值占整个企业附加价值总额的56.9%。近年来，中小企业在日本出口总额中的比重逐年增长，1975年为17.4%，1976年为19.9%，1977年为22.3%。我国1978年全国工业企业34.8万户，小型企业占98%以上，1978年工业总产值中，小企业占50.4%，中小企业合计占73.3%。我们一直提大、中、小结合，这是正确的，问题在于如何结合。日本的中小企业在行业分布上是有所侧重的，在一个行业之中，从事哪些产品的生产也是有所侧重的。它们主要从事某些机械制造、坯料加工、化工、食品加工、纺织、树脂加工、纸制品以及生活用品的生产等。在化学工业中，它们不从事石油炼制、制碱和化肥等基础化工，而是经营医药、化妆品等所谓精细化学工业。前者要求生产装置大型化，适合大资本经营；后者由于生产品种繁多，生产装置不宜大型化而劳动集约性和技术集约性高，适合中小企业经营。我国大、中、小结合上的突出问题是冶金工业、化肥工业中的小型企业消耗大、亏损多。1978年"五小工业"亏损20亿元，占全部工业亏损37.5亿元的53%，其中，小钢铁亏损9亿元，小有色亏损1亿元，小化肥亏损8亿元。全国1400多个小氮肥厂中，亏损企业占3/4。我们总结经验教训，并吸取其他国家的经验，使大、中、小企业在行业配置、地区配置上正确结合起来，其中一个重要原则，是所有企业原则上都应该有盈利，而且有一定的盈利水平。在价格合理的前提下，企业亏损就意味着吃老本或吃其他企业创造的盈利，这是不符合经济原则的。根据辽宁省经济委员会资料，全省100立方米以下小高炉有14个，停了5个，上半年产量比去年同期增长50%，成本降低8.5%，亏损减少35%；小化肥厂51个，停5个，产量增加4.2%，成本降低9.5%。这样做是很好的。

（十）先进技术和后进技术正确结合

任何国家在实现现代化的过程中都会碰到先进技术和后进技术的关系问题。所谓两重经济结构问题，就是研究技术先进、劳动生产率高的经济和技术落后、劳动生产率低的经济同时并存产生的种种问题。我国人口多、劳动力多、底子薄、基础差等特点，更加强了这个问题的重要性。为了加速现代化，我们当然力求采用先进技术，但这在资金积累、劳动力就业上都会带来问题。前几年我国大体上每年花三四百亿元投资，安排四五百万劳动力就业，平均不到万元安排一个劳动力就业。引进大型项目，大概要十万元以至几十万元投资才能安排一个劳动力，而手工业中安排一个劳动力的投资则少得多，在农业中一般就更少。为了赶上世界先进水平，我们要积极从国外引进先进技术，然而，必须有正确的方针政策。我们认为，这里有必要强调以下几点：（1）引进的技术应该是真正先进并且必须引进的，同时引进以后确实能够有效地发挥作用，现在重复引进的情况，引进后不能及时发挥作用，或者根本不能发挥作用的情况，应该克服；（2）引进的技术应该有利于提高某一部门或者某一方面的技术水平，并且要能够提高我国的机械制造能力；（3）对引进的项目不仅应该规定有盈利，而且应该规定最低的盈利率，借外债引进的项目盈利率必须高于贷款的利息率，现在引进技术往往不考虑盈利，或者不把盈利放在重要地位，这是极"左"路线"不算经济账"的流毒，是完全违背按经济规律办事的原则的，是绝对达不到引进先进技术所要达到的目的的；（4）引进的项目应该纳入国家的统一计划，应该有利于改进当前的经济结构而不是加剧它的不合理性。这是社会主义计划经济的要求，是建立合理的经济结构的要求。总之，我们要力求把先进技术和落后技术正确地结合起来，使得整个国家的技术水平不断提高，充分有效地发挥人力、物力和财力的作用。

教育和科学事业比较发达也应该是合理的经济结构的一个特点。教育发达与否对国民经济有很大影响。战后日本经济发展快的重要原因之一是原来教育比较发达，人民文化水平较高。科学对现代化的重要作用，更用不着说了。资产阶级经济学家有所谓"人力资本理论"。他们把资本分为"物质资本"和"人力资本"。"人力资本"主要是指通过教育培养出来的技术人员、熟练工人和管理人员。这种概念是有待研究的，但不可否认教育和科学对于促进经济发展的巨大意义。现在我国教育科学事业很落后，不利于国民经济的迅速发展，不利于实现四个现代化。我们深切感觉到经济管理差和企业管理差对发展生产的消极作用。这个问题就要靠发展教育和科学来解决，我们应该根据需要和可能，适当提高教育文化和科学研究事业在社会主义现代化建设中的地位。

三　怎样向合理的经济结构过渡

上面我们列举了现阶段适合我国国情的经济结构的一些主要特点。怎样才能建立起这样的经济结构呢？这就需要我们从建立合理经济结构的要求出发，有计划有步骤地对当前的经济结构进行调整和改造。

30 年来我们的经济结构经过多次变动，积累了一些经验。重温一下历史，有助于我们研究当前如何向合理的经济结构过渡。

解放前我们是半封建半殖民地的经济结构。解放后我们建立了人民民主专政的政权，没收官僚资本以后，面临着通货膨胀物价飞涨的局面，这是当时改造国民经济的主要障碍。国家依靠强大的国营经济，统一管理国家的财政经济工作，很快就制止了通货膨胀，稳定了物价。以后我们又进行了土地改革，合理调整工商业，完成了恢复国民经济的任务。接着，我们着手第一个五年计划的建设，完成了对农业、手工业和资本主义工商业的社会主义改造，并进行社会主义工业化，对原来的半封建半殖民地经济结构进行了根本改造。到第一个五年计划结束时，虽然我国经济结构还存在着很多问题，但已经属于社会主义性质的经济结构。"一五"时期我们经济发展速度较快，人民生活不断改善，就是这种经济结构优越性的表现。我们把半封建半殖民地的经济结构改造成为社会主义经济结构，大约用了 8 年时间。从 1958 年到 60 年代初期，主要由于我们工作中的缺点和错误（如高指标、高征购、瞎指挥和刮共产风），加上自然灾害和苏联的背信弃义撕毁合同，我国经济结构又发生了问题，国民经济比例严重失调。1961 年党中央提出了"调整、巩固、充实、提高"的正确方针。针对当时存在的主要问题，我们调整了农村人民公社的生产关系，实行以生产队为基本核算单位的三级所有制，取消了强制推行的公共食堂和半供给制，同时精简职工，压缩基本建设战线，对消耗大、质量低的小土群工厂实行"关、停、并、转"的方针，并采取了必要的措施回笼货币，稳定物价。经过 1963—1965 年的国民经济调整时期，到 1966 年，我们在调整国民经济结构方面取得了很大成绩。不幸的是，以后在"文化大革命"中，不仅使调整工作中断了，而且由于推行林彪、"四人帮"的极"左"路线，严重阻碍和破坏了国民经济的发展，在经济结构问题上重犯并加剧过去的错误。以上两次改造和调整国民经济结构的经验教训，值得认真总结和吸取。

我们不仅要总结自己的经验，而且要总结其他社会主义国家的经验和一些资本主义国家的经验。例如，日本第二次世界大战结束时国民财富的42％毁于战火，工业生产设备能力 44％ 遭到破坏，出现粮食危机、就业危机以及煤炭、电力，运输等危机。当时，日本粮食和日用品奇缺，"大多数国民衣衫褴褛，勒紧腰带，忍受着艰苦生活"。在这种情况下，日本为了重建经济，首先抓了农业和轻工业的恢复和发展。1946—1948 年，日本实行了自上而下"农地改革"，废除了半封建的土地制度，日本政府并采取"充分保护农业利益"的方针，使战后初期农业生产得到较快的恢复。1946 年日本政府提出了重建纤维工业的三年计划。以后又做出了关于"迅速发展合成纤维工业"的决定，并采取一系列措施，从资金和技术方面使轻工业较快地恢复和发展。1946—1950 年，纺织、食品、木材及木制品和印刷等几个主要轻工业项目的产值，在整个工业产值中所占的比重，由 32.5％上升到 43％，5 年间轻工业的比重提高 10.5％。1947年日本政府开始实行所谓"重点生产方式"，即在资金、原材料不足的情况下，抓住煤炭、钢铁、电力等基础工业部门和运输部门，给它们提供较充分的资金、动力和原料，通过这些部门的恢复和发展来带动和促进整个经济的恢复。经济恢复阶段一结束，日本就在实行"重点生产方式"的基础上开始改变工业结构。在 1951—1955 年期间，日本一方面实行"合理化"投资、重点发展重化学工业；另一方面整顿工业企业，充分发挥中小企业的作用，同时采取措施加强企业内部积累，扩大资金来源，设法解决现代化的资金问题，并逐步扩大技术引进，为 60 年代的大量引进取得经验。这样，到 1955 年日本就在工业结构、资金和技术设备等方面完成了经济高速发展的准备。以后日本又不断适应新的情况调整经济结构。尽管我国和日本的社会制度不同，日本的有些经验也是值得我们吸取的。

当前向合理的经济结构过渡需要研究以下两个问题：

（一）怎样解决目前经济结构中的根本问题

要解决目前经济结构中的根本问题，首先要弄清楚什么是目前经济结构中的根本问题？我们认为这个问题就是社会主义生产中生产资料和消费资料两大部类的比例关系严重失调。

社会主义再生产是扩大再生产，而要实现扩大再生产，就必须有追加的生产资料和生活资料。马克思说："要积累，就必须把一部分剩余产品转化为资本。但是，如果不是出现了奇迹，能够转化为资本的，只是在劳动过程中可使用的物品，即生产资料，以及工人用以维持自身的物品，即生活资料。所以，一部分年剩余劳动必须用来制造追加的生产资料和生活资料，它们要超过补偿预付资本所需的数量。总之，剩余价值所以能转化为资本，只是因为剩余产品（它的价值就是剩余价值）已经包含了新资本的物质组成部分。"[①] 这段话对社会主义扩大再生产也是适用的。目前我国经济结构的根本问题，就在于生产资料生产和消费资料生产不相适应，总的来说，是消费资料生产严重落后于生产资料生产。我们在再生产过程中，既苦于缺乏生产资料，更苦于缺乏消费资料，人民生活水平的提高受到很大限制，再生产的进程遇到很多阻碍。

政治经济学通常把 $I(v+m) > IIc$ 作为扩大再生产的条件。一般来说，这并不错，但问题在于它只是扩大再生产的必要条件，而不是充足条件。有的人把它看成充足条件，认为只要有了追加生产资料，就能够实现扩大再生产，从而忽视还要有追加的消费资料，这是错误的。就两大部类

---

① 《马克思恩格斯全集》第 23 卷，人民出版社 1972 年版，第 637 页。

之间的关系而言，实现扩大再生产必须具备以下两个条件：（1）生产资料部门应该生产出维持简单再生产所需要的生产资料和实现扩大再生产所需要追加的生产资料；（2）消费资料部门应该生产维持简单再生产所需要的消费资料和实现扩大再生产所需要追加的消费资料。只有同时具备这两个条件，才能实现扩大再生产，缺少其中任何一个条件，扩大再生产都会遇到困难。特别需要指出的是，由于社会主义生产的目的在于满足人民日益增长的物质和文化需要，在社会主义扩大再生产中，增加消费资料就有更加重要的意义。忽视追加消费资料在扩大再生产中的作用，对社会主义制度来说，就更加错误了。

既然消费资料生产落后于生产资料生产，为什么现在生产资料也感到不足呢？这是因为：生产资料是各种各样的，必须成龙配套，才能形成生产能力，发挥作用。现在生产资料各部门内部比例也严重失调，缺胳膊短腿的情况非常普遍，有些生产资料过剩，有些生产资料不足，加上由于加工工业的发展快于燃料、动力、原材料工业，基本建设的规模超越了可能提供给它的材料设备，就更使得生产资料供应紧张。有些同志借口生产资料不足来否认消费资料落后于生产资料是当前经济结构中的根本问题，这也是不能成立的。我们认为，生产资料和消费资料两大部类之间的关系是当前经济结构中的根本问题，并不是否认各个部类内部存在的问题。马克思曾分析过 Ic 在第一部类内部的流通和 II（v＋m）在第二部类内部的流通，我们这些方面也存在着许多亟待解决的问题。但由此并不能否认解决结构问题首先要抓两大部类比例失调。我们要把解决两大部类的关系作为考虑和解决一系列经济结构问题的出发点。

有的同志认为，农、轻、重比例失调是我国经济结构中的根本问题，主张解决经济结构问题，首先要抓农、轻、重的关系。在现实经济生活中，具体存在的是农业、轻工业、重工业等部门，而不是生产资料和生活资料两大部类，在计划工作和其他经济工作中，两大部类必须具体化为农、轻、重等部门。从这种意义上来说，我们是同意这种看法的。但是，这种看法也有可以商榷之处。（1）我们通常把农业、轻工业看成消费资料部门，把重工业看成生产资料部门，事实上它们是既有联系又有区别的。农业、轻工业也生产某些生产资料，重工业也生产某些消费资料。马克思就曾以马和谷物等为例，说明它们既可以供个人享受，又可以用作生产资料，认为它们按照前一种属性，是属于第二部类，按照后一种属性，是属于第一部类。可见，第一部类、第二部类的分类，是比农、轻、重的分类更为本质的。（2）轻、重工业的分类也有它的不确定之处，在有些场合是不适用的。例如，化学工业就很难说是轻工业还是重工业。在一些经济发达的国家中，重工业部门越来越生产更多的消费资料，在这种情况下，把工业划分为轻工业和重工业就更不科学了，因此这些国家现在已经很少使用轻工业、重工业的概念了。（3）农、轻、重关系是否协调，归根到底要看它是否符合社会再生产对两大部类的要求，离开了两大部类，处理农、轻、重关系也就失去了客观标准和科学依据。（4）从两大部类的关系出发，看到消费资料生产严重落后是当前经济结构的根本问题，我们就不仅要求农业、轻工业生产更多的消费资料，而且要求重工业也生产尽可能多的消费资料。仅仅从农、轻、重关系出发，则往往会忽视重工业也应该生产消费资料。可见，说两大部类关系失调是当前经济结构的根本问题，可能更确切一些。

也有的同志认为，积累偏高、消费偏低是当前经济结构的根本问题，主张把这个问题作为解决经济结构问题的出发点。我们认为，长期以来我国积累率偏高，这确实是形成当前不合理经济结构的重要原因，我们要紧紧抓住积累、消费比例关系这个重要环节，这样才能解决目前生产和生活、生产和基建、"骨头"和"肉"等方面存在的问题，但是，把处理积累和消费的关系作为解决经济结构问题的根本问题，在理论上和实践上都有不妥之处。大家知道，积累与消费问题尽管非常重要，但毕竟是分配领域的问题，而分配归根到底是由生产决定的。马克思说：分配的结构完全决定于生产结构，分配本身就是生产的产物，不仅就对象说是如此，而且就形式说也是如此。就对象说，能分配的只是生产的成果，就形式说，参与生产的一定形式决定分配的特定形式，决定参与分配的形式[①]。他曾尖

---

① 马克思：《〈政治经济学批判〉序言、导言》，人民出版社 1971 年版，第 18 页。

锐地批评那种认为"似乎不是生产安排和决定分配，而相反的是分配安排和决定生产"的观点。就历史事实看，我国的分配结构也是由生产结构决定的。我国积累率偏高是怎样形成的呢？那主要是由于片面实行优先发展重工业的结果。优先发展重工业需要大量资金，这就不能不提高积累率，从而也就不能不提高积累率而降低消费率。重工业挤掉了农业和轻工业，使得消费资料的生产严重落后于生产资料的生产，这就使得难以降低积累率，提高消费率。因为，只有消费资料可供人们生活消费，那些钢材、机械是不能用作生活消费的，产品的物质结构已经在客观上决定了积累和消费的界限。现在我们主观上希望快些纠正积累偏高、消费偏低的缺点，希望迅速提高人民的生活水平，但这样做，不仅受增长速度的限制，而且受目前生产结构的限制，想一下子做到是不可能的。最近，我们提高了农产品的收购价格和职工的工资，市场供应就比较紧张。这当然不是说在当前生产结构下我们对调整分配结构就无能为力了，更不是说不需要通过调整积累和消费的比例关系来调整生产结构，而是说要看到生产结构对分配结构的决定作用，把调整生产结构中两大部类的关系作为解决经济结构问题的关键和出发点。

综上所述，解决目前经济结构的根本问题，就是要加快消费资料的增长速度。我们要根据这个要求，处理农、轻、重等部门之间的关系。

首先，要加快农业的发展速度。当前加快农业发展速度的重要措施，在于落实符合广大农民利益的各项经济政策，充分调动8亿农民的积极性。我们已经看到，党的十一届三中全会的正确方针，已经发挥出巨大威力，促使农业生产迅速增长。但是，现在有些地方的商业部门在收购农产品时压等压价，甚至拒绝收购农产品，使农民得不到提高农产品价格的全部好处，挫伤了农民的积极性。有些人不懂得，我们采取提高农产品价格等一系列措施，正是为了促进农业生产，提高农产品的商品率，使国家得到更多的农产品。如果不让农民得到提价的好处，又怎么能达到这个目的呢？任何一个社会主义国家都不能在农业不发展的情况下建成合理的经济结构。我们要担心的绝不是农产品太多，而是农产品太少。农业越发达，农业劳动生产率越高，我们的经济就越有希望，我们就越能顺利地建成合理的经济结构。

为了加速农业的发展,必须积极而又有步骤地改变我国的农业结构。现在我国农业结构极为落后,基本上是单一的种植业经济,尤其畜牧业比重过低。1978年我国农业总产值中种植业占67.8%,畜牧业占13.2%,林业占3%,渔业占1.4%,副业占14.6%。农业由主要是种植业向主要是畜牧业过渡,是现代化农业的趋势和特征。我国耕地面积仅占国土面积的11%,而草原面积则占40%左右,在这种情况下,我们固然要充分利用耕地,但更要注意利用草原。很多农业专家和农业经济专家已提出了不少改变农业结构的好建议,这方面的潜力是很大的。

其次,在加快发展农业的同时,还应该大力发展轻工业。我国轻工业一直没有摆在应有的地位,轻工业投资占工业总投资的比例,"一五"时期为11.2%,"二五"计划曾规定提高,但实际上以后持续下降,1958—1978年平均只有8.7%,1978年计划是11%,也没有达到"一五"水平。苏联和东欧一些国家原来轻工业投资比重比我们低,近20年来都发生了很大变化。1965—1975年苏联轻工业投资从占工业总投资10.8%提高到14.1%,罗马尼亚从13.1%提高到15%,匈牙利1958—1974年提高到20%,南斯拉夫1956—1971年提高到21.4%。我国轻、重工业发展速度极为悬殊,即轻工业过分落后于重工业。为了克服这种现象,一定时期内应该使轻工业的发展速度快于重工业,提高轻工业产品在国民经济中的比重。我国轻工业总产值占工业总产值的比重,1949年新中国成立时为73.6%,"一五"时期为56.9%,"四五"时期为43.2%,1978年为42.7%。前面说过,日本1946—1950年轻工业恢复发展速度就快于重工业,苏联1968—1970年连续三年工业中生活资料的生产快于生产资料的生产。我国1963—1965年国民经济调整时期,轻工业每年增长速度为21.2%,重工业为14.9%。但这三年轻工业投资的比重并没有增加,相反还比"一五"、"二五"时期都少,而是在重工业原料、材料的分配上照顾了轻工业生产发展的需要。

应该指出,大力发展轻工业也是加快发展农业所要求的。社会主义农业生产是商品生产,国家必须用自己的商品交换农民的商品。你要农民卖更多的农产品，你就要卖给农民更多的工业品。现在我国农民生活水平还很低，对轻工业品的要求很迫切，随着农业生产迅速增长，农民的货币收入大量增加，这就必须大幅度增加农村市场的轻工业产品的供应，才能保证工业和农业之间有正常的商品流转，才能使广大农民越干越有劲。我们现在强调发展商品生产、商品交换，但有的人却不重视轻工业，难道发展轻工业不正是发展城乡之间、工农之间的商品生产、商品交换所迫切要求的吗？我们还往往只看到我国农业落后对发展轻工业不利的一面，却忽视了农业落后更需要重视发展轻工业，除发展重工业促进农业外，还应该发展轻工业来促进农业。

再次，重工业应该大力为农业、轻工业服务，并努力生产生活消费品。过去我们提倡重工业支援农业，而不提倡重工业支援轻工业。其实，重工业支援农业是必要的，支援轻工业也是必要的。重工业应该努力增产发展农业所迫切需要的并能保证农民增产增收的多种生产资料，同时，应该努力增产发展轻工业所需要的机器、设备，特别是原料、材料、燃料、动力。现在我国轻工业产值中，以农产品为原料的约占70%，以工业品为原料的占30%，这种情况，对农业是个很大的负担，对发展轻工业是个很大的限制，应该逐步予以改变。可以设想，先争取在几年内做到轻工业产值中以农产品为原料的和以工业品为原料的各占50%，然后，再争取做到轻工业产值中以工业品为原料的占70%，以农产品为原料的占30%。这样，将大大促进轻工业的发展，同时，对农业也是极大的支援。近年来由于重工业尤其是石油化学和煤炭化学工业的发展，在客观上是具备这样做的条件的。

为了加快消费资料的生产，重工业也应该在服从国家计划的前提下努力生产耐用消费品。这不仅是必要的，而且是可能的。除一般重工业企业以外，军工企业也应该生产生活消费品。军工企业的设备和技术条件比一般民用工厂优越得多，利用这些设备和技术生产工艺上相近的产品，不用增添设备或稍加改进，就可以生产许多国家急需的高精尖产品，包括耐用消费品，还可以扩大出口。现在许多军工企业生产任务不足，设备和工时利用率很低，生产耐用消费品潜力很大。最近王震同志提出"军民结合、平战结合、寓军于民、以民养军",就是要大力发展民用工业,通过这个来壮大我们的国防工业。这个意见是很正确的。

加快农业和轻工业发展,是不是轻视发展重工业?当然不是。重工业用先进技术装备整个国民经济,起着主导作用,不能有任何忽视,主张重工业转到为农业和轻工服务的轨道上来,这样农业、轻工业才能迅速发展,在此基础上,重工业也才能迅速发展,现在要调整重工业内部结构,转到为农为轻的轨道上来。这样就为它本身的发展创造有利的条件。

(二) 调整经济结构的关键是什么

解决消费资料严重落后于生产资料的问题,并不就等于建立了合理的经济结构。只有压缩基本建设战线,正确地确定基本建设规模和投资方向,才是调整经济结构的关键。

社会主义再生产是通过基本建设实现的,投资规模和方向决定经济结构的发展变化。要调整经济结构,必须首先从这里下手。

怎样确定基本建设的规模和投资方向,在理论和实践上都需要很好地研究。目前基本建设规模过大,投资方向不合理的问题不解决,就不可能建立合理结构。

马克思指出:有些事业,在较长时间内取走劳动力和生产资料,而在这个时期内不提供任何有效用的产品;而另一些生产部门不仅一年间不断地或者多次地取走劳动力和生产资料,而且也提供生活资料和生产资料,在社会公有的生产的基础上,必须确定前者按什么规模进行,才不致有损于后者。马克思这段话告诉我们,基本建设投资规模必须同社会可能提供的劳动力、生产资料和生活资料相适应,否则就会给生产带来损害,给社会带来损害。我们国家在过去较长一段时间里,基本建设规模过大,超过可能,给国民经济带来严重损害。

1979 年 4 月中央决定把 1700 个大、中建设项目压缩到 1000 个以下,但直到现在为止成效不大。

1979 年国家计划内安排的基本建设投资 360 亿元,加上国外贷款约 400 亿元。据财政部资料,按"一五"时期的"口径"计算,全国固定资产投资支出(包括新建、改建、扩建、更新、改造)近 700 亿元,占财政总支出的 52.35%，而"一五"时期只占 40.52%。投资规模显然是过大了。基本建设投资规模过大，危害很大。（1）建设周期长。"一五"时期为 5 年，目前为 10 年。（2）造价增加。建设每吨钢的生产能力的投资，"一五"时期为 1342 元，"四五"时期为 2462 元。建设每吨煤的生产能力的投资，"一五"时期为 56 元，"四五"时期为 119 元，增加了 1 倍。（3）投资花了，建设项目和新增能力都很少。新增固定资产占投资比重，"一五"时期为 83.7%，"四五"时期为 61.4%。根据粗略计算，30 年来基本建设投资 6000 亿元，形成固定资产 4000 亿元，其中发挥作用的只有 2500 亿元，这是个严重教训。这就是我们国家花了那么多钱，还过穷日子的原因之一。

那么怎么确定基本建设的规模呢？有无一个客观的标准或者政策界限呢？有的。陈云同志最近讲了这个方面的问题，有三条意见：（1）财政不能有赤字。即不能靠财政赤字来搞基本建设。（2）基本的原料、材料和设备不能有缺口。比如，今年列入国家计划的基本建设投资计划，木材只能满足 60%，水泥只能满足 70%，钢材只能满足 80%。为什么不按可能的条件来安排基本建设的投资规模呢？（3）不能不顾人民生活甚至降低人民生活来搞基本建设。

正确确定基本建设的投资规模之后，还要解决投资方向问题，即调整投资结构，这是使经济结构合理化的重要手段。

这里也有三个问题：（1）调整生产性建设与非生产性建设的投资比例，适当增加后者，以补欠账（如增加职工宿舍、城市公用事业、文化教育事业等方面的投资）。我看了辽宁省的统计资料，三年恢复时期、"一五"时期每人还有 3.27 平方米的居住面积，现在只有 3 平方米，欠账多了。有不少人结婚多年，有了孩子，都分不到个宿舍，这个问题不解决不行了。有些职工三四十岁了，在工厂里干了十几年，已经生儿育女了，还没有个房子，这实在说不过去了。（2）产业部门中要适当增加农业、轻工业和直接为农业和轻工业服务的重工业投资，重工业要着重增加能源工业的投资，同时，还要增加运输业的投资。（3）生产性建设要恰当地确定原有企业的挖潜、革新、改造与新建企业的投资比例，以利于发挥投资效果。目前新建项目投资的比例太大，1973 年占 55.2%，1976 年占 56.9%，1977 年、1978 年都占 57.6，有逐年上升的趋势。这是值得认真注意的。现在是到了切实改变这种状况的时候了。为什么要以革新、挖潜、改造为主呢？一是因为工业基础已有相当规模。固定资产从 1957 年的 336.6 亿元，增加到 1978 年的 3193.4 亿元。全国各类机床 268 万台，而利用率只有 55%—56%。二是因为现有企业设备陈旧，技术落后，亟须改造。根据辽宁省对 3052 个企业调查，工艺装备大多是四五十年代的。沈阳矿山机械厂有 739 台设备超过 25 年了，有的大修了六七次，精密度已经很差了，其中有近 100 台的设备早就应该报废。但现在没有技术改造资金，还不能报废，所以，就只好搞"古董复旧"了。我们的许多锅炉都是补了许多补丁的危险锅炉，说不定什么时候会爆炸。如果把它回炉，废钢就多了，炼钢的原料也多了，就可以多生产钢材，造锅炉的工厂也不会吃不饱了，变成新的锅炉，煤、电都可以节省，工业就可以搞得活了。这是一件很好的事情，但就是办不到，原因是我们的投资搞到新建企业的部分过多了。新企业建设起来以后，又因为没有原料或配不起套来，开不了工，而原有企业设备却破破烂烂得不到更新改造，这是很不合理的。三是因为有不少新建企业不能发挥作用。辽宁省，1974—1979 年上半年投产的大、中项目，单位工程共 96 个，对其中 74 个进行了调查，不能发挥能力的有 19 个，占 26%，不能生产的有 17 个，占 23%，加起来就是一半。四是因为对现有企业挖潜、改造，投资少、见效快。根据鞍钢调查，有个焊管厂，改造炉焊机组只用了 181 万元，生产就提高 23%，合格率又提高了 12.9%，成本降低了 5%，劳动生产率提高 11.4%。第二炼钢厂把三座 40 年代的平炉改成了氧气顶吹的新型平炉，去年就增产钢 55 万吨，等于新建一座新型炼钢厂，投资等于新建企业的 5%。引进的项目凡贯彻了这个原则的，也都取得了很好的效果。如上海牙膏厂，从国外引进先进技术，12 年来只花 466 万元投资，而给国家的积累则有 1.3 亿元。可惜我们有些同志对办这样的好事还认识不够，抓得不力。

邓小平同志最近说，我们要从总的方针上来一个调整。先搞那些容易搞的，上得快的，能赚钱的，把重点放在见效快、赚钱多的项目上，先积累钱，再干那些大的、重的。先搞那些见效快、能盈利、创汇多的，就能多就业，对改善人民生活有利，也不会发生偿还不起的问题。邓小平同志这些指示非常重要，我们应当按照他的指示去做。

美国经济和管理教育*

今年 10 月 7 日至 11 月 3 日，薛暮桥同志和我带领 "中国工商管理考察团"，在美国访问了近一个月。考察的重点是美国的管理教育。

代表团是接受美中关系协会的邀请，前去美国访问的。邀请我们的单位，有哈佛大学、麻省理工学院、斯坦福大学、印第安纳大学、宾州大学5 所大学的管理学院和 15 家公司。代表团在这 5 所大学进行了考察；参观了机器制造公司、汽车制造公司、石油化工公司、基本建设公司、食品公司、化妆品公司、咨询公司等 17 家公司；参观了农场和超级市场；还参观了美国的国会。美国总统的科学技术顾问、经济顾问和我们谈了话。我们还会见了美国国会的一些议员。

下面，给同志们汇报的，是我们在美国参观、访问的一些见闻。

一　美国社会经济鸟瞰

美国是现代资本主义的典型。这个国家的社会经济，初看起来是很复杂的，但是经过一番推敲之后，也是很简单的。从外表看，美国的整个社会，光怪陆离，使人眼花缭乱，人人心情都很紧张，是杂乱无章的。而仔细去琢磨，就使人强烈地感觉到，整个社会生活都商品化了。大家都围绕

---

　　*　本文是作者 1979 年 12 月 27 日在中共北京市委党校所作的报告。

着金钱转，那真是向"钱"看。人们的社会地位，人们可以信赖的程度，完全是由占有财产与否和占有财产多少来决定。举一个例子来说，现在美国有职业的人，多数人都有一个"信用卡"，发工资的时候，通过银行记账。你存有多少钱，在信用卡上就可以得到相应的反映。拿着信用卡，你就可以到商店去买东西，他把你花的钱用电子计算机打出来，记到账上，把花的钱扣掉。由于每个人的身份不同、收入不同、财产不同，凭信用卡可以支付的能力也不一样。有的拿信用卡买东西，一次支付的能力，最多不能超过 50 美元，超过就不给支付了。有的信用卡可以买上万美元甚至更多钱的东西。美国人身上是不带很多钱的，只要带几个硬币作零花钱，上公共汽车到什么地方去，投一个硬币就可以了。在美国，无论走到什么地方，不管干什么都要钱，没有钱是行不通的。上厕所，要投个硬币进去，门才开；坐地铁，也要投个硬币，门才打开，不然就进不去；到超级市场买东西，只有付了钱，才能走出去，否则门关着，你出不去。

下面，准备分四个问题，说一说美国经济社会的情况。

（一）美国的工农业生产、科学技术和国防现代化的情况

美国的工农业生产、科学技术和国防达到了世界先进水平，的确是一个实现了四个现代化的国家。

19 世纪，美国就完成了工业化。第二次世界大战以后，美国又把核子、电子运用于民用工业，引起了所谓"第三次产业革命"，使生产有了比较大的发展，人民生活有了比较大的提高。目前，按国民生产总值计算，美国占世界第一位，比日本、联邦德国、英国、法国加起来的总和还要多，等于苏联的 2.67 倍，是个相当富裕的国家。

美国在科学技术方面，在培养人才方面，在提高管理水平方面，在讲求工作效率方面，有许多值得我们学习和借鉴的地方。

下面，就拿一些典型例子说一说美国工业现代化、农业现代化、科学技术现代化和国防现代化的情况。因为总的情况，我没有考察和研究，所以每个方面，只能拿一个典型例子来说明。

1. 工业

举福特汽车公司一个工厂的例子。福特汽车公司是美国最大的一个财团，又是一个工业集团。我们看的这个工厂，是福特公司在美国的21个工厂中的一个，是1955年在旧金山附近建起来的，同我国的长春汽车制造厂建设的历史相差不多。这个工厂有工人4300人，管理人员、技术人员500名，每天生产汽车1000辆，其中卡车、小轿车各占一半，每条生产线每小时生产80辆，每人每年平均生产50辆，全厂一年生产21.5万辆。为了保证质量，这个厂有1600种新工具，有600个新工艺，质量检验人员同工人的比例是1:4。工人按小时计算工资，每小时最低工资8美元，最高工资13美元；此外，还有福利待遇。工人一个星期工作40个小时。

按这个情况和我们做个对比，就知道我们的差距了。我们全国有汽车制造厂130个，有工人33万人；汽车生产能力一年是18万—20万辆；今年实际生产15.6万辆。就拿我们的长春汽车来说，全厂4.3万人，去年生产了6.3万辆汽车。同人家的差距是相当大的。

这里要说明一下，我们看的福特公司这个汽车制造厂是个装配工厂，发动机和其他零件是从别的工厂运来的。但是，这也可以说明我们和美国的差距。

我们现在的汽车生产水平，大体相当于日本50年代的水平。现在，日本的汽车生产，已经赶上并在某些方面超过了美国。我在1978年11月对日本进行了访问，在丰田汽车公司待了10天。我看福特汽车公司的生产效率，没有日本丰田汽车公司高。日本在生产线上的人更少，工人劳动强度更高。工人就像卓别林演的电影《摩登时代》里那个工人一样紧张。美国生产线上的工人，比日本还多一点。日本从50—70年代，20多年的时间就实现了现代化。它是个资本主义国家，我们是社会主义国家，我们有许多优越的条件，经过几十年的努力，为什么不可以赶上去呢？我们应当有这个信心。

2. 农业

在美国，我们参观了一个农户。从这个农户，大体可以看到美国农业的情况。据说，美国目前有600多万个农户。我们参观的是属于中上等的农户。这个农户在印第安纳州，全家共有5口人，夫妻二人和一个20岁的儿子参加劳动，其他两个孩子念书。共耕种 1100 英亩土地，合我们的市亩是 6677 亩。有 5 台拖拉机，最大马力为 200 匹，其中一台放置不用；60 台拖车，1 台轿车，还有 1 台粮食烘干机。一年收获约 60 万斤粮食。在 1100 英亩土地中，有一半地是他租种别人的，一半地是他自己的。租种别人的土地，租金等于土地收获量的一半，或者交实物，或者交货币，交货币是每英亩 125 美元。另外，他还养了 30 头牛。这个农户每年毛收入 20 万—25 万美元，除掉各项开支，可得 5 万美元，向联邦政府缴税 1.5 万美元，向州政府和地方政府缴税 0.5 万美元，本人净得 3 万美元。这样的农户，在美国算中上等农户。

这也可以和我们做个比较。在我国，种 6677 亩土地，大体要六七百个劳动力，每个劳动力平均生产不到 2000 斤粮食。美国这个农户，每人生产 20 万斤粮食，每个劳动力创造的价值是 1.7 万美元，每个农业人口平均收入 1 万美元。我国每个农业劳动力创造的国民收入是 363 元，折合成美元是 216 美元，他们比我们多 80 倍。我国每个农业人口平均收入是 132 元，折合成美元是 79 美元，他们比我们多 126 倍。

3. 科学技术

美国技术最显著的特点是电子化了，不仅是生产过程，而且流通过程以及生活领域都普遍地应用电子技术。美国电子工业产值，占西方世界的 50%。美国电子工业，共有 6000 多家企业，114 万职工，28 万多名技术人员，各类电子产品 3 万多种。在美国，电子工业仅次于汽车工业、冶金工业、石油化学工业，占第四位。电子计算机，美国的拥有量占世界总数的一半。电子技术渗透到了美国社会的各个方面：国防、科研、测量仪器、生产过程的控制、工厂管理、交通管制、商业流通、医疗卫生、教育，以至家庭生活（如电视机、照相机、缝纫机、洗衣机、电冰箱，等等），都采用电子控制。在旅馆，天气冷了，用电子控制器给毯子和褥子加热，需要什么温度都可以自动调节。现在，美国平均每人有两台收音机，平均两个人有一台电视机，99% 以上的家庭有电话，有的电话还是可以看到对方形象的对讲器；平均每千人有一台电子计算机。从下面的数字也可以看出美国电子技术的发展：平均每个家庭占用的晶体管，50 年代为 10 个，60 年代为 1 万个，70 年代为 10 万个，80 年代预计将有 100 万个或者更多。美国社会上，偷盗、抢劫的事情是很多的，报警设备都是电子控制的。在美国，一般家庭的门平常是关着的，单门独户的人家一般都有汽车，汽车里面有电子控制的设备，汽车开到离自己家的车库大门有一米多的地方，门就自动开了，汽车进去后，门又自动关上了。美国的电子应用是非常广泛的，在生产过程中的应用就更多了。

4. 国防

这不是我们考察的范围，我们也没有了解到什么具体的东西。但是，我们在美国访问期间，正好遇到美国和苏联搞了限制战略核武器的协议。卡特想让国会批准这个协议，国会不想批准。为了造成社会舆论，说服国会，在这期间放了一部美国有关现代武器的电视片。这部电视片过去是保密的。现在放映，有两个企图：一个是吓唬苏联；另一个是动员国内舆论。电视放了两个多小时。从电视里看，是相当"惊人"的，那些东西也都是通过电子操纵的。

关于美国四个现代化的情况，就简单地介绍这一些。

（二）美国经济是一艘没有舵的船

美国虽然实现了四个现代化，但是，美国的很多经济学家认为，它们的经济已经老化了。美国的经济发展，缺乏一种新的刺激力。从第二次世界大战以来，刺激美国经济空前增长的有三个因素：一个是汽车；一个是电子工业，主要是电视机；一个是房屋建筑。现在，汽车、电视机在美国社会里已经饱和了。汽车几乎家家都有，甚至一家有几辆，连失业工人也有汽车。电视机，前边已经提到，平均每两个人一台。房屋，中等以上家庭也都有，还有 10% 以上生活在贫困线以下的工人，买不起房屋。现在，美国找不到一种像汽车、电视机那样比较值钱而又能为绝大多数人买得起的商品。因为只有比较值钱、绝大多数人又能购买的商品，有广阔的销路，才能刺激经济的发展。这些东西就是我们常说的"最终产品"，即可供消费的产品。这些东西一发展，就带动了整个工业的发展。

经济的不景气，是当前美国经济的一个显著特点。按照美国通常的说法，连续两个季度经济的增长速度下降，就叫经济衰退。今年美国经济怎样呢？今年第二季度比第一季度生产下降 2.3%；第三季度比第二季度增长 2.4%，恢复到了第一季度的水平；第四季度也没有见到明显的好转。因此，可以说，目前美国经济是处在停滞状态。根据美国经济学家的估计，1980 年也不会有什么大的变化，至少是 1980 年上半年不会有大的变化。当然，这是就总的情况说的。如果具体分析，可以看出，美国经济发展的不平衡性是相当突出的。列宁讲过，帝国主义的发展是不平衡的。这主要是讲国家与国家之间发展的不平衡。在一个国家内部，经济的发展，也是不平衡的。比如，电子工业在美国以每年增长 10%—20% 以上的速度向前发展，但是，美国整个工业生产则处于停滞状态，这意味着有另外一些工业在衰退。美国的什么行业在衰退呢？最显著的是纺织工业，钢铁工业、造船工业等也是不景气的，不仅没有增长，而且还有所下降。

目前，美国在经济方面最苦恼的，有以下四个问题：

1. 通货膨胀

美国最近十年，平均每年物价上涨 6.5%。1979 年上涨得更多，前 9 个月，消费品价格上涨 13.7%。其中，与人民生活直接相关的能源（主要是汽油）、住房、食物、服装四种商品的价格，上涨 17%。工人工资的增长速度，远远低于物价上涨的速度。因此，工人的实际生活水平在下降。

为了制止通货膨胀，美国政府的储备银行把利率提高到 15%，想借此收缩通货。但是，通货不仅没有收缩，反而不利于投资，使生产下降，就业机会更加减少。现在，美国人人讲通货膨胀问题。因为这个问题直接关系着每个人的实际生活。

2. 失业率高

最近十年，美国的失业率平均是 6% 多一点。1977 年失业率是 7%。目前仍然是 7% 左右的水平。如果按年龄划分：20 岁以下的青年，白种人的失业率是 15%，黑人的失业率是 39.5%；成年人和妇女，白种人的失业率是 6.2%，黑人的失业率是 11.1%。特别是黑人青年的失业，引起了美国社会很大的动乱，有很多打砸抢事件，就是从这里来的。如何解决失业问题，在美国是一个很大的问题。

3. 能源，特别是石油、汽油紧张

从 1973 年石油危机以来，石油价上涨了三四倍，今年以来又上涨了 40% 以上。美国一年要消耗 9 亿多吨石油，他自己生产一半，进口占一半。最近，伊朗发生事情，石油进口的问题就更大了。今年第一季度和第二季度初，美国汽车加油站排队像长龙一样，没有办法，只好按汽车单双牌号分开加油：双号的逢双日加油；单号的逢单日加油。最近，这个情况稍好一点，但是仍然很紧张。能源问题，也是家家谈论的一个问题。

有汽车，固然很方便，但在美国也是一个很大的负担。在美国社会生活中，汽车是不可缺少的，汽车都停下来，整个社会生活就要停顿。一些美国人对我们讲，你们可不要像我们这样发展。我们在纽约的时候，有一个爱国的美籍华人，对我们很友好。一天晚上，他一定要请我们到一家餐馆吃饭，带我们看一看纽约的夜生活。那是一条比较繁华的街道，我们想在餐馆附近找一个停车场，但是找不到。坐着汽车走了 40 分钟，才找到一个停车场。把车存到那里，只限停半小时，还要收费。我们吃饭用了 40 分钟，超过了 10 分钟，要加倍付费。因为纽约人多，地方少，停车要钱很多，超过了时间，还要交罚金。在美国，中等以上的家庭不住在市内，都住在市外，必须有汽车，不然没法上班。美国的超级市场，离居住区也很远，有 10—20 公里，靠两条腿要走很长时间，因此也要有汽车才行。因此，这就成了一个很大的负担，到上班、下班时间，公路上的汽车成了一条龙。而汽油一涨价，大家就很紧张。

4. 劳动生产率呈停滞状态

目前，资本家对投资都很不积极，这也是美国非常苦恼的一个问题。美国企业家和经济学家，挖空心思研究，怎样鼓励资本家投资，怎样提高劳动生产率。但是，效果却是微乎其微，总是摆脱不了困境。

面对经济生活中的种种困境，许多美国人感到他们的经济好像是一艘没有舵的船。美国有个著名的经济学家，也就是"投入—产出"学说的创始人、诺贝尔奖金的获得者列昂节夫就说过这种话。这个列昂节夫和苏联《政治经济学》一书的作者列昂节夫同名，但不是一个人。这个人过去也是苏联人，原来是苏联国家计划委员会的工作人员，30 年代初，跑

到美国去的。他对我们是友好的，曾经到中国访问过。他在美国和我们谈话的时候说了这样一段话，他说："美国经济好像一艘没有舵的船，企业的自由活动好比是风，市场是推动这艘船前进的风力。这艘船究竟驶向何方？在什么地方会搁浅？在什么地方会触礁？谁也不知道。"他这里所说的舵，就是国家的计划、社会的计划。他认为，没有整个社会的计划，是美国经济的根本缺陷，因此，强烈要求国家对经济进行干预。他的看法是有相当代表性的，代表了美国经济学家中很多人的意见。比如，美国总统的经济顾问舒尔茨，在和我们座谈中也有这个看法。我们绝不要把我们的计划经济说得那样不好，美国人还是很羡慕我们的计划经济的。实际上，国民经济有计划的发展，是社会主义经济的一个根本优越性。当然，我们有我们的问题，他们也有他们的问题。美国的经济学家说："我们的市场经济是不错的，但是没有计划；你们的计划经济是不错的，但是对市场经济利用得不够。"当然，这并不是说美国政府对经济活动不能施加任何影响，实际上，美国政府干预经济活动还是采取了很多办法的。

（三）美国政府是如何干预美国的经济活动的

美国政府干预经济活动的方式很多，它们主要是采取经济办法。在经济办法中，又主要是通过财政税收、银行信贷、物价等方面来进行调节和控制。现在从以下几个方面来说明：

1. 美国政府每年一次的咨文和财政预算，是干预全国经济活动的"总计划"

美国政府分三级：联邦、州、地方。由于州和地方政府的独立性比较大，都有独立的财政，因此，三级政府各有各的税收和预算。在美国的联邦财政收入中，税收是最主要的项目，约占财政收入的95%以上。在美国政府的财政支出中，原来最大的项目是国防开支，现在已退居第二位，占第一位的已经是社会福利支出。1980年财政年度，美国联邦政府的财政支出构成如下：

社会福利	39%
国防费	24%
对州和地方政府的补贴	16%

| 纯利息支出 | 9% |
| 联邦其他支出 | 12% |

美国联邦政府支出的社会福利费主要用于失业救济、退休和养老金、粮食补贴等方面。它用从劳动人民身上课税得来的钱，对劳动人民施以小恩小惠，有着不小的欺骗作用。这种情况过去很少，是战后出现的新现象。

美国州政府虽然有自己的税收和其他收入，但因支出庞大，仍然是入不敷出，需要联邦政府给予财政补贴。地方政府也是如此。1978年，在州和地方政府的预算收入中，联邦政府的补贴已高达76.7%。州和地方政府的财政支出，主要是用在两个方面：一是教育。大、中、小学都由地方经营，中、小学实行义务教育，经费由州和地方政府支出。如印第安纳州，州预算20亿美元，高等教育经费有5亿美元，即25%用于高等教育。中等教育经费除州的外，还有地方政府的拨款。小学教育则全部由地方政府拨款。二是交通。负责公路、港口等的修建和管理。各种福利事业也由州和地方政府管，但经费由联邦政府拨给，专款专用。

现在美国联邦政府实际上有三种预算：一个是全国的财政预算；另一个是现金预算，主要是联邦政府关于各种现金收支的计划；还有一个是国民经济预算，进行经济预测，作为前两种预算的根据。

2. 通过税收对国民收入和经济发展进行调节

美国税法是复杂、烦琐的。据统计，美国有80多种税，其中主要税收有个人所得税、公司所得税、国内消费税、销售税、遗产税、财产税等。税收的征收管理权由三级政府分别负责。联邦政府负责个人所得税、公司所得税、国内消费税、关税、遗产税的征收工作，税务人员约8万人。州政府负责销售税和州政府单独规定的个人所得税、公司所得税、消费税、遗产税和其他税收的征收工作，税务人员约9万人。地方政府负责财产税和地方政府自己规定的销售税、个人所得税以及其他税收的征收工作，税务人员约三四万人。

税收收入是美国财政收入的主要来源，占全部财政收入的95%以上。其中：直接税占90%左右，间接税占10%左右。以1978年为例，全国税收收入 4677 亿美元。在各种税收中：

个人所得税　　　　　　　　　　2129 亿美元，占 45.5%
公司所得税　　　　　　　　　　693 亿美元，占 14.8%
国内消费税（包括关税）　　　　515 亿美元，占 11.0%
遗产税　　　　　　　　　　　　77 亿美元，占 1.7%
销售税　　　　　　　　　　　　436 亿美元，占 9.3%
财产税　　　　　　　　　　　　653 亿美元，占 14.0%
其他税　　　　　　　　　　　　174 亿美元，占 3.7%

由上述数字可以看出个人所得税占第一位，公司所得税占第二位，财产税占第三位。现在着重分析一下个人所得税和公司所得税。

美国联邦个人所得税法规定，凡是美国公民、居民，都是纳税人，对他们来自美国国内和世界各地的收入均需纳税；对非美国居民的外国人，只对来自美国境内的收入课税。个人所得税课税范围包括工资所得、利润收入、农业收入、利息收入、股息收入，等等。在计税时，对于某些收入可以免征，某些支出可以扣除，某些项目可以减免。

免征部分主要有：购买公债取得的利息收入、教师的奖学金收入、失业救济金收入、亲友馈赠和礼金收入、抚恤金收入，等等。

扣除部分主要有：医药费支出、幼儿教育支出、对慈善机构捐款、工会会费的支出、交纳州和地方政府税金的支出，等等。

减免部分主要有：对纳税个人及其家庭成员，每人每年享受减免所得税 1000 美元，对盲人每人每年减免额为 2000 美元，对年满 65 岁的老人，每人每年减免额为 3000 美元。

个人所得税采用十六级超额累进征收办法，年收入 3400 美元以下的免征，超过 3400 美元以上部分最低税率为 14%，超过 21.5 万美元以上，税率达到 70%。

全国纳税户约 7000 万人，绝大部分是劳动人民。同时，个人所得税计算非常复杂，许多人都不知道自己应当交纳多少税，为了纳税要请专人计算，计税变成一种职业。但是，资本家的收入不是在发"工资"时予以扣除（工人都是在发工资时扣除税收），逃税则比较容易。

美国财政部长鲍尔曾在国会上作证承认，1968 年美国有 155 人年收入 20 万美元以上，但没有交过一分钱的税，其中 21 人收入超过 100 万美元，也根本没有交税。另有材料揭露，1977 年，有 27 人年收入合计 2100 万美元，也完全没有交税。所以，这种个人所得税，对有钱人有利，对劳动人民不利。

再说说公司所得税。美国联邦和州两级政府都征收公司所得税。1978 年度，联邦政府征收公司所得税 590 亿美元，州政府征收 103 亿美元，共计 693 亿美元，占当年三级政府税收总额 4677 亿美元（不包括社会保险税 1240 亿美元）的 14.8%。美国税法规定，凡根据美国国家法律成立并向州政府注册的公司，不论其设在国内或国外，也不论其股权属于谁，都是美国公司。凡是根据外国法律成立或向外国政府注册的公司，不论设在何处，即使股权的全部或部分属于美国，都是外国公司。美国公司所得税的课税对象，就是美国公司在国内外所取得的收入，以及外国公司从美国获得的收入。它的课税依据是公司的主要收入减去为取得收入而发生的各项可以扣除的费用，即净所得。美国的公司所得税也是美国税种中最烦琐复杂的一个税种。它有许多规定，也不是局外人所能弄明白的。公司所得税实行五级超额累进税率，全年所得额在 2.5 万美元的税率为 17%，超过 10 万美元以上的税率为 46%。

除了个人所得税和公司所得税外，还要补充一点，美国的销售税是把税款和价格分开计算的，由购买者负担。这是为了让购买者知道税款不是归商人，而是归国家的。但对于食品、服务等则给予免税优待。而对于烟、酒、石油等消费品则征收较高的税，由商店交纳。

3. 价格的干预是调节生产和供求的一个重要杠杆

美国在价格管理上，基本上是采取三种价格政策。

一种是保护价格，这主要是对农产品，特别是粮食。美国政府为各种主要农产品确定固定的目标价格或叫保证价格。如果市场价格低于目标价格，政府给受补贴的农场主支付这笔差额，但这种农场的最高补贴额不得超过 2 万美元。每年国会都要讨论拿出多少钱来补贴农场。一般情况是，粮食遇到低价时由政府用保证价格进行收购，变为国家的粮食，交由商品信贷委员会保管起来。有些地区牛奶价格也列入保护价格内，由州政府进行管理。总的精神是保护农民的积极性，推动农业生产的发展。

另一种是控制价格，主要是对石油价格而言。美国石油有两种价格：一部分是国外进口的石油，占全国消费量的 40%—45%，价格由产油国家规定；一部分是国内生产的石油，由于成本、质量、新井、老井等方面的区别，价格不一样。美国能源部统一规定一个价格幅度，石油公司把进口的石油价格和国内生产的石油价格统一进行调整，然后在政府规定的价格幅度内出售。如果发生一个公司由于进口的石油比重大，成本高，一个公司自己生产的石油比重大，成本低，政府则对利润高的抽高税，利润低的抽低税，或规定一部分低价油交由高价油公司出售，调剂彼此之间的价格和利润。最近卡特政府准备放弃这种政策，不论进口油或国内生产的油，一律采取一个税率，不控制石油价格，让石油价格随市场供求涨落。这样，从短期来说，石油价涨，对财政收入有利；从长远来说，有利于刺激石油生产，摆脱对外的依赖。此外，对航空票价、电话费、电力费、铁路运输费、房租等，也基本上实行控制价格。

再一种是自由价格。美国市场上的商品价格悬殊很大。一种情况是由于经营的商店不同，价格不一样，如同样一双皮鞋，摆在百货大楼，定价40 多美元，但摆在小商店，定价只有 20 多美元。一种情况是由于时间变化，价格也不同，如食品，当天做的面包和隔日的面包价格相差很多。

4. 银行信贷对美国经济产生的重大影响和作用

美国政府从 1929—1933 年发生严重的经济危机以后，就采用凯恩斯的理论，实行赤字预算，扩大银行信贷，大搞公共工程，用大量的投资来扩大就业并带动整个经济的发展。这在当时对于缓和经济危机确实起了很大的作用。但是，这种饮鸩止渴的债务经济，长期搞下来，消极作用越来越多，这就是当前美国经济面临的重大问题。

据美国摩根保证信托公司估计，由于越南战争和国际贸易逆差，美国发行的欧洲美元高达 6770 亿美元（包括银行同业重复记账数字）。这个巨大的欧洲美元是无国籍的游资，每逢西方国家货币金融发生动荡不稳时，它就兴风作浪，起着很大的危害作用。同时，又由于美国在战后一直实行赤字财政，35 年中，有赤字的年份占了 25 年。70 年代以来，年年有赤字，而且赤字越来越大。据经济学家估计，1978 年，国内负债累计达 7800 亿美元，占国民生产总值近 40%。

国际收支逆差和国内财政赤字，就是美国通货膨胀的根源。不从根本上来消除这个根源，是不能解决问题的。美国财政部从 1978 年起宣布对美元汇价进行干预，美国联邦银行动用了与各国中央银行的"互惠信贷"来收购美元；随后，又于今年 3 月份与联邦德国达成货币合作协议；4 月份起连续六次拍卖黄金；8 月中旬采取提高贴现率、增加黄金拍卖数量等措施；10 月 14 日，卡特总统还宣布了一整套反通货膨胀的对策。所有这些政策、措施，都未能阻止美元汇价的不断下跌。

目前，美国政府采取提高利率的政策控制通货膨胀，但是效果仍然不显著。我们认为，这是由于：

（1）今年工资上涨 7%（实际可能达到 10%），通货膨胀率为 13%，贴现率提高到 15%，这样就使大量的欧洲美元拥入国内。结果事与愿违，不但不能紧缩信用，反而加大了通货膨胀的幅度。

（2）提高利率，目的固然在于紧缩信用，但是紧缩信用，又要影响到汽车生产、住宅建设和公共工程投资，势必又要造成经济的衰退。

（3）紧缩信用，引起生产萎缩，失业工人增加，财政收入减少，社会福利支出增加，财政赤字反而扩大，通货膨胀仍然有增无减。

我们曾经询问过卡特总统的经济总顾问舒尔茨，对这个问题如何处理？他把两手一摊，表示难以解决。

5. 政府投资公用事业及其他非营利性的生产事业，以刺激经济的发展

美国政府每年从财政预算中拨出一定的款项，用于公共事业及其他非营利性的生产事业，如修筑公路、海港、码头、水库、运河、市政设施以及建设某些大的电站，等等，为工农业和其他经济事业的发展创造条件。正如有些美国经济学家所说：在美国，凡是不赚钱的或者赔钱的事，都由政府办，而赚钱的事则归资本家办。如果不办那些赔钱的事，赚钱的事就办不起来。美国政府把一些不赚钱的以至赔钱的事办起来，就可以吸引资

本家在那些能够赚钱的事业上去投资，以刺激经济的发展。这种做法充分地体现了美国政府为美国资产阶级利益服务的本质。

6. 通过经济立法对经济活动进行干预

美国的经济立法有以下几种：

（1）关于广告的真实性。美国到处都是广告，电视、电影、报纸等等都登广告。有的报纸一天十几张，新闻连1/10也不到，其余都是广告。广告里当然有许多骗人的东西，但是，美国的法律规定，广告不能骗人，骗了人，被骗的受害者可以到法院起诉。

（2）关于环境保护。在美国，污染环境是要罚款的。资本家对美国政府制定的这一条法律最不满意。他们说：保护环境，大大提高了成本，使美国的工业产品失去了竞争能力。但是，美国政府为了使社会能维持下去，当然要注意保护环境。说一句公道话，美国这几年的环境保护是搞得不错的，华盛顿、纽约、波士顿等城市，早晨起来的空气比我们有些大城市要好。我们对环境保护的注意是不够的。在美国，如果像我们的工厂排出那么多烟，是一定要罚款的，甚至要坐牢。

（3）关于消费者安全。就是要保证消费者使用商品的安全。比如煤气罐如果爆炸了，生产煤气罐的工厂要负责赔偿损失。

（4）关于保护竞争。

（5）关于公平交易。

（6）关于雇员安全。

（7）关于投资者安全。

（8）关于反对种族歧视。美国政府规定，社会上不准种族歧视。比如，规定工厂里雇用工人的时候，黑人占多大比例，如果不雇用那么多黑人，是违法的，可以到法院起诉。

（9）关于公共道德。

（10）关于劳动者和管理者的关系。

（11）关于最低工资。美国政府规定，目前最低工资为每小时2.95美元，低于这个数就违法。

（12）关于对容易形成垄断的经济事业的控制。

如此等等。

为了执行这些立法，美国政府成立了二三十个委员会，都是综合性的。而且，依据经济立法，遇到纠纷，可由法院裁决。

美国政府虽然通过预算、税收、价格、银行信贷、利率、物价等来控制经济活动，但是，实际做起来是困难的。比如，要控制不断上涨的物价，就要损害垄断资本家的利益，垄断资本家就不答应了。联邦储备局要提高贷款利率，紧缩信贷，又会引起经济衰退；如果维持贷款的低利率，放宽信贷，通货膨胀就会更加恶化。这是美国政府遇到的难以解决的问题。所以美国经济学家说：美国经济是没有舵的船。

（四）美国社会的阶级构成和各阶级的生活状况

这里引用的是 1950—1970 年美国社会阶级关系的变化情况的材料。据美国朋友讲，近 10 年来变化不大。

1950 年，美国大资产阶级占美国总人口的万分之二点五。1970 年大体也是这样一个比例。目前大致也是如此。每年收入 1 亿到 10 亿美元的家族，在美国只有几个。中产阶级 1950 年占美国总人口的 13.2%，1970 年占 16.4%，有增长的趋势。目前，每年收入 100 万美元以上的富有人家有 30 万户。小资产阶级，包括上面讲到的那样的农户，1950 年占总人口的 25%，1970 年占 26.2%。无产阶级，1950 年占总人口的 60.9%，1970 年占 57.4%。

从上面情况看，20 多年来，美国的大资产阶级在人口总数中所占的比例变化不大；中产阶级人数比重有所增加，每 10 年增加 1.5 个百分点；小资产阶级人数比重也有增加，但不多；无产阶级占总人口的大多数，但是，比重有所下降。这是美国社会阶级结构中一些值得注意的情况。

在美国，生活水平低于贫困线的居民占总人数的 10%，有 600 多万户，1900 多万人。黑人有 28% 的家庭生活水平低于贫困线。所谓贫困线，就是指 4 口之家，年收入不到 3000 美元，也就是说一个人一年 700 多美元。

那么有钱人的生活怎么样呢？可以举一些例子来说。有钱的人，嫌鼻子太大，不好看，做一次手术要 1000—3000 美元；嫌单眼皮不好看，要变成双眼皮，做一次手术要 1000—2500 美元；乳房不大，要把乳房加高，做一次手术要 1000—3000 美元；因为吃得太好，肚皮太大，要把肚皮里面的脂肪刮掉一些，做一次手术要 3000—5000 美元。所以，不能把美国社会看成天堂。在美国社会里，穷人很穷，富人很富。当今的美国社会是富人的天堂。

为了使大家了解美国各阶层人们的生活情况，对每个阶层，我都举一个例子来说明。

工人阶级的生活情况。我们调查了印第安纳州克鲁勃尔公司超级市场的一个切肉工人。这个超级市场卖的完全是食品，有 1.4 万多个品种，共 24 个人经营，这个切肉工人是其中的一个。我们问他收入和支出的情况，他说不清楚，他干脆把 10 月份一个星期的收入、支出表给了我们。这张表是 1979 年 10 月 20 日发的，情况是这样：

工作时间	40 小时
毛收入	379 美元
交州政府税金	7.58 美元
交联邦政府税金	65.71 美元
交保险费	23.23 美元
交工会会费	13.57 美元
交互助基金	70.00 美元
净收入	198.91 美元

从这个表可以看出，这个工人每月工资大体有 1700 美元，各项扣除约占毛收入的 1/2，其中两种税和保险费就占了收入的 1/4。因此，不要只看他挣钱多，他交的税也多，并不是挣到的钱都拿到了自己的手里。

我们还调查了一个退了休的公共汽车司机。他是个黑人，靠领取退休金生活，每个月 550 美元。他是一个很愿意帮助别人的人，他没有结过婚，可是，家里养活了 6 口人。一个是有神经病的老黑人，无家可归，在街上要饭，这个司机把他收留下来，已经在一起生活两年多了；另外一个是被丈夫遗弃了的黑人妇女，不到 40 岁，有 4 个孩子，3 个上中学和小学，1 个在家。她帮助司机做饭，已经三四年了。这个司机住在地下室，有门厅、一间卧室、一个厨房、一个厕所。因为这个司机是替主人看管这所房屋的，所以不出房租。他们吃的饭有肉，有牛奶，有鸡，但是卫生条件很差。领我们去调查的美国朋友说，看了他们吃的东西就恶心，因为他们吃的都是超级市场卖不出去一再减价的东西。每年冬天，他们需要一些过冬衣服，过圣诞节小孩子们需要一些礼物，钱就不够花了，那个黑人妇女就出去卖淫，一次可收入20美元。这个黑人司机的收入除养老金外，有时还从垃圾堆捡来有钱人扔掉的电视机，修理一下卖给穷人，可以得二三十美元；给人看三条狗，每月可得60美元。这个黑人司机家里有一辆汽车、一台大的彩色电视机、一台立体声电唱机、一个电冰箱、一台洗衣机。

农民生活情况。就是上面讲的那户农民。全家5口人，一年净收入5万美元，交税后剩3万美元。因为他住在农业区，花钱比较少，全家一共花1.5万美元，生活就很不错了，每年可以节余1万—1.5万美元。他现在有价值25万美元的财产，就是25年积累下来的。这户人家，有轿车，有一栋很漂亮的乡间别墅式的房屋，有七八个房间；院子里种了很多花、草，生活得相当好。

职员家庭生活情况。我们调查的这个职员叫穆斯小姐，30岁，是华盛顿一个大学学英美文学的毕业生，现在在一个研究机关当秘书，没有结婚。她父亲是美国一个很有名的科学家，已经去世了。她和母亲不住在一起，是和一家德国血统的离了婚的母女合住一个公寓。这个公寓有两间卧室，每间十四五平方米，一个起居室兼客厅，一个厨房，两个卫生间，地上有地毯。屋里有彩色电视机，一套沙发，一架钢琴。穆斯的房间里有一个单人软床、一个写字台、一部电话，房间里有空调设备；厨房里有电冰箱、洗碗机、洗衣机和全套的电器设备。穆斯小姐年收入1.1万美元，扣除所得税和保险金后，每月净得620美元。每月交房租225美元，水电费15美元，煤气费15美元，电话费20美元；每星期到超级市场买一次衬衣、食品、饮料花40美元；一个星期在研究所吃五顿午饭花30美元。以上共用555美元。她订杂志10美元，上教堂10美元，每月买一两张新唱片10美元；另外还要出去吃饭、看电影，乘出租汽车，等等。每年她除了工资外，还有一些其他收入：她母亲每年给她买衣服的钱四五百美元；她继承父亲的一笔股票，去年得股息180美元；每年她还要干两个月的第二职业，除了交税，还有2000多美元。我们问她："你不干第二种职业能不能活下去？"她说："可以活下去，但那样只能算是生存，不能叫做生活。"我们问："你多干两个月行不行？"她说："我不干，因为多挣这2000美元就够我花了。"她现在有存款1万美元。

下面介绍一个既是工人又是研究生的生活。这个人是女性，叫巴布拉，27岁，未婚，印第安纳大学毕业，学游艺专业，现在攻读硕士学位，相当于我们的研究生，今年毕业。在美国，硕士学位一般读两年，因为她是半工半读，所以读四年。巴布拉在大学念本科时，就是一边干活，一边读书。她家里并不困难。她父亲原来是机修工人，现在是个小工头，家里有汽车、电冰箱、洗衣机、洗碗机和成套的电器设备。她的家庭，至少是属于中等家庭。她念大学时，每个星期要干24小时的工作，每个小时挣1.6美元（因为那是九年前的事情）。在大学头三年，在学校食堂工作，工作收入可补助读书开支的20%—25%，其余部分由父母供给；第四年学开大汽车，当学校司机，个人劳动收入，可以弥补学习开支的75%，其余部分家里供给。大学毕业后，巴布拉考取研究生，全部靠自己劳动所得读书。她是学校专职司机，全日工作，开车按小时计报酬，每小时4.95美元，一星期40小时，如果超过40小时，每小时另加工资50%。攻读硕士学位，一般要两年，学满36个学分就可以了。巴布拉用10个学期和两个暑期，平均每个学期修3个学分，每周上两次课。现在，她所得的工资，不仅够吃、够穿、够用、够学费，而且还有9100美元的存款。我们问她毕业后怎么办？她说，找到好的工作就去工作，找不到好的工作，还准备干一两年汽车司机。她给我们开了一个星期的汽车，工作很负责，很愉快，看不出她是个研究生。这样的事情在美国是相当普遍的。我问了几个大学教授，他们年轻时，都是这样过来的。有的讲，他在码头扛过东西；有的讲，他在食堂洗过碗，并不觉得难为情。而我们学而优则仕的思想影响还存在，对劳动的态度还有问题，如果让我们的大学生干这些事，总好像有点不好意思。我过去在一个设计院工作，那时候，动员中学毕业生到食堂当炊事员，是特别难的。我们一些同志，甚至对于做事务性工作也不十分高兴。美国社会有许多缺点，我认为这方面却是有可取之处的。

我们还看了美国几个大资本家的家庭。比如，纽约一个大资本家在家里为我们举行宴会。这个资本家五十来岁，住在一个高级公寓里，豪华得很，一个月房租没有二三千美元是不行的。去之前，接待我们的人说："这个资本家夫妇招待你们。"去了之后，在门口迎接我们的是一位二十一二岁的青年妇女，我们以为是这个资本家的夫人，所以向她致意，讲"夫人晚安"一类的客气话。这个青年妇女很坦然地对我们说："我现在还不是他的夫人，但将来可能成为他的夫人。"这也是美国社会的一种现象。吃饭的时候，资本家的女儿来了，和我们一起吃。她比那个可能成为资本家夫人的青年妇女小不了多少。宴会上，给我们吃的是英格兰菜，叫烤火鸡。在美国，据说这是一种相当讲究的菜了。资本家对他的女儿管得很严，不让她吃这种菜，怕她吃胖，完全让她吃生菜，要让她长得苗条一点。

另外，我们还看了一些大学校长的住宅。我们国内最好的住宅和它们相比，也是差得很远的。我们看了印第安纳大学校长的住宅，这是一个很大的石油公司老板捐赠给这个大学校长的。我们看了大学校长夫人化妆的房间，四面都是玻璃，台子上的化妆品就有几百种。这也反映了资本主义社会在生活上的奢侈浪费。斯坦福大学工商管理学院的院长请我们看了他的住宅。这个人原来是福特汽车公司的总经理，现在辞去了院长的职务，仍然是 15 个公司的董事。他一个别墅庄园的土地，就有 900 英亩，等于我们 5000 多亩。我问他：这个别墅花了多少钱买的？他说：不算地价，用了 40 万美元。

最后，说一下我们在美国的留学生的生活。我们在波士顿、费城、斯坦福等地看到了我们的留学生，和他们进行了座谈。他们的生活比较清苦，一个人一个月只有 300 多美元。他们住在美国人的家里，每月房租要 110 美元。学校食堂一个月伙食费要 160 美元，吃不起，就在市场上买点面包、香肠，一个月需要 90—110 美元。每月再加上书费、报费，一共要

300 多美元，比上面我说的那个黑人司机的生活还要清苦。当然，我们不能和美国人比生活，应该保持艰苦奋斗的作风。但是，在那种社会里，要保证学习好，还是要想办法把生活搞得好一点。现在一个很大的问题，就是我们的留学生能不能像美国学生那样搞一点勤工俭学。这里给同志们举一个例子。在美国，有一个美籍华人，是代表团一个翻译的亲戚。他有一个女儿，哈佛大学音乐学院毕业。因为她刚毕业，两个星期才有一次在舞台上表演的机会，收入不能自给。她没有结婚，但是，早已经独立生活了。因为收入不够，每天晚上她在大饭店洗盘子、洗碗。她说：争取一个星期表演一次或两个星期表演三次，慢慢就可以不搞第二职业了。在美国，这样的事情很多。几个大学校长招待我们吃饭的时候，端盘子的都是大学生，有的是学古人类学专业的，有的是学游艺专业的，他们穿着服务员的衣服，扎着服务员的领带，恭恭敬敬地站在那里，服务得很周到。还有一些大学生，在晚上图书馆工作人员下班以后去图书馆工作。人家的大学生和大学毕业生都可以采取这种办法半工半读，我们在那里念大学、念研究生的为什么不可以这样干呢？我们完全可以搞一点勤工俭学，这样，既不耽误学习，又可以依靠自己的劳动，改善生活，不过那种清苦的日子，给学习创造更好的条件。

（五）　美国社会的苦恼

困扰美国社会的，首先是前面所说的经济问题，但是，社会问题也很严重。诸如民族问题、老年人问题、青年人问题、妇女问题、家庭问题，以及社会"公害"问题，等等。这些问题，都是与经济问题息息相关的，而且，归根到底还是由经济基础决定的。

现在，就若干突出的问题，讲一些情况。

1. 种族歧视问题

美国的种族歧视问题，相当尖锐。白人同黑人和其他有色人种之间，民族矛盾很深，后者在就业、经济收入、社会地位等各个方面，都受到歧视，黑人和印第安人的失业率特别高，收入也特别少。美国有 2400 万黑人，黑人家庭的收入，只相当于白人家庭收入的 60%。美国还有 1100 万墨西哥人和波多黎各人，他们的家庭收入，也只相当于白人家庭收入的

65％。最惨的是印第安人，在美国有 100 万人，每个家庭的收入，只相当于白人家庭收入的 30％—35％。经济上的差别，造成了很多社会问题。纽约繁华的地区，晚上灯火辉煌；而黑人居住的地区，一片漆黑，街道也很脏。过去，在美国，白人和黑人不许在一起上学、乘车，等等。现在，美国政府为了笼络黑人，白人和黑人可以一起上学了。但是，在一起也是经常打架，经常出乱子。我们在波士顿的时候，就碰到了黑人起来闹事，反对白人对他们的歧视和凌辱。

2. 老年人的问题

随着科学技术的发展，医疗卫生条件的改善，美国人民的平均寿命延长了，但是，人口的出生率则不断下降。因此，社会成员中老年人的比例越来越大。也就是说，社会成员有老年化的趋势。

美国有这样一种社会现象，退休后，老年人没有人照顾，晚景很凄凉。因此，退休以后，有 1/3 的人住养老院。养老院里，有一半是妇女。在街上，经常可以看到马路两旁有老年妇女牵着一条狗游荡；或者在公园的路椅上坐着，旁边卧着一条狗。我们曾经问美国朋友，这是怎么回事？他们说，那多是年纪老的，没有职业的，而且是被丈夫遗弃的妇女。在美国社会中，有这样一句很流行的话："狗比人更诚实。"这反映了美国社会的风尚。很多妇女，在年纪老了的时候，男人就离开她了。她们没有办法，只好到养老院去。

年轻人不愿照顾老年人，这个问题在美国很多人中间都感觉到了。我们在费城的时候，一个大学校长举行宴会，陪同的客人中间，有一个通用汽车公司的推销经理，吃饭的时候他和我们随便聊起来了，对我们表示友好。吃完饭后，他非要我们坐着他的车子，看看费城晚上的景况。在车上他以感慨的口吻谈了美国年纪老的人没有人照顾的问题。他说，他想改变这种情况，准备把他父亲和母亲接到他家，一起生活。目的是为了教育他的儿子、女儿，等他老了的时候，也这样对待他。

我们还看到一个美籍华人，眼睛不好，也快到退休年龄了，住在郊区别墅里，离超级市场有十多公里路。他一个星期要到超级市场买一次东西，因为眼睛不好，年纪也大了，不能开汽车，行动就很困难。如果没有人照顾，这种人非进养老院不行，不然，在美国那种社会，就无法生活。要雇一个人照顾，根本雇不起。哈佛大学管理学院院长、麻省理工学院管理学院院长在请我们吃饭的时候，也是自己开着车子把我们接到他家，吃完饭后，再开着车子把我们送回去。我们在美国，看了许多有钱的人，个人和家庭也没有雇什么人。

我感到，美国青年人独立生活的观念很强，这是好的。美国的青年人，在大学念完书以后，一般就不大依靠家庭了。70%—80%在大学念书的大学生是半工半读，有的是全部靠自己的收入，有的家庭只给补助一部分，甚至有钱人家的子弟也是这样。在美国，青年人只要能够自立，就离开家了。不像我们，有的四十多岁了，还和父母住在一起，靠父母生活；而有的父母呢，也总是想方设法给儿子、女儿要几间房子，给"小字辈"们安排这样，安排那样，照顾得很多。这无论是从儿子还是从老子讲，都是一种落后思想的反映。

事情还有另外一方面，美国青年人有一种思想，认为他小的时候不是靠父母的，是靠自立来生活的，因此，父母老了，他也不管。这种思想当然也是不对的。

3. 社会"公害"问题

这里所说的"公害"，不是指一般所说的环境污染，生态平衡的破坏，而是讲社会性质的"公害"，社会风气的败坏，社会道德的堕落。

美国人所苦恼的有六大社会"公害"：

第一是犯罪。主要是抢劫、强奸和凶杀，年年都在增长。据联邦调查局的材料，1979年上半年犯罪率比1978年增长9%，其中杀人、强奸案增长13%。首都华盛顿全市约80万人，而一年内凶杀、强奸、抢劫案件竟达56430起。有一个黑人汽车司机说：他最近六七年间，在车上被劫13次，都是抢劫犯装作乘客，到僻静的地方就拔出刀枪要钱。"或者给钱，或者给命"是抢劫犯的一句口头禅。银行像设防堡垒，出纳在很厚的防弹玻璃罩中办公，并有武装警察巡逻，还经常被抢劫。至于强奸案，那更是层出不穷。有一位65岁的老太太在一封公开信中控诉说："我这一辈子先是为我的女儿担心，后来为我的孙女担心，但是我万万也没有料到这种事情会落到我自己的头上。"甚至还有 80 多岁的老太太被奸污的，可见问题之严重。正因为这样，许多地方的居民自动地组织了"强奸受害者协会"，给受害者以救援，并且还开办"自卫训练班"，专门向妇女传授护身拳术。

第二是自杀。据《美国新闻与世界报道》发表的材料，过去 10 年中美国全部人口的自杀率增长 25%，其中 16—24 岁的青年自杀率增长 50%，比成年人高 1 倍。自杀的原因很多，如失业、失恋、生病或其他种种问题，没有一种社会力量能够帮助他们解决这些问题，感到活着没有意思、多活几年也不过多受几年罪，于是一死了之。这表现了美国人特别是青年人的思想空虚、生活苦闷，不知人活着为了什么，看不到前途。这是一种可悲的社会现象。

第三是吸毒。这在青年人中间相当严重。据一些中学的调查，在高中班中，有 70% 左右的人吸过毒，最普遍的是吸食大麻，也有打海洛因针的。许多家长都担心自己的儿女染上这种不良的嗜好，成为"瘾君子"。但是，美国黑社会所组织的贩卖毒品的活动却是"生意兴隆"的，也可以说是有组织的犯罪。他们不仅组织贩毒，而且组织妓女卖淫，组织"杀人有限公司"，包揽杀人案件，组织走私，组织偷盗兼营保镖，等等，干尽坏事，但却逍遥法外。

第四是酗酒。在美国城市的许多街道上，你随处可以看到有人在那里发酒疯。许多车祸、强奸、离婚案件，都和酗酒有密切的关系。

第五是精神病。这在美国也是相当流行的。许多医院的病床，是为精神病患者用的，有的医院肉体病患者还没有精神病患者多。但是，据纽约一个担任过精神病协会会长的人说，该州 1/4 的精神病患者并不是真正有病，而是被他们的儿女、弟弟、妹妹们强迫关起来的，为的是争夺遗产。所以这实际上也是一种社会病。

第六是同性恋。现在美国同性恋泛滥成灾。在旧金山、纽约等地，同性恋者成群结队，几万人到大街上游行，争取同性恋的权利。旧金山市的一个副市长，甚至公开作为同性恋者的代表参加竞选。有个老太太在群众大会上公开控诉她过去在军队工作时因同性恋而被革职的经过，对同性恋津津乐道，不以为耻，反以为荣。这也是一种极为反常的社会病态。

4. 家庭的瓦解

美国的离婚率非常高，目前全国高达 30%，有的地方如华盛顿达 50%。不正式结婚而同居的很多。这种不婚同居，是美国家庭的一种补充。单身生活的超过结婚年龄的男女，有 1500 万人，占美国家庭总数的 21%，而且还有发展的趋势。有人认为，这种情况甚至有制度化的趋势。再加上前面所说的同性恋泛滥成灾，使问题更加严重。对于这种情况，有的人说这是社会解放的一种标志；也有人说这是社会解体的一种标志。我们在波士顿遇到了一个美国人，是个女性，哈佛大学的毕业生，原来在北京外语学院教过书，后来回国了。邀请我们的主人，雇用她当临时翻译。她是带着一个小孩子来的。我们的翻译也是北京外语学院的教师，认识她，问她：孩子的爸爸在哪工作？她说：这个孩子没有爸爸。这样的事情，在美国是很多的。美国社会生活相当混乱，淫书、淫画、淫具到处都是。在麻省理工学院，哈佛大学的图书馆的书架子上，这些书、画报都有。至于色情电影更是昼夜不停的放映。甚至还用"丹麦图书馆"那种文雅的称号，开设所谓"成人电影院"，实际上是春宫电影院，教唆色情狂。在美国青年中，有一种思想叫做"性解放"，实际上就是提倡乱来。这也是比较突出的一个问题。

讲到这里，想起了马克思和恩格斯在《共产党宣言》里的一段话：生产中经常不断的变革，一切社会关系的接连不断的震荡，恒久的不安定和变动，——这就是资产阶级时代不同于过去各个时代的地方。一切陈旧生锈的关系以及与之相适应的被尊崇的见解和观念，都垮了；而一切新产生的关系，也都等不到固定下来就变为陈旧了。一切等级制的和停滞的东西都消散了，一切神圣的东西都被亵渎了。于是人们最后也就只好用冷静的眼光来看他们自己的生活处境和自己的相互关系了[①]。美国社会经济情况就是这样。马克思、恩格斯在一百多年前说的话，在今天还是非常适用的。

---

① 《马克思恩格斯全集》第 4 卷，人民出版社 1958 年版，第 469 页。

二　美国是怎样培养管理干部的

这是我们这次考察的重点。美国在现代化的发展过程中，建立了管理科学。管理科学随着现代化的发展而不断发展，同时，又反过来促进了现代化事业的进一步发展。

美国运用管理科学，培养了大批经理人才，以适应现代化的需求，推动现代化的发展。在美国，有 600 多所大学设立了工商管理学院和管理科、系。美国在校大学生有 1100 万人，其中 70 万人在管理学院和管理科、系本科读书；还有 10 万人念经济管理专业的硕士学位和博士学位。美国目前学习管理专业的学生，占在校大学生的 8%。这些人毕业以后，都是做经济管理工作的。另外，每个大学都普遍举办在职干部短训班，为公司培训管理人才。每个公司也自己办训练中心，培训自己的管理干部。

美国管理学院招收的研究生，一般是管理学院或工程技术专业毕业的大学生，在企业干了 5—8 年以后，有了丰富的经验，然后由公司挑选出来的，并准备培养做经理、副经理接班人的。主要培养他们三个方面的能力：一是能够从事公司的长期战略决策；二是能够应付国际、国内市场的变化；三是能够协调公司内部供、产、销、人、财、物各个方面的活动。研究生录取的标准都比较高。比如，哈佛大学录取 785 名研究生，考生超过 10 多倍，录取的条件是：成绩优良，考分要在 75 分以上；有一定的工作经验和分析问题的能力；特别注意在面试的时候，要考生举出他们生平三件最得意的事情，讲出是如何成功的，这其实就是考察学生的世界观和分析问题、判断问题、处理问题的能力。

在美国大学中，攻读经济的学生人数是增加最快的。在宾州大学管理学院，6 年来读经济专业的学生增加了 13 倍。最近这些年来，美国各公司为管理专业毕业生提供的职位超过了毕业生的 1 倍。可见，像目前这样发展管理专业还不能满足需要。比如，印第安纳大学，去年毕业了 1400 名大学生，300 名研究生。有 700 多个公司，提出 4000 个职位供这些大学生和研究生选择；这些公司到校与毕业生谈话 2.1 万人次；平均每个毕业生有 2—5 个选择职业的机会。大学毕业后，每年有 1.4 万美元收入；研究生有 2.1 万美元收入。在美国，管理专业毕业生比工科、技术专业毕业生的工资还要高一点，比文科毕业生的工资就更高了。由于待遇比较高，人们也愿意考这个专业。

除培养研究生和本科学生外，美国还有 2/3 的管理学院举办各种形式的在职管理人员进修班。印第安纳大学的一位教授告诉我们；在职的管理人员都积极踊跃地要求到他们学院进修班学习。因为现代管理科学和管理技术发展很快，现有的知识很容易老化，不积极学习就不能适应自己的工作需要。印第安纳大学管理学院有教师 200 人，为进修班服务的占 1/5。哈佛大学管理学院，近年来非常重视对经理人员的训练。据美国朋友讲，这种趋势在 80 年代还可能要发展。现在哈佛大学有三种进修班：一是高级管理人员进修班，培养各公司的经理、副经理，每期招收 160 人，学习 13 个星期，学员平均年龄 45 岁；二是中级管理人员短期训练班，每期招收 120 人，学习 14 个星期，学员平均年龄 35 岁；三是负责国际业务的高级管理人员短期进修班，在日内瓦，每期招收 60 人，学习 8 个星期，学员平均年龄 45 岁。另外，还有小型的管理人员进修班，学习 9 个星期；有为企业职业经理人员举办的为期两三个星期的各种类型的进修班。参加进修班学习的进修人员，都是由各公司派来的，但是要经过学校挑选，经费由公司负担。比如，我们在访问美国一个大石油公司时，这个公司的总经理就在日内瓦的短期进修班学习国际商业，8 个星期要付 2 万美元学费。他们举办在职人员进修班的经验有以下几点：一是选择学生严格；二是配备能胜任的专职教授；三是在研究基础上，开设新的管理课程，以满足管理发展的需要；四是有认真学习的气氛。

我们国家的经理人员过去是不大到培训班进修的，而且也没有一个适当的场所给这些人提供进修的机会。美国的经理人员，差不多每一年或者隔一年就要进修一次。因为市场在不断地变化，没有新的管理知识，就竞争不过人家，所以他有这个需要。

美国的大公司也非常重视培养自己的管理人员。我们看了一个叫勃克的公司，这是个规模很大的基本建设工程公司，有 10 万多名职工，其中非体力劳动的职员有 3 万多人。这个公司有一个很大的训练管理人员的总中心，负责制订全公司的培训计划，它强调经理人才一定要从本公司内部选拔，把选拔和培养结合起来，制定了从基层管理人员到高级经理的选拔程序，规定了每个阶段必须经过哪些内容的培养和训练，除选拔一些人到大学进修外，自己也举办各种训练班，安排专题课程，培养管理干部。另外，我们还参观了一家叫德塞的公司。这家公司有雇员 5.5 万人，去年营业额 30 亿美元。这个公司的管理人员训练中心有一栋漂亮的大楼，里面有很多教室，有 6 个人的教室，有 72 人的教室。另外，还有教师办公室、职员宿舍、食堂、健身房、游泳池等。进修班一期五天，学习初级管理、中级管理、目标管理、产品销售管理等课程。我们听了他们的讲课。比如，他们把销售员组织到一起，互相介绍推销经验，教员进行引导，帮助他们得出正确的结论。他们的学习环境很好，在学习过程中，不许看电视，也不许打电话，房子里十分安静。

在参观美国的公司和管理学院时，我们接触到的各级管理人员，都是受过高等教育的。经理、副经理一般都有硕士学位，精通本行业务，对国内国际市场，对科学技术发展情况很熟悉，都以改善经营管理，赶超世界先进水平，加强企业产品的竞争能力，获取最大利润为目标。我们感到，美国能够成为世界上最发达的资本主义国家，直到现在为止，在很多领域保持着领先的地位，是和他们重视管理人员的培训分不开的。

美国的管理教育有什么特点呢？美国人走到哪里都说他是最好的。我们不大习惯这个东西，我们总是说我们不行，我们有哪些缺点。我们看了5 所大学，哪个大学都说他是最棒的，而且，参观后还要让你发表意见，说说你看过的大学哪所最棒。我说："你们都说你们自己最棒，我看都不错，我没有资格评判哪个大学最棒，有资格评判的是雇用你们学生的那些公司老板，哪个学校培养出来的学生能给他赚钱，哪个学校就是最棒的。"他们同意我这个说法。其实他们把培养大学生都商品化了。美国各大学的课程都不一样。美国过去没有教育部，最近新成立了教育部，也不管课程设置那些事。各个大学都自己搞，这也是美国教育事业发展快的一个方法。各大学之间可以相互竞争。我们参观的这五所大学，除印第安纳大学是州立的以外，哈佛大学、麻省理工学院、斯坦福大学、宾州大学都是私立的，学费很贵，都是一年几千美元、上万美元。你办不好，人家不来考你的大学，只能关门。这也和开商店、办工厂一样，互相竞争。

虽然这样，我们感到这些大学的管理教育还是有一些共同特点的。

（一）教育和实际需要相结合

在美国，管理教育是为管理实践服务的，管理工作中提出了什么问题，管理教育中就努力设法解决这些问题。例如，公司和公共机构需要什么样的人才，管理学院就培养这种人才。为了培养这种人才，它还要培养能够培养这种人才的教授。现在，美国管理教育中，重点是培养公司一级的高级经理人员，培养规划决策，应付国内国际环境、市场变化，协调公司内部各方面活动的经理、副经理。这些人员对美国各大公司经营的好坏有决定作用。各个管理学院的硕士学位都是为这些人设置的。再比如，从第二次世界大战以后，美国各管理学院普遍开设的电子计算机、运筹学、计量经济学、数学模型、系统工程、行为科学、决策科学等课程，都是为适应科学技术的发展和市场的激烈竞争对管理提出的更高要求而设置的。管理学院努力培养学生分析和解决实际问题的能力。在这方面最突出的是哈佛大学的案例教育。案例是根据实际事例编写出来的教材。比如，提出某个企业在什么情况下亏损了，应该怎样扭亏为盈？又比如，什么产品在什么条件下销路减少了，怎样扩大销路？等等。学生看了案例以后，自己分析，提出解决问题的办法，然后相互讨论，教授引导。每个研究生在两年学习期间，要学习1000个案例。这些案例，绝大多数是哈佛大学自己编写出来的，现在已经有5万多个。案例也像商品一样，向其他单位出卖。为了使教材不断更新，每年有20%的教材被淘汰，20%的教材是新增加进来的。这样就保证了教材适应市场变化、管理发展的需要。我们的教材往往是多少年如一日，这是一个值得注意的问题。

美国管理教育和实际需要相结合，不仅对经济发展起了积极作用，而且使管理教育本身也得到了发展。生产实践推动了管理教育，管理教育又推动了生产实践，两者是相互促进的。

（二）工程技术教育和管理教育相结合

资本主义国家非常重视技术的创新，认为在竞争的环境中，技术创新是决定企业存亡的一个大问题。美国各大公司都设置了庞大的研究发展部，从事技术预测和研究制造工作。与此同时，在美国也早有人指出，要把技术工程教育和管理教育结合起来。早在 1914 年，从麻省理工学院毕业，在通用汽车公司当总经理的斯隆（他本人是学技术的）发现工程技术人员对管理一无所知，有的甚至连成本也不知道；有的工程师当了经理，也不懂管理，不能把企业管理好。因此，他建议麻省理工学院开设管理课程，让工程技术人员也学一点管理知识。后来，为了纪念这个人，麻省理工学院管理学院就叫斯隆管理学院。这个学院除了学习管理专业外，还要选学一些数学、物理、化学和其他工程技术课程，学一点法律、心理学等社会科学的课程。现在，美国工科学生一定要学习经济学的课程。为了适应技术和管理的需要，宾州大学从去年开始，设立了两个学位制的研究生班，从最优秀的研究生中，选拔了 80 人，同时攻读工程技术和企业管理，毕业以后，给两个学科的硕士学位。他们认为，这种趋势今后还将发展。

（三）学校和企业密切结合

美国的大学和公司的关系是非常密切的。我们访问的 5 所大学中，4 所私立大学的经费很大一部分靠公司提供；公立大学的经费也有相当一部分是靠公司提供的。许多大的公司愿意在经济上支持大学，因为大公司老板越来越认识到，过去的企业规模小，技术发展慢，产品变化少，管理企业靠建立在经验基础上的方法就行了；现在企业规模越来越大，技术越来越发展，产品日新月异，外部条件复杂，市场竞争又很激烈，在这种情况下，管理就不能单凭经验，而必须建立在科学的基础上。发展管理教育对资本主义企业是非常有利的，所以学校根据公司经营管理的需要培养人才，毕业生绝大部分都到公司去工作。根据哈佛大学介绍，管理学院的毕业生，有 60% 的人到美国大的公司去工作，20% 的人到小公司工作，10% 的人到小企业工作或者自己开办企业，10% 的人到政府机构工作。哈佛大学引为骄傲的是，在美国 500 个大公司里，有 20% 的总经理是哈佛大学毕业的，每个公司的经理人员中都有它的毕业生。

美国管理学院的各种进修班也是根据公司的需要开办的。学校还在研究方面与公司合作。公司遇到问题时，就拿经费让学校帮它研究解决。公司和学校结合，还有一个比较密切的方式，管理学院的教授普遍接受公司的咨询任务。有80%以上的教授、副教授在公司里担任董事、顾问的职务，参加公司的管理工作。哈佛大学规定，教授80%的时间用在学校的教育、研究上，20%的时间担任公司的咨询任务。很多教授从公司得到的报酬，大大超过在学校担任教授所得到的报酬。教师由于担任了咨询任务，有利于接触实际，并把理论和实践结合起来，提高了教育质量。另外，学校也聘请有经验的管理人员到学校兼课。

（四）教育和研究工作相结合

美国管理学院十分重视研究工作，除了教师进行科学研究外，还设有各种研究机构，特别着重研究管理实践中迫切需要解决的问题。如斯隆管理学院，最近调查了6个公司150个工厂的技术创新的管理经验，总结出了一套科学的技术创新程序和管理方法，把研究成果反映到教材里面去，学生就可以广泛应用了。

美国管理学院，都把科学研究作为一项重要任务。他们进行科研的目的，一是为了发展科学管理知识，二是为了研究新的管理方法，提高管理效率，三是为了提高教师的水平。在这方面，他们做得是有成效的。

我们准备把访问美国几所大学的管理学院的教学情况写一本书，将近20万字，明年第二季度可以出版。因此，详细的情况，就不准备在这里多说了。

最后说一下，美国的企业管理理论，不仅对美国的管理实践有很大影响，而且对其他资本主义国家的管理实践也有很大影响。比如，我去年访问日本的时候，看到日本的一套管理方法，基本上是从美国移植去的，当然它也结合了日本的具体情况有所发展，但是，基本理论是从美国搞去的。据我们知道，联邦德国、法国、意大利、英国也在学习美国的这一套管理方法。

如果不算古典政治经济学那个阶段，美国的管理理论从19世纪末20

世纪初以来，大体经历了三个阶段：从 19 世纪末 20 世纪初到 20 世纪 30 年代，是以泰罗为代表的所谓"科学管理"阶段，主要搞工时定额、科学组织，20 世纪 30 年代到第二次世界大战结束，是着重研究生产中人与人之间的关系、人的行为、动机，即所谓"行为科学"阶段。行为科学认为泰罗的科学管理过分强调把人束缚到机器上，没有注意人的积极性。从第二次世界大战结束到现在，是所谓"现代管理"阶段，把泰罗的科学管理和行为科学结合起来，非常强调信息作用，把系统工程、运筹学、电子计算机等各种先进的科学技术应用于管理，特别应用于大型垄断企业和跨国公司的决策性研究中。我们准备在我们写的书中，详细地介绍这些内容，同时也准备翻译美国这方面有代表性的几本书。

有的资产阶级经济学家认为，按照美国的管理理论进行管理，就能够解决资本主义的基本矛盾了。我们认为这是毫无根据的。但是，美国的管理理论和管理实践，对于缓和资本主义的矛盾，提高管理效率，促进经济的发展，确实起了相当的作用。

在访问中，我们感觉到，美国的管理教育有些方面是值得我们借鉴的。现在，我们国家的管理水平很低，这和管理教育不发达有一定的关系。为了适应加速实现四个现代化和改革经济管理体制的需要，我们很需要提高管理水平。我国现在有 1700 万名干部，其中，管理干部 400 万名，科技人员 500 万名，行政人员 500 万名，教师 300 万名。在行政人员中，有相当大的一部分也是经济管理人员，比如，中央财经各部委的人员，省、市、自治区的财经各厅局的人员，实际上都是管理人员。所以，经济管理干部的总数不少于七八百万人。怎样使我们现有干部的管理水平适应四个现代化的需要，这是摆在我们面前的一个亟待解决的迫切任务。为了这个目的，我们应该从实际情况出发，学习美国发展管理教育、培养管理人才等方面对我们有用的经验。当然，不是照搬，一定要和我们自己的实际情况结合起来。

同美国比较，我国的管理水平和经济管理教育差距甚大。就我国现有的专职经济管理干部的来源说，第一是从工人中提拔的，第二是从地方或军队转业的，第三是从学校中培养出来的。其中，高、中级管理人员，大多数没有受过系统的管理教育，他们虽然在工作中积累了丰富的经验，但缺乏现代经济管理科学的知识。我们现在的高级管理人员，年龄一般都在60岁左右（美国是四五十岁之间），也亟须培养大批年富力强的、能够胜任的接班人。

我国现有的财经院校太少。在校学生不到1万人，加上综合大学的经济系和工科大学学管理工程的学生，也只有1.8万多人，只占在校大学生总数的2.6%。这同我国40万个工业、交通企业和各级经济管理部门的需要，实在太不相称了。

为了适应四个现代化对管理人才的迫切需要，特别是体制改革、扩大企业自主权后对提高经营管理的要求，我们提出以下建议：

第一，为了适应全党工作着重点转移到四化建设上来的需要，干部教育的内容也应当根据这一战略转移，做必要的调整，把经济管理教育作为一项重要的内容。我们是社会主义国家，实行计划经济，国家对企业的管理具有特别重要的意义。过去，我国经济遭到几次大挫折，除了林彪、"四人帮"的破坏以外，还有一个重要的原因，就是由于我们不大懂得社会主义经济发展的客观规律，不大懂得现代化经济管理的科学，进行瞎指挥。因此，轮训在职的管理干部，特别是高级干部，提高管理水平，实在是当务之急。轮训的最好场所是在各级党校和干部学校以及大专院校中开设专门的轮训班。除安排一些政治经济学的基本理论课程外，还应当设置经济管理的课程，学习经济决策（如制订国家和企业长期和短期计划的客观依据，确定工程项目时要研究其可行性，等等）、经济核算、企业管理等方面的理论和各种实际知识。另外，还要尽可能学习一些经济管理的科学技术知识，如运筹学、系统工程、电子计算机在管理上的应用等。

第二，建立一个全国性的管理教育和研究中心。我国经济管理教学的师资奇缺，更没有比较成熟的教材，很难满足大规模培训全国管理干部的需要。目前，除了采取互教互学、边干边学的办法进行教学外，有必要抽调一些有丰富管理经验和一定理论水平的领导干部、企业高级管理人员和有经验的教师，建立一个全国性的经济管理教育和研究中心。这个中心，建议由中国企业管理协会举办。其任务是，研究国内外经济管理的经验，创立适合我国情况的社会主义经济管理科学；规划各类管理专业的课程设置；并编写示范性的教材；培养管理教育的师资；定期召开管理教学和实际管理经验的科学讨论会；出版学术性刊物；同国外同行交流经验和互访，邀请外国的管理专家前来讲学，等等。

第三，逐步把一部分财经院校改为管理学院。这些管理学院除继续办好会计、统计、劳动工资、计划管理、企业管理等专业，培养各职能部门的管理人员外，应当努力创造条件开办研究生部，进行综合性的高级管理教育，培养高、中级管理人才（如大、中企业的副经理、经理）。研究生部的招生对象是在职管理干部。他们应当是高等学校毕业（或具有同等学力）而又具有 5—10 年的实际管理经验者。可以考虑，凡准备提拔担任中、高级管理职务的中、青年干部，都必须经过类似的研究生部深造。

管理学院的另一个重要任务是开办各种类型的进修班或夜校，经常向各级在职管理干部传授新知识、新经验。过去和现在都有一些大学举办过这种学习班，应当大力加以提高。

第四，理工科院校凡有条件的，也要建立管理学院或管理工程、系统工程等有关系科，学工程技术的学生都要学一点管理科学。实践证明，搞四化光靠科学家和工程师是不够的。管理不好，各项工作之间不协调，效率就低，甚至会造成混乱。理工科院校学生学一点管理科学，可以使他们在以后的工作中自觉协作，注意经济效果。

第五，应适当增加财经院校和理工科大学管理工程系科的招生名额。

第六，在大企业和经济管理机关中，应设置经济师的职称，其工资和福利待遇应不低于工程技术的工程师。

第七，现在国务院各部、委和各省市举办的企业管理研究班，要继续办好，建议增加科学管理的有关课程，以适应四个现代化的需要。

今天我向同志们的汇报就到这里。错误的地方，请同志们批评。

深入调查研究探寻我国合理的经济结构[*]

新中国成立 30 年来，我国人民在中国共产党的领导下，艰苦奋斗，生产有了很大发展。粮食产量仅次于美国，居世界第二位；煤炭产量仅次于苏联和美国，占世界第三位；钢产量达到了世界第五位；发电量达到了世界第七位；石油产量也一跃而为世界第八位；机床拥有量比一些工业先进国家还要多。从国民经济发展速度来看，我国工业的增长速度也不算低。但是，我国每人平均的国民收入，在全世界 150 多个国家中，至今仍居 100 位以后，我国人民的生活改善得慢，吃、穿、用、住都比较紧张。

这是什么原因呢？

当然，这和我国底子薄、人口多有关，和林彪、"四人帮"干扰破坏有关。但是，经济结构不合理，也是一个重要的原因。

解放前，我国是半封建半殖民地的经济结构。经过新民主主义革命、社会主义革命和社会主义建设，我国的经济结构也发生了根本的变化。国民经济恢复时期和第一个五年计划时期，我们同当时的苏联和东欧国家相比，在优先发展重工业的同时，比较重视发展农业和轻工业，整个国民经济发展速度比较快，城乡人民生活也有显著改善。1949—1957 年的工农业总产值平均每年增长 14.6%，国民收入平均每年增长 12.6%，实际工资平均每年增长 5.5%。但是，1958 年秋季，在总路线提出后轻率地发动

---

* 本文是作者 1979 年写的一篇文章。

了"大跃进"运动和农村人民公社化运动，使以高指标、瞎指挥、浮夸风和"共产风"为主要标志的"左"倾错误严重地泛滥开来。不切实际地追求钢铁和其他重工业产品产量的高指标，违背了按农、轻、重次序安排国民经济的正确方针，破坏了国民经济的综合平衡，形成了重重、轻轻、轻农的不合理的经济结构。60年代初期经过调整，情况有所好转。但在"文化大革命"中，由于林彪、"四人帮"的疯狂破坏，重的越重，轻的越轻，农业则越来越不能适应整个国民经济发展的需要，经济结构不合理的状况越来越严重，其结果是国民经济的比例严重失调，产品中既不能吃，也不能穿，又不能直接用的中间产品多，可供最终消费用的产品少，人民群众辛勤劳动，付出了巨大的代价却长期见不到实际效果，得不到应有的利益，社会主义积极性不断受到挫伤。在这种不合理的经济结构之下，从1958—1978年的20年间，经济发展速度比1957年以前大幅度下降，工业生产总值平均每年增长速度从14.6%下降为7.6%，国民收入平均每年增长速度从12.6%下降为5.1%，职工实际工资平均每年增长速度从5.5%下降为 - 0.1%。这里还包括1977年、1978年两年的统计资料。如果不是由于粉碎"四人帮"以后，全党做了卓有成效的工作，经济情况有了显著好转的话，那么上述各项指标还要更差。这一切表明，经济结构是否合理，对经济的发展速度，对人民生活的改善影响是很大的。

粉碎"四人帮"之后，情况虽然有所改善，但是，多年形成的这种不合理的经济结构是很难一下子就改变过来的。目前，我国钢产量已超过3000万吨，这是一个了不起的进步。但是，把几个大国钢铁产量达到3000万吨时的经济情况同我国做些对比，也可以看出，我国当前经济结构方面存在的问题非常突出。美国钢产量达到3000万吨是1912年，苏联是1951年，联邦德国是1959年，日本是1963年。这些国家当时的经济结构和我国目前大不相同。就农业情况来说，当时每一个农业劳动力生产的粮食，美国比我们高8倍，联邦德国比我们高3.5倍，苏联比我们高1倍，日本还比我们高60%。就轻工业的情况来说，在年产3000万吨钢的时候，按人口平均计算，苏联生产的棉纱、棉布、纸张比我们高0.5—1倍；联邦德国生产的自行车、棉布、缝纫机比我们高一二倍，手表和纸比我们高 10 倍，电视机、塑料、化学纤维比我们高几十倍；日本轻纺工业产品产量比我们高得更多。就技术设备的制造情况来说，这些国家年产 3000 万吨钢的时候，除满足本国需要外，都有大量成套设备出口，苏联当时就有能力向我国提供 156 项成套设备。而至今我国需要的大型的复杂成套的设备很多都要进口。就能源消耗的情况来说，在年产 3000 万吨钢的时候，我们的发电量是 2500 多亿度，比当时的美国多 9 倍，比苏联、联邦德国、日本都高 1 倍，可是我们现在还很缺电，差不多有 1/3 的工厂由于缺电而不能正常开工。我国的能源消耗总量折成标准煤计算，比当时的日本高 2.9 倍，比联邦德国高 2.1 倍。1977 年日本能源总消耗仅为我国 1978 年总消耗量的 93%，而国民收入为我国的 2.1 倍。1978 年我国每吨标准煤生产国民收入 323 美元，而日本 1977 年每吨标准煤生产国民收入 742 美元，为我国的 2.3 倍。这就是说，我们虽然有了那么多的煤、油、电和钢铁，但是并没有做出我们应当做的事情来。当然，各国的具体情况不同，每个时期生产技术的发展水平不同，不能笼统地对比，但是，目前我国的农业和轻工业大大地落后于国民经济发展的需要，重工业内部的结构很不合理的情况，则是非常明显的。不解决这个问题，不调整经济结构，我国的国民经济就不能顺利地向前发展，也不会有良好的经济效果。我们现在进行的经济调整，尤其要解决这个问题。但是，在调整工作中遇到不少的困难，主要是你有你的比例，他有他的比例，都说自己是短线，没有一个部门肯说自己是长线，调整工作很难进行。看来只有改变不合理的经济结构，才能求得合理的比例关系。这是我们的经济调整工作应当注意的一个大问题。

从上述情况可以看出，经济结构是影响国民经济发展的全局性的大问题。往往是不合理的产业政策造成了不合理的经济结构，不合理的经济结构，就使国民经济不能协调发展，或者是生产遭受破坏，或者是造成严重浪费，相互抵消力量，使生产增长缓慢，或者是生产虽有所增长，但人民生活得不到改善，不能取得全面的经济效果。

对经济结构进行调查研究，就是要弄清我国经济结构的历史和现状，弄清当前经济结构中存在的主要问题，并找到解决问题的办法，要总结新中国成立 30 年来的历史经验，并研究国外一些主要国家的现状、历史和经验，探索经济结构发展变化的规律性，寻求一种适合我国情况和特点的经济结构。这种经济结构，要能够促进我国经济持续地、按比例地、高速度地发展，既能够较快地改善人民生活，又能够较快地增加积累。总之，要能够大大加快我国社会主义现代化的建设。在调查研究的基础上，要提出促成这种合理经济结构的产业政策，以及如何从现有不合理结构向合理结构过渡的建议方案。

经济结构包括的范围很广，初步考虑，可以从以下几个方面开展调查研究工作：

第一，产业结构。这是我们调查研究的着重点。包括生产资料与生活资料两大部类的关系，农、轻、重的关系，工农业各部门内部的关系。例如，农业部门内部就有农、林、牧、副、渔各种产业的关系，各种产业部门内部又有不同的结构。仅就种植业来说，就有粮食作物和经济作物的关系。此外，还有农、林、牧、副、渔业的发展和建立良好的自然生态环境的关系，以及人民群众的食物构成问题，等等。工业部门也是如此，有各种产业部门，每个产业部门内部又有不同的结构。如机械工业内部就有通用机械和专用机械，普通机械和高精尖机械，以及主机和辅机，机器和零配件，还有铸锻和加工，加工又有粗加工和精加工，等等。目前长短不齐，因此，就有一个长线调短，短线调长，品种调多，消耗调低，技术调高，出口少调为出口多，等等。就整个国民经济来说，还有原材料工业、燃料工业和加工工业的关系，军事工业和民用工业的关系，工农业等生产部门和交通运输、商业服务以及其他非生产部门的关系，等等。

第二，技术结构。与生产结构相联系，研究现代化技术和一般技术的关系，如生产的自动化、半自动化、机械化、半机械化、手工操作如何正确结合，等等。

第三，经济组织结构。包括专业化组织、联合化组织及其相互的关系，大、中、小型企业的关系，企业的组织形式和合理规模问题，等等。

第四，所有制结构。研究全民所有制、集体所有制、个体经济的关系，如何发挥集体所有制形式的作用，如何正确对待不剥削他人劳动的个体经济，等等。

　　第五，产品结构和进出口产品结构。研究初级产品、加工工业产品和高精尖产品的关系，中间产品和最终产品的关系，如何提高后者的比例。研究进出口产品结构的历史、现状和发展趋势，如何改善进口产品的结构，如何增加出口，改善出口产品的结构，彻底改变旧中国遗留下来的不合理状况。

　　第六，就业结构。包括农业、工业、商业、服务业、教育、科学研究等部门就业的情况和变化规律，人口和劳动力的发展规律，扩大就业的途径，等等。

　　第七，投资结构。研究投资方向和投资政策，如产业部门之间投资的分配，生产性建设和非生产性建设之间投资的分配，建设新企业和改造原有企业之间投资的分配，文化教育、科学研究的投资分配，等等。

　　第八，地区结构和城乡结构。研究不同地区的经济结构、生产力配置、经济区划、城乡关系，等等。

　　第九，价格结构。研究工农业产品的比价，生产资料和生活资料的比价，煤、油的比价，计划价格、浮动价格、自由价格的关系，以及制定价格的科学依据，等等。

　　第十，积累和消费结构。研究简单再生产和扩大生产的关系，积累和消费的比例关系，积累内部的结构，消费内部的结构，等等。

　　以上只是列举了一些重要的方面，还需要进一步充实和具体化。在调查研究中，不但要分别对这些方面进行研究，而且要从总体上进行综合性的研究。调查研究要同制订近期和远期计划结合起来，要研究到本世纪末实现四个现代化的总目标，研究保证实现这个总目标的比较合理的经济结构，同时，要研究三年调整的目标和今后四个五年计划各个阶段的目标，研究各个阶段的比较合理的经济结构，以及逐步向合理经济结构过渡的方法、步骤和相应的产业政策，为编制近期和长远计划提供必要的依据。

　　在上述几个方面当中，要抓住目前存在的突出问题，特别是产业结构中的突出问题进行专题研究。例如，应当着重研究农业、轻工业、机械工业、钢铁工业、化学工业等部门在实现四化中的地位和作用；重工业如何为农业、为轻工业服务，正确地支援农业和轻工业，迅速把农业搞上去，迅速把轻工业搞上去；如何正确处理积累和消费的比例关系，等等。

对经济结构进行调查研究，各部门、各地区、各企业都要深入掌握本部门、本地区、本企业经济结构变化的情况，总结经验教训。例如，本部门、本地区、本企业 30 年来经济结构发生了哪些变化，在什么时候，是什么样的结构，对发展生产、增加积累、改善生活有利，什么时期，是什么样的结构，对发展生产、增加积累、改善生活不利。在调查研究的基础上，提出调整本部门、本地区、本企业经济结构的科学方案和相应的产业政策。然后，再进行综合研究提出总的比较合理的经济结构方案来。

培养经济管理人才是我国当务之急[*]

以中国社会科学院和国家计委为主组成的中国工商行政管理代表团，于 10 月 8 日至 11 月 3 日，在美国访问了麻省理工学院、哈佛大学、宾州大学、印第安纳大学、斯坦福大学的管理学院和 17 家大公司，着重考察了它们如何培养和训练管理人才。通过考察，我们了解到，现在，美国企业的管理人员大都受过专门的管理教育，经理、副经理一般都要受特别的训练，通常都拥有硕士学位。他们精通本职业务，被认为是创造利润的最宝贵的资本。美国成为资本主义世界最发达的国家，至今在生产和科学技术的多数领域仍保持领先地位，同他们十分重视管理人才的培训是分不开的。

访问中我们感到，美国管理教育的有些方面是值得我们借鉴的。现在我国的管理水平很低，这和管理教育不发达很有关系。为了适应我国国民经济发展和加速四个现代化的需要，我们亟须发展管理教育，培养大批经济管理人才。

马克思说："凡是直接生产过程具有社会结合过程的形态，而不是表现为独立生产者的孤立劳动的地方，都必然会产生监督劳动和指挥劳动。"^①这就是说，社会化大生产需要指挥和管理。社会化程度越高，对管

---

* 本文是作者 1980 年 2 月 28 日在"中国企业管理协会首次年会开幕式"上的讲话。

① 《马克思恩格斯全集》第 25 卷，人民出版社 1974 年版，第 431 页。

理的要求越高。社会主义生产是高度社会化的大生产。我国现在约有 40 多万个工业、交通企业，还有大量的商店、农场和服务性企业，每个企业少则数十人，多则数百人、数千人甚至数万人，企业内部和外部都存在着复杂的分工协作关系。没有一定数量的、具有较高的管理水平干部，是难以管好这些企业的。同时社会主义生产是要建立在高度技术基础上的。而发展技术就有一个管理问题，管理好坏，对技术进展的影响很大。技术越发达，对经济管理的要求越高。而且发挥社会主义制度的优越性也要求提高管理水平。社会主义经济存在着有计划按比例发展的可能性，但要使这种可能性成为现实，则不仅要求搞好企业的管理，而且要求搞好整个国民经济的管理，要求按照社会主义基本经济规律和国民经济有计划按比例发展规律以及其他社会主义经济规律的要求办事。社会主义经济中虽然不存在无产阶级和资产阶级的对抗，但仍旧存在着各种人民内部矛盾，必须通过管理恰当地解决这些矛盾，才能调动劳动者的积极性，发挥社会主义制度的优越性。

新中国成立之后，我们曾经从中央、地方和部队抽调大批干部从事经济建设，他们很多人现在是经济管理和企业管理的骨干。我们还在有些综合性大学中，在财经院校中，在许多工业、农业、交通院校中，以及在各种业余学校和函授学校中，培养经济管理人才和轮训经济管理干部。这些干部对我国经济建设做出了宝贵的贡献。但是，与现在我国的管理工作和经济发展的要求还很不适应，估计我国现有管理干部约六七百万人，其中相当一部分人没有受过系统的管理教育，不少人虽然在工作中积累了丰富的经验，但缺乏现代经济管理科学的知识，我们不少管理人员的文化水平也比较低。根据鞍钢的调查，厂处级以上管理干部中，大学水平的占 14.2%，中专和高中水平的占 17.2%，其他都是初中和初中以下水平，科级管理干部中，大学水平的占 6.5%，中专和高中水平的占 26.3%，其他都是初中和初中以下水平。而在经济发达国家，大公司的各级管理人员几乎都受过高等教育。造成当前我国管理落后的原因很多，其中最重要的是林彪、"四人帮"的干扰破坏。他们为了颠覆社会主义制度，故意把经济管理和"资本主义"、"修正主义"混淆起来。他们大搞什么"政治建厂"，大批所谓"管、卡、压"，不仅把工厂企业中正当的规章制度破坏殆尽，而且几乎停办了全部财经院校和管理专业，使经济管理和管理人才的培养，遭受到难以弥补的损失。

但是，迄今我们对培养管理干部的重要性、迫切性还认识不足，我们往往重视培养技术人才而忽视培养管理人才。诚然，培养技术人才是重要的。但现代化大生产既要求先进的技术，也要求科学的管理，管理工作跟不上，先进技术也不能充分发挥作用。我国有些企业的设备和技术虽然也比较先进，但生产效率却比国外同类企业差得多，一个重要原因是管理落后，我国的管理工作和现有技术水平也不适应，如不提高，更不能适应加速四个现代化的要求。可见，培养管理人才和培养技术人才一样是当务之急。

我们也往往重视改革经济管理体制而忽视培养管理人才。现行的经济管理体制妨碍企业发挥主动性，也不利于培养管理人才，因此这种管理体制必须改革，重视此项改革是正确的。但是，也要看到管理干部水平低带来的种种严重后果，不能忽视培养管理人才的意义。许许多多先进企业的事例表明，在现行体制下，只要努力改进经营管理，我们在增加品种、产量上，在提高产品质量上，在降低成本增加盈利上，在改进技术提高劳动生产率上，以及在其他许多方面，都是大有可为的。而且随着经济管理体制的改革，对管理干部也提出了更高的要求。为了促进经济管理体制改革有步骤地进行，为了适应新的管理体制的需要，同样必须重视培养经济管理人才。

怎样加快培养经济管理人才呢？

首先，大力培养在职管理干部。要有计划、有步骤地轮训在职干部，争取在几年内把现有的管理干部轮训一遍。我们有轮训干部的传统和经验。现在，全党工作的重点已转移到四化建设上来。适应这种转变，轮训干部的内容也要转移到四化建设迫切需要的管理教育上来。不仅从事经济管理和企业管理的同志应该掌握经济管理科学，从事党政工作和其他工作的同志也应该学一些经济管理知识。尤其要重视大中型企业主要领导干部的轮训工作，可以有计划地抽调这些企业的党委书记、副书记、厂长、副厂长进行为期几个月到一年的训练，让他们系统地学习一些政治经济学和经济管理的理论，例如，社会主义基本经济规律的理论，国民经济有计划按比例发展规律的理论，商品生产和价值规律的理论，按劳分配的理论，经济核算的理论，系统工程的理论，企业决策的理论，等等。要结合学习理论，总结过去正反两个方面的经验，同时把学习和考核结合起来，学习结束时，做出合乎实际的结论，根据学习成绩安排适当的工作。为了培养接班人，也应该做好中级、初级管理干部的轮训工作，从企业和机关中抽调中年的相当于科室和车间负责人的优秀干部，到有关学校进修，毕业后回到企业中担任副职，经过一定时期的实践考验，工作出色的可提为企业的主要负责人。还要从中年、青年工人和基层干部中选拔一批表现好、有培养前途的人到学校进行培训，优秀的提拔到经济管理的岗位上来。

其次，充实现有的财经院校，开办新的管理学院。我国现有的财经院校太少，全国财经院校只有 22 所，学生 960 人，加上综合大学的经济系和工业大学管理专业的学生，也只有 1.8 万多人，只占在校大学生总数 2.6%，同经济管理和企业管理的需要太不相称。而且我国财经院校主要是培养会计、统计、计划、劳动管理等职能部门的初级专业管理人员，缺少培养中、高级管理人员（如工厂、企业的厂长、经理）的院校和系科。因此，我们要有计划、有步骤地开办一些管理学院，中央可以办，省市也可以办。这些管理学院除培养职能部门的管理人员外，还设立研究生部，进行综合性的高级管理教育，培养厂长、经理等中、高级管理干部。招生对象主要是在职管理干部，他们应该是高等学校毕业（或具有同等学力）而又具有 5—10 年实际管理工作经验的人。财经院校和管理学校还应该用相当的力量开办各种类型的在职管理人员进修班或夜校，培训在职的高级管理干部。

再次，理工科学生也应学一点管理知识。理工科院校都要开设管理课程，学理、学工的学生都要学一点管理科学。实践证明，科学技术人员学一点经济管理知识，可以使他们在工作中注意经济效果，这对于经济建设和科学技术的发展都是很有利的。

又次，大企业要积极培训自己的干部。大企业既有必要也有条件培训本企业的管理干部。因此，它们都要有训练中心，利用技工学校、电视大学轮训基层干部和技术工人，提高职工的管理水平和技术水平。学习成绩好坏是考工升级的重要根据之一。

最后，还有必要建立一个管理教育和研究中心。现在我国管理教育既缺乏师资，又缺乏教材。管理科学的研究工作也很落后。为了发展管理教育和管理科学，可以考虑抽调一些有丰富管理经验和一定理论水平的干部、教师和研究人员，筹建一个全国性的经济管理教育和研究中心，其任务是总结我国经济管理的经验，研究国外经济管理的经验和学科，创立适合我国情况的社会主义经济管理科学；规划各类管理专业的课程设置；编写示范性的教材；定期召开管理教育和管理科学的学术讨论会；出版学术性刊物；同国外交流经验和组织互访等。通过这些活动培养管理教育的师资和管理科学的研究人才。

关于山西经济结构的研究[*]

　　世界上一切物质，大至宇宙、小至基本粒子，都有其内在的结构。国民经济也有一个结构问题。经济结构归根到底是由生产力的性质和水平决定的，建立合理的经济结构必须从当前的生产力现状出发。但是合理的经济结构对生产力发展又有巨大的反作用，只有最佳的经济结构，才有最快的生产力发展速度。

　　所谓经济结构，就是国民经济有机整体中各个方面、社会再生产过程各个环节之间的质的组合与量的比例。马克思指出："生产的承担者对自然的关系以及他们相互之间的关系，他们借以进行生产的各种关系的总和，就是从社会经济结构方面来看的社会。"[①]这里所指的经济结构，既包括生产关系又包括生产力。过去通常把经济结构简单理解为各种经济成分的总和或各种比例关系，这显然是不够全面的。经济结构虽然也表现为经济成分的构成和一定的比例关系，但它比经济成分的构成和比例关系要广泛得多。经济结构不仅是指生产关系的结构，而且是指生产力的结构。同时，国民经济的发展，可以有各种各样的比例，究竟怎样的比例才是合理的，这是比例本身无法回答的问题，而必须由经济结构来回答。因为不同的比例是由不同的经济结构决定的，有了合理的经济结构，才能有合理的

---

　　* 本文原载《晋阳学刊》（双月刊）1980 年第 1 期。

　　① 《马克思恩格斯全集》第 25 卷，人民出版社 1974 年版，第 925 页。

比例关系，才能使国民经济健康地、持久地、高速度地发展。

当然，合理的经济结构，也是有条件的、相对的和可变的。同一类型的经济结构，对这个国家是合理的，对另一个国家就不一定合理；对这个地区是合理的，对另一个地区就不一定合理；对这个时期是合理的，对另一个时期就不一定合理。简言之，合理的经济结构是以一定的时间、地点和条件为转移的，切忌片面地、僵化地理解。

经济结构是影响国民经济发展的一个全局性的大问题。调整国民经济，最重要的就是要调整经济结构。因此，我们必须进行科学的、深入的考察分析，探索并逐步建立合理的经济结构，使之符合经济规律和自然规律，使之适应中国式的社会主义现代化建设的需要。正像自然科学必须研究物质的结构一样，经济科学也必须研究国民经济的结构，掌握其内在的本质联系和发展规律。

叶剑英同志说："我国幅员辽阔，地区差别很大，现代化建设的发展也不可能平衡。在国家统一计划的指导下，各地区都应当努力创造适合本地特点的具体形式、步骤和方法，去达到四个现代化的总目标。"由于去年秋天我在山西省作过一点经济情况的调查，现就山西如何建立合理的经济结构问题，作一些初步的探索。

一　山西经济结构的现状

在探索山西经济结构现状之前，我们先辨析合理经济结构的客观依据。合理的经济结构虽然是就一定的时间、地点和条件而言的，但并非说它就没有客观标准。一般来说，合理的经济结构应当符合以下要求：一是比较充分和有效地利用现有的人力、物力、财力，合理地开发和利用自然资源；二是国民经济各部门能够协调发展，社会扩大再生产能够顺利进行；三是有利于不断采用先进科学技术，不断提高劳动生产率；四是人民群众的物质和文化生活水平较快地提高。总之，要能够实现国民经济高速度发展和人民生活不断改善的良性循环。从各国的历史经验看，经济结构只有适合本国的国情，才能充分利用有利条件，避开或克服不利条件，从而达到上述要求。

全国是一个统一的经济结构，各省（区）的经济结构是这个统一经济结构中的有机组成部分。各省（区）应该在国家的统一计划指导下，合理配置生产力，充分发挥自己的经济优势，在全国范围内的专业化和协作化的基础上达到综合平衡，完全没有必要各搞一套什么独立的、完整的经济体系。各个省（区）要建立合理的经济结构，实现经济活动的良性循环，既要从各自的特点出发，做到因地制宜，又要考虑国家的全局需要，做到统筹安排。全国的经济结构，也只有建立在各个省（区）适合各自经济特点、发挥各自经济优势的基础上才是合理的，切不可要求各省（区）什么东西都自给自足。各个省（区）如果不顾国家的统筹需要而追求什么独立完整的经济体系，那么这样的经济结构必然成为彼此脱节的松散的封建割据式的经济结构。

新中国成立以来，在党的领导下，经过社会主义革命和社会主义建设，山西的经济结构已发生了根本变化，为实现四个现代化打下了良好的基础，创造了有利的条件。但是依据建立合理经济结构的标准来衡量，现在还存在不少问题，还有一些不完善、不合理的地方。

（一）没有合理地有效地利用煤炭自然资源，没有充分发挥山西的经济优势

我国的煤炭资源非常丰富，但在地区分布上极不平衡，主要分布在华北、东北等地，其中华北是佼佼者，占全国总探明储量的62.7%；而山西又得天独厚，约占全国总储量的1/3。因此，有计划地集中力量开发山西的煤炭资源，把山西建成强大的能源基地，不仅关系到山西，而且关系到全国国民经济高速度的发展，是一项具有重大意义的战略措施。但是，过去由于对这个问题认识不足，并且提出了所谓"扭转北煤南运"的口号，大幅度地削减了山西煤炭工业投资，因而影响了山西煤炭的开发。"一五"时期山西煤炭工业的投资为4.17亿元，"二五"时期为8.82亿元，"调整"时期为2.67亿元，"三五"时期为2.67亿元，"四五"时期为4.72亿元。随着投资额的下降，煤炭工业新增生产能力占全国煤炭新增生产能力的比重也逐步下降，"一五"时期为15.7%，"二五"时期为

10.5%，"调整"时期为 9.4%，"三五"时期为 9%，1971—1977 年为 11.3%。我们没有充分发挥山西煤炭资源丰富和煤炭工业具有相当基础的优势，却把大量投资用于煤炭资源极其贫乏、煤炭工业基础又很薄弱的地区，结果造成一方面是大量的煤炭资源仍在地下沉睡；另一方面却是全国普遍能源紧张，恰如手捧金碗为乞丐、箧存裘衣而号寒。这种不合理的状况是应当改变的。

世界各经济发达国家发展的历史表明，在一定技术条件下，经济发展越快，能源需求量越大，能源增长速度与整个经济增长速度之间，形成规律性的比例关系。这一比例关系的比值在工业化前期大于一，后期则小于一。我国现在大体相当于发达国家的工业化前期，其比值一般来说不应小于一。根据煤炭的储量和全国对能源的需求，山西煤炭工业发展速度本应大于全国工农业增长速度，但是，20 多年来山西煤炭生产平均增长速度却低于全国工农业平均增长速度。"三五"时期全国工业总产值年平均增长速度是 11.7%，而山西煤炭工业年平均增长速度是 5.4%，"四五"时期全国工业总产值年平均增长速度是 9.1%，而山西煤炭工业平均增长速度是 7.8%，其比值都小于一。可见，尽管山西煤炭工业的发展速度比较快，但同全国整个国民经济发展速度相比，还是远不适应的。

电力工业是国民经济的先行官，必须优先发展。从世界能源发展规律来看，一次能源的利用越来越转化为二次能源的利用，电力在能源中的比重越来越大。联邦德国从 1950—1974 年，国民生产总值增长了 3 倍，能源消耗增长了 2 倍，而电力消耗则增长了 6 倍。这是世界各国经济发展的普遍趋势。我国从 1966—1978 年的十几年间，电力发展不仅没有超前，反而落后于工业增长速度，形成全国性缺电。山西煤炭产量去年突破一亿吨，约占全国煤炭总产量的 1/6，等于 1949 年的 41 倍，原煤外调量达到 6350 万吨。但由于交通运输赶不上，每年仍有近千万吨积压。如果大力发展坑口电站，把向外运煤变为向外输电，不仅有助于改善华北、华中的供电紧张状况，而且能够减轻对铁路运输的压力，其经济效果是显而易见的。可是山西电力工业的发展和煤炭工业的发展极不协调，现有发电设备的装机容量只有 207 万千瓦，1978 年发电量为 107 亿千瓦时，仅占全国的 4.2%，满足省内需要还差 20 亿千瓦时，严重影响了工农业生产的发展。

（二）　工农业的关系极不协调

农业发展缓慢，过不了关，是影响目前山西工业发展的一个严重障碍。1950—1978 年，山西工业总产值平均每年递增 14.6%；而农业总产值平均每年递增 3.8%。在工农业总产值中，工业总产值的比重从 1949 年的 14.7% 上升到 1978 年的 75%；农业总产值则从 1949 年的 85.3% 下降为 1978 年的 25%。以粮食平均亩产来说，30 年来一直徘徊在一百几十斤到二百几十斤的水平，最高的 1977 年也只有 315 斤，1978 年又下降为 279 斤。从 1956—1978 年的 22 年中，粮食总产量只增加 55.4%，还低于人口的增长（56%）。1978 年全省人均粮食为 556 斤，比 1956 年还少 2 斤，低于全国的平均水平。经济作物和林、牧业的情况比粮食更差，下降幅度更大。粮、棉、油和副食都不能自给。

（三）　轻重工业的关系很不协调

山西不仅农业落后，轻工业也很落后。轻、重之间的结构很不合理。30 年来，山西轻工业除了在三年"调整"时期增长较快以外，其他时期都远远低于重工业的增长速度。轻工业的产值在工业总产值中所占的比重由 1952 年的 42.5% 下降到 1978 年的 28.4%。由于轻工业所占比重急剧下降，有 40% 的轻工业产品需从外省调入。

山西的农业、轻工业和重工业的关系如何协调的问题，必须予以正确解决。如果解决不好，将严重影响山西煤炭工业的迅速发展，从而影响山西合理经济结构的形成。煤炭在山西是长线，但在全国是短线，而农业和轻工业在多数省份也仍然是短线。因此，山西如调出其长线产品——煤，而它所短缺的农业、轻工业产品得不到保证，那么它的经济发展也就得不到必要的物质保证，社会再生产就不能顺利进行。这个问题是调整我国整个国民经济结构时必须加以考虑和解决的。

（四）　重工业内部结构松散，互相脱节

新中国成立以来，山西重工业部门基本建设投资占全部工业投资的 94%，轻工业仅占 6%，重工业过重，轻工业过轻。30 年来工业投资中，

冶金工业占第一（21%），特别是"三五"、"四五"时期冶金和国防工业投资都超过煤炭工业（12%），两者合计分别占工业投资的45.2%和40%。在重工业内部机械工业发展最快，1978年全省机械工业的总产值占全部工业总产值的26.3%。其次是煤炭、化工和冶金。电力和建材工业发展最慢。这样就造成原材料、电力的供应紧张和建筑材料的极端缺乏。加之重工业各部门各自听命于上级主管部门的安排，各搞一套，自成体系，纵的统辖指挥关系多，横的分工协作关系少，因而使重工业内部各个行业彼此脱节、互不协调，形成一种互相抵消力量的不合理的经济结构。

（五）生产性建设和非生产性建设的比例失调

恢复时期，山西生产性投资平均占总投资的74%，非生产性投资占26%；"一五"时期，前者占76.7%，后者占23.3%。这一阶段积累和消费的比例比较适当，生产迅速增长，人民生活也得到很大改善。可是到了"二五"时期，生产性投资直线上升，占到总投资的89%，非生产性投资仅占11%。尤其到"三五"时期，生产性投资的比重竟高达91.4%，非生产性投资下降为8.6%。"四五"时期至1978年，生产性投资平均占到总投资的84%以上，非生产性投资平均占不到16%。因此，造成了住宅极度紧张，商业、服务行业、文教卫生和其他市政公共设施按人口平均都低于全国平均水平，不仅长期给人民群众的物质和文化生活带来了困难，也影响了整个生产的发展。

（六）交通运输能力不足，煤炭生产的产运失调

现在山西铁路运输能力为9700万吨，利用率达到90%，已超过了80%的临界线，处于严重紧张状态。一方面山西积存煤炭已有近千万吨；另一方面缺煤地区由于燃料不足而影响生产。山西煤炭的产运矛盾如不尽快改变，就将严重阻碍煤炭生产的迅速发展。

总之，山西目前是一种农轻重互不协调、重工业内部的重点不当、互相脱节、不能发挥本省优势的经济结构，这种不合理的经济结构，不利于国民经济的高速度发展。

二　建立山西合理经济结构的设想

总的想法是，山西应该逐步建立一个以煤炭开发和综合利用为中心的、农轻重相应发展的、比较合理的经济结构，在比较短的时间内把山西建设成为我国北方的一个强大能源基地。这个设想是根据能源在国民经济中的地位和作用以及世界能源发展趋势来考虑的。

从本世纪50—70年代前期，由于石油和天然气的价格比煤炭价格还低，所以一些工业发达国家的能源消费构成中，煤炭所占的比重急剧下降。如美国1950年煤炭消费在能源总消费构成中占39.6%，1977年只占16.8%；日本1950年煤炭消费所占比重为60.4%，1977年只占16.8%，联邦德国1950年占72.4%，1977年只占15.3%。1973年中东战争以后，"石油危机"震撼西方世界，油、气能源的韶华开始逝去，一度被贬黜了的煤炭又重新登上世界能源宝座，并将以气化、液化的新面貌出现。1974年以来，美国有关部门和工业界围绕能源问题展开了激烈争论，提出到1985年要使商品煤的可供量达到10亿吨（约合原煤11.6亿吨）。

能源问题也是当前和今后我国经济发展的首要问题。在解决能源问题上，我国一度也曾想以油代煤，许多烧煤锅炉改成了烧油。现在看来，在今后相当长的一段时期内，能源主要还是要靠煤炭。大力发展煤炭工业，尽快扭转燃料动力紧张的局面，是我国社会主义现代化建设面临的一个十分紧迫的问题。我国煤炭资源极为丰富，远景储量约为15000亿吨，其中山西为8000亿吨，占总储量的一半以上；全国煤炭探明储量6000亿吨，其中山西为2000亿吨，约占全国探明储量的1/3。为了适应四个现代化建设需要，我们要在全国建立许多规模宏大的煤炭基地，而山西就是其中最理想最有希望的一个。大规模开发山西煤炭，尽快地把山西建设成一个强大的煤炭能源基地，不仅对于合理安排山西的经济结构，而且对于促成全国的合理经济结构的建立，加速四个现代化建设，都具有重大的意义。

以煤炭工业为中心，建立山西的合理经济结构，应注意解决好以下几个问题：

（一）全面规划，大力开发

大规模开发山西煤炭，有利条件很多。一是储量大、分布广，遍及全省 105 个县（市）中的 68 个县（市）。二是煤种全，主焦煤、气煤、肥煤、瘦煤、优质动力煤、无烟煤都很丰富，炼焦煤和无烟煤占全国同类煤种储量的一半左右。三是质量高，大多是硬煤，灰分低，含硫少，而且发热量高，1 吨煤的发热量在 7000 大卡以上，相当于江南 1 吨煤发热量的 2—3 倍。四是开采比较容易，埋藏深度一般只有 200—400 米，不少地方适合露天开采；煤层厚而平缓，便于机械化开采；地质构造简单，断层、流沙和地下涌水少。因此开发山西煤炭投资省、见效快、成本低。山西新建煤矿，吨煤投资只需 62 元，比全国平均水平低一半；新建年产百万吨的矿井投产后两三年便可达到设计能力，六七年便可收回全部投资。老矿挖潜改造投资更省，吨煤投资只需 20 元左右，山西煤炭开采成本平均每吨为 13 元左右，比全国平均的 16.3 元低 18%，比湖南、湖北、浙江的吨煤成本低 50%—75%。五是山西地理位置比较适中，便于向全国各地输送。六是山西煤炭开发历史悠久，技术力量较雄厚，技术装备也较好。由于存在以上种种优越条件，大力开发山西煤炭，可以取得事半功倍的良好经济效果。

开发山西煤炭必须有一个通盘规划，不能搞"大呼隆"。根据煤炭资源情况，进行区域规划，实行专业化生产。如临汾、吕梁地区可建成大型炼焦煤基地；晋东南、阳泉、晋中东部可建成大型无烟煤基地；雁北大同地区可建成大型动力煤基地。同时，还要大力加强煤炭洗选工业和各种煤炭加工产品的发展。欧美等国原煤入洗比例一般是 70% 左右，苏联 50% 左右，我国平均只有 17%，而山西省仅为 6%—7%。1978 年山西运往省外煤 5400 多万吨，其中洗精煤仅有 203 万吨，绝大部分是原煤外运。如按含矸和灰分 10% 计算，一年就有几百万吨的无效运输量。从长远考虑，还要加强对煤炭开发的科学研究。例如，研究煤炭的气化、液化以及煤炭的地下气化。这就需要健全科研机构，加速人才的培养，充实地质勘探、设计施工等技术力量，增添必要的科研仪器装备。在煤炭工业构成上，要在提高经济效果的前提下，正确实行大、中、小相结合、新建与改扩建相结合的方针，使煤炭生产稳步地持续地发展。

（二）大力发展各种类型的坑口电站

建立坑口电站，既可以减轻对铁路运输的压力、节约大量运费，又可以把大量电力输往华北和华中，转输东北和华东，有助于改善这些地区的供电紧张状态。如果在 1985 年以前山西新增 1200 万千瓦的火力发电量，输出电能，每年就可减少 3500 万吨的煤炭外运量。因地制宜的在建设大电站的同时，还可以适当建立一些中、小坑口电站，利用当地煤炭资源，解决用电问题。

（三）大力发展煤炭化学工业，提高以化工产品为原料的轻工业比重

在煤炭大量开采的基础上，发展煤炭化学工业，大有可为。山西省准备到 1985 年把焦炭生产能力提高 1 倍，焦化副产品由目前的 10 余种，增加到 50 种。各国经验表明，从焦油中可以提取 400 多种产品，进一步加工可以得到万余种产品；加工深度越高，产品的价值也越高。有人估算，如以焦油的产值为 1，加工成塑料产值可增加 10 倍，加工成合成染料产值可增加 40 倍，加工成化学药物产值可增加 83 倍。山西煤炭化学工业已有一些基础，但与丰富的煤炭资源相比，则显得过分薄弱。1978 年焦炭、合成氨、合成橡胶的产量，分别占全国的 7.7%、4.2% 和 4.4%；而塑料、合成纤维、化学药品的产量则分别只占全国的 0.8%、0.99% 和 2.6%。目前省内需要的塑料和橡胶，几乎百分之百靠外省供应。整个轻工业中，以工业品为原料的仅占 28.6%，低于全国的 31.6%。今后应大力发展煤炭化学工业，综合利用。当前首先要发展以煤为原料的化肥工业，同时积极发展焦化工业，建立以煤为原料的三大合成工业（合成纤维、合成塑料、合成橡胶）及其他化工原料工业，逐步把山西的轻工业转到主要以工业品为原料的基础上来，使轻工业得到一个大发展。

（四）山西除煤炭外，铜、铝、铁等资源也相当丰富

比如，铝土矿的探明储量 3 亿多吨，铜矿按金属量计算的探明储量 300 多万吨，铁矿的探明储量 28 亿吨。随着煤炭、电力工业的大发展，停顿多年的中条山铜矿、孝义铝矿应尽快恢复开发；并利用充足的电力，大力发展电解铜、电解铝等耗电量大的工业，为全国提供较多的有色金属

材料。今后山西钢铁工业的发展，也应利用廉价电力的有利条件，增加合金钢、特殊钢的比重（1978 年合金钢产量只占全省钢产量的 11% 左右），为国民经济提供更多的优质黑色金属材料。

（五）要充分利用山西省十分丰富的石灰石、石膏、石棉、珍珠岩等自然资源

掺和采煤过程中大量废弃的煤矸石，以及电厂、冶金企业排出的灰渣、矿渣，生产水泥和预制构件，发展石棉板、石膏板、空心砖、加气混凝土等新型的轻质建筑材料，以适应基本建设，特别是民用建筑的需要。山西的建筑材料工业很有发展前途。

（六）山西的机械工业潜力很大，目前拥有的各种金属切削机床可承担本省煤炭、电力、化工所需大部分设备的制造任务

其中民用工业企业拥有的机床，设备能力超过原材料加工量的 60%，不少企业处于停工、半停工状态。在建立以煤炭开采和综合利用为中心的新经济结构中，山西省的机械工业要统筹安排，按专业化和协作的原则进行改组，除加强对农业的支援外，应确立为煤炭、电力、化工、冶金、运输和人民生活服务的方向。使每个企业在分工协作体系中，有明确的分工和稳定的产品方向及服务对象，最大限度地发挥现有机械设备的加工能力。军工企业拥有全省 1/3 的大型、高精度和数控机床，加工能力极大，也要千方百计地生产高档商品和耐用消费品等各种日用工业品，既满足市场需要，又能以民养军。

（七）为配合煤炭工业的大发展，必须大幅度提高山西铁路运输能力，畅通山西与外省的物资交流渠道，使今后大量增产的煤炭，能够源源不断地供应外省

如果铁路运输得以改善，能及时把煤运送到华东、中南等地区，支援它们基础比较雄厚的轻工业和农业，同时从这些地区运回轻工业产品和农副产品，这对于活跃全国经济、促进四个现代化建设将产生极大的推动作用。因此，发展山西交通运输，不仅是建设山西能源基地的关键一环，而且是促进整个国民经济高速度发展的必要条件。为此，首先要尽快对 5 条干线进行技术改造，石太线、京包线（大同—北京段）要实现电气化，

南、北同蒲线要敷设复线，太焦线和京原线要进行技术改造，太原、大同等枢纽站要改建或扩建。其次，还要抓紧山西省内支线的新建与扩建，如长治到邯郸、侯马到西安、阳泉到左权、孝义到柳林、太原到岚县、长治到侯马、晋城到济源、五寨到河曲、临汾到台头、岢岚到兴县、洪洞到古县等11段支线，使之与干线相接。如果把以上11段支线中的前5条支线建成，每年就可增加5000万吨的煤炭外调量。再次，还要续建、新建地方煤矿专用线38条、350余公里。最后，还有一大批距火车站在30公里左右的小矿井，年产煤约1500万吨，需要增加汽车运输能力，修建和改建公路29条、440公里。这样，既能使大量落地死角煤支援国家四个现代化建设，又可以改变这些偏僻地区的经济面貌。

（八）在建立煤炭能源基地的同时，要大力发展农业和轻工业，逐步提高农副产品和轻工产品的自给率

应当看到，山西农业和轻工业目前这种落后状态是历史遗留下来的，发展农业和轻工业还有很大的潜力。煤炭工业的发展，将附产大量的腐质酸，这是发展农业的极好肥料，再配合以煤炭为原料的各种化学肥料的生产，发展农业的各种肥料可以得到充分供应。随着煤炭及其加工产品外调量的增加，省内地方工业的发展，全省的财政收入必将大量增加，加上交通方便、电力供应充分，对山西农业生产的发展将会起很大的促进作用。同时，随着煤炭化学工业的发展，将给轻工业提供大量的原材料，促进轻工业迅速发展。不过，农业和轻工业的充分发展需要一个过程，在一定时期内，国家在粮油和轻工产品方面，必须给予山西一定的支持。

山西地处内陆，年平均降雨量只有500毫米左右，水量很不充裕。这不仅对农业，而且对煤、电、化工等工业的发展都造成了相当的困难。为了解决这个困难，要积极采用节水效果显著的先进技术，提高循环水利用的比例，并合理安排工农业用水；修建大、中型蓄水工程，充分合理地利用现有110亿立方米的地表水和29亿立方米可提取的地下水，并组织力量进一步勘探水源；还要在国家统一规划下与陕、蒙、宁、豫、冀等邻省（区）共同协作，通盘研究利用黄河水源的问题；而绿化黄土高原，大幅度提高森林覆盖率，增加地表蓄水量，恢复生态平衡，则是彻底改变山西

缺水面貌的根本措施。

综上所述，把山西建成一个以煤炭开发为中心的综合工业基地，做到各部门协调发展，建立合理的经济结构，是具有许多有利条件的，是完全可能的。

一个省（区）建立合理经济结构的目的同全国一样，都是为了实现经济高速度发展，不断提高人民群众的物质文化生活水平。这是建立合理经济结构的出发点和归宿，也是检查经济结构是否合理的最根本的客观尺度。要想达到这一目的，可以有多种多样的经济结构，但最佳经济结构，必须依据各个省的独特的自然条件和经济条件，趋利避害，扬其所长，避其所短，发挥各自的经济优势。在现代化大生产条件下，一个国家不能搞封闭式的经济结构，一个省更不能搞封闭式的经济结构。因此，各省（区）应建立开放性的经济体系，省（区）间必须分工协作，互通有无，绝不要画地为牢、谋求建立门类齐全的自然经济王国。

当然，合理的经济结构是随着生产的发展而不断发展变化的。随着科学技术的不断进步，新的自然资源不断被发现，每种资源新的使用价值不断被发现，新工艺、新技术的不断采用，专业化分工协作不断加强，都要求对原来的经济结构进行调整改进，使之更臻完善、合理。同时也要看到事物有一个相对稳定的阶段，新的经济结构一经形成，就要保持它的相对稳定状态，处理好经济结构相对稳定和逐步变化的辩证统一关系。

三　如何向合理的经济结构过渡

山西省从现存的经济结构向合理的经济结构过渡，需要着力研究解决以下两个问题：一是怎样认识和解决目前经济结构中的根本问题；二是建立合理经济结构的关键是什么。也可以说，这两个问题是向合理经济结构过渡的枢纽和桥梁。

（一）怎样认识和解决目前经济结构中的根本问题

什么是目前经济结构中的根本问题？我认为根本问题是社会主义生产中生产资料生产和消费资料生产两大部类比例关系的严重失调。

社会主义再生产是扩大再生产，而要实现扩大再生产，就必须要有追加的生产资料和生活资料。马克思说："要积累，就必须把一部分剩余产品转化为资本。但是，如果不是出现了奇迹，能够转化为资本的，只是在劳动过程中可使用的物品，即生产资料，以及工人用以维持自身的物品，即生活资料。所以，一部分年剩余劳动必须用来制造追加的生产资料和生活资料，它们要超过补偿预付资本所需的数量。总之，剩余价值所以能转化为资本，只是因为剩余产品（它的价值就是剩余价值）已经包含了新资本的物质组成部分。"[①] 这段话对社会主义扩大再生产也是完全适用的。目前我国经济结构的根本问题，就在于生产资料生产和消费资料生产不相适应，总的来说，是消费资料生产严重落后于生产资料生产。我们在再生产过程中，既苦于缺乏生产资料，更苦于缺乏消费资料，人民生活水平的提高受到很大的限制，再生产的进程遇到很多阻碍。

政治经济学通常把 $I(v+m) > IIc$ 作为扩大再生产的条件，一般说这并不错。问题在于它只是扩大再生产的一个必要条件，而有人认为只要有了追加的生产资料，就能够实现扩大再生产，从而忽视还要有追加的消费资料，这是不对的。就两大部类之间的关系而言，实现扩大再生产必须具备以下两个条件：第一，生产资料部门应该生产出维持简单再生产所需要的生产资料和实现扩大再生产所需要追加的生产资料；第二，消费资料部门应该生产出维持简单再生产所需要的消费资料和实现扩大再生产所需要追加的消费资料。只有同时具备了这两个条件，才有可能实现扩大再生产，缺少其中任何一个条件，扩大再生产都会遇到困难，甚至是不可能的。因此，两大部类之间的比例关系，是经济结构的根本问题。我们应当把解决两大部类的比例关系作为考虑和解决一系列经济结构问题的出发点。

有的同志认为，农轻重比例失调是我国经济结构的根本问题。这种看法有一定的道理，因为在现实经济生活中具体存在的是农业、轻工业、重工业等部门，而不是生产资料和消费资料两大部类，在计划工作和其他经

---

① 《马克思恩格斯全集》第 23 卷，人民出版社 1972 年版，第 637 页。

济工作中，两大部类必须具体化为农、轻、重等部门。但是，也应看到：第一，我们通常把农业，轻工业看成消费资料部门，把重工业看成生产资料部门，事实上农业、轻工业也生产某些生产资料，重工业也生产某些消费资料，你中有我，我中有你。而且轻重工业的分类有时也遇到困难，例如，化学工业就很难说它是轻工业还是重工业。可见，两大部类的分类比农、轻、重的分类更为本质。第二，农轻重关系是否协调，归根到底要看它是否符合社会再生产对两大部类的要求，离开了两大部类处理农轻重的关系，也就失去了客观标准和科学依据。

在全国范围内，只有两大部类协调发展，社会再生产才能顺利实现。在一个省也不例外。任何一个省，要使社会扩大再生产顺利进行，也必须考虑两大部类的关系，保证生产过程中的劳动耗费不仅在价值上而且在实物上都能得到补偿。但是，省和全国的情况还有所不同，既要考虑到全国的统一规划，又要考虑充分发挥各省的经济优势。由于每个省都有自己独特的资源条件和经济特点，不可能也不应该搞门类齐全的经济体系。因此各省在考虑两大部类关系时，还必须把省区之间的物资交流和对外贸易考虑进去，通过分工协作、互通有无的交换关系，使自己的劳动耗费在价值上和实物上都得到补偿，从而使扩大再生产能够顺利进行。这就是说，一个省没必要局限在本地区范围内搞两大部类的平衡体系，而是通过与其他地区的交换关系，使社会主义扩大再生产的条件得以实现。

根据再生产原理，山西在建立煤炭能源基地中，必须要认真解决好以下两个问题：

（1）山西调出去的煤炭必须在实物形式上得到相应的补偿。目前山西的农业、轻工业已远落后于重工业的发展，要把山西建成煤炭能源基地，这一矛盾在开始时还可能加剧。为了解决这一矛盾，就必须给山西调拨必需的农副产品和轻工产品，对山西的农业和轻工业加强物力、财力和技术等方面的支持。否则，山西的扩大再生产就难以顺利进行，从而煤炭基地的建立和人民群众生活水平的改善都会受到极大的阻碍。我们不能设想，在因地制宜地发展专业化协作时，只从某个地区调出产品而不调入产品，只要其耗费劳动而不管予以补偿。

（2）山西调出去的煤炭必须在价值形式上得到相应的补偿。现在由于煤炭的价格远低于价值，因而山西开发和调出煤炭越多，就意味着有越多的劳动价值得不到补偿，有越多的利益外流。长此以往，是不利于煤炭基地的建立的。为了使山西调出煤炭能在价值上得到补偿，可以考虑实行这样两种价格：一是国家统配煤矿调出煤炭时，实行计划价格加补贴，使其价格尽可能接近价值；二是其他煤矿调出煤炭时，由调入省与山西签订长期合同，双方协商相互同意的价格。通过以上两种方法，使山西调出的煤炭能在价值上得到补偿。

使山西调出煤炭在实物上和价值上都得到补偿，这既是价值规律的客观要求，同时也是社会再生产规律的客观要求，因而是完全合理的。如果我们忽视和违背客观经济规律的这些要求，尽管主观上想让山西的煤炭工业发展快一些，结果只能是欲速不达，适得其反。

（二）调整山西的经济结构从何入手

解决了扩大再生产中价值补偿和实物补偿的问题，只是为社会再生产顺利进行准备了必要的条件，并不等于就建立了合理的经济结构。只有正确的确定基本建设的投资方向，才能逐步建立合理的经济结构。这是调整经济结构的关键所在。基本建设是实现扩大再生产的重要途径，对于发展山西煤炭工业来说更是如此。基本建设投资的方向在很大程度上决定着经济结构的发展方向。要调整经济结构，必须从调整基本建设投资方向入手。

从全国范围来说，要使经济结构合理化，必须首先调整投资的规模和方向，才能从根本上解决两大部类的平衡问题。马克思曾指出："有些事业在较长时间内取走劳动力和生产资料，而在这个时间内不提供任何有效用的产品；而另一些生产部门不仅在一年间不断地或者多次地取走劳动力和生产资料，而且也提供生活资料和生产资料。在社会公有的生产的基础上，必须确定前者按什么规模进行，才不致有损于后者。"[①] 马克思这段话告诉我们，基本建设投资规模必须同社会可能提供的劳动力、生产资料和生活资料相适应，否则就会给生产带来损害，给社会带来损害。我们国

---

① 《马克思恩格斯全集》第24卷，人民出版社1972年版，第396—397页。

家在过去较长一段时间里，基本建设规模过大，超过客观可能，给国民经济带来严重损害，因此，不得不多次进行调整。

当前，我国基本建设规模仍然过大，需要继续压缩。但对于有些部门则要具体分析，不能"一刀切"。现在能源紧张，是全国带普遍性的严重问题。由于缺乏能源，全国有30%的设备不能得到有效地利用。因此大规模开发能源，稳步而持续地增加能源生产能力，已属非常紧迫。能源属于调整中前进的问题，在投资上不仅不能压缩而且必须有计划地较多地增加。在实现现代化的过程中，按照发展中国家的经验，国民生产总值每增加1%，能源生产的增加不能少于1.2%才相适应。为了保证四个现代化建设顺利进行，能源投资在基本建设投资中的比重必须相应地提高。因此，增加开发山西能源的投资，加快山西能源基地的建设，无论是对当前还是对将来，对山西还是对全国，都是极为必要的。

从世界上经济发达国家的实践看，以发展能源工业为基础，建立强大的综合化工业基地，有许多经验教训值得我们借鉴。美国有个阿巴拉契亚煤田，和山西煤田有许多相似之处。该区煤炭储量丰富，煤质好，埋藏浅，倾角小，容易开采，是个理想的能源基地。但是，以前由于投资少，交通不便，加之本世纪五六十年代石油、天然气价格比煤炭低廉，因而阿巴拉契亚的煤矿原有投资大量转移出去，煤产量由1947年的5.7亿吨降至1960年的2.7亿吨，煤矿职工由1950年的34万人锐减为14万人，造成严重的矿区危机，使该区成为美国的一个特殊贫困区。后来，有关各州联合向美国国会发出了继续大力开发阿巴拉契亚煤田的呼吁，才引起了国会重视，联邦政府提供赠款11亿美元，用以修建运输线路和服务设施，接着投资者纷至沓来，使该区很快建成了以煤炭工业为中心的综合生产基地，成为美国一个新的经济中心。煤年产量达4.2亿吨，钢6300万吨，电4800亿度，分别占美国煤产量的62%，钢产量的60%，电力的61%。

现在，国家对山西的投资，首先应该用于发展交通运输，以便增加山西外运煤炭的能力。国家拨款解决了运输问题，开发资金可全部由银行贷款和本省自筹解决。这样，就可以把能源基地的建设与基本建设投资体制的改革结合起来进行。

应该指出，国家的投资方向对国民经济发展和经济结构改变的决定作用，决不能低估。日本的工业生产之所以能迅速发展，很大程度上取决于日本政府不断调整投资方向。战后日本每一个时期都要确定主导工业，对主导工业的投资奉行所谓"倾斜政策"，即在资金、动力和原材料方面优先保证满足，通过主导工业的发展来带动和促进整个经济的发展。战后，日本通过投资合理化，曾三次改变工业结构，这种经验值得我们吸取。在我国目前燃料动力、原材料和交通运输落后的情况下，煤炭工业理应确定为带头工业之一，投资方向应转向煤炭工业基地和交通运输部门。当然，在这样做的时候，必须接受过去的经验教训，做好综合平衡工作，使相互关联的产业得到协调发展，而绝不能"单打一"。

为了把山西建设成煤炭能源基地，还必须改革煤炭经营管理体制，扩大煤矿企业和地方的自主权。

目前山西的煤炭生产，是按行政隶属关系管理的。这种管理体制不能充分发挥地方和企业的主动精神，把它们的手脚捆得紧紧的，极不适应能源基地建设的需要。国家应该考虑适当扩大山西煤炭工业经营管理的自主权，允许山西在保证完成国家外调煤炭任务的同时，有权自行出口一部分煤炭，使山西掌握必要的外汇，用以引进先进技术，进一步发展煤炭工业。扩大地方的自主权，使其积累必要的资金，有利于加强省内农业、轻工业等薄弱环节。从稍长一点的时间来看，这样国家不会减少而只会增加收入。为了换取更多的外汇，在出口产品结构中，应逐步减少原煤的比重，增加洗精煤、焦煤和各种煤化工产品出口的比重（出口 1 吨原煤换汇 28 美元，出口 1 吨精煤换汇 45 美元，出口 1 吨焦炭换汇 90 美元）。由于山西煤炭的资源有充分保证，可以与国外签订长期合同，争取多出口。

同时应当给企业以较大的自主权。企业在人、财、物、产、供、销等方面都应有必要的权限，以便在国家政策和计划的指导下，具有独立安排企业内部一切经济活动的自主权，采取各种措施改善经营管理，增加企业积累，解决现代化的资金问题。

为适应煤炭综合利用的需要，必须突破目前各主管部门"铁路警察各管一段"的旧体制，建立统一经营煤炭开发、洗选、发电、煤炭化工和煤炭器材的联营公司，按不同的煤田特点和专业分工，设立专业分公司。根据山西煤炭遍及全省的特点，各地也可以建立综合开发、经营小窑煤、小电站、小化肥厂、小建材厂的联合公司。对于社队开发的边缘矿井，联营公司在各地的分公司可与其建立经济合同，使其开发、销售和运输在一定程度上纳入统一规划，既保证了社队企业的利益，又有利于合理利用煤炭资源。煤炭工业也可以同钢铁工业、化学工业、建筑材料工业、电力工业和以煤炭为原料的轻工业融合起来，组成规模巨大的康采恩式的联合公司；也可以建立同外省进行补偿贸易、合资经营、原料加工和产品交换的跨地区的大型辛迪加。为了兼顾国家、地方和企业三者的利益，各种专业公司和联合公司按一定比例向地方交纳所得税、资源税和土地税。为了仲裁经济关系中出现的各种问题，需要建立经济法庭。

通过对山西经济结构的调查和探索，我们深深感到，经济调整工作不能就事论事，就比例论比例，而应该从产业政策和经济结构的高度来考察和分析问题。不论对全国整个国民经济，还是对一个地区的经济，都是如此。两者不同的是，全国整个国民经济，在考虑了进出口因素后，各部门之间应保持平衡；而对一个地区经济则不应这样要求。像我们这样幅员辽阔的大国，各地资源蕴藏和经济条件千差万别，同一部门、同一产品在条件不同地区的经济效果是大相径庭的。各地区都有自己最适宜发展的部门和产品，也有不适宜发展的部门和产品。不顾资源条件和经济条件的特殊性，人为地要求各个地区的经济结构完全一样，在经济规划上也搞什么通用化、系列化和标准化，不仅是一种脱离实际的臆想，而且会造成极大的损失。因此，各地区都应该因地制宜、趋利避害，确定不同的产业政策，建立各具特点的能发挥自己优势的经济结构和地区经济综合体。全国的合理的经济结构，正是由各地区广泛分工协作、取长补短、互通有无的各具独特面貌的地区经济综合体有机组合而成，而不是由一个个封闭的、自给自足的地区经济的简单相加而成。各个地区围绕各自不同的主导产业部门的综合发展，地区之间实行广泛的分工协作，这样就可以提高整个国民经济的效果，做到持续地高速度、低消耗、按比例地发展社会主义经济，促进四个现代化早日实现。

经济科学要加强对生产资料
流通问题的研究[*]

物资经济学会按照它的工作内容来说，比较确切的名称是否应该叫做生产资料流通经济学会。因为我们这个学会是以生产资料流通为研究对象的。我们大家都知道，社会经济的总过程，包括生产、流通、分配、消费这样四个环节。过去我们对生产过程比较重视，但是，对流通过程却不够重视或者很不重视。这一点，现在许多人都看到了。其实，流通过程中的问题很多，研究和解决这些问题，是经营管理学的重要内容，过去我们在经济管理工作中，比较注意生产管理，不大注意经营管理，这同我们忽视流通过程有很大的关系。我想我们这个学会的成立，将会促使经济实际工作者和经济理论工作者加强对流通过程问题的研究，不仅研究其中的具体问题，而且研究其中的基本理论问题。

生产资料流通作为一门科学，当前主要应该研究什么呢？我提出一点不成熟的意见来和同志们商量：我们是不是主要应该研究怎样加速生产资料的流通，使生产资料在流通过程中时间最短，损耗最少，费用最省；通过流通环节，使生产资料的生产和消费更好地结合起来，从而促进生产更快地发展，更好地满足用户的需要。只有解决这个任务，才能使我们的社会主义再生产能够顺利进行，国民经济能够持久地、稳定地高速度发展。

---

* 本文是作者 1980 年 5 月在中国物资经济学会成立大会上的讲话，原载《经济管理》1980 年第 5 期。

生产资料流通时间的缩短，损耗的减少，费用的节省，对于加快我们社会主义建设，提高经济效果，是有非常重大的意义的。

大家知道，去年我们生产了3400多万吨钢，但是到了去年年底库存的钢材有1880万吨。钢材的周转期是8个月左右，比工业发达国家长1倍以上。显然，这个流通过程时间太长了。我们库存的机电产品，根据国家统计局统计，价值500多亿元，近几年来，我们每年基建投资中用于购置设备的费用不过200亿元，就是说周转期在一年半以上，也是太长了。如果我们把这些物资的流通过程加快，那么，对我国整个国民经济的发展，会起很大的促进作用。在这方面，大家了解的情况比我多，理解得也比我深刻得多。

现在我国国民经济中出现了一些新的现象。其中有些是和我们今天讨论的问题有关的，我指的是一些重要的生产资料进入了市场。我认为这是一种可喜的现象。

最近一年多来，在党的十一届三中全会路线的指引下，解放思想，破除迷信，对社会主义制度下的商品生产和价值规律问题，生产资料是不是商品的问题等方面，我们在理论上有了新的突破。过去我们把生产资料不看做商品，这是斯大林《苏联社会主义经济问题》一书中的观点。这个观点，长期以来一直支配着我国的理论界和实际工作者。现在我们经过认真调查研究，破除了这个迷信，认为生产资料也是商品。这个新的看法是比较符合实际情况的。在这个理论基础上，党中央提出了计划调节和市场调节相结合，而以计划调节为主的正确方针。如果不承认生产资料是商品，没有这个理论上的突破，我们就不可能制定出这个重要的方针，一些重要的生产资料也就不可能进入市场。这些都说明，理论工作非常重要。如果我们思想上不解放，理论上不正确，就不可能有正确的方针。我们学会的成立，加强对生产资料流通问题的研究，这对于改进生产资料的流通工作是会有很大的作用的。

在中央关于计划调节和市场调节相结合的方针的指导下，现在越来越多的生产资料开始进入市场。比如前两天，我们在报纸上看到，全国最大的钢铁公司鞍山钢铁公司，在鞍山附近的灵山，开办了出售各种钢材的商店。这难道不是在我们国家出现的新事物吗？我们中华人民共和国成立30多年了，过去还没有一个出售钢材的商店，而现在出现了。当然，新生事物还难免有它的缺陷。这个报道说，人们要去买钢材，还要有县、公社等机关的介绍信才行。我们到百货大楼不要机关介绍信，就可以买任何商品，为什么到灵山的商店里买钢材就必须有介绍信呢？当然，这里有些复杂的问题需要研究。因为我们是计划经济，是以计划调节为主的。这一点必须坚持，但同时又必须利用市场调节。究竟怎么办才好呢？这是需要我们认真研究的。

再讲一个例子，就是机电产品也进入了商品流通领域。前几天，我到北京西单百货商场，本来是想买一些生活消费品，但是看到商店里面也摆了很多机电产品，不少人在那里选购。这也是一件好事情。我们大家都知道，北京的民用煤气，浪费是很大的，为什么呢？就是因为不安煤气表，煤气的使用是按人头来计费的，每人每月5角钱，烧了多少煤气也是这么多钱，采取这种办法，你说还能不浪费吗？而不安煤气表的原因，是市场上没有煤气表卖。我们国家机械工业有这么大的生产力，难道连个煤气表都不能生产出来充分供应吗？过去这一类产品是作为生产资料，不是作为商品出售的。现在，煤气表也上市了，这不是很好的事情吗？

去年我国的工业生产总值增长8%多一点，而第一机械工业部的机电产品，却增长了11%以上，利润增加了9%以上。为什么机电产品会有比较快的增长呢？我们知道，去年年初机械工业还是普遍吃不饱的，为什么不久就改变了这种状况呢？这同贯彻执行计划调节与市场调节相结合的方针有很大的关系，促使机械产品等这些重要的生产资料，也进入市场。根据第一机械工业部的资料，去年该部的全部产值中，由市场调节的产品占13%，有的企业达到40%。

其实，机电产品进入市场是理所当然的事情。我们第一机械工业部生产的产品有2万多种，而列入国家计划的产品只有十几到二十几种，那么其他没有列入计划的产品怎么办呢？像过去那样，完全靠开"骡马大会"来解决行不行呢？显而易见是不行的。北京王府井百货大楼，是全国第二个品种多的百货大楼，第一个是上海第一百货公司，后者的商品品种约3

万种，而王府井百货大楼只有2.4万多种。机械工业产品，仅第一机械工业部就有2万多种，如果我们不是采取计划调节和市场调节相结合，让他们进入市场，怎么能够解决生产和需要的矛盾呢？这个道理我想是非常清楚的。

现在，许多新情况、新问题出现在我们面前。我们的任务，就是要研究新情况，解决新问题。马克思主义者不仅要认识世界，更重要的是要改造世界。当然改造世界首先要认识世界，但认识世界毕竟是为了改造世界。生产资料作为商品，可以和其他商品一样进入市场，进行交换。我们在理论上认识了这个问题，还要在实际工作中解决这个问题，就是要组织好生产资料的流通。认识问题与解决问题往往有一段距离。进一步深化我们的认识，并用正确的认识来解决实践中的问题，是摆在我们学会面前的艰巨任务，我们要研究怎样才能更好地完成这个任务。

总之，生产资料作为一种商品，具有什么特点和运动规律，应该怎样组织它的流通，这些问题，还需要我们在理论上进一步研究和在实际工作中加以解决。我们经济实际工作者和经济理论工作者都要加强这方面的研究，争取以更大的成绩，迎接我们党的十二大的召开。